"이 책은 과거 십여 년 간 출간된 갈라디아서에 대한 연구 논문들 중 가장 훌륭하다. 이 책은 정말 중요한 갈라디아서에 관한 우리의 이해를 진일보시켜주기에, 모든 바울 연구자들이 주의를 기울일 만한 가치가 있다."

—모세 실바(Moisés Silva), *Westminster Theological Journal*

"탁월한 연구서다."

—J. 루이스 마틴(Louis Martyn), 유니온신학대학원(Union Theological Seminary)

"사실상 갈라디아서 신학과 주해와 관련한 중요한 모든 요소들을 폭넓고도 방대하면서도 섬세한 연구로 다룬다. 이 책을 읽는 모든 독자들은 현대 갈라디아서 연구에 대한 좋은 개요를 얻을 뿐더러, 본서가 제시하고 있는 갈라디아서 주해를 통해 수많은 문제들을 해결할 수 있을 것이다."

—J. A. 치슬러, *Epworth Review*

"'갈라디아서 마지막 부분에 나열된 윤리들의 목적이 무엇인가?' 하는 유명하고도 고도로 복잡한 문제들을 철처하고도 상세하게, 전문적이면서도 읽기 어렵지 않게 풀어냈다."

—N. T. 라이트, 더럼 주교(Bishop of Durham)

진리에 대한 복종:
갈라디아서에 나타난 바울의 윤리학

존 M. G. 바클레이 지음

이성하 옮김

김선용 해제

진리에 대한 복종:
갈라디아서에 나타난 바울의 윤리학

초판1쇄   2020.12.14.
지은이   존 M. G. 바클레이
옮긴이   이성하
해제   김선용
편집   이영욱
교정교열   김덕원, 아만다 정, 박이삭

발행인   이영욱
발행처   감은사
전화   070-8614-2206
팩스   050-7091-2206
주소   서울시 강동구 암사동 아리수로 66
이메일   editor@gameun.co.kr
총판처   기독교출판유통

ISBN   9791190389181
정가   35,000원

이 도서의 국립중앙도서관 출판예정도서목록(CIP)은 서지정보유통지원시스템 홈페이지(http://seoji.nl.go.kr)와 국가자료종합목록시스템(http://www.nl.go.kr/kolisnet)에서 이용하실 수 있습니다. (CIP제어번호 : CIP2020051870).

Obeying the Truth:
Paul's Ethics in Galatians

John M. G. Barclay

* 옮긴이의 일러두기

(1) 원서에 있는 몇 가지 오류들을 수정했습니다. 예, 원서 108페이지 각주 5에 있는 1QH 10.23은 18.23으로 수정했고, 원서 110쪽 제일 아래에 있는 (5.13)은 오기로 보여 한국어판에서 삭제하기도 했습니다.

(2) 성경구절 번역은 주로 새번역을 사용하였고, 문맥에 어울리지 않을 경우 개정개역을 사용하거나 원서 그대로 번역하기도 했습니다.

(3) 본서에 사용된 the Spirit(대문자)은 모두 "영"으로 옮깁니다. spirit(소문자)이 사용된 경우에는 모두 한영병기를 했습니다.

* 편집자의 일러두기

(1) 독자들의 편의를 위해 히브리어 알파벳 "쉰"과 "씬"을 구분했습니다.

AB	Analecta Biblica
ANRW	*Aufstieg und Niedergang der römischen Welt*, ed. H. Temporini and W. Haase, Berlin 1972-.
Apoc Abr	Apocalypse of Abraham
Aristotle, *Pol*	Aristotle, Politics
ATD	Acta Theologica Danica
AV	Authorised (King James) Version
b	Babylonian Talmud
BAG	*A Greek-English Lexicon of the New Testament and Other Early Christian Literature*, E. T. and adaptation of W. Bauer's 4th edition by W.F. Arndt and F.W. Gingrich, 2nd edition revisedby F.W. Gingrich and F.W. Danker, Chicago 1979.
BBB	Bonner biblische Beiträge
BDF	F. Blass and A. Debrunner, *A Greek Grammar of the New Testament Other Early Christian Literature*, E. T. and ed. by R.W. Funk from 19th German edition, Chicago 1961.
BETh	Beiträge zur evangelischen Theologie
BJRL	*Bulletin of the John Rylands Library*
BU	Biblische Untersuchungen
BZNW	Beihefte zur Zeitschrift für die neutestamentlische Wissenschaft
CBQ	Catholic Biblical Quarterly
Cicero, *Orat*	Cicero, *Orationes*
Demonsthenes, *Cor*	Demonsthenes, *De Corona*
Ep Arist	Epistle of Aristeas
Epictetus, *Diss*	Epictetus, *Dissertations*

EQ	*Evangelical Quarterly*
E. T.	English Translation
Eusebius, *P. E.*	Eusebius, *Praeparatio evangelica*
EvTh	*Evangelische Theologie*
ExT	*Expository Times*
FRLANT	Forschungen zur Religion und Literatur des Alten und Neuen Testaments
GNB	Good News Bible
GNT	Grundrisse zum Testament
Hippolytus, *Ref*	Hippolytus, Refutatio Omnium Haeresium
Horace, *Sat*	Horace, Satires
HTR	*Harvard Theological Review*
HTS	Harvard Theological Studies
IEJ	*Israel Exploration Journal*
Ignatius, *Eph*	Ignatius, *Letter to the Ephesians*
_____, *Mag*	_____, *Letter to the Magnesians*
_____, *Philad*	_____, *Letter to the Philadelphians*
Int	*Interpretation*
Irenaeus, Haer	Irenaeus, *Adversus Haereses*
j	Jerusalem Talmud
JB	Jerusalem Bible
JBL	*Journal of Biblical Literature*
JBLMS	Journal of Biblical Literature Monograph Series
JES	Journal of Ecumenical Studies
Josephus, *Ant*	Josephus, *Antiquitates*
_____, *Apion*	_____, *Contra Apionem*
_____, *Bell*	_____, *Bellum Iudaicum*
JQR	*Jewish Quarterly Review*
JSJ	*Journal for the Study of Judaism*

JSNT	*Journal for the Study of the New Testament*
JSNTS	Journal for the Study of the New Testament Supplement Series
JTS	*Journal of Theological Studies*
Juvenal, *Sat*	Juvenal, *Satires*
KuD	*Kerygma und Dogma*
LD	Lectio Divina
LSJ	*A Greek-English Lexico*n, compiled by H.G. Liddell and R. Scott, revised and augmented by H.S. Jones, 9th edition, Oxford 1940.
LXX	The Septuagint
M	Mishnah
Mek	Mekilta
MM	J.H. Moulton and G. Milligan, *The Vocabulary of the Greek Testament, Illustrated from the Papyri and Other Non Literary Sources*, London 1930.
MT	Massoretic Text
NA	Neutestamentliche Abhandlungen
NEB	New English Bible
Nestle-Aland[26]	Novum Testamentum Graece, 26th edition, Stuttgart 1979.
NIDNTT	*New International Dictionary of New Testament Theology*, ed. C. Brown, 3 volumes, Exeter 1975-8.
NIV	New International Version
n. s.	new series
NT	*Novum Testamentum*
NTS	*New Testament Studies*
Philo, *Abr*	Philo, *De Abrahamo*
_____, *Agr*	_____, *De Agricultura*
_____, *Conf*	_____, *De Confusione Linguarum*

_____, *Ebr* _____, *De Ebrietate*

_____, *Gig* _____, *De Gigantibus*

_____, *Leg All* _____, *Legum Allegoriae*

_____, *Mig Abr* _____, *De Migratione Abrahami*

_____, *Mos* _____, *De Vita Mosis*

_____, *Op Mund* _____, *De Opificio Mundi*

_____, *Praem* _____, *De Praemiis et Poenis*

_____, *Quaest Gen* _____, *Quaestiones in Genesin*

_____, *Quis Her* _____, *Quis rerum divinarum Heres*

_____, *Quod Deus* _____, *Quod Deus immutabilis sit*

_____, *Sacr* _____, *De Sacrificiis Abelis et Caini*

_____, *Som* _____, *De Somniis*

_____, *Spec Leg* _____, *De Specialibus Legibus*

_____, *Virt* _____, *De Virtutibus*

Plato, *Phdr* Plato, *Phaedrus*

Plautus, *Mer* Plautud, *Mercator*

Pliny, *Ep* Pliny, *Epistulae*

Plutarch, *Alex* Plutarch, *Alexander*

_____, *Cic* _____, *Cicero*

_____, *Them* _____, *Themistocles*

Polycarp, *Phil* Polycarp, *Epistle to the Philippians*

PW *Paulys Real-Encyclopädie der classischen Altertumswissen-schaft*, ed. G. Wisowa et al., Stuttgart/München 1894-1972.

Rabba Midrash Rabba

RGG *Die Religion in Geschichte und Gegenwart*, ed. K. Galling, 7 volumes, 3rd edition, 1957-65.

RQ *Revue de Qumran*

RSV Revised Standard Version

SB Stuttgarter Bibelstudien

SBLDS	Society of Biblical Literature Dissertation Series
SBM	Stuttgarter biblische Monographien
SBT	Studies in Biblical Theology
SEÅ	*vensk Exegetisk Årsbok*
Sib Or	Sibylline Oracles
SJT	*Scottish Journal of Theology*
SNT	Supplements to Novum Testamentum
SNTSMS	Society for New Testament Studies Monograph Series
SNTW	Studies in the New Testament and Its World
STh	*Studia Theologica*
Strack-Billerbeck	H.L. Strack and P. Billerbeck, *Kommentar zum Neuen Testament aus Talmud und Midrasch*, 4 volumes, München 1922-8.
SUNT	Studien zur Umwelt des Neuen Testaments
TDNT	*Theological Dictionary of the New Testament*, ed. G. Kittel and G. Friedrich, E. T. ed. G. Bromiley, 10 volumes, Grand Rapids 1964-76.
Tertullian, *Ad Nat*	Tertullian, *Ad Nationes*
TF	Theologische Forschung
ThZ	*Theologische Zeitschrift*
TLZ	*Theologische Literaturzeitung*
TQ	*Theologische Quartalschrift*
TU	Texte und Untersuchungen
UBS[3]	*The Greek New Testament*, United Bible Societies, 3rd edition, Stuttgart 1975.
WMANT	Wissenschaftliche Monographien zum Alten und Neuen Testament
WUNT	Wissenschaftliche Untersuchungen zum Neuen Testament
ZNW	*Zeitschrift für die neutestamentliche Wissenschaft*
ZTK	*Zeitschrift für Theologie und Kirche*

『진리에 대한 복종』해제

김선용

박사논문 쓰기는 '해 아래 새것은 없다'는 금언을 고역스럽게 극복하려는 노력이다. 이 어려운 작업을 끝내기 위해 수많은 박사후보생은 자신의 논지의 가치를 과장하거나 다른 이의 주장을 과도하게 깎아내리는 '기술'을 발휘한다. 리처드 헤이스(Richard B. Hays)는 "연옥이 존재한다면, 학자들 가운데 죄인으로 판결된 사람들은 죄를 씻는 시련으로 자기 논문을 읽는 벌을 할당받을 것임이 틀림없다"고 우스갯소리를 한 적이 있다.[1] 그러나 헤이스 자신의 경우를 비롯해 학계에 크게 기여하는 박사논문이 나올 때가 있다. 바클레이의 박사 논문도 이 경우에 해당한다. 본 해제에서는 『진리에 대한 복종』(Obeying the Truth)이라는 드물게 잘 쓰인 책의 가치를 짚어보고, 이 책 저술 이후

---

1. 리처드 B. 헤이스, 『예수 그리스도의 믿음: 갈라디아서 3:1-4:11의 내러티브 하부구조』, 제2판, 최현만 역 (평택: 에클레시아북스, 2013), 493.

거의 삼십 년 뒤에 출간된 『바울과 선물』(새물결플러스, 2017)사이의 관계—유사성과 차이점—를 살펴보려 한다.

『진리에 대한 복종』은 바클레이가 케임브리지 대학에서 모나 후커(Morna Hooker)의 지도 아래 쓴 박사학위 논문에 바탕을 둔 책이다. 이 책이 지닌 미덕을 열거하자면 끝이 없다. 우선 이 책은 가장 우수한 박사논문의 전형이자, 꼼꼼한 연구와 치밀한 글쓰기의 모범이다. 석사학위나 박사학위 논문을 쓰려는 사람이 이 책의 구성과 논지 전개 방법을 "모방"하면 아마 논문의 질이 여러 배 높아질 것이다!

『진리에 대한 복종』의 주요 주장을 명확히 알고 이 연구가 학계에 무슨 기여를 했는지 살펴보는 것이 이 책을 제대로 읽기 위한 첫 걸음이다. 바클레이는 "5:13-6:10에 있는 바울의 권면의 역할에 대한 학자들의 논쟁을 해결"(본서 361쪽)하려는 노력을 이 책의 추동력이라고 말하면서 "이 단락이 서신 내에서 그리고 갈라디아의 역사적인 상황과 관련해서 어떤 목적을 갖고 있는지 그 의미를" 주석적으로 살펴본다. 이 책을 통해 바울학계는 통상 신학적 부분과 윤리적 부분으로 바울 편지를 구분하던 관례를 폐기하기 시작했고, 갈라디아서의 경우 5장과 6장의 중요성을 깊이 깨닫게 되었다. 바클레이는 정치한 분석을 통해 다음과 같은 결론을 내린다.

> 바울의 권면은 갈라디아서 앞부분에 있는 율법과 믿음에 대한 논쟁과 관련이 있는가? 우리의 결론은 바울의 권면이 앞에 있는 논쟁에서 기인한 것이며 그 논쟁의 결론이라는 것이다. 즉, 이 권면을 부록이나 독립적인 교훈 단락으로 간주해서는 제대로 이해할 수 없다. 이

부분에 대해 우리는 갈라디아 논쟁의 주된 내용이, 하나님의 백성이
된 사람들이 어떻게 살아야 하는가에 대한 질문이라는 사실을 부각
시킴으로써 새로운 접근 방법을 확립했다. 교회의 구성원이 되는 것
과 그 구성원이 어떻게 행동해야 하는가에 대한 질문이 갈라디아 교
회의 위기와 그에 대한 바울의 대답 안에서 서로 연결되어 있다는 관
점에서 볼 때, 바울이 진리에 복종하는 방법을 제시하는 것으로 논의
의 결론을 맺으려고 애쓴 이유를 더 잘 이해할 수 있다. … 우리는 …
갈라디아인들이 처음 모습 그대로 영 안에 계속 머문다는 것이 무엇
인지를 설명하기 위한 것이라고 주장했다. … 서신 전체에 걸쳐서 바
울이 관심을 쏟는 것은 이방인 신자들의 신분과 복종이다. 갈라디아
서 5-6장에 있는 권면은, 갈라디아의 위기로 인해서 바울이 믿음으
로 살고 영 안에서 행하는 것의 윤리적인 의미를 설명한 것이라는 관
점에서 볼 때 가장 잘 이해된다. 갈라디아서 5-6장에서 해결하고자
하는 갈라디아인들의 태도는 "율법의 멍에"를 지려는 자들과 같은
입장이다. 왜냐하면 바울이 갈라디아인들이 율법의 멍에를 지지 않
고도 "하나님을 위해 살 수 있다"는 것을 보여주려고 하기 때문이다.
달리 표현하자면, 이 갈라디아서 5-6장의 이면에 있는 문제는 자유
방임주의의 문제가 아니라, 도덕적 혼란과 더불어 바울의 윤리적인
명령을 신뢰하지 못하는 문제라는 것이다. (본서 362, 364-65쪽).

바울이 대적자들의 선전에 대응하는 몇 가지 방법을 분석하면서, 우
리는 그가 만들어 놓은 '정체성'과 '행동 방식' 사이의 연관성에 대해
검토했으며, 전체 서신이 기록된 신학적인 틀에 대해 살펴보았다. 우

리의 연구는 갈라디아서 2-4장이 서신의 마지막 부분에 나오는 윤리
적인 교훈과 어떻게 연결되는지와, 그 윤리적 교훈이 왜 필연적으로
등장할 수밖에 없는지를 강조했다. (본서 193쪽).

그렇다면 젊은 바클레이는 E. P. 샌더스의 "언약적 율법주의"를
어떻게 평가했는가? 제임스 던이나 프란시스 왓슨 같은 동시대 학자
들의 견해에 대해 어떻게 생각했는가? 이를 제대로 바라보기 위해서
는 바울에 관한 새 관점 학자들의 가장 중요한 관심사인 "율법의 행
위들"에 대한 해석과 "바울이 유대교를 비판한 이유"에 대한 견해를
짚어 보는 것이 좋다. 이 점을 살펴보면 『진리에 대한 복종』의 바클
레이와 『바울과 선물』의 바클레이의 차이를 보다 명확히 볼 수 있다.

『진리에 대한 복종』에서 그는 E. P. 샌더스에 동의하며 유대인들
의 근본적 신념인 "은혜의 우선성"에 대한 강조를 고스란히 받아들
인다.

사실상, 무어, 샌더스 그리고 다른 학자들이 주장했듯이, 대부분의
유대교가 갖고 있는 언약적 구조는 언제나 하나님의 은혜가 우선이
라는 인식을 분명히 한다. 따라서 유대교에서도 직설법은 명령법보
다 앞서고, 명령법의 근거가 된다. (본서 377쪽).

공교롭게도 『바울과 선물』에서 바클레이는 샌더스가 은혜의 우
선성(만)을 지나치게 강조했다고 비판한다.

이유를 알 수 없지만, 바클레이는 『진리에 대한 복종』에서 "바울

에 관한 새 관점"의 대표적 학자로 여겨지는 제임스 던(James D. G. Dunn)
의 연구를 깊고 치열하게 다루지 않는다. 오히려 (현재 그의 Durham대학
동료로 재직하는) 프란시스 왓슨(Francis Watson)의 (초기) 견해를 많이 인용
하며 동의하기도 하고 비판하기도 한다. 아무래도 "바울에 관한 새
관점"이라는 표현이 학계에서 널리 사용되기 전에 쓰인 책이어서 그
런 것 같다. 하지만 바울이 "율법의 행위들"을 비판한 이유를 논할
때 바클레이는 던의 주장에 전반적으로 동의한다. "율법의 행위들"
을 몇 가지 특정한 규율(음식 규정, 할례, 안식일 준수)로 한정하여 이해했던
초창기 던의 주장을 정확하게 비판하기는 하지만 말이다. 『진리에
대한 복종』에서 몇 문장만 뽑아 나열한 뒤 저자의 이름을 가리고 읽
어보라고 하면 누구라도 '저자'를 "새 관점" 학자라고 간주할 것이
다. 예를 들어, 바클레이는 바울이 유대교를 비판한 지점을 "이스라
엘의 선택받은 특권에 편승한 민족적 자부심"과 "유대교의 민족주
의"라고 말한다. 다음의 글을 보라.

> 여기에서 문제가 되는 것은 (하나님 앞에서 공로를 추구한다는 의미에서)
> 율법주의가 아니라 문화적 제국주의이다. 이는 유대인의 정체성과
> 유대인의 관습을 하나님의 백성에 가입하기 위한 필수적인 증거로
> 간주하는 것이다. 이것은 바울이 율법을 준수하는 유대교와 단절한
> 것은 유대교의 율법주의 때문이 아니라, 하나님의 구원 활동을 인종
> 적이며 문화적인 차원에서 바라볼 정도로 유대민족의 역사와 문화
> 에 묶여 있는 민족주의적인 성향 때문임을 나타낸다. (본서 396쪽).

이는 던이나 톰 라이트의 견해와 정확히 일치한다. 하지만 『바울과 선물』에서 바클레이는 비상응적인 은혜가 모든 가치를 재조정하기 때문에 율법의 행위들에 가치를 두는 사람들을 비판하는 것이라고 설명한다. 『진리에 대한 복종』에서 피력한 관점과 다르다.

흥미롭게도 젊은 바클레이는 『바울과 선물』과 유사하게 "가치" (value/worth)라는 문제에 천착한다. 그는 『진리에 대한 복종』에서 "(유대인을 포함한) 모든 인간의 가치와 전통의 한계에 대한 뿌리 깊은 신학적 신념"을 가진 사도 바울이, "유대교가 인간의 문화적, 사회적 가치와 너무 확고하게 결합되어 있기 때문에 비판한다"고 주장한다. 그러나 이러한 '인간적-문화적-사회적 가치'가 왜 그리스도에 대한 믿음과 은혜에 대립되는 것인지에 대해서는 명료한 설명을 제시하지 못한다. 반갑게도 그는 이 문제를 『바울과 선물』에서 명쾌하게 해결한다. "복음은 조건 없는(unconditioned, 즉, 선물을 받을 만한 자격이 없는 사람에게 주어지는) 선물"(『바울과 선물』, 664쪽)이기 때문에 하나님께서는 인간이 세운 모든 가치를 고려하지 않으신다는 사실을 천명하고, 따라서 "그리스도의 무조건적인 선물"은 "다른 모든 가치 평가를 무너뜨린다"(671쪽)고 말하였다. 그의 설명을 더 들어보자.

> 바울은 할례를 하나의 의식으로서 또는 유대인이라는 민족성의 육체적 표징으로서 반대하는 것이 결코 아니다. … 이방인 신자들에게 할례를 요구하는 것은 그리스도-사건(주—바클레이는 바울이 그리스도와 '선물'을 동일시한다고 말한다. 662쪽)을 유대교 전통에 따라 규정된 가치 기준 안에 가두는 것이 되고, 이로 인해 그리스도-선물은 외부의 다

른 어떤 것에 의해 제한을 받게 되며 …. (『바울과 선물』, 663쪽).

(갈 5:6에서) 바울은 할례와 무할례를 똑같이 무시한다. 만약 문제가
되는 것이 "민족적 제국주의"나 언약이 유대인에게만 "제한되는
것"(Dunn)이었다면, 왜 여기서 무할례도 평가절하되고 있는 걸까?
여기서 바울이 겨냥하는 것은 민족중심주의도 아니고 선행으로 하
나님의 은혜를 얻어낼 수 있다고 보는 거짓 견해도 아닌 것으로 보인
다. 바울은 그리스도와 상관없이 작용하는 상징적 자산(symbolic capi-
tal, 상징 자본)은 그것이 무엇이든지 거부한다. (『바울과 선물』, 665쪽).

　한편, 바울의 사고에서 "정체성"(identity)이라는 주제가 차지하는
중요성을 젊은 바클레이는 정확히 파악했고[2] 이를 『바울과 선물』에
서 보다 완숙하게 설명해 낸다. 신앙과 윤리 행위 사이의 불가분리성
은 "새롭게 형성된 정체성"에 바탕을 둔다. 『진리에 대한 복종』에서
그는 이렇게 말한다. "믿음은 정체성("우리는 그리스도를 믿음으로 의로워졌
다")과 행동("내가 지금 사는 것은 믿음으로 사는 것이다") 모두에 있어서 핵심적
인 요소로 등장한다. 즉, 믿음은 직설법과 명령법을 포괄하며 복음을
믿는 그리스도인이 어떻게 진리를 따라서 '올바르게 행할' 수 있는지
를 결정한다"(본서 159쪽).

2.　본서 177쪽. "하나님의 백성을 나타내는 정체성의 표지들에 대한 훨씬 광범
　　위한 재규정이다. 즉, 이제부터는 그리스도 안에 있으며, 영을 소유하고 있으
　　며 사랑을 통해 작용하는 믿음을 가진 것으로 그 정체성이 결정된다는 것이
　　다."

갈라디아서 5장과 6장의 권면 부분이 왜 필요했는가라는 질문은 갈라디아서 이해에 결정적으로 중요하지만 『진리에 대한 복종』이전에는 학자들의 폭넓은 동의를 얻을 만한 견해가 제시되지 않았다. 이에 대한 설득력 있는 답을 젊은 바클레이가 제시했기 때문에 이 책은 특히 가치가 있다. 그는 이렇게 말한다.

우리는 특별히 적합한 행위에 대한 바울의 설명과 관련해서 '효용성'(effectiveness)에 관한 질문을 제기하지 않을 수 없다. 앞 장에서 우리는 갈라디아인들이 율법에 매력을 느꼈음에 주목했고, 이런 매력을 느끼게 된 이유 중의 하나가 매일의 생활을 위한 실천적인 교훈에 관한 규정들이라고 언급했다. 5:12에 이르기까지 서신에서 바울은 왜 갈라디아인들이 율법의 행위들을 행해서는 안 되는지에 대한 많은 이유를 제시했으며, 우리가 이미 살펴본 바와 같이, 바울은 "믿음으로 사는 삶"(2:19-20), 영 안에 계속 머물러 있음(3:1-5) 그리고 믿음으로 하여금 사랑을 통해서 일하게 하는 것(5:1-6)이라고 하는 그리스도인의 삶에 대해 폭넓게 설명했다. 그러나 그리스도인의 행동에 대한 이런 정의들은, 비록 어떻게 "진리에 복종"할지에 대해 일반적인 용어로 설명하고 있기는 하지만, 여전히 갈라디아인들의 좀 더 실제적인 요구들을 충족시켜 주지는 못한다. 따라서 우리는 지금까지 우리가 연구했던 구절들이 5:13-6:10에 나오는 윤리적인 교훈으로 가는 길을 예비하고 있음을 알 수 있다. 또한 어떻게 계속해서 영 안에 거할 수 있는지, 어떻게 믿음으로 하여금 사랑을 통해서 일하게 만들 수 있는지를 정의하려고 노력하지 않으면, 바울의 주장에 심각한 결함이 생긴다는 것을 알 수 있다. 적절한 시기에, 우리는 5:13-6:10에서 실제로 바울이 자신의 목적을 어떻게 효과적으로 달성했는지에 대해 평가할 필요가 있지만, 우선은 서신의 본론이 마지막 부분에 있는 윤리적인 교훈들의 필요성을 향하고 있으면서 동시에 이 교훈들을 제시하고 있다고 결론 내릴 수 있다. (본서 179-80쪽).

바클레이는 갈라디아서 5장과 6장이 1-4장의 신학적 논증의 필연적 결론이라고 정확하게 말한다. 이 윤리 권면은 일상을 "어떻게" 살아나가야 하는가에 대한 지침에 목말라하며 불안해하다가 "율법의 행위들"이 제시해주는 구체적 행동 사항을 따르려는 갈라디아 신자들에게 바울이 "영의 이끄심"으로 충분하다는 확신을 주기 위해 작성되었다고 설명한다. 이러한 주장을 뒷받침하기 위해 바클레이는 영과 육(프뉴마와 사륵스) 사이의 대조를 아주 세밀하게 분석한다.

> 따라서 "육체"와 "영"에 대한 연구는 우리를 아주 직접적인 방법으로 바울의 윤리학의 심장부로 인도한다. 바울의 윤리학은 새로운 시대의 능력으로 변화되고 주님을 섬기는 일에 참여한 신자들의 상황을 보여주는 한편, 믿음 안에서 진리에 대한 복종을 끊임없이 갱신함으로써 옛 시대의 함정과 유혹의 한가운데서 그 섬김을 수행해야 한다고 요청한다. (본서 360쪽).

사실 여기에서 바클레이의 주장은 불트만(Rudolf Bultmann)의 실존주의적이고 개인적 측면에 대한 강조를 비판하면서 케제만(Ernst Käsemann)의 주장(즉 하나님의 선물에는 힘[능력]이 동반되어 있다는 것)에 동의하는 것에 불과하다. 이러한 이해는 필연적으로 하나님의 행위(은혜)와 신자의 행위 사이에 어떤 관계가 있는지에 대한 질문을 불러일으킨다. 이에 대해 『진리에 대한 복종』은 다음과 같이 말한다.

> 그리스도인의 윤리를 "영 안에서/으로 행하는 것"이라는 차원에서 설명함으로써, 바울은 도덕적 명령의 긴급성을 훼손하지 않고도, 지속적인 하나님의 능력과 인도하심이라는 의미를 전달할 수 있었다. 바울의 윤리가 특별히 관심을 끄는 것은 바로 이러한 하나님의 은혜와 신자의 행위 사이의 지속적인 상호작용 때문이다(갈라디아서 외에는, 빌 2:12-13; 고전 15:9-10 등을 참조하라). 이것은 바울이 믿음을 반응, 수용, 신뢰, 결단 그리고 복종으로 복합적으로 이해하는 것과 부합한다(참조, 롬 1:5; 10:16 등). (본서 378-79쪽).

위에 인용한 문단에서 젊은 바클레이는 소위 행위주체의 문제를 매우 균형있게 기술한다. 바울의 윤리 권면에서 영(프뉴마)이 차지하는 자리를 강조하면서 동시에 신자의 복종과 순종이 하나님의 은혜와 상호 작용 가운데 이루어진다고 말한다. 무척 신중하고 세심하게 작성된 문장이다. 하지만 구체적으로 어떻게 영이 신자의 윤리 행위와 상호 작용을 하는가라는 질문까지는 나아가지 못한다.[3] 『바울과

---

3.   몇몇 학자들은 고대 의학자들의 프뉴마 이해와 고대 스토아 철학에서의 프뉴마 이해에서 이 문제에 대한 해결책을 찾으려고 한다. 다음의 연구를 참고하라. Troels Engberg-Pedersen, *Cosmology and Self in the Apostle Paul: The*

선물』에서도 마찬가지로 새로운 인간을 만들어내는 영의 창조적 능력을 육체(사륵스)와 대조하며 강조하지만 영이 신자 안에서, 그리고 공동체 안에서 구체적으로 어떻게 작동하는지에 대해서는 명확한 설명을 제시하지 않는다. 다만 그가 영을 "생명을 부여하는 능력"(the Spirit as a life-giving power)으로 정의하는 부분은 흥미롭다(『바울과 선물』, 720쪽, 각주 20번).

『진리에 대한 복종』이 갈라디아서에 나타난 바울의 윤리를 가장 치밀하고 날카롭게 분석한 연구라는 사실은 널리 알려져 있지만, 이 책이 사실 바울신학 연구의 주요 주제들을 폭넓게 다루었다는 것을 모르는 사람들이 많다. 예를 들어 이 책은 "그리스도-사건"이 유대교 전통과 연속성이 있는지 아니면 불연속적인 사건인지에 대해서 진지하게 탐구한다. 바클레이가 이런 신학적 주제를 다루는 이유는 바울의 윤리적 교훈을 바울과 그의 "대적자들" 사이의 논쟁 과정 속에서 등장하는 신학적 준거틀 안에서 이해해야 한다고 생각하기 때문이다. 그는 "이스라엘의 역사에 대한 바울의 전망 속에 연속성과 불연속성의 결합"을 논의하면서 이렇게 말한다.

> 한편으로 바울은 역사의 때에 대해, 목적들과 약속들에 대해 그리고 성취의 때가 도달했음에 대해 말하는데(3:15-4:7), 이 모든 것들은 진보로 표현되는 시간의 직선적인 전개를 의미한다. 그러나 그는 또한

Material Spirit (Oxford/New York: Oxford University Press, 2010); Jeremy W. Barrier, "Jesus' Breath: A Physiological Analysis of πνεῦμα within Paul's Letter to the Galatians," *Journal for the Study of the New Testament* 37 (2014): 115-38.

현재의 때를 "악한 세대"(1:4)이며, 여기에서 우리가 "구원받아야" 하는 것으로 묘사한다. 그리고 그는 그리스도 안에 있는 구원을 율법, 육체 그리고 세상의 종이 되는 것과 완전히 반대되는 것으로 묘사한다. 이런 시각에서 볼 때, 그리스도-사건은 세상 역사의 완성이 아니라, 그것에 대한 철저한 전복인 것이다. 다른 말로 하자면, 갈라디아서의 신학은 '구속사'와 '묵시'의 결합으로 특징지어진다. (본서 186쪽).

유대교 전통과의 연속성과 불연속성이 동일하게 뒤섞여 있는 것도 포함된다. 바울의 묵시적인 관점의 연속선상에서 볼 때, 그리스도인의 삶이 영 안에 있고, (지나간 시대에 해당하는) 율법 아래 있지 않지만, 그럼에도 불구하고 구속사적 관점과 그리스도 안에서 하나님의 목적들이 "성취"되었다는 관점에서 볼 때는, 그리스도인의 사랑이 모든 율법을 "성취"한다고 말할 수 있다. 따라서 5:13 이하에 나오는 율법에 대한 바울의 보다 긍정적인 언급들이 서신의 앞부분들과 완전히 모순되는 것은 아니다. (본서 255쪽).

『진리에 대한 복종』은 그리스도-사건과 유대교 사이의 관계를 "구속사"(salvation history)와 "묵시"(apocalyptic)의 결합으로 보는 반면, 『바울과 선물』에서는 이 주제를 "신적 차원의 연속성"과 "인간적 차원의 불연속성"이라는 틀로 풀어낸다(『바울과 선물』, 691-97쪽). 바울의 아브라함 이야기 해석에서 볼 수 있듯이 그리스도가 하나님의 약속에 따라 약속의 역사 속에서 "때가 찼을 때" 오셨지만, 인간적 차원에서는 인류의 현 상태를 해체하고 새롭게 창조하는 "인간 상태의 반전" 이라는 측면에서 "불연속성과 반전의 사건"이다(『바울과 선물』, 693쪽).

　　『바울과 선물』은 "은혜"를 바울신학의 핵심으로 본다. 바클레이 는 『바울과 선물』에서 제2성전기 문헌에 등장하는 은혜와 선물의 개 념을 6가지 스펙트럼으로 분류하며 샌더스의 은혜 이해(샌더스는 은혜 의 우선성을 강조한다)를 비판했다. 그렇다면 그는 『진리에 대한 복종』에 서 "은혜"를 어떻게 이해했을까? 젊은 바클레이는 바울이 "인간의 가치와 전통들 그리고 다른 한편으로 하나님의 주권적인 주도권 사 이에는 광범위한 대립이 있다고 제시하고 있다"고 주장하면서 바울 이 은혜를 강조한 이유를 다음과 같이 설명한다.

> 이것 때문에 우리는 바울이 갈라디아서에서 은혜를 강조한 이유를 더 잘 이해할 수 있다(1:6, 15; 2:21; 5:4). 율법의 멍에 아래 머무는 것은 하나님의 은혜를 부정하는 것이 되는데(2:21), 이는 율법의 멍에 아래 있는 것이 의롭다 함을 받으려는 율법주의적인 노력이기 때문이 아 니라, 그리스도 안에서 하나님의 주권에 의해서 폐기된 문화 종속적 인 전통에 머물도록 하기 때문이다. … 바울의 관점에서 보자면, 그 리스도 안에서 경험된 하나님의 은혜는, 유대교를 포함해서 모든 인 간의 전통을 상대화시킨다. 달리 표현하자면, 바울이 인간의 공로에 의한 구원과 하나님의 선물에 의한 구원 사이에 총체적인 신학적 대 립을 설정하지는 않지만, 한편으로는 인간의 가치와 전통들 그리고 다른 한편으로는 하나님의 주권적인 주도권 사이에 광범위한 대립 이 있음을 제시하고 있다. (본서 398-99쪽).

여기에서 인간이 세운 가치와 정반대의 자리에 위치한 하나님의 주권을 강조하는 지점은 "모든 인간적 가치를 무너뜨리는 비상응적 은혜"를 베푸시는 하나님을 부각시키는 『바울과 선물』을 연상시킨다.

매우 단정하고 치밀하며 과장이 없는 바클레이 특유의 문장에서 때로는 아주 놀랄 만한 통찰이 보인다. 사랑을 통해 온 율법을 성취한다는 바울의 말을 이해하기 위해 많은 신약학자들이 골머리를 앓았다. 바클레이는 『진리에 대한 복종』에서 율법의 "성취"와 "준수"를 구별하며 아주 매력적인 해석을 제시한다.

> 우리는 또한 바울이 이 어휘를 부분적으로는 그 애매모호함 때문에 선택했다고 추론할 수 있다! "모든 율법이 한 가지 명령에서 성취된다"고 말하는 것은 나머지 계명들의 상태를 불분명하게 만들어버린다. 율법이 사랑 명령으로 "요약"된다고 설명하는 것은 (사랑의 표현이므로) 율법의 모든 부분에 복종해야 한다는 인상을 줄 수 있다. 반면에 율법이 사랑 명령으로 "축소"된다고 말하는 것은 율법의 나머지 부분에 대한 명백한 폐기이며, 이것은 아마도 바울이 논쟁하면서 이 부분에 부여하고자 하는 의미를 넘어서는 것으로 보인다. "성취"는 율법을 "행함"이나 "준수함" 같은 용어들에 내재된 엄격함은 없지만 율법의 요구들을 만족시킨다는 아주 강한 인상을 준다. … 이러한 방식으로 바울은 갈라디아인들에게 율법의 몇 가지 요구사항을 준수하지 말 것을 촉구하는 동시에, 그가 관심을 기울이고 있는 ([그리스도

의] 법을 성취하는) 사랑에 유리한 쪽으로 강하게 주장할 수 있는 것이다. (본서 248-49쪽).

이 모든 것들을 바울이 갈라디아인들과 논쟁하는 상황에 비추어보지 않았다면, 우리는 바울이 자신의 윤리적인 교훈들을 표현하는 방법의 의미를 이해하지 못할 것이다. 이 구절들은 논쟁적인 서신의 끝에 붙어 있는 기독교 윤리에 대한 독립적이거나 냉정한 진술이 아니라, 논쟁의 연속이자 완결이다. 바울은 윤리에 대한 자신의 견해를 권장할 뿐만 아니라, 자신의 권면이 그들이 무법한 자라든지 혹은 자격이 없는 자라는 비난으로부터 그들을 변호하는 것으로 받아들여지기를 바라고 있다. 모든 선의의 경쟁을 하는 판매원들이 그러하듯이, 바울은 자신의 정책을 그의 대적자들의 것과 구분 짓는다(위협이 되는 것은 "육체"이지 죄가 아니다. 영의 인도하심을 받는 너희들은 율법 아래 있지 않다). 그러면서도 동시에 더 나은 방법으로 (열매를 맺고, 율법을 성취하는) 동일한 목표에 다다른다고 주장한다. 어느 정도 이 마지막 부분은 약간 애매모호한 기준을 통해서만 성립될 수 있다. 즉, 영 안에 있는 삶에 대해서는 이의를 제기할 수 없는 특징들을 선별하고(5:22-23), 율법과 관련해서는 ("준수하다"나 "행하다"보다 덜 정확한) "성취하다"라는 애매모호한 동사를 사용하고, 그리고 "그리스도의"(of Christ)라는 속격으로 율법의 기독교적 재규정을 제안하는 식이다(6:2). 그러나 이 애매모호함은 바울이 그리스도인의 윤리성에 대한 자신의 제안들을 율법이 뒷받침한다고 주장하기 위해 치러야만 하는 대가이다. (본서 254쪽).

애매모호한 바울의 글을 이토록 명료하게 정리한 것을 나는 본 적이 없다!

물론 『바울과 선물』을 쓴 바클레이가 동의하지 않을 만한 내용도 『진리에 대한 복종』에 있다. 예를 들어 그는 자신의 연구가 "율법에 대한 바울의 진술의 사회적이며 역사적인 상황에 대한 샌더스, 던 그리고 왓슨의 연구와 대부분 일치한다"고 말하며, 심지어 "갈라디아서에 대한 루터파의 개인주의적 해석을 타도하기 위해 샌더스, 왓슨 그리고 다른 학자들과 함께할 것"이라고 천명한다! 하지만 『바울과 선물』에서 바클레이는 루터 신학의 다층적 측면을 살피면서 "본서에 제시된 바울 해석은 새로운 공동체의 형성을 동반한 원래의 선교 상황에 은혜의 비상응성이 미친 역학 관계로 되돌아가는 아우구스티누스-루터 전통을 재상황화"한 것으로 간주될 수도 있다고 한다(『바울과 선물』, 951쪽).

우리는 바클레이라는 탁월한 바울 연구자의 초기 저작에서 비범한 통찰, 다른 학자의 주장에 대한 공정한 비판, 그리고 꼼꼼한 주해의 모범을 본다. 이 책은 저술된 지 오래되었지만, 그럼에도 갈라디아서 5장과 6장에 대한 가장 신뢰할 만한 "주석"이다. 수십 년이 지나도 변함없이 당당하게 견지하는 주장들은 젊은 시절 그의 탁월함을 보여주고, 시간이 지나 달라진 견해는 그의 성숙함을 보여준다. 그래서 이 책은 여전히 필독서이고, 그래서 지금 이 시대에 번역될 가치가 충분하다.

서문

　오늘날은 교회가 거의 이방인화되었기 때문에, 초기 기독교에서 가장 많은 논란을 불러일으켰던 문제들 가운데 하나인 이방 그리스도인들의 신분에 대한 문제를 올바르게 평가하는 것이 우리에게는 어려운 일이다. 이 책에서 내가 목적하는 바는 갈라디아서에 나타나는 이 논쟁 중 몇 가지 핵심적인 측면들을 새롭게 조명해보는 것이다. 바라기는 갈라디아서의 논쟁 속에서 윤리학이 차지하는 위치에 대한 탐구를 통해, 그동안 줄곧 이 서신에서 혼란스러운 부분으로 남아 있던 것에 대해 만족할 만한 설명을 제시하고, 이와 동시에 1세대 그리스도인들이 직면했던 윤리적이며 사회적인 문제들이 무엇인지를 분명하게 나타낼 수 있었으면 한다. 갈라디아의 실제적인 위기 상황에 대해 살펴보기 위해 갈라디아의 그리스도인들에 대한 사회학적 분석을 사용할 것이다. 이는 바울이 직면한 문제들의 성격을 이해하기 위해 필수적이다. 그런 연후에야 이 서신의 핵심 본문들에 대한 주석학적인 연구를 통해 이 문제들에 대한 바울의 대응방법이 드러나게 될 것이며, 바울이 이 논쟁에 사용한 핵심적인 신학적 사상들을 설명할 수 있을 것이다. 여러 곳에서, 그리고 특히 마지막 장에서, 나는 갈라디아서에서 발견한 것이 바울과 기독교의 발전에 있어서 바울의 역할에 대한 우리의 전반적인 이해와 관련이 있음을 보여주려고 했다.

　　이 책은 본래 1986년 1월에 케임브리지(Cambridge) 대학에 제출했던 박사학위 논문이다. 여러 가지 방법으로 이 논문의 진행에 도움을 주신 분들께 감사를 드려 마땅하다. 모나 후커(Morna Hooker) 교수님은 아주 균형 잡힌 충고로, 늘 나의 생각과 글쓰기가 분명해지도록 격려와 비판을 해주시면서 나의 박사 연구 과정을 지도해주셨다. 케임브리지의 틴데일 하우스(Tyndale House)에 있는 많은 친구들이 연구기간 내내 많은 자극과 즐거움을 더하여 주었다. 그들 중에서 특히 팀 세비지(Tim Savage)와　월터 한센(Walter Hansen)을 언급하고 싶다. 글라스고(Glasgow) 대학으로 옮기면서 또 다른 자극적인 환경을 경험했다. 바울과 갈라디아서를 강의할 수 있는 기회와 많은 학생들의 질문들과 비평들은 말할 필요도 없이, 이 책에서 논의되고 있는 나의 관점을 넓히고 분명히 하는 데 도움이 되었다. 출판을 위해 논문을 개정하는 동안 내가 예상했던 것보다 더 많은 광범위한 문제들이 드러나게 되었다. 그래서 원본의 많은 부분들을 다시 쓰거나 고쳤다. 개정을 하는 과정에서, 나는 특히 바레트(C. K. Barrett)와 나의 동료인 존 리치스(John Riches)의 격려와 충고에 고마움을 느꼈다. 이 책이 첫 번째 출판

물인, 신약성서와 그 세계에 대한 연구(Studies of the New Testament and Its World) 시리즈의 편집자인 존 리치스는 소중한 제안들을 많이 해주었고 다양한 방법으로 실제적인 조언을 해주었다. 발덴(Mrs. M. Balden) 부인은 알아보기도 힘든 나의 원고와 영웅적으로 분투했고, 놀라운 속도와 기술로 최종 원고를 타이핑 해주었다. 내 연구의 초창기부터 내내, 아내 다이애나(Diana)는 놀라운 인내와 격려를 보내주었으며, 이와 더불어서 어린 로버트(Robert)는 내가 (상대적으로) 온전한 정신을 유지할 수 있도록 도와주었다. 마지막으로, 나는 이 책을 나의 아버지인, 올리버 바클레이(Oliver Barclay)에게 바치고 싶다. 그분은 나에게 진리를 발견할 수 있는 곳을 처음으로 가르쳐 주신 분이시고, 그 진리에 복종하는 방법을 찾아내도록 나에게 도전을 주신 분이시다.

제1장
논의의 배경

갈라디아 논쟁

갈라디아에 보낸 바울의 서신은 초기 기독교 운동의 발전과정에 대한 흥미로운 통찰을 제공해준다. 여섯 개의 짧은 장들은 바울 자신과 바울이 세웠던 이방인 교회들, 그리고 초기 그리스도인들 사이에서 벌어진 가장 중요한 논쟁 중 몇 가지에 대해서 엄청난 정보를 제공해준다. 이 서신은 바울과 관련해서 바울의 '소명' 사건, 그리고 그 사건 이후 몇 해에 걸친 바울의 활동과 예루살렘의 사도들과의 갈등 관계에 대해, 우리가 알고 있는 거의 모든 직접적인 정보들을 담고 있다. 바울이 세운 교회들과 관련해서, 갈라디아 회중들 사이에서 발생한 위기의 본질은 이방인에서 기독교로 개종한 사람들이 직면했던 가장 근본적인 몇 가지 문제들을 보여준다. 그리고 이 서신에 있는 논쟁과 관련해서, 당시 안디옥에서 있었던 바울과 베드로의 논쟁,

그리고 바울과 갈라디아의 "선동가들"(agitators)의 격렬한 논쟁에 대한 결정적인 정보를 보게 된다. 이 두 가지 논쟁은 모두 그리스도를 믿는 유대인과 이방인 사이의 관계에 대한 것이다. 이 논쟁에는 성경에 대한 해석, 율법의 의미, 유대교와 교회의 관계, 그리고 도덕적이며 신학적으로 얽힌 많은 문제들이 포함되는데, 그 논쟁들 덕분에 바울은 이 서신에서 '복음'과 복음의 실제적인 의미에 대한 자신의 가장 인상적인 진술들 중의 하나를 내놓게 되었다.

비록 다른 신약성서 자료들이 이 문제들에 대해 몇 가지 정보들을 주고 있기는 하지만(예, 사도행전, 로마서, 골로새서), 이 문제들이 특별히 갈라디아서에 집중되어 있고 이 서신이 열정적인 성격을 가지고 있기 때문에, 언제나 갈라디아서가 중요했다. 루터(Luther)는 자신이 신학적인 면에서나 기질적인 면에서 갈라디아서에 끌린다고 생각했다. 그리고 갈라디아서에 대한 루터의 특별한 관심 덕분에 그 후 줄곧 프로테스탄트 교회에서 이 서신의 지위가 격상되었다.[1] 1830년대에 바우르(F. C. Baur)가 바울에 대한 역사적 연구를 현 시대에 시작했을 때, 바우르의 연구에서 필수적으로 중요했던 것이 갈라디아서의 증언이었다. 갈라디아 교회에 있던 바울의 대적자들과 초기 유대 기독교의 성격에 대해 그가 제기했던 질문들은, 그 이후로 줄곧 신약 학계에서

---

1. Luther는 갈라디아서를 "나의 서신. 나는 스스로 이 서신과 약혼했다. 이 서신은 나의 아내다"라고 말하기도 했다. 갈라디아서에 대한 Luther의 주석(영어로 개정된 것 중에서 가장 접하기 쉬운 것은, 1575년의 "Middleton" 판에 기초한, Cambridge 1953년 판이다)은 종교개혁의 기초 자료들 중의 하나이다.

중요한 위치를 차지했다.[2] 그러나 지난 10년 동안에, 이 문제들과 갈
라디아서에 대한 다른 문제들이 특히 뜨거운 학문적 논쟁의 주제가
되었다. 일부 그룹에서는, 갈라디아서의 처음 두 장에 나타난 역사적
인 언급들에 관심을 보였고, 이 증언들에 대한 새로운 해석을 통해
바울의 연대기를 새롭게 재구성했다.[3] 다른 그룹에서는 바울의 대적
자들의 정체에 집중했다.[4] 그러는 동안, 베츠(H. D. Betz)는 자신의 갈라
디아 주석에서 수사학적인 구조를 사용해서 이 서신에 대한 중요하
고도 새로운 접근 방법을 개척해냈다.[5] 베츠의 저서는 널리 환영받았

---

2. 특히 Baur의 획기적인 논문인 "Die Christuspartei in der korinthischen
    Gemeinde, der Gegensatz des petrinischen und paulinischen Christenthums
    in der ältesten Kirche, der Apostel Petrus in Rom", *Tübinger Zeitschrift für
    Theologie* 4 (1831), 61-206, reprinted in *Ausgewählte Werke in Einzelausgaben*
    I, Stuttgart 1963을 보라; 또한 그의 *Paul, the Apostle of Jesus Christ*, I, E. T.
    London/Edinburgh 1876, 105-145, 250-7을 보라. 그 이후의 논의는 F. F.
    Bruce의 논문인 "Galatian Problems", *BJRL* 51-55 (1969-73)에서 잘 소개되고
    있다.

3. R. Jewett, *Dating Paul's Life*, London 1979; G. Lüdemann, *Paul, Apostle to the
    Gentile. Studies in Chronology*, E. T. London 1984; N. Hyldahl, *Die paulinische
    Chronologie*, Leiden 1986. U. Borse도 바울서신의 연대기적 순서를 결정하기
    위한 새로운 시도를 했다. *Der Standort des Galaterbriefes*, Köln 1972; 참조, 그
    의 주석. *Der Brief an die Galater*, Regensburg 1984, 9-17.

4. B. H. Brinsmead, *Galatians—Dialogical Response to Opponents*, Chico 1982. 앞
    으로 출판될 J. L. Martyn의 주석의 맛보기인, "A Law-Observant Mission to
    Gentiles: The Background of Galatians", *Michigan Quarterly Review* 22 (1983)
    221-236, reprinted in *SJT* 38 (1985), 307-324도 주목하라.

5. H. D. Betz, *Galatians*, Philadelphia 1979 (= 『갈라디아서』, 한국신학연구
    소, 1987). 아주 최근에 중요하지만 혁신적이지는 않은 주석이 나왔다: F. F.
    Bruce, *The Epistle of Paul to the Galatians*, Exeter 1982.

으며, "수사학적 비평"의 다른 시도들을 위한 근거로 활용되었다.[6]

그럼에도 불구하고 최근의 가장 중요한 논의는 이 서신의 신학적인 내용, 즉 율법과 유대교에 대한 바울의 입장과 바울과 갈라디아의 "선동가들" 사이에서 심각했던 문제들에 집중되었다. 오랜 해석 전통에 의하면, 종교개혁 전통에서 특히 예민하게 강조했듯이, 바울은 갈라디아서에서 구원을 얻기 위해 사람이 행위에 의존하는 것에 반대해서, 오직 은혜와 믿음으로만 구원을 받는다는 원리를 주장했다는 것이다. 1920년대의 변증법적 신학이 이런 신학적인 분석을 열광적으로 채택했으며, 특히 불트만(R. Bultmann)과 그의 많은 제자와 추종자들이 특별히 실존주의적인 면을 강조하는 방향으로 발전시켰다. 한 가지 예만 들어보자. 에벨링(G. Ebeling)은, 갈라디아서에 대한 연구에서, 믿음과 율법의 행위의 대립을 다음과 같이 설명했다. "문제는 내가 무엇에 의해서 살고, 무엇을 의존하고, 내 존재의 기반으로 무엇을 택하고, 내가 하나님께 바라는 것이 무엇인가이다. 그것이 믿음인가? 은혜를 베푸시는 하나님 그분 자체인가? 아니면 나 자신이 입증할 수 있는 실존인가? 즉, 내가 성취하고 보여줄 수 있는 나 자신인가?"[7] 여기에서 우리는 율법과 유대교에 대한 바울의 논의를 일반

---

6. Brinsmead(*Galatians*)는 수사학적 접근을 따랐고, Lüdemann(*Paul*)에게도 수사학적 접근이 중요한 요소이다. R. B. Hays(*The Faith of Jesus Christ. An Investigation of the Narrative Substructure of Galatians 3:1-4:11*, Chico 1983 = 『예수 그리스도의 믿음』, 에클레시아북스, 2013)는 훨씬 구조주의적인 분석을 시도했다.

7. G. Ebeling, *The Truth of the Gospel. An Exposition of Galatians*, E. T. Philadelphia 1985, 176-7. Ebeling은 루터파의 해석 전통을 확실하게 따른다. ix.

적이고 개인주의적인 차원에서 해석하는 경향을 쉽게 관찰할 수 있다. 율법의 행위들에 의한 칭의에 반대하는 바울의 논증을 자기 의와 자족적인 태도에 대한 공격으로 이해하는 것이다.[8]

이런 식의 해석에 대해 반대하는 많은 목소리들이 있기는 하지만,[9] 최근에 가장 영향력 있는 것은 샌더스(E. P. Sanders)의 목소리이다. 샌더스는 1세기 유대교가 신약학자들이 종종 주장하는 바와 같이 "율법주의적"(legalistic) 종교가 아니었으며, 바울신학의 핵심은 자기 의(self-righteousness)에 대한 반박이 아니었다고 주장한다. 갈라디아서와 로마서에 나오는 율법의 행위들에 대한 바울의 반론은 사실, 교회 내에서의 이방인 신분이라는 특정한 역사적 문제들에서 기인한 것이며, 오직 그 문제와 관련된 것들뿐이라고 말한다.[10] 따라서 샌더스

---

8. H. Hübner는 동일한 접근의 변형을 보여준다: 그리스도를 믿는 자들은 "자기 이해의 근거를 믿음에 둔다." 그리고 "[이들은] 자신들의 존재를 내재적 요인들에 의해 궁극적으로 좌우되는 신자들로 보지 않는다." 이와 대조적으로, 율법의 행위들에 의해 사는 자들은 "자신들의 실존이 율법의 모든 요구를 이루는 데 있다고 이해한다. … 그들의 실존은 양(quantity)에 '기반을 두고 있다'(ἐκ).", *Law in Paul's Thought*, E. T. Edinburgh 1984, 18.

9. 예, W. D. Davies, *Paul and Rabbinic Judaism. Some Elements in Pauline Theology*, Philadelphia 1980; *idem*, "Paul and the Law: Reflections on Pitfalls in Interpretation", in *Paul and Paulinism*, ed. M. D. Hooker and S. C. Wilson, London 1982, 4-16; M. Barth, "The Kerygma of Galatians", *Int* 21 (1967), 131-146; K. Stendahl, *Paul among Jews and Gentiles*, London 1977 (= 『유대인과 이방인 중의 사도 바울』[가제], 감은사, 2021 역간 예정); G. Howard, *Paul: Crisis in Galatia. A Study in Early Christian Theology*, Cambridge 1979를 보라.

10. 특히 바울에 대한 Sanders의 두 권의 중요한 책을 보라: *Paul and Palestinian Judaism*, London 1977 (= 『바울과 팔레스타인 유대교』, 알맹e, 2018); *Paul, The Law and the Jewish People*, Philadelphia 1983 (= 『바울, 율법, 유대민족』[가

는 갈라디아서의 근본적인 문제에 대해 에벨링과는 아주 다르게 요
약한다. "갈라디아서의 주제는 간략하게 표현하자면, 인간이 심판의
자리에서 선한 행위를 통해 의롭다고 선언될 수 있는 은혜를 입을 수
있는가 하는 것이 아니다. 갈라디아서의 주제는 이방인들이 하나님
의 백성에 들어가는 조건이다."[11] 이런 해석은 갈라디아서의 역사적
인 상황을 강조한다. 그리고 샌더스는 율법의 **유대적인** 성격을 특별
히 강조했다. 갈라디아서의 논쟁은 이방인 신자들이 유대교의 율법,
즉 모세의 율법을 준수할 필요가 있느냐에 대한 것이라고 말한다. 이
런 주장은 초기 기독교가 유대교 특수주의(Jewish Particularism)에서 자
유로웠다고 강조했던 바우르의 저서까지 어느 정도 거슬러 올라간
다. 그러나 바우르는 이것을 종교의 발전이라는 일반적인 이론 속에
서 주장했던 반면,[12] 샌더스는 갈라디아의 특정한 역사적 문제에 일

제], 알맹e/감은사, 2021 역간 예정)

11. *Paul, The Law and the Jewish People*, 18; 뒷부분에서(159), "'행함' 자체와 '믿음'
    자체 사이에 있을 것이라고 추측했던 갈등은 갈라디아서에는 전혀 나타나지
    않는다. 문제가 되었던 것은 '신뢰'라는 말로 요약되는 삶의 방식과 '요구사
    항'들로 요약되는 삶의 방식 사이의 대립이 아니라, 하나님의 이스라엘이 되
    기 위해 필요한 것이 결국 '유대인도 아니고 헬라인도 아닌' 존재가 되는 것
    인지의 여부였다"라고 쓰고 있다.

12. *Paul, The Apostle of Jesus Christ*라는 책에서, Baur는 갈라디아서의 논쟁은 "유
    대교로부터 자유로운 그리고 본질적으로 유대교와는 다른 기독교가 있었느
    냐, 아니면 기독교가 단지 유대교의 한 형태로 존재했었느냐는 중요한 질
    문에 대한 논쟁이다"라고 주장한다(253). 그러나 같은 페이지에서 바울의 대
    적자들에 대해 기술할 때, 종교의 발전이라는 그의 신학에서 이 주장이 갖는
    위치가 분명하게 나타난다: "그들의 유대주의적 입장이 그토록 편협했던 주
    된 이유는 낮은 종교적 인식의 수준에서 보다 높고 자유로운 단계로 올라갈
    능력이 그들에게 본래부터 없었기 때문이다."

반화된 신학적 개념을 덮어씌우려는 모든 시도들을 배척했다.

샌더스의 저서는, 사실상, 바울서신을 "신학적으로 해석"하는 것에 대한 불만이 증가되고 바울 사역(과 그의 교회들)의 역사적·사회적 실체들을 밝혀내고자 하는 관심이 다시 등장했음을 보여주는 대표적인 경우이다.[13] 이런 것은 종종 바울 연구를 주도해왔던 루터주의 신학에 대한 노골적인 공격으로 나타나기도 한다. 예를 들어, 레이제넌(H. Räisänen)은 율법에 대한 바울의 다양한 진술들을 자세히 검토한 다음에, 이 중요한 주제에 대한 바울의 관점이 철저한 "루터주의" 신학을 나타내기는커녕, 완전히 자기모순이라고 주장한다.[14] 왓슨(F. Watson)은 루터주의적 해석에 대해 더욱 신랄하게 비판하는데, 그는 루터주의자들이 역사로부터 동떨어진 신학을 한다고 비난한다.[15] 대신에, 그는 바울의 이방인 회중들과 율법을 준수하는 자들의 유대적인 생활 방식 간의 차이에 특별한 관심을 두고 있는 갈라디아서와 로마서에 대한 엄격한 역사적이고 사회학적인 접근을 제안한다. 이것은 유대인을 이방인과 분리하는 율법의 역할에 대해 강조하고 있는 하워드(G. Howard), 던(J. D. G. Dunn) 그리고 다른 학자들의 저서에서도 중

---

13. 예, B. Holmberg, *Paul and Power. The Structure of Authority in the Primitive Church as Reflected in the Pauline Epistles*, Philadelphia 1980; W. Meeks, *The First Urban Christians. The Social World of the Apostle Paul*, New Haven/London 1983 『1세기 도시 그리스도인: 사도 바울이 활동했던 사회 세계』, KIVP 역간 예정); G. Theissen, *The Social Setting of Pauline Christianity*, E. T. Edinburgh 1982를 보라.

14. H. Räisänen, *Paul and the Law*, Tübingen 1983.

15. *Paul, Judaism and the Gentiles. A Sociological Approach*, Cambridge 1986.

요하게 강조되던 것이었다. 그들은 갈라디아서에서의 "율법의 행위
들"에 대한 바울의 논의를 이방 그리스도인들이 유대민족의 정체성
의 상징을 취할 필요가 있느냐는 논증으로 접근한다.[16] 왓슨은 바울
의 진술들이 갖는 사회적인 상황을 강조함으로써 이 문제를 명확하
게 한다. 갈라디아서와 로마서에 있는 바울의 주장들은 유대민족의
회당 밖에 존재하는 바울이 세운 이방인 교회를 정당화하기 위한 시
도이며, 따라서 그는 기독교 운동을 유대교의 법적이고 사회적인 테
두리 내에 두고자하는 자들에 대해 저항하고 있다는 것이다. 몇 가지
잘 알려진 사회학적인 범주들을 사용해서, 왓슨은 "갈라디아서의 본
질적인 문제는 … 교회가 유대교 내의 개혁운동이어야 하느냐 아니
면 유대교 밖의 분파이어야 하느냐 하는 것이다"라고 주장한다.[17] 게
다가 그는 이스라엘과 율법에 대한 바울의 다양한 진술들이 "본래
역사적이고 사회적인 실재에 대한 이차적인 신학적 반성", 즉 "분파
로 분리된 그 상태를 정당화시키는 이데올로기"라는 것을 주장하기
위해 "이데올로기"라는 사회학적인 개념을 사용한다.[18]

갈라디아서에 대한 이런 논의에는 몇 가지 논란이 되는 근본적

---

16. G. Howard, *Paul: Crisis in Galatia*. 몇 가지 적절한 Dunn의 논문들이 있다:
"The Incident at Antioch(Gal. 2:11-18)", *JSNT* 18 (1983), 3-57; "The New
Perspective on Paul", *BJRL* 65 (1983), 95-122 (= 『바울에 관한 새 관점』, 감은
사, 2018); "Works of the Law and the Curse of the Law (Galatians 3:10-14)",
NTS 31 (1985), 523-542. 또한 T. D. Gordon, "The Problem at Galatia", *Int* 41
(1987), 32-43을 보라.

17. *Paul, Judaism and the Gentiles*, 49.

18. *Paul, Judaism and the Gentiles*, 19-20, 31.

인 문제들이 있다는 것을 분명히 할 필요가 있다. 한편으로 그것은
바울이 "율법의 행위들"을 공격한 이면의 이유와 율법을 준수하는
유대교에 대해서 바울이 불평했던 이유와 관련한다. 그리고 다른 한
편으로는 바울의 서신들에 나타난 역사적인 상황과 신학적인 진술
간의 관계에 대한 것이며, 또한 역사적인 것에 제한을 받는 바울의
진술들에 오늘날의 신학적인 해석을 어느 정도 부여할 수 있는지에
대한 것이다. 샌더스의 저서에 대해 이의 제기가 없었던 것은 아니었
다. 그리고 특히, 휘브너(H. Hübner)는 루터주의와 실존주의적 전통의
충실한 옹호자였음이 입증되었다.[19] 게다가 왓슨의 주장은, "이
론"(theory)을 확립된 사회적 사실의 이차적인 정당화로 치부하는 사
회학적 환원주의(sociological reductionism)에 위험스러울 정도로 근접한
것으로 보인다.[20] 여러 가지 면에서, 갈라디아서는 거의 그 서신 자체
내에 있는 논쟁만큼이나 열띤 논쟁을 불러일으키고 있다!

　이 책에서 나는 이런 문제들에 대해 일차적으로는 주석적인 차
원에서 그리고 이 서신의 **윤리적인** 차원에 대한 고찰을 통해서 논의
하고자 한다. 이 서신의 역사적인 상황과 신학적인 내용을 논함에 있
어서, 윤리는 전적으로 무시되었는데, 그것은 주로 두 가지 이유 때
문이다. **첫째로**, 학자들은 이 서신의 5-6장에 있는 명백한 교훈(par-

---

19. 그 예로서 그의 논문들을 보라. "Pauli Theologiae Proprium", *NTS* 26 (1979-
　　80), 445-473(Sanders에 대한 반론)과 "Was heisst bei Paulus 'Werke des
　　Gesetzes'?" in *Glaube und Eschatologie*, ed. E. Grässer and O. Merk, Tübingen
　　1985, 123-133(Dunn에 대한 반론).
20. *Themelios* 13 (1987), 28-9에 있는 Watson의 책에 대한 나의 논평을 보라.

aentic) 부분을 어떻게 해석해야 하는지에 대해 지금까지 애매한 입장을 취하고 있다. 바울은 자유의 오용에 대해 경고하고(5:13), 그 유명한 "육체의 행위" 목록을 제시하기 때문에, 여기에서 제기되는 문제가 자유방임주의자들(libertinism)에 대한 것으로 종종 간주되기도 한다. 그렇다고 이 부분이 서신의 나머지 부분에 있는 '율법주의'(nomism)에 대한 공격과 잘 부합한다고 보기도 어렵다. 이 문제에 대해 여러 가지 해결방안들이 제시되었는데, 그 중 몇 가지는 갈라디아의 위기 전반에 대한 과격한 재평가도 있었다. 우리는 간략하게나마 서신의 이 부분에 대한 각기 다른 접근 방법들에 대해서 살펴볼 것이다. 하지만 이 지점에서 갈라디아 위기의 본질과 그것에 대한 답변 속에서 바울이 주는 윤리적인 교훈들의 역할을 분명히 하기 위해서는 이 구절들을 올바로 해석하는 것이 중요하다는 점을 언급하는 것이 좋겠다. **두 번째로,** 이 서신의 윤리적인 면이 상대적으로 홀대를 당하는 것은 '루터주의'의 신학적 합의의 부산물이다. 만약 바울이 "율법의 행위들"을 공격함에 있어서 주목표가 인간의 행위와 성취에 대한 것이라고 본다면, 바울의 독특한 윤리적 교훈들은 단순히 부가적인 것이거나, 혹은 자신이 반율법주의자(antinomian)로 오해받지 않기 위한 것이라는 결론이 된다. 이 교훈들이 반드시 필요한 것이었다고 인정하게 되면, 바울도 "행위들"을 권장하는 데 관심이 있었음을 인정하는 것이 된다.[21]

---

21. W. Marxen, *Einleitung in das Neue Testament*, 4th edition, Gütersloh 1978, 64 에서, 문제는 바울이 서신의 첫 번째 부분에서 "율법주의"를 공격하고 있지만, "갈라디아서의 마지막 부분에서 윤리적 권면을 주는 것은 다시 율법주의

따라서, 윤리에 특별한 관심을 가지고 갈라디아서에 접근함으로써, 우리는 아직도 이 서신에서 충분하게 연구되지 않은 부분에 집중할 것이다. 그러나 이 문제를 제대로 다루자면 이 서신에 대한 많은 논쟁들에 관여할 수밖에 없다. 그리고 이 서신의 역사적 배경, 즉 갈라디아의 "선동가들"의 메시지와 갈라디아인들의 사회적인 배경 모두에 대해 새롭게 연구할 필요가 있다. 서신의 저술 연대와 '북부' 또는 '남부' 갈라디아설에 대한 예전의 논의들을 재개하자는 것이 아니다. 내 생각에, 확실한 결론을 내리기에는 서신의 저술 연대에 대한 증거가 너무 불명확하다.[22] 한편 대부분의 학자들과 마찬가지로, 나도 '북부' 갈라디아설에 가깝다.[23] 공교롭게도 이 후자의 견해는 역사적 정보들이 아주 부족한 아나톨리아(Anatoloia) 지역에 바울의 교회들이 있었다는 뜻이다.[24] 그럼에도 불구하고, 바울의 서신을 분별력 있

가 되는 것"이라고 말한다.

22. 그래서 나는 Betz, *Galatians*, 9-12의 불가지론에 동의하는 편이다. 문체(stylistic)를 근거로 시기를 확정하려는 다양한 시도들을 납득할 수 없는 것과 마찬가지로, 갈라디아서의 모금에 대한 언급(2:10)을 근거로 고린도전서 16장과의 관계를 확정시키려는 Hyldahl과 다른 학자들의 노력 또한 납득할 수가 없다. Hyldahl, *Chronologie*, 64-75를 보라.

23. Bruce, *Galatians*, 3-18는 최근에 수신지가 갈라디아 지방의 남부 도시들에 있다는 Ramsay의 주장을 되풀이했다. 나는 이 가설을 확신 있게 배제시킬 수 있다고 생각하지 않는다. 특히 바울이 "갈라디아 지방"에 대한 사도행전의 견해(행 16:5; 18:23)를 공유하고 있는지도 모르기 때문에 그렇다. 그러나 W. G. Kümmel, *Introduction to the New Testament*, E. T. of 17th revised edition, London 1975, 296-298과 대부분의 현대 해석가들과 마찬가지로, 나는 논증의 무게가 북부 갈라디아 지역 쪽으로 분명하게 기운다고 생각한다.

24. S. Mitchell, "Population and Land in Rome Galatia", *ANRW* II. 7.2, 1053-1081은 이 지역에서 나온 몇 가지 비문 자료를 분석하는데, 무엇보다도 이 비문

게 사용하고, 또 당시의 상황에 비추어 보면서 이 서신의 사회적 배경에 대해 언급하는 것이 가능하리라 생각한다.

따라서 우리의 연구는 먼저 율법에 대한 바울과 그의 대적자들의 논쟁이 갖는 사회적이며 실천적인 측면에 집중할 것이다. 물론 여기에는 단지 갈라디아서의 마지막 두 장만이 아니라, 전체 서신을 포함시켜야 할 것이다. 그럼에도 불구하고 갈라디아서에 접근하는 일부 새로운 방법들은 어떻게 하면 이 마지막 도덕적 교훈들을 더 잘 이해할 수 있는지를 제시해준다. 만약 갈라디아서가 일반적인 의미에서의 "행위들"에 대해 말하는 것이 아니고, 어떻게 해야 이방인들이 하나님의 백성의 일원이 되는가에 대한 것이자, 그들이 취해야하는 생활 방식에 대한 것이라면, 윤리적인 권면은 있어야 할 위치에 있는 것이다. 우리의 목적은 그러한 권면의 목적이 무엇인지를 분명하게 설명하는 것이다.

그러나 우리의 첫 번째 과제는 갈라디아서 5-6장에 있는 교훈 자료에 대한 다양한 접근방법들과 이 구절들에 대한 논쟁에 내포되어 있는 문제들이 무엇인지 설명하는 것이다. 그런 다음에 우리는 바울의 윤리학을 전반적으로 이해하는 데 갈라디아서가 공헌한 부분에 대한 견해들을 보충할 것이다. 왜냐하면 우리의 궁극적인 목적은 이

의 내용은 대부분의 시골 사람들이 그리스어를 사용하지 않았다는 것을 보여준다. 따라서 우리는 앙키라(Ankyra), 타비움(Tavium) 그리고 페시누스(Pessinus) 같은 도회지에 바울서신의 수신자들이 살았다고 추측해 볼 수 있다.

서신에 대한 더 나은 이해를 얻는 것만이 아니라, 바울의 신학과 윤리와 관련된 광범위한 많은 문제들을 명료하게 하는 데 있기 때문이다.

5:13-6:10의 교훈 자료에 관한 견해들

갈라디아서를 해석하는 사람들이, 이 서신의 주요 주제에 대해서는 동의하면서도, 5:13-6:10에 있는 도덕적인 교훈의 기능에 대해서는 폭넓고 다양한 견해들을 내세운다. 견해의 차이들은 부분적으로 서신의 구조에 대한 판단과 연관된 것이기는 하지만(아래 68-69쪽을 보라), 주로 갈라디아서 1-4장에 있는 논증과 교훈 자료의 관계라는 더 근본적인 질문과 관련된 것이다. 다양한 해석들이 있지만 대략 두 개의 그룹으로 나눌 수 있다: i) 이 자료가 전체적으로 또는 대부분 이 서신의 주요 논증과 관련이 없다고 보는 해석들, 그리고 ii) 이 자료를 전체 서신의 해석에 통합시키려고 하는 해석들. 이 두 가지 구분을 차례대로 살펴볼 것이다.

1. 전체적으로 또는 대부분 서로 연관성이 없는 갈 5:13-6:10

a) 삽입된 단락. 아마도 5:13-6:10을 주변의 문맥에서 분리시키려는 가장 급진적인 시도는 오닐(J. C. O'Neill)의 시도일 것이다. 오닐은 전체 단락을 후대의 편집자가 삽입해 넣은 것으로 간주하는데, 이 단락 전체가 서로 연관성이 없는 도덕적 교훈들을 모아놓은 수집물이

라고 본다.[25] 오닐은 이 단락을 반율법주의(antinomianism)에 대한 경고
이며, 따라서 노골적으로 율법주의에 반대하는 갈라디아서와는 어울
리지 않는다고 보았다. "이 단락은 모든 그리스도인들을 향한 것이
며, 인간의 공통된 유혹들에 대응하기 위한 것이다. 바울이 본래 이
서신에서 대응하고자 했던 긴급한 문제와 특별히 연관이 있는 것은
아니다"(67). 게다가, 이 단락은 일관적이거나 지속적인 논증으로 서
로 연결된 것도 아니고, 실제적인 연결에는 도움이 되지 않는, 형식
적이고 피상적인 연결만이 있을 뿐이라는 것이다. 이 전체 단락이 삽
입된 것이라고 말하면서, 오닐은 이렇게 결론 내린다. "나는 이 수집
물에서 특별히 바울적인 성향을 발견할 수 없고, 특별히 갈라디아인
들이 직면하고 있는 상황과 관계가 있는 것을 발견할 수가 없다"(71).
당연한 것이지만, 그와 같은 대담한 가설은 다른 학자들의 지지를 거
의 얻지 못했다.[26] 이 가설의 한 가지 장점은 이 교훈이 갈라디아서의
주요 주제와 관련이 있는지에 대한 문제를, 가장 과격한 방법으로 제

25. J. C. O'Neill, *The Recovery of Paul's Letter to the Galatians*, London 1972, 65-71.
O'Neill은 이 서신의 전부 혹은 부분의 비진정성을 주장하는 자들에 대해 역
사적으로 개관하고(1-15), 5:13-6:10의 일부 또는 전부를 배제시키는 견해의
선례로 Völter, Weisse 그리고 Cramer의 저서를 인용한다(71).
26. "성경본문에 외과 수술의 칼을 들이대는 것은, 외과 의사의 입장에서는 인
정하지 않겠지만, 훨씬 많은 경우에 그가 성경 본문을 있는 그대로 이해하
지 못했다는 것을 의미한다"는 G. B. Caird(*The Language and Imagery of the
Bible*, London 1980, 114 n.3)의 확신에 대부분 공감할 것이다. John Drane
은 O'Neill의 손에서는 갈라디아서가 "신뢰할 수 없는 여러 출처들에서 뽑
아낸 신학적인 조각을 모은 미심쩍은 수집물이 돼버린다"고 불평한다.
Paul: Libertine or Legalist? A Study in the Theology of the Major Pauline Epistles,
London 1975, 93.

기한 것이다.

b) 서신의 나머지 부분과 전혀 연관성이 없는 "교훈"(Paraenesis). 오닐이 5:13-6:10을 바울의 것으로 보기에는 너무 일반적이고 단편적이라고 보았음에도 불구하고, 디벨리우스(M. Dibelius)와 초기 기독교의 "교훈"에 대한 디벨리우스의 정의를 받아들였던 사람들은 바로 그 특징들을 다르게 설명했다. 디벨리우스는, 벤트란트(Wendland)와 베체라(Vetschera)의 저서를 바탕으로, 그리고 유대교와 기독교 문헌에 대한 광범위한 분석을 통해서, "교훈"(paraenesis)이라고 부르는 문학 장르의 독특한 특징들을 정의했다. "우리는 교훈이라는 말을 일반적으로 윤리적인 내용의 충고들을 한데 엮어 놓은 글을 나타내는 데 사용한다." 거기에는 "아주 다양한 말씀들과 말씀군(sayings and groups of sayings)"이 포함되지만, "특별한 순서도 없고, 특정한 상황의 절박한 중요성을 강조하는 특별한 사상도 없다."[27] 디벨리우스는 야고보서를 분석하면서 이 장르에 대해 아주 자세하게 논의했지만, 또한 이 교훈이라는 장르가 바울의 구절들 중 많은 부분들도 잘 설명해준다고 보았다. 바울서신의 권면 부분들(hortatory sections: 예, 롬 12-13장; 갈 5:13-6:10; 골 3:1-4:6; 살전 4:1-12; 5:1ff)은 바울이 쓴 것이 틀림없지만, "바울의 윤리학의 이론적인 토대와는 전혀 관계가 없으며, 바울 특유의 사상과도 거의 상관이 없다"는 것이다.[28] 문체나 내용에 있어서 그 부분들은 다른 초기 기독교의 자료들에서도 발견되는 기독교의 권면 전통에 속한다

---

27. *A Commentary on the Epistle of James* (revised by H. Greeven), E. T. Philadelphia 1976, 3; 1-11 전체가 중요하다.
28. *From Tradition to Gospel*, E. T. London 1934, 239.

는 것이다. "특히 그것들은 서신의 상황과 직접적인 관계가 없다. 교
훈이나 명령들이 특정한 교회나 특정한 사건 때문에 기록된 것이 아
니라, 초기 그리스도인들의 일반적인 필요 때문에 작성된 것이다. 그
것들의 의미는 사실적인 것이 아니라 현실적인 데 있다—실제적인
필요가 아니라 일반적인 원리라는 말이다"(독일어로, "Sie haben nicht aktu-
elle, sondern usuelle Bedeutung").[29]

디벨리우스는 분명히 갈라디아서 5:13-6:10을 이 장르, 즉 "교훈"
에 포함시킨다. 그는 이 부분에 대해 다음과 같은 생각을 했다. "거기
에는 고조된 감정과 심각한 상황의 흔적이 거의 남아있지 않다. 바로
이 지점에서 우리는 바울서신에 있는 이런 도식적인 부분들이 특정
상황의 제약 속에서 어느 정도나 자유로운지를 분명하게 보게 된
다."[30] 게다가 전통적인 목록들(5:19-23)과 표제어들을 사용해서 일반
적인 경구들을 묶는 방식(6:1-10)은 디벨리우스의 주장을 확증해주는
것처럼 보인다. 그래서 디벨리우스는, 전형적인 "교훈"인 5:13-6:10
은 갈라디아의 위기나 바울의 초기의 신학적 논증들과는 아무런 실
제적인 연관이 없다는 결론을 내릴 수 있었다.

이 연관성에 대한 디벨리우스의 혁신적인 양식비평적 연구는 다
른 많은 학자들에게 영향을 끼쳐왔다.[31] 그러나 "교훈"에 대한 그의

---

29. *From Tradition*, 238; 본래 인용은 *Die Formgeschichte des Evangeliums*, 3rd
    edition, Tübingen 1959, 239. Dibelius는 *A Fresh Approach to the New Testament
    and Early Christian Literature*, E. T. London 1936, 143-4와 *Paul* (ed. and
    completed by W. G. Kümmel), E. T. London 1953, 93에서도 비슷하게 말한다.
30. *Fresh Approach*, 159.
31. "교훈"에 대한 그의 설명들은 A. Hunter, *Paul and his Predecessors*, revised

정의가 옳았는지의 여부에 대해서는 논쟁이 치열하다. 많은 학자들은 상당히 많은 신약의 구절들이 해당되는 장르가 그렇게 쉽게 정의될 리가 없다고 생각한다.[32] 나는 다음에 이어지는 부분에서 "교훈"(paraenesis)과 "교훈적"(paraenetic)이라는 용어를 넓은 의미에서, 모든 종류의 도덕적인 훈계에 대해 사용할 것임을 분명하게 밝힌다. 더욱 중요한 것은, 반복해서 율법에 대해 언급하는 구절(5:14, 18, 23; 6:2)과 서신의 앞부분에서 보게 되는 영과 육체의 이원론에 근거한 구절(3:3; 4:29)이 정말로 디벨리우스가 주장했던 것처럼 갈라디아의 상황과 무관

---

edition, London 1961, 52-7; A. Schulz, "Grundformen urchristlicher Paränese", in *Gestalt und Anspruch des Neuen Testaments*, ed. J. Schreiner and G. Dautzenberg, Würzburg 1969, 249-261; 그리고 P. Vielhauer의 영향력 있는 책인, *Geschichte der urchristlichen Literatur*, Berlin 1975, 49-57에 영향을 주었다. E. Käsemann은 Dibelius의 이론을 *New Testament Questions of Today*, E. T. London 1969, 188-195와 196-216에 각각 들어있는 그의 두 논문인, "Worship and Everyday Life. A Note on Romans 12"와 "Principles of the Interpretation of Romans 13"에서 로마서 12-13장에 적용시켰다. 갈라디아서 주석을 쓴 사람들 중에서는, F. Mussner, *Der Galaterbrief*, Freiburg 1974, 396, 408과 J. Becker, *Der Brief an die Galater*, Göttingen 1981, 4, 67은 5:13-6:10의 일부 혹은 전체에 대한 Dibelius의 판단을 받아들이는 편이다. 또한 J. Eckert, *Die urchristliche Verkündigung im Streit zwischen Paulus und seinen Gegnern nach dem Galaterbrief*, Regensburg 1971, 149-152를 보라.

32. 특히 R. Schnackenburg, art. "Paränes", in *Lexikon für Theologie und Kirche*, VIII, 2nd edition, Freiburg 1963, 80-82; L. G. Perdue, "Paraenesis and the Epistle of James", *ZNW* 72 (1981), 241-256 and W. Schrage, *Die konkreten Einzelgebote in der paulinischen Paränese. Ein Beitrag zur neutestamentlichen Ethik*, Gütersloh 1961, 37-48를 보라. H. D. Betz는 Dibelius가 이 주제를 "여러 저자들로부터 기인한 다양한 자료들을 무작위로 수집한 것과 다를 바 없는 것"으로 취급한다고 비판한다. *Galatians*, 254 n. 7.

한 것인지 질문해야만 한다는 것이다. 디벨리우스의 주장은 아마도 5:25-6:10과 가장 잘 들어맞는 것 같은데, 이것에 대해서는 제5장에서 이 구절들에 대해 논의하면서 상세하게 살펴보게 될 것이다.

c) 예상되는 반대들 혹은 오해들에 대한 방어. 5:13-6:10과 서신의 나머지 부분의 관련성에 대해 오닐과 디벨리우스만큼 부정할 학자들은 거의 없지만, 상당히 많은 학자들은 이 부분을 이 서신의 앞부분에 대해서 있을 수 있는 오해를 떨쳐버리기 위해 고안된 변증적인 부록(apologetic appendix)으로 간주한다. 예를 들어, 버튼(E. de W. Burton)은 5:13-26이, "사실상, 서신의 주요한 주제와 연관되어 있지만 이전에는 다루어진 적이 없는 새로운 국면의 주제를 다루고 있다. 한편으로는 율법으로부터의 자유에 대한 그의 교리가 사람이 악행을 범하지 않도록 억제해주는 금지조항을 제거하는 것이라는 주장이 제기될 수도 있고, 다른 한편으로는 분명히 자유에 대한 교리를 받아들인 사람들이 이것이 마치 악행도 자유롭게 저지르라는 것인 양 오해하는 위험에 빠질 수도 있는데, 바울이 예방하는 차원에서 갈라디아 사람들에게 이런 잘못에 빠지지 말고, 오히려 그 대신에 사랑을 통해서 서로를 섬기라고 권면하는 것"이라고 주장한다.[33] 버튼의 견해는 5:13이 "주요 논증에서 요구했던 행동 방침에 대한 오해나 반대를 피

---

33. E. de W. Burton, *A Critical and Exegetical Commentary on the Epistle to the Galatians*, Edinburgh 1921, 290. 그는 5:13에 나오는 μόνον(오직)에 대해 이렇게 말한다: "하나의 전환점인 이 단어를 기점으로 해서, 갈라디아서의 사상은 자유에서, 이것과 완전히 정반대 문제의 상황인, 오용된 자유의 위험으로 전환된다"(291).

555

하기 위해 다른 주제를 도입하고 있다"거나[34] 혹은 "유대인의 율법을 대하는 바울의 태도 때문에 예상되는 반대를 대비해서 미리 선수를 친 것에 불과"하다고[35] 주장하는 다른 많은 학자들에게 영향을 주었다.

이렇게 아주 낯익은 접근방법을 뒷받침해주는 중요한 근거가 있다. 곧, 바울이 2:17("그리스도께서 죄를 짓게 하는 자냐?")에 있는 비난 때문에 자신의 윤리적인 입장을 설명했을 수도 있겠지만, 5:13에 있는 자유에 대한 신중한 정의는 오해로부터 자신을 방어하려는 시도처럼 보인다는 것이다.[36] 그리고 분명히 다른 서신을 보면, 바울은 율법으로부터의 자유라는 그의 가르침에 대해서 예상되는 오해나, 실제 발생

34. *JBL* 100 (1981), 305-6에 있는 H. D. Betz(*Galatians*)에 대한 W. A. Meeks의 논평을 보라.

35. Drane, *Paul*, 81; Drane은 이 단락은 "사실상 추가된 부분"이라고 할 수 있는데(54), 왜냐하면 이 단락의 "막연한 내용"이 실제적인 자유방임주의의 위험을 염두에 두지 않았다는 것을 나타내기 때문이라고 주장한다(81-2). 주석가들 중 5:13-6:10을 별도의 변증적 단락이라고 보는 사람으로는 F. Sieffert, *Der Brief an die Galater*, Göttingen 1899, 314-5, G. Duncan, *The Epistle of Paul to the Galatians*, London 1969, 142, J. Bligh, *Galatians. A Discussion of St. Paul's Epistle*, London 1969, 416, H. Schlier, *Der Brief an die Galater*, Göttingen 1971, 242, U. Borse, *Galater*, 189-90, 그리고 Mussner, *Galaterbrief*, 367-8이 있다. 참조, Luther는 다음과 같이 말한다: "기독교의 교리가 선행을 파괴하거나, 사회의 질서와 대항해서 싸우는 것처럼 보이지 않게 하기 위해, 사도는 또한 우리 스스로 선행을 실천하라고 권면한다." *A Commentary on St. Paul's Epistle to the Galatians*, Cambridge 1953, 481.

36. U. Wilckens, "Zur Entwicklung des paulinischen Gesetzesverständnisses", *NTS* 28 (1982), 154-190은 5:13-6:10이 "그리스도의 이름으로 이교도의 죄를 합법화하는 신성모독"을 저지르고 있다는 2:17의 비난에 대한 바울의 항변이라고 주장한다(176).

한 오해에 대해서 알고 있다(롬 3:8; 6:1, 15; 고전 6:12).

만약 이 부분에 변증적인 특징이 있다고 한다면, 우리는 바울이 어떻게 자신을 변호했는지, 그리고 그렇게 할 필요가 있다고 생각한 이유가 무엇인지를 보다 세밀하게 검토해볼 필요가 있다. 그러나 우리는 또한 이 부분이 오직 이런 근거하에서만 이해되어야 하는지에 대해서도 물어야 한다. 변증적인 목적과 뚜렷한 관련이 있지 않더라도, 바울이 5:13-6:10에 있는 그와 같은 일련의 도덕적인 교훈들을 제시했다는 사실을 고려해볼 때, 우리는 갈라디아의 상황에 그와 같은 권면을 요구하는 다른 요인들은 없었는지 살펴보아야 한다. 따라서 이 부분을 단순히 지엽적인 내용이나 부록으로 다루는 것은 충분하지 못하다.[37]

d) **두 번째 전선에 대항한 권면.** 지금까지 연구를 통해 제시된 의견들의 매력 중 하나는 갈라디아서의 이 부분에서 많은 사람들이 근본적인 문제라고 느꼈던 것을 다소나마 해결하는 데 도움이 된다는 것이다. 서신의 나머지 부분들이 분명하게 율법 준수의 위험에 대항한 것인 반면에, 이 부분은 정반대의 위험인 자유를 육체적인 방종에 사용하는 것, 즉 자유방임주의(libertinism)에 대한 경고처럼 보인다는 것이다(5:13, 19-21). 쥬윗(Jewett)이 그 문제를 잘 요약해주었다. "딜레마의

---

37. D. K. Fletcher는, 자신의 미간행 박사학위 논문에서, 이 부분을 주로 변론으로 보는 사람들에 대한 충실한 연구를 제공해주었다. *The Singular Argument of Paul's Letter to the Galatians*, Princeton 1982, 5-44. 그는 이런 견해에 대해 반대한다(84-98). 그는 이 부분을 자투리로 간주하는데, 바울이 "자유에 대해 거리낌 없이 쓰는 것은 끝에서만" 해야 했기 때문이라는 것이다(96).

핵심은 갈라디아 회중에게 자유방임주의적 경향이 분명히 존재한다
는 것인데, 이것은 서신의 주요 논증이 정통 율법주의에 대항하고 있
다는 것과 조화되기 어렵다."[38] 우리가 이미 살펴보았듯이, 오닐과 디
벨리우스는 5:13-6:10을 서신의 나머지 부분과 연관이 없는 삽입이
나 일반적인 교훈의 단편으로 취급함으로써 이 문제를 에둘러서 피
해간다. 그러나 다른 많은 학자들은 이 부분을 자유사상가(libertine)로
오해되는 것을 방지하기 위한 바울의 변론으로 간주한다.

이와 같은 명백한 두 가지 현상을 설명하기 위한 또 다른 시도는
뤼트게르트(W. Lütgert)가[39] 제창했고 후에 롭스(J. H. Ropes)가[40] 받아들인
"두 전선 이론"(two-front theory)이었다. 뤼트게르트는 바울의 입장이 율
법주의자들로부터만이 아니라, 자신들이 새롭게 찾은 영적인 자유를
남용하던 "영적인 사람들"(spirituals: Pneumatiker/freie Geister)의 당파로부

---

38. R. Jewett, "The Agitators and the Galatian Congregation", *NTS* 17 (1970-71), 198-212, 특히 198.

39. W. Lütgert, *Gesetz und Geist. Eine Untersuchung zur Vorgeschichte des Galaterbriefes*, Gütersloh 1919.

40. J. H. Ropes, *The Singular Problem of the Epistle to the Galatians*, Cambridge, Mass. 1929. 사실상 자유방임주의자들로 구성된 두 번째 당파이론은 이미 M. L. de Wette, *Kurze Erklärung des Briefes an die Galater*, Leipzig 1841, 76과 A. Bisping, *Erklärung des zweiten Briefs an die Korinther und des Briefes an die Galater*, Munster 1863, 292-3이 논의를 제기한 바 있다. J. B. Lightfoot, *Saint Paul's Epistle to the Galatians*, 2nd edition, London 1866도 마찬가지로 5:13에 대해 다음과 같이 언급한다: "고린도 교회에서와 마찬가지로, 여기에서도 극단적인 반율법주의적 경향을 보였던 유대주의자들에게 반대하는 당파가 있을 수 있다"(205); 그러나 그는 이 점을 강조하지도 발전시키지도 않는다 (*ibid.* 6:1에 대해 언급하는 212를 보라).

터도 위협받았다고 보았다. 이 두 당파들은 서로 다투고 있었지만(9-21, 59-67; 갈 5:15을 보라), 바울을 증오하는 일에는 하나가 되었다(106). "영적인 사람들"(Pneumatiker)은 바울이 사람을 의지하고 예루살렘의 사도들에게 종속되었다고 공격했으며, 바울이 이제는 할례를 행하고 율법을 다시 세우려한다고 불평을 해댔다(22-58; 갈 5:11; 2:18). 이에 바울은 격하게 반응했다. 5:7-6:10에서 그들을 교만하고 무책임하다고 꾸짖었다. 그들이 이교도의 악행들과 프리기아의 퀴벨레 제의(Phrygian Cybele-cult)에서처럼 황홀경에 빠지는 광란을 다시 끌어들였다는 것이다(31-34, 79-82; 갈 4:8-11; 5:12). 더 나아가서, 뤼트게르트는 이런 이방인 회중들 속에서 율법주의자들이 승리한 것은 오직, 바울이 그러한 이교도적인 무절제로 인한 핍박을 방지하기 위해 갈라디아인들에게 할례를 받고, 그래서 "종교적으로 합법적인" 유대인 분파의 하나로 보호를 받으라고 촉구했다고 가정할 때만 설명이 가능하다고 주장한다(94-106). 이런 식으로 두 가지 위험이 연결되어 있었기 때문에, 바울은 동일한 서신에서 똑같은 힘을 쏟아서 그들을 대항해야만 했다는 것이다.

뤼트게르트의 논문은 강력하고 독창적인 주장을 제시했다. 그리고 약간 수정하기는 했지만, 롭스는 그의 분석을 훌륭하게 뒷받침했다. 롭스는 3:1-5:10에 나오는 전체 논증이 율법주의자와 반-유대교 급진주의자 모두를 상대하기 위해 조심스럽게 균형을 유지한 것으로 본다. 그리고 5:13 이하에서는, "실제로 그 경고가 필요한 사람들에게 했던, 해이해진 경향에 대한 직접적인 경고처럼 들린다. 논증의 목적 때문에, 바울이 실제로 그 경고가 필요한 독자들을 위해 쓴 것이라고 하더라도, 바울이 그 문제를 다룰 **능력이 있다**는 일종의 과시로 들리지는 않는다"고 주장한다.[41] 따라서, 뤼트게르트와 마찬가지로, 롭스는 서신을 한 당파의 반대자들과 또 다른 당파의 반대자들 각각을 대항하는 부분들로 나눈다(28-42).

이 두 학자는 19세기의 학자들에게 시기상조라서 닫혀 있었던 많은 질문에 대한 토론의 물꼬를 터주는 중요한 공헌을 했다. 대적자들에 대한 그들의 논의는 여러 중요한 질문들을 촉발시켰다. 더 5:13-6:10이 변증적인 것뿐만 아니라 반론적인 자료도 담고 있다는 그들의 주장은 진지하게 고려해볼 만한 것이었다. 또한 서신 전체를 활용해서 갈라디아 교회의 상황을 재구성한 것이 그들의 주요 업적이라는 것을 인정해야만 한다. 그러나 서신에 대한 그들의 분석은 5:13-6:10을 서신의 주요 목적과 완전히 다른 문제에 대한 것이라고 보는 시각에 의존하고 있는데, 이 "두 번째 전선" 이론은 거의 지지를 받지 못했다.[42] 갈라디아서에는 그런 뚜렷한 구분이 전혀 없으

---

41. *Singular Problem*, 23. Lütgert도 5:13-6:10에 대해 이와 비슷한 주장을 한다: "단순한 변증에 불과한 것이 아니라, 사안에 대한 판단이 있는 논쟁이다." *Gesetz und Geist*, 15.

42. 그들의 연구에 대한 많은 비판 중에서도, Ropes, *Singular Problem*에 대한 *JTS* 31 (1930), 421-4에 있는 J. M. Creed의 논평과 Drane, *Paul*, 84-88과 W. Schmithals, *Paul and the Gnostics*, E. T. Nashville 1972, 15-17의 논평을 보라. 그러나 그들은 M. Enslin, *Christian Beginnings. Part III, The Literature of the Christian Movement*, New York 1956, 218-224와 *The Interpreter's Bible*, volume 10, New York 1953, 430에 있는 R. T. Stamm의 주석인, *The Epistle to the Galatians*으로부터 지지를 받았다. W. Foerster, "Abfassungszeit und Ziel des Galaterbriefes", in *Apophoreta*, ed. W. Eltester and F. H. Kettler, Berlin 1964, 135-141는 바울이 직접적으로 5:13-6:10에서 마음속에 자유방임주의를 염두

며,[43] 고린도전서에서 자유방임주의적 행위에 대한 바울의 의도적인
공격은 갈라디아서 5:13-6:10의 권면보다 훨씬 더 단도직입적이다.

2. 전체 서신과 연결되어 있는 갈 5:13-6:10

지금까지 우리가 개략적으로 살펴본 견해들은 이 부분이 서신의
나머지 부분과 많든 적든 분리된다는 데 일치했다. 그런 식으로 갈라
디아서를 분리해서 보는 것을, 그리고 특별히 명백하든 암시적이든
간에 두 전선 이론으로 보는 것을 의식적으로 반대하면서, 서신의 각
기 다른 부분들을 하나로 묶어서 보는 주장들이 여럿 제기되었다.

a) 할례받은 도덕적 자유방임주의자인 영지주의 대적자들에 대한 공격.
슈미탈스(W. Schmithals)는 "갈라디아의 이단"(The Heretics in Galatia)이라는
논문에서 "어떤 동향(movement)에 반대한 것이 겉보기에는 전혀 다른
[갈라디아서의] 모티프들을 반대한 것이 될 수 있는가?"라는 질문에
대해 설명한다. 그의 대답은 참신했다. 할례는 받았지만 자유방임주
의적인 윤리관을 가졌던 유대-그리스도인 영지주의자들이 있었다는
것이다.[44] 대적자들을 "유대주의자들"(Judaizers)로 보는 일반적인 가정

에 두고 있다고 본다. 그러나 이것이 "상충하는 의식 상태"를 의미하는 것이
분명하다는 주장에는 반대한다(140).

43. Lütgert와 Ropes가 자유방임주의자들에 대한 바울의 공격이 시작되는 곳에
대해 서로 다른 부분을 지목했다(Lütgert는 5:7; Ropes는 5:11)는 사실은 서신
의 분명한 단절에 대한 그들의 주장이 불확실하다는 것을 확실하게 보여준
다.

44. "Die Häretiker in Galatien", *ZNW* 47 (1956), 25-67, revised and translated in
Paul and the Gnostics, 13-64; n.15에서 질문을 제기한다. Schmithals는 자신의
해결책이 F. R. Crownfield, "The Singular Problem of the Dual Galatians", *JBL*

에서 이탈해서, 슈미탈스는 당시의 이론들 속에 있던 약점을 지적했
다. 특히 기존의 이론들이 "갈라디아인들의 방탕한 행동(sarkic conduct)
에 대해 다소 신랄하게 지적하는" 자료들을 제대로 설명하지 못했음
을 지적했다(54). 5:3과 6:13에 나오는 바울의 진술에 근거해 논증하
면서, 그는 대적자들이 진지하거나 철저한 토라 준수자들(Torah-observ-
ers)이 아니라, 육체의 족쇄를 풀어주는 '[세상의] 요소들'(στοιχεῖα)에
대한 존경과 더불어 할례를 옹호하는 자들이었다고 주장했다(32-43).
즉, 그들을 (유대-그리스도인) 영지주의자들로 보는 것이다. 영을 소유했
다는 이들의 자부심은 (고린도 교회의 "영지주의" 문제에 필적하는) "황홀경 상
태의 방종"(46) 그리고 거만한 태도와 잘 맞아 떨어진다고 말한다. 따
라서 바울의 가장 날카로운 공격은 갈라디아 5-6장에 있는 윤리적인
경고에서 찾아 볼 수 있다는 것이다. 여기에서 바울은 그들에게 영을
따라서 겸손하게 행하라고 강하게 권면한다. 그리고 하나님을 만홀
히 여기는 위험에 대해 경고한다.[45] 슈미탈스는 "갈라디아 사람들이
할례를 행했으나, 그 외에는 율법주의적인 방식보다는 자유방임주의
적인 모습으로 사고하고 생활했음이 아주 분명하다"고 결론 내린다

---

64 (1945), 491-500에 의해서 어느 정도 예고된 것이라는 것을 몰랐음이 분
명하다. Crownfield는 갈라디아서에서 자유방임주의적인 혼합주의자들을 발
견하기는 했었다. 그러나 그는 단지 5:13-6:10을 갈라디아인들에게 그리스도
인들은 "일상적인 도덕의 기준을 업신여기지" 않아야 한다는 것을 보여주기
위한 바울의 시도라고 설명하는 것에 그쳤다(496).

45. Schmithals는 갈라디아의 분명한 상황에 입각한 설명이 "갈 5:13-6:10에서
요구되는 것과 마찬가지로 서신의 다른 부분에서도 요구된다"고 주장한다
(49). 그리고 그는 "이런 모든 악행과 덕행 하나하나가[5:19-23] 갈라디아에
있었던 것으로 보이는 상황에 정확하게 들어맞는다"고 주장한다(53).

(52). 그 이후의 논문에서도, 슈미탈스는 계속해서 독특한 주장을 한
다. 다른 강조점 중에서도, 그는 여전히 갈라디아서 5-6장의 윤리적
인 교훈은 "반유대주의로 해석할 만한 특징은 없고", 오히려 이것은
서신 전체를 통해서 염두에 두고 있는 자칭 영적인 사람들(6:1)에 대
한 구체적인 공격으로는 아주 적절한 것이라고 주장한다.[46]

여기에서 슈미탈스가 영지주의자들이 대적자들이었다고 제시하
는 증거를 파헤치는 것은 불가능하다(아래 2장에 있는 언급들을 보라). 그러
나 우리는 전체 서신의 논쟁에 대한 일관된 설명을 제시하고자 하는
그의 노력에 대해서는 주목할 필요가 있다. 안타깝게도 그의 주장은
두 가지 이유 때문에 문제의 소지가 있다. i) 그는 갈라디아서 3-4장
에 있는 율법에 대한 바울의 논증을 제대로 설명하지 못한다. 그리고
마찬가지로, 갈라디아서에 있는 모든 다양한 주제들에 대해서도 설
명하지 못한다.[47] ii) 그는 5:13-6:10에 나오는 바울의 윤리적인 교훈
이 "전형적인 영지주의적인 행동 방식"(52)에 대한 것이라고 가정하

---

46. "Judaisten in Galatien?", ZNW 74 (1983), 27-58, 특히 33; 그는 또한 이 구절
들을 일반적이고 연관성이 없는 "교훈"으로 간주하는 Vielhauer에 대해 강하
게 반대한다(33-34).

47. 특히 Gnostics, 33-34, 41을 보라. 그곳에서 그는 갈 3-4장에 나오는 대부분
의 자료들은 단순히 그 당시에 바울과 유대인들이 논쟁하던 "주제들"(topoi)
을 나타내는 것일 뿐, "갈라디아의 상황을 직접적으로 나타내는 것은 거
의 담고 있지 않다"고 주장한다. 그는 자신의 입장을 근본적으로 수정하
지 않은 채로, "Judaisten", 36-37, 43-51에서 자신의 입장을 설명하려 한
다. 당연히 갈 3-4장에 대한 그의 논법은 엄청난 비판을 받아왔다: 예, D.
Georgi, *Die Geschichte der Kollekte des Paulus für Jerusalem*, Hamburg 1965, 35
와 E. Güttgemanns, *Der leidende Apostel und sein Herr. Studien zur paulinischen
Christologie*, Göttingen 1966, 184-85를 보라.

지만, 본문을 선입견 없이 읽어보면 그와 같은 해석을 지지하기는 거의 불가능하다.[48]

슈미탈스의 논제는 몇 가지 변형과 수정을 통해서 많은 학자들이 수용했다. 그러나 갈라디아서 5-6장에 대한 새로운 연구를 시작한 사람은 거의 없다.[49] 그럼에도 우리가 여기에서 주목해야 할 업적은 일찍이 마르크센(Marxen)이 주장했던 것이다.[50] 마르크센은 슈미탈스를 따라 바울이 갈라디아서 5-6장에서 영지주의적 자유방임주의의 무절제함을 공격했다고 가정한다. 그러나 앞의 장들에서는 바울이 바리새파 유대주의자들로 보이는 대적자들을 공격했다고 주장했다. 이런 비일관성은 갈라디아의 위기에 대한 바울의 부적절한 인식과 그로 인한 혼동에서 기인했다는 것이다. 갈라디아의 실제 문제는 영지주의의 영향을 받은 세상의 기초물질들(world-elements)에 대한 숭배

---

48. Schmithals에 대한 일반적인 비판들에 대해서는, Jewett, "Agitators"와 R. McL. Wilson, "Gnostics—in Galatia?", in *Studia Evagelica IV*, ed. F. L. Cross, Berlin 1965, 358-67를 보라.

49. 특히 Georgi, *Kollekte*, 35-37, K. Wegenast, *Das Verständnis der Tradition bei Paulus und in den Deuteropaulinen*, Neukirchen-Vluyn 1962, 36-40 그리고 D. Lührmann, *Das Offenbarungsverständnis bei Paulus und in paulinischen Gemeinden*, Neukirchen-Vluyn 1965, 67-73을 주목하라; Mussner, *Galaterbrief*, 17-24에 나오는 보다 충실한 개관을 보라. 이것들은 모두 Schmithals의 논지를 수정한 것인데, 그들은 "영지주의자들"이 또한, 최소한 어느 정도는, 율법 준수자들이었다고 본다. 그러나 그로 인해서 그들은 갈 5-6장에 대한 Schmithals의 해석의 근거를 제거해버린다.

50. W. Marxen, *Introduction to the New Testament*, E. T. Oxford 1968, 50-58. 그는 그후 Betz의 주장을 더 선호해서 이 주장을 철회한다(아래의 63-67쪽을 보라). *Einleitung*, 56-71.

와 윤리적인 해이함이었다고 말한다. 바울이 이것을 공격한 것은 옳
았지만, 할례 의식과 율법을 준수하고자 하는 열망을 연관시킨 것은
잘못이었다는 것이다. 이런 식으로 마르크센은 서신을 하나로 묶었
다. 그러나 엄청난 대가를 지불했다. 사실상 그는 두 전선 가설로 거
의 되돌아가고 있었다.[51] 안타깝게도 이 주장은 자신이 바울보다 갈
라디아의 상황을 더 잘 이해할 수 있다고 하는 위험한 가정 위에 구
축한 것이었다.[52]

b) 갈라디아의 도덕적 혼란을 해결하려는 시도. 율법을 지키려고 할
만큼 도덕적으로 진지한 사람들에게 갈라디아서 5:13-6:10에 있는
그러한 교훈들이 왜 필요한 것인가? 이 질문은 이 구절들로 인해 던
지게 되는 질문이며, 지금까지 우리가 살펴본 다양한 답변들 중에서
어떤 것도 해결하지 못한 심각한 문제이다. 이 질문에 만족할 만한
대답을 하기 위해서는 율법과 관련해 갈라디아에서 무슨 일이 있었

---

51. "주석을 해보면 … 두 가지 대적자들이 존재한다. 그러나 역사적으로는 단
하나만 있었을 뿐이다"(58); 다시 말해, 5:13-6:10에 나타난 갈라디아 교인들
의 행동에 대한 바울의 비판은 "실제로 그가 공격했던 율법주의와는 맞지 않
는다"(57).

52. 사실상 이것은 Schmithals가 *Gnostics*, 18, 47 n.98, 52 n.110, 54 n.125에서 전
제했던 것들 중의 하나이다. 그러나 그 이후의 논문인 "Judaism"에서는 부
분적으로 철회되었다. R. McL. Wilson, "Gnosis, Gnosticism and the New
Testament", in *Le Origini dello Gnosticismo*, ed. U. Bianchi, Leiden 1967, 511-
527은 "우리가 이런 대적자들의 견해를 파악하기 위해 바울에게 거울을 치
켜들고자 할 때에, 그리고 우리가 찾고자 하는 것을 찾지 못했을 때에, 그가
틀렸다거나, 또는 잘 모르고 있다거나, 그리고 그가 무의식적으로 영지주의
를 염두에 두고 있었다는 결론을 내릴 수도 있다"는 위험에 대해 경고한다
(516).

는지, 바울의 도덕적인 교훈이 실제로 무엇에 대한 것이었는지를 보
다 정확하게 확증해야 한다. 방법은 각기 다르지만 쥬윗(R. Jewett)과 베
츠(H. D. Betz)가 이런 식으로 접근하고 있다. 이들은 갈라디아인들이
자신들의 도덕적인 기준에 대해 혼란스러워했으며, 그 때문에 바울
이 일련의 특별한 교훈들을 주지 않을 수 없었다고 주장한다.

　　쥬윗은 어느 흥미로운 논문에서 갈라디아인들에게 요구된 율법
준수가 상당히 피상적인 것이었기 때문에 갈라디아인들이 과거에
이방인이었을 때의 모습을 유지하게 되었고, 이로 인해 갈라디아인
들이 도덕적 혼란을 겪게 되었다고 주장한다.[53] 바울의 대적자들은
열심당 광신자들의 박해를 피하기 위해 신속하게 할례를 주려는 사
명을 가지고 유대에서 갈라디아로 왔고, "신속하고 가시적인 성과"
(208)를 얻으려는 열망으로 인해 갈라디아인들에게 전체 율법보다는
가장 가시적인 율법 준수의 단계(할례와 제의적인 종교력)를 따르도록 설
득하는 것으로 만족했다는 것이다. 이로 인해 그들은 할례를 '완
성'(perfection)의 신비로운 제의로 표현할 수 있었고(ἐπιτελεῖσθε, 3:3), 이처
럼 자신들의 메시지를 갈라디아인들의 "헬레니즘적인 열망"(Hellenistic
aspirations)과 교묘하게 일치시켰다는 것이다. 쥬윗은 비록 3:6-4:31이
율법주의의 위협에 대한 것이고, 5:13-6:10이 자유방임주의의 위협
에 대한 것이기는 하지만(209), 전체 서신이 모든 갈라디아인들을 향

---

53. Jewett, "Agitators"; 참조, Jewett, *Paul's Anthropological Terms. A Study of Their Use in Conflict Settings*, Leiden 1971, 17-20. Jewett이 쓴 논문에 나오는 버릇 중의 하나는 계속해서 "갈라디아 회중"(the Galatian congregation)이라고 언급하는 것이다(단수로!).

한 것이라고 주장한다. 이 모순에 대한 그의 해결책은 "전체 회중이
한 가지 위험에 처한 만큼 다른 위험에도 처했었다. 헬레니즘적인 전
제를 가지고 있던 회중들이 선동가들의 선동에 민감했던 만큼, 자유
방임주의자들의 미끼에도 그러했다"는 것이다(209). 첫 번째 위험은
외부에서 들어온 것이었던 반면에, 두 번째 위험은 영에 대한 갈라디
아인들의 헬레니즘적인 오해로 인한 증상이었다. 이 후자가 "완고한
자만", 윤리적인 구별들에 대한 무시, 미래의 심판에 대한 경멸과 교
만한 영적인 자의식을 만들어냈다(210-12; 갈 6:1-10). 바울이 5:13-6:10에
서 이런 "영적인 자유방임주의"(pneumatic libertinism)를 공격할 때에, 그
는 또한 아주 매력적인 "완전함" 그리고 "아브라함의 신비한 후손으
로의 진입"이라는 헬레니즘적인 가설을 공격하고 있다는 것이다
(212).

　　갈라디아의 위기에 대한 쥬윗의 재구성은 확실히 면밀하게 살펴
볼 만한 가치가 있다. 그러나 그것에도 약점이 없는 것은 아니다. 사
실 그것은 두 전선 이론과 슈미탈스의 가정들을 절충한 것이다. 비록
바울이 두 개의 전선과 싸우고 있지 않더라도, 갈라디아서는 다소 느
슨하게 정의된 실체, 곧 갈라디아인들의 "헬레니즘적인 가정"과만
관련된, 상당히 다른 두 가지 위험들을 공격하는 것으로 간주된다.
슈미탈스와 마찬가지로 쥬윗은 갈라디아서 5-6장을 (비록 이것이 특별히
영지주의가 아니라 하더라도) "영적인 자유방임주의"에 대항한 것이라고 보
고 있으며, 갈라디아인들이 율법을 준수하는 데 있어서 실제로는 전
혀 진지하지 않았다고 생각한다. 분명히 우리는 율법에 대한 갈라디
아인들의 헌신에 대해서, 특히 4:21("율법 아래 있고자 하는 자들아")과 바울

이 반복해서 말하고 있는 율법의 행위에 비추어서 더 자세하게 검토할 필요가 있다. 우리는 또한 5:13-6:10에서 자유방임주의가 실제로 주요한 문제인지의 여부에 대해서도 확인해볼 필요가 있다.

베츠는 다른 의견을 제시했는데, 아마도 이것이 갈라디아의 도덕적인 혼란을 설명하는 데 훨씬 효과적인 방법인 것 같다. 갈라디아서 주석에서, 베츠는 갈라디아 교회들이 특수한 도덕적인 문제들에 직면했었고, 그 문제들을 처리하는 방법의 하나로 율법에 끌렸던 것이 갈라디아 위기의 원인들 중의 하나라고 주장한다.[54] "초기의 열정주의" 시기가 지난 후에, 갈라디아인들은 영과 자유에 대한 바울의 가르침에 의지하는 것만으로는 설명할 수도 없고 바로 잡을 수도 없었던 육체의 문제들에 휘말렸으며, "파렴치한 악행"이라는 심각한 문제에 직면해서, 대적자들의 신학에 끌리게 되었다는 것이다. "시내산 계약을 맺고 토라에 복종하면 인간의 실패와 악행을 다룰 수 있는 수단이 그들에게 생기기 때문이었다"(273). 갈라디아인들의 이런 계산에 대해 경고하면서, "바울은 할례와 율법을 받아들이는 것에 단순히 반대만 해서는 … 갈라디아인들의 문제를 제대로 다룰 수 없다는

---

54. 특히 Betz, *Galatians*, 8-9, 273-74, 295-96을 보라; 그는 "Spirit, Freedom and Law. Paul's Message to the Galatian Churches", *SEÅ* 39 (1974), 145-60과 "In Defense of the Spirit: Paul's Letter to the Galatians as a Document of Early Christian Apologetics", in *Aspects of Religious Propaganda in Judaism and Early Christianity*, ed. E. Schüssler-Fiorenza, Notre Dame, Indiana 1976, 99-114에서 유사한 주장을 편다. D. E. H. Whiteley, "Galatians: Then and Now", in *Studia Evangelica VI*, ed. E. A. Livingstone, Berlin 1973, 619-27이 비슷한 주장을 한다(626).

것을 깨달았다. 악행과 실패, 즉 '육체'를 효과적으로 다룰 수 있는
적극적이고 가시적인 제안이 필요하다는 것이다"(273). 따라서 비록
바울이 두 가지 각기 다른 위협들로부터(하나는 육체의 힘으로부터 온 것이고,
다른 하나는 노예화시키는 율법의 힘으로부터 온 것이다) 자유를 보호하기 위해 싸
우고 있기는 하지만, 하나는 갈라디아 교회에서 일어난 최초의 문제
이고, 다른 하나는 갈라디아 교회가 그 문제에 대한 이상적인 해결책
으로 생각하던 것이므로, 서로 밀접하게 연관되어 있다. 따라서 바울
은 자유를 보호하기 위해 율법에 대항하여 논쟁하고, 육체와 관련해
서는 영의 충족성을 주장하고 있다는 것이다.

   이런 가설에는 주의 깊게 생각해볼 만한 여러 가지 매력적인 요
소가 있다.[55] 이 가설은 토라 준수의 도덕적 가치와 이에 대해 갈라디
아인이 느꼈을 매력을 강조하는 데 효과적이다. 그러나 우리는 바울
이 갈라디아인들 사이에 있었던 특별하고 파렴치한 악행을 염두에
두고 있었는지, 혹은 그들의 문제가 훨씬 광범위한 것이었는지에 대
해서 반드시 검토해보아야 한다.[56] 우리는 또한 그들이 율법과 할례

---

55. M.-J. Lagrange, *Saint Paul, Epître aux Galates*, Paris 1918은 갈라디아인들이 선
   행의 지배를 받기 원했으며, 바울이 갈 5-6장에서 권면하고 있는 것은 "이
   너그러운 성품들이, 율법의 모든 것인 자비를 통해, 영의 생명을 통해, 그리
   스도인의 생활에서 만족을 찾을 수 있는지"를 보여주려고 한 것이라고 주장
   하는 것에 비추어 보았을 때, 그도 비슷한 생각을 하고 있는 것처럼 보인다
   (144). Marxen은 대부분 Betz의 가설을 수용한다(위의 각주 50번을 보라).
56. Betz는 갈 6:1을 "파렴치한 악행"에 대한 증거로 인용한다. 그러나 그런 다음
   에는 그 스스로 바울이 이 부분에서 전반적으로 어느 특정한 죄악에 관심을
   두고 있는 것 같지는 않다는 것을 받아들인다. *Galatians*, 295-96. D. J. Lull,
   The Spirit in Galatia. Paul's Interpretation of 'Pneuma' as Divine Power, Chico

에 끌린 이유에 대해서 보다 충분히 살펴보아야 하며(후자는 베츠의 견해
에서는 쉽게 설명되지 않는다), 그들이 어떤 점에서 도덕적으로 혼란스러워
했는지 보다 정확하게 규명해야 한다.[57]

c) **율법에 대한 바울의 아이러니한 논증의 계속.** 마지막으로, 최근 들
어 많은 학자들은 바울이 율법 준수와 함께 할례 시행을 육체의 일로
규정한 사실을 강조했는데, 이는 주목해볼 만하다(3:3; 6:12-13을 보라).
그렇다면 율법(5:1-12)과 육체(5:13-6:10)를 따르는 것에 반대하는 바울의
논증은 정확하게 동일한 대상을 향할 수 있다. 특별히 후자의 본문은
지속적으로 율법에 대해 언급하고 있다(5:14, 18, 23; 6:2). 하워드(G. How-
ard)는 이런 해석의 주요 윤곽을 제시했는데,[58] 그는 율법 아래 있는
것이, 바울에게 있어서는, 육체와 밀접하게 연합된 것이며 죄 아래
팔린 것이었다고 강조한다. 이러한 경우라면 바울의 윤리적인 부분
은 자유방임주의에 대한 공격이 아니다. 또한 반율법주의의 부담에
대한 변명도 아니라는 것이다. 오히려 "그의 말들은 특별히 갈라디
아인들에게 영에서 육체로 옮김으로써 그들의 구원을 완성하라고
부추기는 유대화(Judaizing) 상황을 지적하는 것"이 된다(14). 이와 비슷

1980, 7-9, 38-39는 Betz의 "초창기 열광주의"와 그 이후의 실망이라는 주장
에 대해서 본문에 베버식(Weberian) 모델을 부과했다고 비판한다.

57. 갈 5:21은 이전에 몇 가지 도덕적인 교훈이 있었다는 것을 나타내준다.
Meeks는 5:13-6:10이 "새로운 것들이 아니라, 오히려 이미 바울에 의해서 그
들이 입교한 이후에 누렸던 그리스도인의 삶에 대한 회상"이라고 생각한다.
First Urban Christians, 116.

58. *Paul: Crisis in Galatia*, 11-14.

한 주장을 럴(Lull)과 브린스메드(Brinsmead)가 제기했는데,[59] 그들은 모두 이 부분에서 바울이 아이러니를 사용해서 공격한 것을 강조한다. 육체에서 벗어나기 위해 율법에 순종하고자 하는 갈라디아인들의 바로 그 시도가 그들을 완전히 육체에 빠져들게 한다는 것이다. 브린스메드는 특히 갈라디아서가 갈라져 서로 대비를 이룰 수는 없다고 주장한다. 즉, 갈라디아서 5:13-6:10을 포함한 전체 서신은 대적자들에 대한 "대화식 반응"이라는 것이다. 사실상 바울은 이 부분에서 그의 대적자들의 윤리적인 전승을 사용해서 오히려 대적자들을 공격하고, 특히 갈라디아인들 사이에서의 논쟁을 불러일으켰던, 그들의 "육체적인" 행위를 고발한다는 것이다.[60]

우리는 아래에서 브린스메드가 사용한 방법론의 상당 부분에 대해서 비판할 것이다. 5:13-6:10에서 바울이 묘사하는 영 안에서의 삶의 여러 가지 긍정적인 측면들을 고려할 때, 이 전체 단락을 대적자들에 대한 민감하고도 지속적인 논쟁의 일부로 보는 것은 어딘지 억지스러워 보인다. 그럼에도 불구하고, 저 "율법"과 "육체" 용어의 연결은 상당히 중요할 수 있다. 그리고 이 단락에 분열에 대한 반복된 경고가 담겨 있다고 하는 브린스메드의 지적은 정확하다(5:15, 19-21, 26; 6:1-2). 이 모든 다양한 자료들이 갈라디아 교회의 위기와 관련해서 설

---

59. Lull, *Spirit in Galatia*, 113-30; Brinsmead, *Galatians*, 164-92.

60. *Galatians*, 28-29, 163-70, 180-81, 187-92를 보라. G. Bornkamm, "Die chrisrliche Freiheit(Gal 5)", in *Das Ende des Gesetzes. Paulusstudien. Gesammelte Aufsätze* I, 5th edition, München 1966, 133-38에서 또한 갈라디아에서의 명분 논쟁과 '육체의 행위'와의 연관성에 대해 주목한다.

명될 수 있는지를 탐구하는 것이 우리의 과제가 될 것이다.

3. 갈라디아서의 문학적인 구조

위에서 살펴본 갈라디아서 5:13-6:10에 대한 견해들을 분류한 것
이 약간 도식적이기는 하지만(학자들에 따라 위에서 언급한 다양한 접근 방식들
을 결합할 수도 있고, 또 그렇게 하기도 한다), 그것은 이 문제에 대해 엄청나게
다양한 해석들이 제시되어 왔으며, 여전히 합의점에 도달하지 못했
다는 것을 보여준다.

이런 상황을 고려해 볼 때 이 부분의 기능이 무엇인지는 갈라디
아서의 문학적인 구조 속에서 이 부분이 차지하는 위치를 통해 결정
되어야 한다고 볼 수 있다. 우리가 이미 보았듯이, 가장 큰 논점 중의
하나는 과연 5:13-6:10을 갈라디아서의 나머지 부분에서 독립된 것으
로 볼 수 있느냐 하는 것이다. 따라서 갈라디아서에 대한 구조 분석이
이 문제를 해결하는 데 도움을 줄 수 있는지 살펴볼 필요가 있다.

거의 대부분의 주석가들은 갈라디아서를 구성요소별로 분류하
는데, 많은 부분에서 보편적인 합의가 이루어지고 있다(예, 6:11을 에필로
그나 추신의 시작으로 보는 것). 그렇지만 권면이 시작되는 지점에 대해서는
상당한 견해 차이가 있다. 소수가 4:12, 4:21 혹은 4:31을 택하는 반면
에, 대다수는 5:1과 5:13 사이에서 의견이 갈리고 있다.[61] 비록 몇 가지
전형적인 기준이 적용되기는 했지만(예, 5:13에서 바울이 γάρ[왜냐하면]를 사용

---

61. O. Merk가 "Die Beginn der Paränese im Galaterbrief", *ZNW* 60 (1969), 83-
104에서 여러 의견들을 훌륭하게 소개해준다.

한 것과 또는 5:1에서 οὖν[그러므로]를 사용한 것),[62] 이 문제에 대한 판단은 "권면"을 구성하는 요소가 무엇인지, 그리고 5:13-6:10에 있는 자료가 어떤 기능을 수행하는지에 대한 선행 개념에 달려 있음이 곧장 드러난다.[63] 다른 말로 표현하자면, 대부분의 학자들이 제시하는 구조의 윤곽이라는 것이 이 단락의 기능에 대한 기존 판단의 결과일 뿐, 이 문제를 해결하는 데 있어서는 어떠한 독립적인 가치도 갖지 못한다는 것이다.

그럼에도 불구하고, 일부 시도들은 좀 더 독자적인 판단을 제공한다고 주장할 수 있는데, 이들은 문학적 혹은 수사학적 관점에 입각한 구조 분석을 제시해왔다. 예를 들어, 블라이(J. Bligh)는 갈라디아서를 크고 작은 교차대구 단락들이 복합적으로 이어진다고 분석했다. 그리고 이것에 근거해서 5:11-6:11이 "도덕적 단락"을 구성하고 있다는 결론을 내렸다.[64] 그러나 그의 정교한 중복 교차대구 양식은 비현실적인 것으로 당연히 퇴출당했고, 따라서 그것은 우리의 연구에 아

---

62. 특히 W. Nauck, "Das οὖν-paräneticum", *ZNW* 49 (1958), 134-35를 보라.

63. 따라서 Merk는 5:13을 선택하는데 왜냐하면 그는 오직 여기에서만 바울이 실제로 윤리에 대한 논의를 시작한다고 생각하기 때문이다. "Beginn", 100-4; 참조, 주석가들 중에서, Schlier, Lagrange, Becker 그리고 Mussner를 참고하라. 그러나 Ebeling은 바울의 실제적인 호소는 5:1에서 시작된다고 주장한다. *Truth of the Gospel*, 239-42; 이런 견해는 Lightfoot, Burton, Guthrie 그리고 Bonnard, *L' Epître de Saint Paul aux Galates*, 2nd edition, Neuchâtel 1972에 의해서도 제시되었다.

64. *Galatians in Greek*, Detroit 1966; 참조, 그는 주석, *Galatians*에서 본래 안디옥 논쟁이 2:14에서 시작해서 5:10까지 걸쳐 있다고 주장한다!

무런 도움이 되지 않는다.[65]

베츠(H. D. Betz)가 훨씬 가능성이 높은 접근방법을 개척했다. 그는 갈라디아서를 서신으로 간주하는 양식비평적 분석에[66] 변호 연설(defence speech)이라고 하는 수사학 장르와 갈라디아서를 비교하는 새로운 관점을 추가했다. 그래서 갈라디아서가 "변증 서신"(apologetic letter)의 (아주 탁월한) 사례라고 제안한다.[67] 베츠는 분석을 통해서 갈라디아서의 통일성과 세심한 구성을 강조했으며, 갈라디아서의 구조에 대한 여러 가지 소중한 제안들을 해주었다.[68] 그러나 안타깝게도 베츠의 접

65. *JBL* 89 (1970), 126-27에 있는 Bligh의 주석에 대한 Betz의 서평에 나와 있는 날카로운 비평을 보라; "The Allegory of Abraham, Sarah and Hagar in the Argument of Galatians", in *Rechtfertigung*, ed. J. Friedrich et al., Tübingen 1976, 3-5에서 C. K. Barrett 또한 Bligh의 논제를 폐기처분한다. J. Jeremias 는 1:10-12에 근거해서 서신을 두 개의 단락, 즉 1:13-2:21과 3:1-6:10로 나누는 보다 간결한 교차대구 구조를 제안했다. "Chiasmus in den Paulusbriefen", *ZNW* 49 (1958), 152-53.

66. J. L. White, *The Form and Function of the Body of the Greek Letter*, Missoula 1972를 보라. N. Dahl은 출판되지 않은 1973년도의 SBL 세미나 페이퍼인, "Paul's Letter to the Galatians: epistolary genre, content and structure"에서 "책망"(1:12-4:11)과 "요청"(4:12-6:10)이라고 하는 구분에 근거해서, 갈라디아서의 서신적 구조에 대한 세밀한 연구를 수행했다.

67. Betz, "The Literary Composition and Function of Paul's Letter to the Galatians", *NTS* 21 (1974-5), 353-79와 그의 주석 *Galatians*, 14-25. Plato, *Epistle* 7(15)가 "변증적 서신"의 유일한 또 다른 예로 인용되고 있다.

68. 그러나 Betz의 제안은, 그러나, 이 분야의 전문가들의 폭넓은 동의를 얻지는 못했다. 특히 *RSR* 7 (1981), 323-28에 있는 D. E. Aune의 서평, *New Testament Interpretation through Rhetorical Criticism*, Chapel Hill 1984, 144-52에 있는 G. Kennedy의 날카로운 지적, 그리고 *Pauline Autobiography. Towards a New Understanding*, Atlanta 1985, 112-19에 있는 G. Lyons의 결정적인 비평을 보라. 그의 최근의 주석인 *2 Corinthians 8 and 9*, Philadelphia 1985에서 Betz가

근 방법은 갈라디아서의 교훈 단락을 이해하는 데 거의 도움이 되지 못한다. 왜냐하면 그 스스로 인정하고 있듯이, 교훈이라는 것은 수사학에서 주변적인 역할밖에 못하기 때문이다.[69] 그렇기는 하지만, 베츠가 제안한 바(5:1-6:10의) 각각의 하부 단락(5:1, 13, 25)을 이끄는 직설법과 명령법의 삼중 조합에 근거하여, 5:1-6:10의 구조적 통일성을 논증한 것은 주목할 만하다.[70]

마지막으로, 갈라디아서에 대한 베츠의 수사학적 분석을 기초로 삼으려고 하는 브린스메드(B. N. Brinsmead)의 시도에 대해 살펴보자. 브린스메드는 5:13-6:10이 대적자들의 논증을 받아서 대답하는 "논박"(refutatio)이라고 하는 수사적인 양식으로 이해할 수 있다고 주장한다.[71] 이런 근거 하에, 그는 대적자들의 "윤리적 전승"을 재구성할 수 있다고 생각하며, 이 부분의 목적은 대적자들의 윤리에 대한 논쟁적

전혀 다른 수사적인 특징(가장 정교한)을 보이는 서신들 속에서 아주 유사한 구조 양식(서론, 서술, 주장, 논증, 결론)을 발견한 것은 충격적이다. 이것은 그가 갈라디아서에 대해 제안한 구조가, 변론적이거나 변증적인 양식을 위한 특별한 것이 아니라는 것과 아마도 큰 가치를 부여하기에는 지나치게 일반적이라는 것처럼 보인다.

69. 그는 5:1-6:10을 "권면" 혹은 "교훈"이라고 부르기는 하지만 "비록 수사학 자체에서는 아닐지라도, 교훈이 고대의 수사학적 교본에서 단지 주변적인 역할만을 한다는 것을 목격하는 것은 다소 곤혹스러운 일"이라고 인정한다. *Galatians*, 254. H. Hübner도 Betz에 대한 몇 가지 비판에 대해서 그를 옹호하기는 하지만, 교훈 단락에 대한 그의 입장이 "그의 추론 중에서 가장 약한 부분"이라는 것을 인정한다. "Der Galaterbrief und das Verhältnis von antiker Rhetorik und Epistolographie", *TLZ* 109 (1984), 244.

70. *Galatians*, 254-55.

71. *Galatians*, 44, 53-54, 163-81.

반응이 틀림없다고 규정한다. 그러나 이런 이목을 끄는 제안은 대부분 전혀 근거 없는 것이다. 브린스메드는 이 구절들이 "논박"에 해당한다고 하는 그의 주장에 대한 아무런 근거도 대지 못하고 있다. 그의 논증은 바울이 "전승" 자료를 사용하는 모든 곳에서 **대적자들의** 전승에 반응하고 있음이 틀림없다고 하는, 전혀 근거 없는 가정에 입각해서 진행되고 있다.[72]

따라서 이 세 가지 경우 모두, 즉 비교적으로 객관적인 갈라디아서 구조 분석이라고 생각했던 것이 갈라디아서의 이 부분의 기능을 규정하고자 하는 우리의 모든 노력에 아무런 도움이 안 된다는 것이 입증되었다. 우리의 질문들은 분명히 오직 조심스러운 주석과 역사적인 재구성을 통해서만 해결될 수 있다.

갈라디아서와 바울의 윤리학

지금까지 우리는 갈라디아서 5:13-6:10에 나타난 교훈 자료와 그 자료의 기능에 대한 질문에만 우리의 관심을 제한시켰다. 이미 제기된 다양한 이론들의 한계에 대해 논의한 결과, (만약 이 단락들이 참으로 그의 것이라면) 바울이 왜 이런 단락들을 진술했는지 질문하기 위해서, 다음과 같은 부수적인 질문들에 대답해야 한다는 것을 알게 되었다: i)

---

72. *CBQ* (1984), 145-47에 있는 Brinsmead의 책에 대한 Aune의 신랄한 서평을 보라. Aune은 그의 주장이 "오직 믿음으로 정당화된다!"고 결론 내린다.

바울의 권면은 율법과 믿음에 대한 이전 장들의 논증과 연관이 있는가? ii) 이 단락은 갈라디아 교회의 특정한 상황과 관련이 있는가? iii) 바울의 권면을 받은 자는 누구이며, 만약 문제들이 있었다고 한다면 그가 보았던 문제들은 무엇이었는가? iv) 이 구절들에서 바울이 주로 목적하는 바가 호소, 변론, 설명 혹은 논쟁과 관련이 있는 것인가? 우리가 이 연구의 마지막 부분에서 대답할 수 있기를 바라는 질문들 중에는 이런 것들이 포함된다.

그러나 우리의 관심의 범위는 이 단락이나 이런 질문들보다 훨씬 광범위하다. 갈라디아 교회에 보낸 바울의 서신은 그의 윤리학 모든 영역에 대해 질문들을 제기한다. 이들 중 일부는 특별히 5:13-6:10과 연관이 있든지 혹은 이 단락 안에 있는 특정한 구절들과 연관이 있는 반면에, 그 외에 다른 것들은 갈라디아서의 전체 주제와 바울신학에 있어서 윤리와 율법의 역할에 대한 것이다.

다음과 같은 주제들이 특히 연관성이 깊다.

1. 갈라디아서에 나타난 바울의 권면을 신약성서의 다른 곳에 있는 바울의 교훈들과 바울적이지 않은 교훈들, 그리고 당시의 유대인과 헬라인 집단의 윤리적인 가르침과 비교했을 때, 바울이 사용하고 있는 자료들이 상당히 일반적이며 전통적인 것이라는 지적이 자주 있었다. 이런 현상은 바울이 제시하는 덕과 악덕의 목록들(5:19-23)에서 가장 분명하게 나타나는데, 왜냐하면 다른 기독교와 비기독교의 자료들이 모두 이런 목록들을 담고 있거나, 그 내용 중의 상당 부분

을 담고 있다는 것이 충분히 입증되기 때문이다.[73] 바울 교훈의 다른
특징들도 비슷한 증거들을 제시해준다. 바울이 5:14에서 율법에 대
한 요약으로 레위기 19:18을 인용한 것뿐만 아니라, 6:1-10에서 바울
이 헬레니즘적 양식의 격언들(sententiae)을 사용한 것도 그의 교훈이
완전히 독자적인 창작물이 아니라는 것을 보여준다. 바울의 교훈에
있는 전승 자료에 대한 연구는 디벨리우스와 그의 제자들이 가장 의
욕적으로 추진해왔다. 우리가 이미 지적한 바와 같이, 그들은 초기
기독교의 윤리적 가르침의 대부분이 대체적으로 당시의 전승에서
대량으로 채택된 것이며, 바울이나 혹은 다른 사람이 발전시킨 신학
적인 통찰과는 무관하다고 주장했다. 갈라디아서 6:1-10과 관련해서,
베츠는 헬레니즘적인 도덕 철학에 있는 "평행구"를 가장 철저하게
모아서 제시했다.[74] 따라서 이 자료에 대한 연구는 바울의 윤리학에
대한 폭넓은 논의에 기여하게 될 것이다.[75]

2. 바울의 윤리학의 원천에 대한 질문은 윤리학의 신학적 뿌리에

---

73. A. Vögtle, *Die Tugend-und Lasterkataloge im Neuen Testament, exegetisch, religions-und formgeschichtlich untersucht*, Münster 1936; S. Wibbing, *Die Tugend-und Lasterkataloge im Neuen Testament und ihre Traditionsgeschichte unter besonderer Berücksichtung der Qumran-Texte*, Berlin 1959.

74. Betz, *Galatians*, ad loc.

75. 그 논의에는 바울의 윤리학의 내용만이 아니라(예, O. L. Yarbrough, *Not Like the Gentiles. Marriage Rules in the Letters of Paul*, Atlanta 1985를 보라), 가정훈 (*Haustafel*)과 같은 형식도 포함된다(예, J. E. Crouch, *The Origin and Intention of the Colossian Haustafel*, Göttingen 1972를 보라). 참조, 롬 12-13장에 대해서 는 F. J. Ortkemper, *Leben aus dem Glauben. Christliche Grundhaltungen nach Römer 12-13*, Münster 1980.

대한 연구에도 중요하다. 자유, 영 그리고 그리스도께 속함을 강조하는, 갈라디아서에 나오는 권면들로 인해서 많은 학자들은 바울의 윤리학의 뿌리가 이신칭의(justification by faith) 교리가 아니라 "그리스도-신비주의"(Christ-mysticism)와 바울의 영의 은사 체험에 있다는 결론을 내렸다. 그래서 슈바이처(A. Schweitzer)는 "이신칭의에서 윤리적인 이론에 이르는 논리적인 길은 없다"라고 확신있게 선언했다. 오직 바울의 신비주의만이 그 이론적 근거를 제공할 수 있다는 것이다.[76] 보다 최근에는 샌더스도 바울의 윤리학의 근거를 "칭의"나 "언약" 같은 개념이 아니라 "그리스도 안에 참여함"(participation in Christ)에 두었다.[77] 갈라디아서의 논증 속에서, 이신칭의는 2-3장에서 두드러지게 나타나고, 영에 대한 언급은 3장 이후에 반복해서 언급되며, 그리스도 안에 참여함은 도처에 편재해 있다. 어떻게 이런 주제들이 서로 연결되는지 그리고 어떻게 그 주제들이 바울이 중요하게 생각하는 "영 안에서 행함"에 포함되는지를 설명한다면, 바울신학과 윤리학 사이의 연관성을 밝혀주는 데 어느 정도 도움이 될 것으로 보인다.

　3. 갈라디아서 5-6장에 나오는 몇몇 구절들은 바울이 명령법과 직설법을 결합시키는 전형적인 사례들이다. 바울은 갈라디아 교인들

---

76. A. Schweitzer, *The Mysticism of Paul the Apostle*, E. T. 2nd edition, London 1953, 225; 219-26 그리고 293-333 전체 페이지를 보라(=『사도 바울의 신비주의』, 감은사, 2021 역간 예정). J. Knox, *Chapters in a Life of Paul*, London 1954, 142-158 그리고 L. E. Keck, "Justification of the Ungodly and Ethics", in *Rechtfertigung*, ed. J. Friedrich et al, Tübingen 1976, 199-206도 "이신칭의"의 윤리적인 가치에 대해 의구심을 갖고 있다.

77. *Paul and Palestinian Judaism*, 511-15.

에게 그리스도가 그들에게 준 자유 속에 굳건하게 서 있고(5:1), 그들
이 이미 십자가에 못박은 육체의 욕망에 대항하고(5:16-18, 24), 그리고
영 안에서 그들이 생명을 얻었으니, 영 안에서 행하라고 촉구한다
(5:25). 이런 문구들은 많은 사람들이 바울의 윤리학에 있는 근본적인
역설(paradox)이라고 생각하는, "신분에 맞게 행동하라"(be what you are)
고 하는 호소를 보여준다. 1924년도에 발표한 획기적인 논문에서 불
트만은 이 역설이 바울 신학의 나머지 대부분을 이해하는 열쇠라고
그 중요성을 강조했다.[78] 그리고 그 이후로 이 역설은 격렬한 토론의
주제가 되었다.[79] 우리는 바울이 어떻게 직설법-명령법을 결합해서
사용하고 있으며, 그것이 하나님과 인간 행동의 상호작용을 어떻게
드러내고 있는지에 대해 검토함으로써 이 문제를 어느 정도 이해할
수 있을 것으로 보인다.

　4. 갈라디아서에 나타난 바울의 윤리학에서 가장 중요한 범주들
은 "영"과 "육체"이다. 비록 이와 같은 용어의 쌍이 구약성서에서는
아주 드물게 발견되고, 쿰란과 헬레니즘 문헌에서 몇 개의 평행구들

---

78. "Das Problem der Ethik bei Paulus", *ZNW* 23 (1924), 123-40; 참조, 그의
Theology of the New Testament, E. T. London 1952, I, 314-40. (=『신약성서신
학』, 성광문화사, 1997.)

79. 예를 들어, H. Windisch, "Das Problem des paulinischen Imprerativs", *ZNW*
23 (1924), 265-81, 그리고 H. Schlier, *Galater*, 264-67를 보라; 참조, G.
Bornkamm, "Baptism and New Life in Paul (Romans 6)", in *Early Christian
Experience*, London 1969, 71-86 그리고 E. Käsemann, "The 'Righteousness of
God' in Paul", in *New Testament Questions*, 168-82. W. D. Dennison, "Indicative
and Imperative: The Basic Structure of Pauline Ethics", *Calvin Theological
Journal* 14 (1979), 55-78은 이 논쟁을 훌륭하게 소개해준다.

이 있기는 하지만, (단순히 인간론적인 차원에서가 아니라) 윤리적인 상황에서 바울이 이 용어들을 사용하는 독특한 용법은 아주 흥미롭다. 우리 연구는 바울의 용법의 독특한 측면에 대한 탐구를 통해서 바울의 σάρξ(육체) 이해라는 폭넓은 논의에 기여할 수 있을 것이다.[80]

5. 영에게 인도함을 받는 것과 율법 아래 있는 것을 바울이 대립시키는 것 때문에(5:18), 바울의 윤리학과 "율법적" 윤리학을 구분하여 표현하려는 시도들이 많이 생겼다. 어떤 이들은 바울의 윤리학이 외부에서 율법의 조항들("문자")을 강제하는 것이라기보다는, 본질적으로 영의 내적인 작용의 문제라고 생각한다.[81] 다른 이들은 영의 "열매"와 율법의 "행위들" 사이의 대립을 강조한다. 이것은 바울의 윤리학이 외적인 규정들을 이행하기 위한 힘겨운 노력이라기보다는 "변화된 본질의 자연스러운 결과물"임을 나타낸다는 입장이다.[82] 바울이 말하는 영의 인도하심을 받는 것은 무의식적이고 자발적인 복종을 나타내는 것일 수도 있다. 그래서 베츠는 바울이 "'영'에 대해 거의 순진할 정도로 확신"을 갖고 있다고 말한다.[83] 그리고 드레인 (Drane)은 갈라디아서 5-6장에 대해서 "그리스도인들은 새로운 차원의 실존으로 살고 있으며, 따라서 그들의 행동은 새로운 종류의 실존

---

80. 예, Bultmann, *Theology* I, 239-46; E. Brandenburger, *Fleisch und Geist. Paulus und die dualistische Weischeit*, Neukirchen-Vluyn 1968을 보라.

81. S. Westerholm, "'Letter' and 'Spirit': the foundation of Pauline Ethics", *NTS* 30 (1984), 224-48에 있는 이 문제에 대한 신중한 토론에 주목하라.

82. T. W. Manson, "Jesus, Paul, and the Law", in *Judaism and Christianity III. Law and Religion*, ed. E. I. J. Rosenthal, London 1938, 139,

83. Betz, "Spirit, Freedom and Law", 159.

을 무의식적으로 따르는 것이 될 것"이라고 쓴다.[84] 바울이 그리스도
안에서의 "자유"를 선언할 때(5:1, 13), 과연 그는 모든 율법 규정으로
부터의 자유를 의미한 것일까? 드레인은 "유대교의 율법은 그 특수
한 교훈과 더불어 영원히 사라졌으며, 바울은 도덕적 행동의 근원을
어떤 일련의 새로운 규정들이 아니라 그리스도 안에 둘 것을 제안했
다. … 비록 그가 그리스도인들이 사랑으로 서로 섬겨야 한다고 말하
기는 하지만(5:13; 6:1), 그러한 권면들이 어떤 의미에서든지 간에 도덕
적인 규정이 되는 것은 아니다"라고 생각한다.[85]

한편 바울이 피해야 할 죄의 목록(5:19-21)을 상세하게 언급하고 있
고, 5:26-6:10에서는 일련의 특별한 교훈들을 제시하고 있다는 사실
에 대해서는 간략하게나마 살펴보지 않을 수 없다. 슈라게(W. Schrage)
가 주장하는 바와 같이, 이런 것은 바울의 윤리학이 단지 사랑이라고
하는 유일한 원리의 주위만 맴도는 것이 아니라, 개별적인 도덕 규정
을 포함할 여지도 있다는 것을 나타내는 것은 아닐까?[86] 데이비스(W.
D. Davies)는 확실히 멀리 나아갔다. 그는 6:2에서 바울이 "그리스도의
법"에 대해 언급한다는 사실을 중요하게 본다. 그리고 바울이 "랍비

---

84. Drane, *Paul*, 53; 참조, idem, "Tradition, Law and Ethics in Pauline Theology", *NT* 16 (1974), 167-78 그리고 Räisänen, *Paul and the Law*, 115.
85. Drane, "Tradition", 172; 그는 이런 형태의 윤리학을 고린도전서에서 발견되는 윤리학과 비교하려고 한다. 참조, P. Richardson, *Paul's Ethic of Freedom*, Philadelphia 1979.
86. W. Schrage, *Einzelgebote*; 참조, 그의 보다 최근의 책, *Ethik des Neuen Testaments*, Göttingen 1982, 180-85.

의 방법을 따르는 교리문답 교사임이 밝혀졌다"고 주장한다.[87] 보다 최근에는 바울의 윤리학이 "율법"으로 작용하는지, 그리고 어느 정도까지 그것들이 "율법적"인지에 대한 몇몇 논의들이 있었다.[88] 비록 갈라디아서가 전형적인 서신이 아니라는 것을 인정할 수밖에 없지만, 우리의 연구가 바울 연구에 있어서 이와 같은 어려운 문제들에 대해 어느 정도의 통찰을 제공할 수 있을 것이다.

6. 율법에 대한 바울의 진술의 일관성에 대한 격렬한 토론이 최근 몇 년 동안에 있었다. 특히 율법에 대한 바울의 여러 가지 부정적인 언급과 긍정적인 언급 간의 차이를 어떻게 볼 것인가에 대해서 토론이 격렬했다. 이 문제는 갈라디아서에 관한 토론에서는 확실히 중요하다. 율법에 대한 바울의 진술은 5:13에 이르기까지는 일관되게 부정적인 것처럼 보인다. 그러나 그런 다음에, 모든 율법의 성취에 대한 언급(5:14)과 그리스도의 법을 이루는 것(6:2)에 대한 언급이 이어진다. 물론 이 단락에서 바울은 영의 인도를 받는 그리스도인들이 율법 아래 있지 않다고 주장한다(5:18). 바울 신학 전체를 놓고 볼 때, 초기에는 율법에 부정적인 입장이었지만 후기에는 긍정적인 입장으로 급격하게 발전했다고 주장하는 많은 연구들이 있었다.[89] 그러나 갈라

---

87. W. D. Davies, *Paul and Rabbinic Judaism. Some Elements in Pauline Theology*, 4th edition, Philadelphia 1980, 129.

88. E. P. Sanders, *Paul, The Law, and the Jewish People*, 105-14; R. Mohrlang, *Matthew and Paul. A Comparison of Ethical Perspectives*, Cambridge 1984, 35-42.

89. 특히 U. Wilckens, "Entwicklung" 그리고 H. Hübner, *Law in Paul's Thought*를 보라.

디아서 5:14과 6:2 같은 구절들은 (우리가 이 구절들 안에 있는 νόμος[율법]를 전 적으로 다른 의미로 이해하지 않는다면) 같은 서신 내에서조차도 긴장이 있음 을 보여준다.[90] 바울의 사상 속에 있는 이런 긴장을 설명하고 해결하 려는 많은 시도들이 있었다. 바울은, 최소한 암시적으로라도, 제의법 과 도덕법을 구분하고 있는가?[91] 바울의 부정적인 언급은 율법에 대 한 (구원을 얻는 수단이나 혹은 자신의 의를 세우는 방법 같은) 율법주의적 오용과 관련이 있고, 바울의 긍정적인 언급은 율법의 올바른 기능(율법이 하나 님의 요구를 포함하는 한에서 율법의 "제3의 용법")과 관련이 있는 것인가?[92] 혹 은 바울이 율법의 진정한 우선순위들, 즉 현재 그리스도인들이 실천 하고 있는 믿음과 사랑을 고려하지 못한, 율법에 대한 유대인들의 민 족주의적 오해에 대해 비판하고 있는 것인가?[93] 바울의 부정적이고

90. Räisänen은 발전이론의 문제점에 대해 언급한다. *Paul and the Law*, 8-9. Hübner는 갈 5:14에 있는 νομοός(율법)를 이해하는 새로운 방법을 제안했 다. "Das ganze und das eine Gesetz. Zum Problemkreis Paulus und die Stoa", *KuD* 21 (1975), 239-256; 참조, *Law in Paul's Thought*, 36-42.

91. C. Haufe, "Die Stellung des Paulus zum Gesetz", *TLZ* 91 (1966), 171-78을 보라.

92. Bultmann, *Theology* I, 341; C. E. B. Cranfield, "St. Paul and the Law", in *New Testament Issues*, ed. R. Batey, London 1970, 148-72.

93. "New Perspective"에서 Dunn은 "율법의 행위"(할례, 음식법과 안식일—"언 약에 대한 지나치게 편협하고 민족주의적인 표현이자 인종주의적인 개념") 와 율법 또는 일반적인 율법 준수를 구분하려고 한다. 117-120. "Works of the Law"에서 그는 자신의 구분을 보다 자세하게 설명하는데, 그것은 율법에 대 한 두 가지 다른 태도(혹은 이해)라는 것이다: "바울이 공격하고 있는 것은 … 특정한 사회적인 정체성을 고정시키며, 민족주의적 우월감을 북돋우는 율법이다. … 그러한 관점에서 벗어나서, 즉 율법이 행위라는 의미보다는 믿 음이라는 의미에서 이해되었을 때, 율법은 계속해서 긍정적인 역할을 수행 할 수 있는 것이다." 531; 참조, 538.

긍정적인 언급은 각기 다른 문제에 주어진 반응인가? 즉 바울은 교회에 들어오는 것에 대해서는 "율법의 행위에 의해서가 아니라"고 말하지만, 교회 안에서의 행동에 대한 논의에서는 "율법을 준수하라"고 말하는 것인가?[94] 아니면 바울의 대조적인 진술들은 단지 자신의 주장과 그가 이끌어낸 자기모순적인 결론들을 설득하고자 했던 좌절된 노력의 흔적들에 불과한 것인가?[95]

7. 전체 서신의 주제를 다루는 포괄적인 문제가 하나 있다. 율법의 행위와 믿음 사이의 대립이 의미하는 것은 무엇인가? 종교개혁의 신학적 전통에 강한 영향을 받은, 가장 일반적인 해석은 이 대립을 기본적으로 신학적이며 실존적인 대립으로 보는 것이다. 즉, 선행을 통한 행위 구원과 믿음이라는 선물을 통해서 수동적으로 받는 구원.[96] 이런 해석의 가장 큰 문제점은 바울이 행위들에 근거한 심판에 대해 분명하게 언급하고 있기 때문에, 그러한 대립이 와해되고 만다는 것이다(예, 갈 5:21; 6:7-9을 보라).[97] 또 다른 문제는 유대인이나 그리스

---

94. Sanders, *Paul, The Law, and the Jewish People*, 4, 10, 83-4, 114, 143-5, 159.

95. H. Räisänen이 이런 입장을 취한다. "Paul's Theological Difficulties with the Law", in *Studia Biblica 1978 III*, ed. E. A. Livingstone, Sheffield 1980, 301-320 그리고 *Paul and the Law*. 나는 특히 이 문제에 대해 전반적으로 살펴본 바 있다. "Paul and the Law: Observations on Some Recent Debates", *Themelios* 12 (1986), 5-15.

96. 루터주의자의 견해들에 대한 소개로는 Watson, *Paul, Judaism and the Gentiles*, 1장을 보라. 개혁주의와 가톨릭의 주석가들도 최근에는 같은 관점을 보이고 있다: 예, C. E. B. Crenfield, "St. Paul and the Law", 그리고 J. A. Fitzmyer, "Paul and the Law", in *To Advance the Gospel. New Testament Studies*, New York 1981, 186-201을 보라.

97. W. Joest, *Gesetz und Freiheit. Das Problem des Tertius Usus Legis bei Luther und*

도인 "유대주의자"가 공통적으로 일종의 "행위-의"(works-righteousness) 신학을 주장했느냐 하는 것이다.

우리가 이미 위에서 살펴보았듯이 이 모든 해석 전통은 샌더스, 왓슨 그리고 다른 학자들의 강력한 공격을 받고 있다. 이들은 바울이 그와 같은 어떤 일반화된 신학적 질문을 제기하지 (혹은 대답하지) 않았다고 주장한다. 샌더스는 "율법의 행위들"과 "믿음" 사이의 대립을 어떻게 이방인들이 하나님의 백성으로 **들어올 수 있는가** 하는 특정한 문제에 국한된 것으로 본다. 이 입장에서는 바울이 '행위들'이나 심지어는 '율법' 자체에 대해 반대하지 않았으며, 오로지 이방인들이 그리스도인 공동체에 들어오기 위해 (유대인 고유의 모든 관습을 포함해서) 전체 모세 율법을 준수해야 할 필요가 있다고 하는 개념에 대해서만 반대한 것이라고 주장한다. 샌더스의 논문은 또한, "믿음과 율법 사이의 명백한 대립은 오직 바울이 하나님의 백성에 가입하기 위한 필수적인 요구사항에 대해 논할 때만 제기된다. … 그 집단 속에서 하나님의 백성이 어떻게 행동해야 하는가 하는 문제가 제기되는 경우에, 바울은 믿음과 율법 사이에서 그 어떠한 대립도 발견하지 못했다"고 주장한다.[98] 이런 관점에서 보면, 행위로 인한 심판은 이상한 일이 아니고, 율법을 성취한다고 하는 바울의 말은 쉽게 설명될 수

---

die neutestamentliche Paränese, 3rd edition, Göttingen 1961을 보라. 그 문제에 대한 최근의 논의로는 K. P. Donfried, "Justification and Last Judgement in Paul", *ZNW* 67 (1976), 90-110과 N. M. Watson, "Justified by faith; Judged by works-an Antinomy?", *NTS* 29 (1983), 209-21이 있다.

98. *Paul, The Law, and the Jewish People*, 114.

있다.[99] 그럼에도 불구하고, 우리는 샌더스가 "들어감"(getting in)과 "머무름"(staying in) 사이를 그처럼 날카롭게 구분하는 것이 옳은 것인지에 대해 물을 수 있다. 즉, 갈라디아서 자체가 이런 구분을 지지하는지에 대해 살펴볼 필요가 있다.[100]

왓슨은 "믿음"과 "율법의 행위들"의 대립을 본질적으로 신학적이라기보다는 사회학적인 것으로 해석한다. "바울에게 있어서, '율법의 행위들'이라는 용어는 일반적인 도덕성이 아니라, 유대인 공동체 안에서 율법을 실천하는 것을 가리키는 것이다. 그리고 '예수 그리스도에 대한 믿음'이라는 용어는 거저 주시는 선물인 하나님의 은혜를 기꺼이 받아들이는 것, 그리고 자기 자신의 성취에 대한 신뢰를 포기하는 것이 아니라, 예수가 메시아라고 하는 기독교의 신앙고백과 그 신앙고백이 야기하는 사회적인 재방향 설정을 가리킨다. … 믿음과 행위를 대립시키는 것은 유대인 공동체와 교회가 분리되었다고 주장하는 것에 불과하다. 그렇지만 그러한 분리에 대한 이론상의 근거를 제공해주지는 않는다."[101] 이런 이해에 근거해 볼 때, 믿음이란 수

---

99. 또한 U. Wilkens, "Was heisst bei Paulus: 'Aus Werken des Gesetzes wird kein Mensch gerecht'?", in *Rechtfertigung als Freiheit. Paulusstudien*, Neukirchen-Vluyn 1974, 77-109를 보라.

100. Sanders에 대한 R. H. Gundry의 반응도 보라. "Grace, Works and Staying Saved in Paul", *Biblica* 66 (1985), 1-38. Räisänen은 바울이 유대교를, 마치 그것이 율법주의였던 것처럼, 잘못 해석했다고 생각한다. "Legalism and Salvation by the Law: Paul's Portrayal of the Jewish Religion as a Historical and Theological Problem", in *Die paulinische Literatur und Theologie*, ed. S. Pedersen, Århus 1980, 63-83.

101. *Paul, Judaism and the Gentiles*, 64-65. Watson은 빌 3장(78-79)과 로마서(112-

동적인 태도가 아니라 새로운 기독교 신앙과 행습에 대한 선택이다.
"왜냐하면 그리스도인의 행동은 믿음에 있어서 없어서는 안 될 구성
요소이기 때문이다."[102] 따라서 이 견해는 바울이 그리스도인에게 '행
위'를 요구하는 것과 불순종하는 그리스도인들에게 심판으로 위협
하는 것을 어렵지 않게 설명할 수 있다.[103] 그러나 우리는 과연 왓슨
이 대립의 사회학적인 배경에 초점을 두면서, 사회적 배경을 둘러싼
신학적인 문제를 충분히 그리고 정당하게 다루었는지에 대해 검토
해보아야 할 것이다. "믿음"과 "율법의 행위들" 사이의 대립이, 유대
인-이방인이라는 고유한 맥락에 비추어 볼 때조차도, 여전히 어떤 원
대한 신학적인 확신 같은 것을 나타내고 있는 것은 아닌가?

나는 1장에서 갈라디아서에 나타난 바울의 윤리학과 관련해 제
기되는 가장 중요한 문제들 중의 일부분에 주목해보고자 했다. 이 문
제들 중에서 많은 부분들이 특별히 5:13-6:10에 있는 바울의 교훈의
기능과 관련이 있지만, 다른 문제들은 이 서신 전체와 전반적인 윤리
영역에 걸쳐서 더 광범위하게 존재한다. 상호 관련된 많은 연구들을

13, 119-21, 130, 134-35, 165)와 관련해서도 동일한 점을 주장한다; 참조, 그
의 결론은 다음과 같다: "따라서 *sola gratia*(오직 은혜로)라는 문구를 바울 신
학의 열쇠로 보는 것은 완전히 잘못된 것이다. 바울은 오직 은혜만으로 받는
구원을 믿지 않는다. 바울이 그렇게 한다고 보는 견해는 믿음-행위 대립이
본질적으로 의미상 신학적인 것이 아니라 사회학적이라는 것을 인식하지 못
한 결과에서 기인한다. 믿음-행위 대립은 오직 전적으로 두 가지 다른 신앙
공동체들이 행하는 비교 불가능한 생명의 길 사이의 대립일 뿐이다." 179.

102. *Ibid.*, 65

103. 롬 2장에 나오는 행위에 의한 심판에 대한 Watson의 논의를 보라(115-16, 120).

활용하는 것이 이 문제들에 접근하는 유일한 만족스러운 방법이라
는 것은 여러 부분에서 분명해졌다. 첫 번째로 우리는 역사적 배경하
에 갈라디아의 위기에 대한 가장 분명한 이해를 얻는 것이 필요하다.
갈라디아 교회가 당면한 위기가 무엇이었는가 하는 것과 바울의 도
덕적인 교훈들이 그 상황에 얼마나 적절했는지(혹은 부적절했는지)에 대
해서 밝혀내고자 한다면 이것은 필수적인 것이다(제2장). 두 번째로,
우리는 바울이 전개했던 주요한 신학적인 주제들과 그 주제들이 서
신의 마지막 부분에 나오는 권면들과의 관계(만약 얼마라도 있다고 한다면)
를 주목하면서, 그 위기에 대한 바울의 반응에 대해 평가해야 한다(제
3장). 세 번째로, 우리는 5:13-6:10에 상당한 관심을 기울여야만 하는
데, 여기에 나오는 다양한 진술들의 양식, 그것들이 제기하는 문제들
그리고 그것들이 갈라디아의 위기와 서신의 나머지 부분과 관련해
서 어떤 기능을 하는지를 검토해야 한다(제4-6장). 이것에 근거해서 우
리는 이 서론적인 장에서 개괄적으로 살펴보았던 문제들의 영역으
로 되돌아오고, 또 그것에 대해 대답해 줄 수 있게 될 것이다(제7장).

제2장
갈라디아서와 "선동가들"의 주장

증거의 성격

바울이 생각하기에 갈라디아 교회가 다급한 위기 상황에 처해 있었기 때문에, 갈라디아서를 기록한 것이 분명하다. 그러므로 우리가 지적한 바와 같이, 바울서신을 이해하는 첫 번째 단계는 갈라디아의 위기를 재구성하는 것이어야 한다. 그러나 이런 역사적인 과제를 수행하기 위해서는 복잡한 증거들을 평가해야만 한다. 따라서 이 시점에서는 올바른 방법론에 대해 고찰해 보는 것이 순서다.

먼저 우리가 해야 할 재구성이 어떤 종류의 것인지를 분명히 하는 것이 필요하다. 위기에 대해서도 연구해야 할 여러 가지 측면들이 있으며, 바울이 "선동가들"이라고[1] 부른 자들에 대해서도 연구해야

---

1. οἱ ταράσσοντες ὑμᾶς("너희를 교란시키는 사람들", 1:7); ὁ ταράσσων ὑμᾶς ("너희를 교란시키는 사람", 5:10); οἱ ἀναστατοῦντες ὑμᾶς("너희를 선동하는 사람들", 5:12). 그들을 일반적으로는 "유대주의자들"(Judaizers)이라고

할 많은 문제들이 있다. 그러나 이 모든 것이 지금 우리의 연구에 당
장 필요한 것은 아닐 것이다. 갈라디아 교회를 위태롭게 한 문제들과
그 문제들에 대해 바울이 서신을 통해 대응한 방법을 이해하기 위해
서는, 우선 세 가지 중요한 질문에 집중할 필요가 있다. i) 바울의 대
적자들이 갈라디아 교회에서 주장한 것은 무엇인가? ii) 자신들의 주
장을 뒷받침하기 위해 사용한 논증은 무엇인가? iii) 갈라디아인들이
그들에게 호의적인 반응을 보인 이유는 무엇인가? 세 번째 질문은
분명히 두 번째 질문과 관련이 있다. 즉, 대적자들의 논증에 힘이 있
었기 때문에 갈라디아인들을 성공적으로 설득할 수 있었을 것이다.
그러나 여기서 또한 다른 관점의 분석, 즉 조금 더 사회학적인 분석

부른다. 그러나 나는 무엇보다 ιουδαΐζειν의 본래 의미를 보존하기 위해 이
용어의 사용을 기피한다. 갈라디아서와 다른 곳에서도(갈 2:14; Plutarch,
Cic 7.5; LXX 에스더 8:17; Josephus, *Bell* 2.454, 463; Alexander Polyhistor,
paraphrasing Theodotus in Eusebius, *P. E.* 9.22.5; Ignatius, *Mag* 10.3) 이 용
어는 유대인의 전통이나 유대인 같은 생활을 택했다는 뜻일 뿐, 다른 사람
을 유대인이 되도록 부추긴다는 의미는 전혀 없다. 따라서 진짜 "유대주의
자들"은 바울의 대적자들이 아니라 안디옥과 갈라디아에 있는 이방인들이
다. "선동가들" 혹은 "대적자들"이라는 용어를 사용하고 있지만, 나는 이 용
어들이 바울의 편견을 반영한다는 것을 알고 있다. 그들은 아마도 자신들의
"교란행위"를, 잘못된 것을 고쳐주는 유익한 것으로 이해했을 것이다. 그리
고 우리는 그들이 자신들을 바울의 반대자로 생각했는지 완전히 확신할 수
는 없다(Howard, *Crisis*, 7-11, 39, 44를 보라). 그래서 일부 학자들은 "교사들"
같은 중립적인 용어 사용을 더 선호하기도 하지만(Martyn, "Law-Observant
Mission"을 보라), 그들이 이 명칭을 받아들였는지는 알 수 없다. 자신의 대
적자들에 대해 바울이 이 용어들을 선택한 것은 아마도 구약에 나오는 이스
라엘을 "괴롭게 하는" 자들이라고 하는 표현의 영향을 받은 것일 수도 있다.
수 6:18; 7:25; 사 11:35; 삼상 14:29; 참조, 마카비1서 3:5; 7:22(이 제안을 해
주신 R. P. Gordon 박사님께 감사드린다).

을 요하는데, 왜냐하면 그와 같이 신앙과 행동 방식이 중요한 변화를 일으키는 데에는 지적인 요인과 동시에, 사회적인 요인이 연루되기 때문이다.

갈라디아 교회의 위기에 대해 우리가 가지고 있는 일차적이고 결정적인 증거가 바울서신 그 자체일 수밖에 없다는 것은 분명하다. 그러나 이 서신이 전제하고 있는 상황을 재구성하기 위해 서신 자체를 사용하는 것이 전혀 문제가 없을 수는 없기 때문에, 세밀하게 규정된 방법론이 필요하다. 또한 역사적으로 유사한 사건들을 연구함으로써 어느 정도 갈라디아 교회의 위기에 대한 통찰을 얻을 수도 있을 것이다. 그러나 이 경우에 있어서 우리가 인용한 증거가 실제로 갈라디아 교회의 사건과 '유사한' 사건인지 주의할 필요가 있다. 우리는 이 두 종류의 증거를 차례로 평가하게 될 것이다.

a) **갈라디아서를 사용하는 경우**. 만약 우리가 갈라디아 교회의 위기를 재구성하기 위해 갈라디아서를 사용한다면, 이 서신에 대한 '거울 읽기'(mirror-read)를 어떻게 할 것인지 몇 가지 기준을 세워야만 한다. 많은 학자들은 이 순환논리 형태의 증거 수집 구조에 내포된 태생적인 난점을 지적했다. 어떤 이들은 이 방법을 도저히 아무것도 기대할 것이 없는 수준의 사변적인 것으로 간주하기도 했다.[2] 우리가 해결해

---

2.   Lyons, *Pauline Autobiography*, 96ff.를 보라. M. D. Hooker는 이것과 다르기는 하지만 마찬가지로 적절한 이미지를 사용해서, 증거를 얻기 위한 이 과정을 "전화 통화에서 우연히 한쪽 끝에서 엿듣는 것만큼이나 잘못 해석하기 쉬운, 아주 어려운 일"로 묘사한다. "Were there false teachers in Colossae?", in *Christ and Spirit in the New Testament*, ed. B. Lindars and S. S. Smalley, Cambridge 1973, 315. 그러나 그녀는 이것을 절망적인 일이라고 포기하지 않

야 하는 문제 중의 하나가 위기에 대한 바울의 반응인데, 그 반응은
지극히 논쟁적이며, 불가피하게 아주 부분적이고 편향된 사건 기록
을 전달해준다. "선동가들"의 영향에서 갈라디아인들을 떼어놓으려
는 것이 바울의 확고한 목적임을 고려해 볼 때, 바울이 그들의 견해
를 충분하고 공정하게 대변해줄 것이라는 기대는 전혀 할 수 없다.
우리는 논쟁이 왜곡시키는 현상을 결코 과소평가해서는 안 된다. 그
리고 이것은 특히 바울이 대적자들의 동기를 묘사하는 부분에서 더
욱 심할 수도 있다(5:7-12; 6:12-13).[3] 바울은 대적자들의 메시지 중에서
단지 극히 일부분에 대해서만 반응하려 하면서, 바울과 그들이 완전
히 일치하는 많은 주제들에 대해서는 언급하지 않은 채 내버려두려
고 했던 것 같다. 따라서 우리의 일차적인 증거는 중립적이거나 포괄
적인 보고서가 아니기에 아주 조심스럽게 다루어야 한다.

그런데 바울은 최소한 그 위기의 본질적인 요인들 중 일부에 대
해서 제대로 답변하지 못할 경우, 자신의 주장이 설득력을 잃을 것임
을 분명히 알고 있었다. 그렇다면 적어도 우리는 이 서신에 반영되어
있는, 대적자들이 일으킨 문제 중에서 바울이 가장 중요하게 생각했
던 것이 무엇인지, 그리고 갈라디아인들에게 각별하게 여겨주기를
바랐던 것이 무엇인지를 발견할 수 있을 것이다. 물론 바울이 그 위

는다. 나는 이런 방법론적 문제들에 대해 "Mirror-Reading a Polemical Letter:
Galatians as a Test Case", *JSNT* 31 (1987), 73-93에서 보다 자세하게 논의한
바 있다.

3. 이것은 Mussner도 인정했고, 충실하게 논의했다. *Galaterbrief*, 27-28 그리고
    Eckert, *Verkündigung*, 22-26, 234-36.

기에 대해 잘못 알고 있거나 혹은 대적자들의 메시지와 목적에 대해 오해했을 가능성이 없는 것은 아니다. 우리가 앞의 장에서 살펴보았 듯이, 이것이 슈미탈스와 마르크센이 제시하는 해석의 핵심적인 특 징이다. 그러나 그런 주장이 초래하는 결과는 끔찍하다. 만약 우리가 갖고 있는 대적자들에 대한 유일하고 확실한 증거가 그들에 대한 심 각한 오해 속에서 기록되었다고 한다면, 대적자들의 실체에 대한 우 리의 연구는 폐기되어야만 한다. 비록 우리가 바울 정보의 출처에 대 해서는 아무것도 알 수 없지만, 우리는 바울이 갈라디아를 최소한 한 번은 방문했다는 것을 알고 있다(4:13). 그리고 바울이 갈라디아인들 의 '변절'(apostasy)에 대해 확신 있게 말한 것은 바울에게 상당량의 정 보가 있었음을 보여주는 것일 수 있다.

그러나 갈라디아서를 '거울'로 사용하는 데에는 엄청난 주의가 필요하다. 독단적으로 사용하기가 쉽기 때문이다. 예를 들면, 우리가 지나치게 선별적으로 살펴볼 경우, 서신의 특정한 부분이나 특정한 형태의 언급(예, 바울의 변론적인 진술)에만 집중하게 될 위험이 있다.[4] 바 울의 진술들 중에서 바울의 의도를 가장 잘 드러내고 있는 것이 무엇 인지 판단하기 위해서 어느 정도 기준이 필요하지만, 반대할 만한 분 명한 이유들이 없다면, 우리는 전체 서신을 대적자들이 일으킨 위기

---

4. J. B. Tyson은 자신이 바울의 변론적인 언급이라고 여기는 것만 취사선택 해서 연구한다. "Paul's Opponents in Galatia", *NT* 10 (1968), 241-54. 한편 Mussner는 대적자들의 "선전문구"(*Schlagworte*)와 "반론"(*Einwände*)을 동일 시하려고 한다. *Galaterbrief*, 13. 우리는 이미 Schmithals가 어떻게 갈 3-4장의 대부분을 무시했는지에 대해 살펴보았다(본서 제1장).

에 대한 일종의 반응으로 간주해야 한다. 그러나 대적자들이 사용한 바로 그 용어라고 생각되는 특정 단어와 구절에 지나치게 의존하면 더 큰 위험에 처하게 된다. 일부 학자들은, 예를 들어, 3:3에 나오는 "시작"과 "마침"이라는 바울의 언급(ἐναρξάμενοι … ἐπιτελεῖσθε)에 집착하더니, 이것이 대적자들의 "완성"(perfection)의 신학을 반영하는 것이라고 주장한다.[5] 다른 이들은 "세상의 요소들"(τὰ στοιχεῖα τοῦ κόσμου, 4:3, 9)에 대한 바울의 언급과 갈라디아인들이 날짜(the calendar)를 지킨다는 말(4:10)을 묶어서, 이것이 대적자들의 점성술적 혼합주의(astrological syncretism)를 가리키는 것이라고 생각했다. 갈라디아인들의 축제일 준수가 율법의 신비적이며 우주적인 개념과 관련이 있다고 본 것이다.[6] 그러나 이 주장들 그리고 이와 비슷한 주장들은, 빈약한 가설들을 엮

5.   예, Oepke, *Galater*, 101; Jewett, "Agitators", 206-7; Brinsmead, *Galatians*, 79-81를 보라. 이런 용어들이 제의적인 행위의 시작과 끝을 나타내기 위해서 사용될 수 있기 때문에, Brinsmead는 그 단어들이 "종교적 신비의 낮은 단계에서 높은 단계로 나아가는 것을 나타내는 전문적인 예식문"을 반영하는 것이라고 결론 내린다(79). 그리고 대적자들이 자신들의 율법 프로그램을 "신비의 완성이며 침례는 단지 시작일 뿐"이라고 설명했을 것으로 추측한다(191).

6.   따라서 대적자들의 신학은 이란(Iranian) 쪽의 영향을 받은 유대교 영지주의의 특징이 있다고 주장한다. Wegenast, *Tradition*, 36-40; Schlier, *Galater*, 19-24. 참조, G. Stählin의 설명: "분파적인 유대 기독교 운동은 … 영지주의적인 색깔을 갖고 있지만, 주로 율법의 지배를 받았다", "Galaterbrief", in *RGG* II, 1188; Lührmann, *Offenbarung*, 69 그리고 H. Koester, "ΓΝΩΜΑΙ ΔΙΑΦΟΡΟΙ. The Origin and Nature of Diversification in the History of Early Christianity", *HTR* 58 (1965), 307-9도 비슷한 판단을 내린다. 율법을 수여할 때 천사가 관여했다고 하는 언급(3:19)도 영지주의적인 천사-권능 숭배를 나타내는 표시로 간주되어 왔다.

어 놓은 것에 의존하고 있다. 말하자면, 우리는 바울이 대적자들의
언어를 반영하고 있는 곳이 어딘지를 지목할 수 있고, 바울은 대적자
들이 사용했던 정확한 용어를 알고 있었으며, 그뿐만 아니라 (아이러니
하게도?) 기꺼이 그것들을 재사용했고, 우리는 대적자들이 본래 그 용
어에 부여했던 의미를 재구성할 수 있다는 것이다.[7]

마지막으로, 우리는 과도한 해석의 위험에 주의해야 한다. 갈라

---

7. 3:3의 경우에, 바울이 사용하고 있는 용어는 아마도 전적으로 자신의 것일
    것이다(빌 1:6; 고후 8:6, 하반절의 경우가 특히 그렇다); 그리고 만약 바울이
    그것을 자신의 대적자들에게서 차용했다고 하더라도, 그 용어는 일반적인
    어휘이기 때문에, 그들이 그 용어를 종교적인 신비의 의미로 사용했다고 가
    정할 필요는 없다. Schlier, *Galater*, 123-4 그리고 Betz, *Galatians*, 133-34의 극
    히 조심스러운 접근을 보라. στοιχεῖα의 경우에 있어서는, 그것은 분명히 바
    울이 통상적으로 사용하는 용어가 아니다(골 2:8, 20이 다른 곳에서 사용된
    유일한 경우인데, 진정성과 의미 모두가 의심되고 있다). 그러나 그 용어가
    반드시 대적자들에게서 차용한 것일 필요는 없다. 학자들은 그 용어의 의미
    에 대해 계속해서 논쟁 중이다(기본적인 성분? 근원적인 가르침? 천체적 권
    세들? 천사와 영적인 권세들?): 여러 사례에 대해서, G. Delling, art. στοιχεῖον
    in *TDNT* VII, 670-687; A. J. Bandstra, *The Law and the Elements of the World*,
    Kampen 1964; E. Schweizer, "Die 'Elemente der Welt' Gal 4, 3.9; Kol 2, 8.20",
    in *Verborum Veritas*, ed. O. Böcher and K. Haacker, Wuppertal 1970, 245-259;
    W. Carr, *Angels and Principalities*, Cambridge 1981, 72-76이 도달한 다양한 결
    론들을 보라. 바울이 그 용어를 통해서 의미하고자 했던 것이 무엇인지 결
    정하기 어렵다고 한다면, 하물며 어떻게 대적자들이 의미했던 것을 우리가
    재구성할 수 있단 말인가! Lührmann(이전의 각주를 보라)이 최근에 4:10에
    서 사용된 그 용어가 특별히 "영지주의적"인 것이 아닐 뿐더러, 오히려 모든
    종류의 유대교에도 적용할 수 있는 용어라고 주장한 것은 흥미롭다. "Tage,
    Monate, Jahre (Gal 4:10)", in *Werden und Wirken des Alten Testaments*, ed. R.
    Albertz et al., Göttingen 1980, 428-45. 아마도 Vielhauer의 결론이 옳을 듯하
    다. "Von einem Stoicheiakult in Galatien fehlt jede Spur", *Geschichte*, 117.

디아서가 고도의 논쟁적인 서신이기는 하지만, 우리는 바울이 하고 있는 모든 진술들이 대적자들의 강력한 반대 진술에 대해 바울도 똑같이 강력하게 되받아치고 있는 것이라고 가정할 수는 없다. 바울이 부정한 모든 것들이, 반드시 대적자들의 노골적인 주장을 반영하는 것도 아니고, 모든 명령들이, 반드시 그 명령에 대한 갈라디아인들의 (혹은 대적자들의) 고의적인 조롱을 반영하는 것도 아니다. 이처럼 5:11에 있는 바울의 진술("형제자매 여러분, 내가 아직도 할례를 전한다면 어찌하여 아직도 박해를 받겠습니까?")은 바울이 할례를 전함으로 공개적으로 비난받고 있었다는 뜻이 아니며,[8] 5:13("그 자유를 육체의 욕망을 만족시키는 구실로 삼지 말고")이 갈라디아 교회 내에 있었던 심각한 자유방임주의를 반드시 함의할 필요는 없다. 바울의 진술들이 그와 같은 분명한 대립을 암시하고 있는지의 여부는 (혹은 그 진술들이 단지 회상을 위한 것인지, 잠재적인 오해를 피하기 위한 것인지, 아니면 수사적인 대조법으로 사용하기 위한 것인지 여부는), 다른 많은 기준들에도 부합할 경우에만 결정될 수 있다. 예를 들어, 우리는 그가 말하는 **어조**(강조 어법은 논란의 실제 요점을 나타내는 것일 수 있다), **빈도수**

---

8. 이것은 바울과 그의 대적자들 사이의 사소한 대립에 지나지 않았을 것이다: 그들은 "할례를 전한다"—바울도 예전에는 그랬지만 이제는 더 이상 그렇게 하지 않는다. 이 질문을 바울을 자신들의 동지로 생각한 갈라디아의 침입자들이 주장한 바에 대한 바울의 응답이라고 볼 수도 있다: 우리는 "할례를 전한다" 그리고 바울도 실제로 그렇게 하고 있다; Howard, *Crisis*, 7-11 그리고 P. Borgen, "Observations on the theme 'Paul and Philo'", in *Die paulinische Literatur und Theologie*, ed. S. Pedersen, Århus 1980, 85-102를 보라; 참조, Betz, *Galatians*, 6: '바울이 부정하는 모든 것들이 반드시 그의 대적자들의 비난인 것은 아니다. 그리고 그가 대적자들의 행동과 생각이라고 비난하는 것이 그들의 실제 목적과 의도를 나타내는 것은 아니다.'

(반복은 중요한 문제라는 표시일 수 있다), **명료성**(애매모호한 말이나 문구는 발판으로 삼기에는 빈약한 기반이다) 그리고 **생소함**(생소한 주제는 특별한 지역의 문제에 대응했던 것을 반영하는 것일 수 있다)에 주목할 필요가 있다. 만약 이런 기준들을 전체 서신에 적용했을 경우에 일관되고 역사적으로 개연성이 있는 결과가 도출된다면 유효한 결론들에 이를 수 있다. 물론 어떤 결론들은 다른 것들에 비해서 보다 확실할 수도 있다.[9]

　이런 방법을 사용해서 갈라디아서를 거울 읽기 한다면 우리의 시도가 완전히 "독단적"인 것이라고 할 수는 없을 것이다.[10] 가장 최근에 브린스메드가 이 서신을 거울 읽기로 해석하면서 이런 방법론적인 문제들에 주의를 기울이지 않은 것은 안타까운 일이다. 비록 서신에 대한 "대화"(dialogical) 분석에 몰두하기는 했지만, 브린스메드는 바울의 대답이 어떤 때는 대적자들의 용어와 전승들을 사용하며, 어떤 때는 그것들에 대해 반박하기도 하고, 어떤 때는 그것들을 재규정하거나 수정한다고 하면서, 자신이 그렇게 판단하는 기준들에 대해

9.　더 자세한 논의를 위해서는 위의 각주 2에 있는 나의 논문을 보라.

10.　Lyons, *Pauline Autobiography*, 96: "갈라디아서 해석을 위한 '거울 읽기' 접근 방법은 몇 가지 이유 때문에 도전받을 수 있다. 그것이 의존하는 방법론적인 가정들이 독단적이고, 적용도 일관성이 없고, 실행 불가능한 것으로 비쳐질 수도 있다." Lyons는 바울의 모든 대립적인 구성들(antithetical constructions)이 수사학적인 전략이며, "항상은 아니더라도, 종종 명료하게 하기 위해 동일한 의미를 다른 용어를 사용해서 표현하는 사례들이 있었다"고 설명한다 (110). 그러나, 예를 들어, 갈 1-2장에서 바울의 복음이 사람/예루살렘에서 기원한다는 것을 바울이 단호하게, 반복해서 분명하게 부정하고 있는 것을 그것으로 충분하게 설명할 수 있을지는 지극히 의심스럽다.

서는 전혀 언급하지 않았다.[11] 브린스메드가 도달한 사변적이고 개연
성 없는 결론들은 모든 거울 읽기 방법에 대해 깊은 회의를 느끼게
한다. 사실상 나는 이 방법이 대부분의 학자들이 인정하는 것보다 훨
씬 더 불확실하다고 생각한다. 그러나 만약 우리가 위에서 개괄적으
로 살펴본 기준들을 사용한다면, 전혀 쓸모없는 것으로 간주할 필요
는 없을 것이다.

b) 역사적으로 유사한 사건들을 사용하는 경우. 갈라디아서 자체에서
도출해 낼 수 있는 증거가 전반적으로 편향되어 있고 아주 조심스럽
게만 사용할 수 있는 것이기 때문에, 갈라디아의 위기를 묘사하기 위
해 다른 자료들에서 수집된 정보들을 사용할 수밖에 없다는 것은 놀
라운 일이 아니다. 확실히 그런 정보는 우리가 갈라디아서를 통해서
알고 있는 갈라디아 교회의 상황과 어느 정도 '유사'하게 보일 경우
에만 유효한 증거가 될 수 있다. 즉, 달리 말하자면, 그런 정보는 중요
성에 있어서 주요 자료가 아니라, 단지 부수적인 자료일 수밖에 없
다. 그럼에도 불구하고, 이 정보들은 우리가 갈라디아서에서 얻을 수
있는 사실들을 분명히 하는 데 도움이 될 수 있다.

---

11. 다른 사람들에 대해서는 날카롭게 비판하기 때문에 이런 점이 더욱 실망스
    럽다. *Galatians*, 23-30. 바울의 진술들은 종종 대적자들의 어휘를 반영하는
    것으로 간주되기도 한다(예, 3:3 그리고 ζωή[생명], ἐλευθερία[자유] 같은 용
    어); 다른 곳에서는 바울의 진술들이 대적자들이 다른 어휘들을 사용했다는
    것을 보여준다(예, 바울의 대적자들은 할례의 신성함을 강조했고 십자가를
    하찮게 생각했다. 87, 139-40). 혹은 바울의 진술들은 대적자들의 전승을 사
    용하거나 수정한다(예, 침례에 대한 바울의 신학은 대적자들의 할례-성례전
    주의에 대한 "대화식 반박"이다. 139ff.).

우리가 사용할 수 있는 연구 방법 중의 하나는 **선동가들에게** 초점을 두는 것이다. 다른 자료들에서 이 사람들에 대해 더 많은 것들을 찾아내고, 그들이 속했던 운동이 무엇인지 확인할 수 있을까? 먼저 선동가들의 정체에 대해 확정지은 다음에야 이 질문들에 대답할 수 있다는 것은 분명하다. 바울이 "다른 복음"에 대해 언급한 것을 근거로(1:6), 우리는 그들이 그리스도인이었음을 추측할 수 있다. 그러나 그들의 인종이나 출신 지역에 대해 결정하는 것은 매우 어려운 일이다. 6:13에 나오는 분사(οἱ περιτεμνόμενοι, "할례받은 자들")에 근거해서, 일부 학자들은 바울의 대적자들이 유대화를 지지하는 이방인들(judaizing Gentiles)이라고 주장한다("자발적으로 할례를 받는 사람들", 참조, 5:3).[12] 그러나 대부분은 여전히 그들이 유대인이었다고 확신한다. 그들은 4:30에 나오는 바울의 공격 대상이었고("여종과 그 아들을 내쫓아라"), 정교한 성경 논증들을 사용하는 것으로 보인다는 것이다(아래를 보라). 따라서 많은 이들은 6:13에 나오는 분사를 중간태로 보아야 한다고 생각한다("할례를 지지하는 사람들").[13] 그리고 다른 사람들은 이것이 대적자들을 언급

---

12. 특히 E. Hirsch, "Zwei Fragen zu Galater 6", ZNW 29 (1930), 192-7과 W. Michaelis, "Judastische Heidenchristen", ZNW 30 (1931), 83-89의 연구를 기반으로 하는, J. Munck, *Paul and the Salvation of Mankind*, E. T. London 1959, 87-89를 보라. Ropes, *Singular Problem*, 44-5 그리고 A. E. Harvey, "The Opposition to Paul", in *Studia Evangelica IV*, ed. F. L. Cross, Berlin 1968, 323ff., 도 같은 결론에 도달하는데, 이 둘은 모두, Munck와 마찬가지로, 예루살렘에서 온 유대-그리스도인 사절이라고 하는 Tübingen 가설을 명백하게 반대한다.

13. 예, O. Holtzmann, "Zu Emanuel Hirsch, Zwei Fragen zu Galater 6", ZNW 30(1931) 76-83; Schmithals, *Gnostics*, 26-28 그리고 대부분의 주석가들을

하는 것이 아니라 갈라디아인들을 지칭하는 것으로 본다.[14] 그들의
출신 지역과 관련해서는, 바울이 항상 그들을 3인칭으로 부르고(1:7;
3:1; 4:17; 5:7-12; 6:12-13), 갈라디아인들을 2인칭(1:6, 11; 3:1; 4:12ff. 등)으로 부
르는 방식이 그들이 갈라디아 교회의 외부에서 왔다는 것을 가리키
는 것으로 보인다.[15] 그러나 만약 그렇다면, 그들은 어디에서 온 것일
까? 그들은 예루살렘에서 왔으며, 안디옥 교회 사건(2:11-14)의 원인이
되었던 "야고보에게서 온 사람들"과 동일한 사람들이라는—이것이
바우르(F. C. Baur)의 주장의 근거였는데—주장이 종종 제기되어 왔다.
예를 들어, 왓슨은 바울이 예루살렘과 안디옥에서 있었던 예전의 논
쟁에 대해 갈라디아서 2장에서 그 정도로 말하는 유일한 이유는 갈
라디아의 위기가 그들과의 논쟁의 연속이었기 때문이라고 주장한다.

보라. 그러나 어떻게 중간태가 이런 의미를 가질 수 있는지 설명하는 사
람은 거의 없다. Jewett은 이것을 "사역 중간태"(causative middle)로 본다.
"Agitators", 202-3; 그러나 문법서들에서 사역 중간태는 목적어가 나타나
지 않는 곳에서 재귀적인 것처럼 보인다(예, BDF §317; A. T. Robertson, *A
Grammar of the Greek New Testament in the Light of Historical Research*, New
York 1919, 808-9를 보라). $\mathfrak{P}^{46}$ B Ψ 등이 περιτετμημένοι라고 읽는 이문에 대
해서도 주목해야 한다; 그러나 이것이 가장 빈약한 독법이라는 것은 의심의
여지가 없다. B. Metzger, *A Textual Commentary on the Greek New Testament*,
London 1975, 598.

14. Burton, *Galatians*, 351-4. 그러나 이것은 6:13 중반에 주어의 변화가 있어야
한다. 이 모든 선택 사항들에 대한 논증에 대해서는 Howard, *Crisis*, 17-19 그
리고 P. Richardson, *Israel in the Apostolic Church*, Cambridge 1969, 84-89에
의해서 충분하게 논의되었다.

15. Jewett, "Agitators", 204. 그러나 바울이 '선동가들'과 아직 할례를 받지 않은
갈라디아 교인들 사이에 쐐기를 박기 위해 이런 방법으로 고의로 그들을 분
리시켰을 가능성이 있다.

안디옥에서 있었던 것과 동일한 문제가 갈라디아에서 발생했으며,
동일한 사람들에게 책임이 있다고 추측하는 것이 자연스럽다는 것
이다.[16]

　　만약 정체를 확인할 수 있다면, 이 선동가들에 대한 보다 분명한
설명을 기대해 볼 수 있다. 우리에게는 바울(갈 1-2장)에게서만이 아니
라 사도행전(특히, 행 15:21을 보라)에서 얻을 수 있는 예루살렘에 있던 유
대 기독교에 대한 상당한 정보들이 있다. 그리고 베츠와 마틴은 최근
에 특히 위-클레멘스(psedo-Clementine) 문헌에서 유대 기독교에 대한
다른 정보들을 찾아냈다.[17] 그러나 안타깝게도 이런 모든 증거들은
그 가치가 의심스럽다. 바울의 대적자들이 예루살렘에서 왔다고 하
는 주장은 전혀 설득력이 없다.[18] 만약 그렇다고 하더라도, 사도행전
이 보여주는 증거는 어딘지 의심스럽고, 위-클레멘스 설교에 나오는

---

16. *Paul, Judaism and the Gentiles*, 59-61.
17. Betz, *Galatians*, 9, 329-333; Martyn, "Law-Observant Mission", *The Ascents of James*와 *The Preachings of Peter*에 대해 언급하고 있다.
18. 바울이 안디옥과 갈라디아 사이에서 유사성을 보았다고 하는 사실이 반드시 두 사건 모두에 동일한 사람들이 책임이 있다는 것을 의미하지는 않는다. 그 곳에서의 사건과, 바울과 예루살렘 사도들과의 관계에 대해서 보고하기 위해 유대 그리스도인들이 안디옥에서 왔을 가능성도 있는 것이다. 게다가, 비록 그가 안디옥에 있었던 "야고보에게서 온 사람들"(2:12)에 대해 특별히 언급하기는 하지만, 갈라디아에서 일어난 사건에 대해 누구에게 책임이 있는지 약간 분명치 않은 태도를 보인다(3:1; 5:10). Watson, *Paul, Judaism and the Gentiles*, 49ff.에게는 미안한 일이지만, 만약 선동가들이 예루살렘에서 갈라디아로 왔다고 하더라도, 야고보가 바울의 개종자들을 유대화하려는 분명한 목적하에 그들을 보냈다는 것은 내가 보기에는 거의 개연성이 없어 보인다. 만약 그 경우라면 바울이 야고보에 대해 말하면서 "기둥들" 중의 하나라고 한 야고보에 대한 평판을 비꼬는 것으로 그쳤을 리가 없다(2:2, 6, 9).

해당 본문은 역사적으로 거리가 너무 멀어서 그 가치를 높게 평가할 수 없다.[19] 그런 증거들은 극히 조심스럽고 신중한 자세로 접근해야만 한다.

몇몇 학자들은 갈라디아 교회에 있는 바울의 대적자들이 바울이 목회한 다른 교회들에서도 활동했으며 그들에 대한 정보를 바울의 다른 서신에서도, 예를 들면 골로새서와 고린도전·후서에서도 찾을 수 있다고 생각한다. 이를테면, 슈미탈스는 그들을 일반적인 영지주의 운동의 일부로 간주한다. 그리고 귄터(J. Gunter)는 이 모든 교회 내부에 "동일한 혹은 유사한 유대주의적이고, 금욕적이고, 영적이고, 영지주의적이고, 혼합주의적인 대적자들"이 있었다고 단정한다.[20] 그러나 대부분의 경우에 있어서, 이런 서신들이 반영하고 있는 상황들은 갈라디아의 위기와 밀접한 유사성이 없기 때문에 설명에 도움이 되는 자료를 많이 제공할 수 없다.[21]

---

19. *The Epistle of Peter to James*가 바울이 갈라디아에 보낸 서신에 대해 분명하게 언급하고 있기 때문에, 이 문헌을 갈라디아의 위기를 초래한 것에 대해 말하고 있는 증거로 보는 것은 위험하다. Betz가 이 문헌을 사용하고 있는 것에 대해서, 그리고 특히 고후 6:14-7:1이 선동가들이 사용했던 것과 유사한 반-바울적인 논증을 반영하고 있다는 그의 가정에 대해서는, Lyons, *Pauline Autobiography*, 98-105의 비판을 보라. Martyn은 대적자들의 메시지를 복원하기 위해서는 "과학적인 조정"과 "시적인 환상"이 모두 필요하다고 주장한다("Law-Observant Mission", 313); 우리가 내리는 결론들 안에도 각기 다른 수준의 확실성이 있음을 인정해야 한다고 말하는 것이 보다 정확할 것이다.

20. J. J. Gunther, *St. Paul's Opponents and their Background*, Leiden 1973, 9.

21. Gunther의 주제별 서술은 바울서신에 나타난 각기 다른 상황들 사이의 상이점을 불분명하게 한다. 예를 들어, 비록 고린도의 바울의 대적자들도 유대인이기는 했지만(고후 11:22), 그들이 갈라디아에서와 동일한 메시지를 제안

갈라디아 교회의 위기를 조망하는 또 다른 방법은 **갈라디아인들**에게 초점을 두는 것이다. 갈라디아인들의 행동을 설명하기 위해 그들의 역사적이며 사회적인 배경을 확정할 수 있을까? 당연히 여기에서 우리는 갈라디아인들이 살았던 지역을 찾아내는 문제에 부닥치게 된다. 그리고 만약 그들을 "북 갈라디아"에 배정한다면, 이 지역에 대해서는 역사적인 증거가 부족하다.[22] 그러나 우리는 갈라디아인들이 이방인이라는 것을 알고 있다("그들은 본래 할례받지 않았다", 6:12; "그리고 그들은 우상들을 숭배했다", 4:8-9). 그리고 그들이 경험한 선동은 의심할 여지없이 유대적인 것이었다. 이것은 당시에 이방인들이 유대교에 매력을 느꼈던 방식에 대해 묻는 것이 적절한 접근 방법 중의 하나라는 뜻이다. 비록 이런 질문이 디아스포라에서의 개종에 대한 다소 일반적인 증거를 산출할 수밖에 없지만, 그럼에도 불구하고 갈라디아

했음을 나타내는 것은 아무것도 없다. 골로새서도 비록 "세상의 요소들"($\tau\grave{\alpha}$ $\sigma\tau\text{οιχεία}$ $\tauο\hat{\text{υ}}$ $\kappaό\sigmaμου$, 2:8, 20)과 날들을 준수하는 것에 대해(2:16) 말하고 있기는 하지만, 그것이 율법이나 칭의와 관련된 것으로 보이지는 않으며, 기독론, 금욕주의, 천사-숭배에 대한 강조는 갈라디아에서 직면한 것과는 다른 문제를 암시한다; Vielhauer, *Geschichte*, 115-6을 보라. Schmithals의 논문에 대해서는 Wilson의 평가를 보라: "사실상 바울이 자신의 생애를 통해서 오직 혼자서 한 가지 형태의 문제와 한 가지 종류의 반대에 관련되어야 한다고 가정할 어떠한 이유도 없다", "Gnostics", 367.

22. 위의 1장의 각주 23-24를 보라. W. M. Ramsay, *A Historical Commentary on St. Paul's Epistle to the Galatians*, London 1900는 고고학적인 발견물들을 서신의 주석에 가장 철저하게 연결시키려고 노력한 사람일 것이다; 그러나 그는 "남 갈라디아" 도시들에 대해 연구했으며, 그의 연구가 발표된 이후 수 년 동안에도 일부에서만 그의 견해를 지지했을 뿐이라서, 무시당하는 상황을 자주 겪을 수밖에 없었다.

의 위기의 역사적이며 사회적인 배경을 이해하는 길을 제시해줄 수 있을 것이다.[23] 물론, 우리는 여전히 서신 그 자체로부터 기본적인 입장을 취해야 할 것이다.

할례에 대한 요구

갈라디아 위기의 많은 측면들이 불분명하기는 하지만, 최소한 한 가지 사실에 대해서는 논쟁의 여지가 없다. 갈라디아에 온 선동가들이 바울이 회심시킨 자들에게 할례를 받아야 한다고 요구했다는 것이다. 이에 대한 강력한 증거가 바울이 갈라디아인들에게 할례의 위험에 대해 분명히 경고한 부분에서 드러난다. "나 바울은 여러분에게 말합니다. 여러분이 할례를 받으면, 그리스도는 여러분에게 아무 유익이 없습니다. 내가 할례를 받는 모든 사람에게 다시 증언합니다. 그런 사람은 율법 전체를 이행해야 할 의무를 지닙니다"(5:2-3). 이어서 대적자들의 의도를 지적하는 노골적인 진술이 나온다. "육체의 겉모양을 꾸미기 좋아하는 사람은, 여러분에게 할례를 받으라고 강

---

23. 물론 우리는 디아스포라 유대교가 모두 하나의 집단이었다고 가정해서는 안 된다: 예를 들어, 알렉산드리아 사람인 필론이 모든 디아스포라 유대인의 전형이라고 가정하는 것은 위험한 것이다. 디아스포라에 대한 우리의 지식은 여전히 아주 대략적이다. 그러나 서서히 개선되고 있는 중이다: 예, Sardis에 대한 A. T. Kraabel의 저서인, "Paganism and Judaism: The Sardis Evidence", in *Paganisme, Judaïsme, Christianisme. Influences et Affrontements dans le Monde Antique*, Paris 1978, 13-33을 보라.

요합니다. 그것은 그들이 그리스도의 십자가 때문에 받는 박해를 면
하고자 하는 것입니다. … 여러분에게 할례를 받게 하려는 것은, 여
러분의 육체를 이용하여 자랑하려는 것입니다"(6:12-13). 우리가 이미
언급했듯이, 바울이 이 고도로 논쟁적인 단락에서 대적자들의 동기
에 대해 말하는 것은 감안해서 들어야 한다. 그러나 우리는 최소한
그들이 할례를 요구했다는 사실에 대해서는 바울이 옳다고 가정할
수 있다. 실로 그는 갈라디아 교회의 상황을 예루살렘에서 "거짓 형
제들"이 디도에게 할례를 요구한 것과 유사한 것으로 보고 있음이
분명하다(2:3-5). 그리고 한번은, 할례에 관심 있는 자들이 스스로 거
세해버렸으면 좋겠다고 말하기도 한다(5:12)!

따라서 할례에 대한 요구는 갈라디아 교회의 위기를 분석하기
위한 안전한 출발점이다.[24] 그러나 우리의 관심은 할 수 있는 한, 어
떻게 바울의 대적자들이 자신들의 주장을 폈으며, 어떻게 해서 갈라
디아에서 충분한 성공을 거둘 수 있었는지를 알아내는 것이다. 이것
은 특히 할례와 관련된 흥미로운 질문인데, 왜냐하면 우리가 알고 있
는 바, 이 의식이 동쪽에 있는 민족들에게는 흔한 것이지만, 그리스-
로마 세계에서는 주로 혐오스러운 것으로 간주되었기 때문이다. 요
세푸스(Josephus)는 아피온(Apion)이 "할례 행위를 비웃는다"고 불평한
다. 필론은 할례를 "많은 민족들 사이에서 놀림의 대상"이라고 말한

---

24. 이 주제를 Eckert, *Verkündigung*, 31-71도 출발점으로 삼았다. 그러나 이후에
    이어지는 부분에서, 우리는 할례에 대한 광범위한 해석의 가능성에 대해 생
    각해볼 것이며, 1차 자료에 더 관심을 기울일 것이다.

다. 그리고 몇몇 로마의 작가들도 그들의 증언을 지지한다.[25] 할례가 유대교에 끌리는 사람과 개종하려고 고민하는 사람에게 가장 어려운 장애물이었음을 보여주는 엄청난 양의 증거가 있다.[26] 그런데 어떻게 해서 선동가들의 "꾐"(3:1), "설득"(5:7) 혹은 "강요"(6:12)가 이방인인 갈라디아인들로 하여금 할례를 받게 했을까?[27] 우리가 언급한 바

---

25. Josephus, *Apion*, 2.137, τὴν τῶν αἰδοίων χλευάζει περιτομήν; Philo, *Spec Leg* 1.1, ἄρξομαι δ᾽᾽ ἀπὸ τοῦ γελωμένου παρὰ τοῖς πολλοῖς. 로마인들의 견해에 대해서는 예, Tacitus, *Histories* 5.5, Petronius, frag. 37 그리고 Martial, *Epigrams* 8.82 (M. Stern, *Greek and Latin Authors on Jews and Judaism*, 2 volumes, Jerusalem 1974, 1981에 의해서 인용되고 논의되었다). 이 문제를 유대인이 얼마나 민감하게 생각했는지는 헬레니즘의 압박하에서도 '할례'를 행한 것에 의해서 입증된다(마카비1서 1:15); 그리고 로마인의 멸시는 하드리안이 할례를 금한 것에서 볼 수 있는데, 로마인들은 그것을 거세(참조, 갈 5:12) 혹은 장애(참조, 빌 4:2)와 동일한 것으로 간주했다. *Historia Augusta, Hadrian* 14:2 (Stern, *Authors II*, 619-21이 이에 대해서 검토했다). 할례는 이집트인 일부, 아랍인 그리고 다른 종족들도 행했음이 분명하다(Herodotus, 2:104; Josephus, *Apion* 2.140-142). 그러나 로마인들이 유대인은 다르게 취급한 것으로 보인다(Tacitus, *Histories* 5.5 "*circumcidere genitalia instituerunt, ut diversitate noscantur*").

26. 드루실라를 위해 기꺼이 할례를 받을 남편을 구하는 문제를 주목하라, Josephus, *Ant* 20.139. Metilius는 자신의 포로들이 기꺼이 유대인이 되겠으며 심지어는 할례받겠다는 것에 깊이 감동 받았음이 분명하다(μεχρὶ περιτομῆς ιουδαΐσειν, Josephus, *Bell* 2.454). Kuhn은 이탈리아에서 발견된 554개의 유대인의 비문 중에서 오직 8개만이 개종에 대해 언급하고 있으며 그중에서 6개는 여성들이라고 말한다(따라서 할례는 요구되지 않았다). art., προσήλυτος in *TDNT* VI, 732-33.

27. 대적자들이 강요했다고 하는 바울의 말을 어떻게 해석해야 하는지는 어려운 문제이다(6:12). 이것은 아마도 베드로가 안디옥에서 이방인들이 유대인처럼 행동하도록 했다는 정도의 압박감이었을 것이다(2:14): 두 경우에 있어서, 이방인들은 그리스도인 공동체에서 제외된다는 느낌을 받도록 한 행위

와 같이, 서신 그 자체로부터와 특히 디아스포라에서 나온, "평행" 자료들을 조심스럽게 사용함으로써 이 질문에 대답하는 수밖에 없다.[28] 그러나 먼저 대적자들의 전략에 대한 여러 가지 제안들을 고찰할 필요가 있다.

i) 슈미탈스는 할례가 갈라디아의 대적자들에게 영지주의적인 제의였으며 유대교에서 기인한 것이기는 하지만 "할례의 행위가 이 육신의 감옥으로부터 영적인 자아(pneuma-self)의 해방을 묘사하는" 것으로 재해석되었다고 주장한다.[29] 그는 에비온파(Ebionites), 엘카사이파(Elchasaites) 그리고 케린투스파(Cerinthians)가 할례를 행한다는 인용문을 활용하고, 골로새서 2장에 있는 할례에 대한 해석과 비교함으로써 이 논지를 뒷받침하려고 한다. 그러나 이런 주장은 거의 모든 면에서 비판에 직면했다. 먼저 슈미탈스가 2세기의 "영지주의" 운동을 활용한 것은 독단적이고 시대착오적이라는 것이다.[30] 각각의 경우에

가 논증에 설득력을 실어주었을 것이다(2:12; 4:17); 더 자세한 내용은 아래와 Betz, *Galatians*, 315를 보라.

28. 비록 Philo가 할례에 대해 설명하는 몇 가지 단락이 있기는 하지만, Josephus가 할례의 이유에 대해 설명하겠다고 약속한 자신의 책을 확실하게 완성하지 못한 것은 대단히 애석한 일이다(*Ant* 1.192, 214; 4.198).

29. *Gnostics*, 38.

30. H. J. Schoeps는 에비온파가 영지주의가 아니었다는 것을 보여주었다. *Jewish Christianity. Factional Disputes in the Early Church*, Philadelphia 1969, 121-130. 엘카사이파와 케린투스파가 할례를 행했다는 것에 대한 증거는 대부분 Epiphanius에게서 기인한 것이다. 그런데 그의 증거는 후대의 것이고 신뢰할 수 없는 것이다(A. F. J. Klijn and G. J. Reinink, *Patristic Evidence for Jewish-Christian Sects*, Leiden 1973, 63, 67-73을 보라). 어떤 경우든지, 2세기의 영지주의적 구조를 바울 시대로 소급해서 해석해서는 어떤 분명한 결론도 얻을

있어서, 우리가 가진 자료들이 정확하고 분명한 것이라면, 지속적인 할례의 시행은 "유대교"를 나타내는 것이지 "영지주의"를 나타내는 것이 아님을 보여준다.[31] 게다가, 영지주의 운동 안에서도 문자적인 할례를 긍정적으로 평가하는 증거는 극히 드물다.[32] 마지막으로, 할례가 영지주의와 관련이 있기 때문에 바울이 갈라디아서에서 할례를 공격하는 것이 아니라는 것은 분명하다. 사실상 슈미탈스는 20세기 학자가 바울보다 갈라디아 교회의 상황을 더 잘 이해할 수 있다고 가정했지만, 자기 손으로 그 가정을 무너뜨리고 말았다![33]

ii) 브린스메드는 할례가 갈라디아인들에게 "강력하고 신비로운 입회의식"으로 소개되었다고 주장한다. 그는 "유대교 그 자체가 헬레니즘 세계에 신비로운 것으로 소개되었기" 때문에, 할례라는 입회

수 있을 것 같지가 않다(Drane, *Paul*, 49-51; Eckert, *Verkündigung*, 64-71).

31. 따라서 할례는 구약의 율법과 연관된 것이다; 예, Irenacus, *Haer* 1.26:2 (Ebionites); Hippolytus, *Ref* 9.14:1(Callistus)를 보라.

32. 빌립복음의 로기온 123에서는 할례가 더 나은 평가를 받지만, 도마복음의 로기온 53에서는 육체적인 할례는 헛된 것이라고 무시된다. Schmithals는 골 2:9-15에 대한 납득할 수 없는 "영지주의적" 해석에 지나치게 의존한다. 그러면서도 그는 고린도의 "영지주의"가 "영지주의에게 있어서 … 할례는 단지 상징적인 의미만을 갖는 불필요한 행위"이기 때문에 할례를 행하지 않았다는 것을 인정한다. *Gnostics*, 59 n. 134. K. Graystone, "The Opponents in Philippians 3", *ExT* 97 (1986-7), 170-72: 빌 3장에서 바울은 "제의적인 피 흘림에 대한 유사-마술적인 믿음에 근거해서" 할례를 채택한 "이방인, 반-영지주의 집단"을 대적했다고 주장한다. 그러나 그가 인용한 본문들 중에서 2세기 혹은 3세기 이전의 제의에 대한 그리스도인의 "마술적" 혹은 "영지주의적" 관심을 보여주는 본문은 전혀 없다.

33. *Gnostics*, 39: 바울은 "갈라디아에서 할례를 시행한 의미와 이유에 대해 혼란스러워 하고 있다".

의식이 "하나의 강력한 성례전"으로서 "신비한 역할"을 하는 것으로
비춰질 수 있었다고 주장한다.[34] 이런 관점에서 본다면, 브린스메드
는 디터 게오르기(D. Georgi)와 굿이너프(E. R. Goodenough)로부터 어느 정
도 이론적 뒷받침을 받을 수도 있는데, 이 두 사람은 모두 디아스포
라 회당에서 비의(mystery) 언어와 상징을 만들어 사용한 것을 강조했
다.[35] 일반적인 차원에서 볼 때, 비의적인 언어를 종종 헬레니즘적 유
대인들이, 특히 필론이 사용했다는 것은 사실이다.[36] 그러나 우리가
가진 자료들 어느 곳에서도 할례가 신비-제의에 들어가는 입회의식
의 하나로 해석되었다는 분명한 흔적이 없다.[37] 어쨌든 갈라디아서는

---

34. *Galatians*, 145; 전체 단락을 보라, 139-161; 참조, Crownfield, "Dual
    Galatians", 459.

35. D. Georgi, *Kollekte*, 35-6 그리고 *The Opponents of Paul in Second Corinthians*,
    Edinburgh 1987, 83-151, 특히 114-17; E. R. Goodenough, *By Light, Light. The
    Mystic Gospel of Hellenistic Judaism*, Amsterdam 1969 그리고 *Jewish Symbols in
    the Graco-Roman Period*, 13 volumes, New York 1953-1968. 또한 W. L. Knox,
    St. Paul and the Church of the Gentiles, Cambridge 1939, 27-54를 보라.

36. Philo에 대해서는 Goodenough, *By Light, Light* 그리고 *An Introduction to
    Philo Judaeus*, Oxford 1962, 134-169를 보라. Josephus는 유대교를 의식
    (τελεταί) 그리고 신비(μυστήρία)와 비교하는 것을 싫어하지 않는다(*Apion*
    2:188-9). Juvenel도 마찬가지로 비의적인 언어로 유대교를 소개한다(*Sat*
    6:543 "*arcanum in aureum*"; 14.101-2 "*servant ac metuunt ius, tradidit arcano
    quocumque volumine Moyses*"). 그러나 로마의 유대인들이 그들 스스로 그
    러한 언어를 사용했는지는 분명치 않다. Goodenough가 디아스포라 유대
    교 신비주의에 나타난 디오니시오스적인 성례전 중심주의에 대해 과장
    해서 말했다는 것에 대해서 지금은 일반적으로 동의하고 있다; M. Smith,
    "Goodenough's Jewish Symbols in Retrospect", *JBL* 86(1967) 53-68을 보라.

37. Brinsmead는 분명히 여기에서 혼란스러워하고 있다; Philo조차도 할례를 비
    의적인 제의로 해석하지 않을 뿐더러 Brinsmead는 잡다한 불확실한 "유사사

대적자들이 이런 용어들을 사용해서 할례를 주장했다는 어떤 근거
도 제공하지 않는다.[38]

iii) 쥬윗이 훨씬 그럴듯한 제안을 내놓았다. 그는 다음과 같이 말
한다. "처음에 언뜻 보기에는 헬레니즘 회중이 단순히 약속된 이스
라엘 백성에 들어가기 위해서 할례를 받을지에 대해 심사숙고했다
는 것이 이상하게 보일 수도 있다. 그러나 할례와 결부된 유대교의
전승인 완전함에 대한 약속이 그들의 헬레니즘적 열망과 맞닿았을
수도 있다."[39] 분명히 그는 이 점에 대해 창세기 17:1에 근거한 랍비들
의 선언을 근거로 제시할 수 있다.[40] 그러나 우리가 쥬윗의 주장에서
가장 기대하는 바, 이 "완전함"이라는 주제를 헬레니즘적 유대교의
변증 맥락에서 전혀 찾아 볼 수 없다는 것이 그의 주장에 불리하게
작용한다. 할례를 그런 식으로 해석할 수 있는 갈라디아서의 유일한
단서는 3:3에서 ἐπιτελεῖσθε(너희는 … 마치겠느냐?)를 사용한 것이다. 그
러나 우리가 이미 보았듯이 그런 애매모호한 단어에 근거해서 어떤
이론을 구축하는 것은 위험한 일이다. 특히 서신의 나머지 부분이 어

건들"만 끌어 모을 수 있을 뿐이다. *Galatians*, 144-46.

38. Brinsmead는 ἐπιτελεῖσθε("끝마치다", 3:3)를 비의적인 입회식에서 완전함으
로 해석하는 것에 의지하고 있다. 그리고 대적자들이 바울의 침례 성례전 중
심주의를 할례에 적용했다고 가정한다; 위에서 개괄적으로 살펴본 비판을
보라(94-96쪽).

39. "Agitators", 207.

40. 예, 창세기 랍바 11.6; 46:1, 4; 미쉬나 네다림 3:11을 보라. "우리의 조상 아브
라함이 모든 종교적인 의무들을 성취했음에도 불구하고, 그는 할례를 받기
전까지는 '완전하다'고 불리지 않았다." 유사한 전승이 요 7:22-23의 토대가
되고 있다.

떤 "완전주의자"의 개념들에 대해 반대하려고 하는 것으로는 보이지 않기 때문에 더욱 그러하다.[41] 따라서 우리는 쥬윗의 설명이 비록 흥미롭기는 하지만, 입증될 수 없다고 결론 내릴 수밖에 없다.

iv) 보겐(Borgen)도 흥미로운 논문을 내놓았다. 5:11("형제자매 여러분, 내가 아직도 할례를 전한다면 …")에 근거해서 보겐은 "선동가들"이 바울을 자신들의 동료로 묘사했다고 가정한다. 즉, 바울이 육체의 욕망을 제거하라고 가르쳤고, 이것은 당시 일부 유대인들에게 있어서 할례의 실제적인 의미를 가리켰기 때문에, 바울이 갈라디아인들에게 이미 할례를 설교한 것과 같다는 것이다(5:13-25). 그리고 그 당시의 일부 유대인에 따르면, 이것이 할례의 실제적인 의미였다는 것이다. 따라서 선동가들이 윤리적인 할례에 대한 바울의 설교에 맞는 자연스러운 짝으로서 육체의 할례를 주장할 수 있었다는 것이다.[42] 그러나 마찬가지로, 이 가설의 무게를 지탱하기에는 증거가 너무 빈약하다. 5:11 같은 구절에 대한 거울 읽기의 문제점들을 제외하더라도, 우리는 갈라디아인들을 향한 바울의 본래 설교가 육체의 욕망을 제거하는 것을 강조했었는지 확신할 수 없다.[43] 게다가 "마음의 할례"가 유대교

---

41. 아마도 신앙이나 금욕적인 복종을 통해 완전을 추구하는 것에 반대하기 위해서, 그리스도 안에 있는 생명의 충만함에 대해 강조하는 것으로 보이는 골로새서와는 대조적이다.

42. Borgen, "Observations"; "Paul Preaches Circumcision and Pleases Men", in *Paul and Paulinism*, ed. M. D. Hooker and S. G. Wilson, London 1982, 37-46; "The Early Church and the Hellenistic Synagogue", *STh* 37 (1983) 55-78.

43. Borgen은 갈 5:21에 호소한다. 그러나 그 구절은 바울이 이전에 이런 악행들에 대해 경고했다는 것만을 우리에게 말해줄 뿐, 그가 그 악행들을 "육체의 행위"로 불렀는지 혹은 "육체의 욕망"에 대해 반대하기 위해 반복적으로

의 다양한 흐름들 속에서 발견되는 주제이기는 하지만, 할례가 과도
한 욕망을 제거하는 방법이라는 특이한 해석은 필론 특유의 생각인
것으로 보인다. 필론의 알레고리적인 상상들이 선동가들 신학의 핵
심적인 부분이었다고 가정하는 것은 위험할 수 있다.[44] 마지막으로,
우리는 여전히 그들이 어떻게 해서 갈라디아인들로 하여금 자신들
의 상징적인 할례(마음의 할례—역주)를 육체적인 행위를 통해 보완하도
록 설득했는지에 대해 설명할 필요가 있다. 그리고 이 부분에 있어서
만큼은 필론조차도 유대 전승의 권위와 유대인 공동체의 기대치에
의지해야만 했다.[45]

호소하는 것인지에 대해서는 말해주지 않는다. Borgen은 또한 선동가들이
바울이 복음을 설교했던 정확한 용어에 대해 알고 있었다고 가정해야만 한
다.

44. 마음의 할례는 레 26:11; 신 10:6; 30:6; 렘 4:4; 6:10; 9:25-6; 겔 44:7, 9;
    1QpHab 11.13에서 언급되고 있다. 할례에 대한 두 개의 광범위한 논의들인,
    Spec Leg 1.1-11(참조, 1.304-5)와 *Quaest Gen* 3.46-52에서, Philo는 "신적인 재
    능을 부여받은 사람들에 대한 과거의 연구로부터 전해져 내려온" 네 가지 설
    명들에 대해 언급한다(부스럼[anthrax]을 예방하기 위해서; 민족을 더욱 창
    성케 하기 위해서(!); 몸을 청결하게 유지하기 위해서; 마음과 몸을 조화시
    키기 위해서). 그리고 그런 다음에 분명히 그의 독특한 알레고리적인 해석
    인, 본인의 설명 두 개를 덧붙인다(과도한 즐거움의 제거[περιττῆς ἐκτομή …
    ἡδονῆς]—일종의 말장난이다; 우리의 생산 능력에 대한 교만을 교정함). 그
    는 이 마지막 두 가지를, 일반적으로 인정되고 있는 할례에 대한 유대인의
    해석이 아니라, 자신의 공헌이라고 설명한다. Borgen에게는 미안하지만, *Mig
    Abr* 92는 다른 어떤 것을 암시하지 않는다. 즉, Philo는 할례에 대한 자신의
    영적 해석이 그가 이 단락에서 공격하고 있는, 알레고리 작가들(allegorists)의
    주장과 동일한 것이라고 말하지 않는다.

45. *Mig Abr* 89-93은 특히 중요하다: 유대교 제의의 상징적인 의미에 동조해서
    문자적인 실행을 포기했던 사람들에 대한 반대 논증에서, Philo는 몸과 영혼

v) 이 마지막 부분은 갈라디아인들에 대한 '설득'이 할례에 대한 특별한 신학적 혹은 상징적 해석과 마찬가지로, 사회적인 압력—유대인 공동체에 대한 그들의 입장—과 관련이 있음을 시사한다. 뤼트게르트와 하비(Harvey)는 모두 갈라디아인들이 자발적으로 할례를 받은 것을 지역의 유대인들이 압력을 행사한 것과 연결시켜서 설명했다. "이방인들에게 할례는 낯설고, 이해할 수 없고, 심지어 혐오스러운 것"이라고 지적했던[46] 뤼트게르트는 지방의 회당이 율법에서 자유로운 이방인들의 생활방식을 인정하지 않았으며, 할례를 받아서 유대인이 되도록 그들에게 압력을 가했다고 주장했다. 그렇게 하면 갈라디아인들은 유대인들의 반대를 누그러뜨리고, 동시에 "승인받은 종교"(religio licita)로 국가의 보호도 받을 수 있었다.[47] 그러나 뤼트게르트는 어떻게 그리고 왜 그러한 압력이 행사되었는지에 대해서는 설명하지 못한다. 회당이 이방인들에 대해 법적, 사회적 혹은 도덕적 권위를 가질 수 있었는가?[48] 하비는 갈라디아인들이 이전에 유대교

이 결합되어야 할 뿐만 아니라(93) 다른 이들(아마도 다른 유대인들)의 비난을 초래하거나, 유대 전통 속에 고정되어 있는 어떤 관습들도 해이하게 만들어서는 안 된다고 주장한다(μηδὲν τῶν ἐν τοῖς ἔθεσι λύειν, ἃ θεσπέσιοι καὶ μείζους ἄνδρες ἢ καθ' ἡμᾶς ὥρισαν, 90). R. D. Hecht, "The Exegetical Contexts of Philo's Interpretation of Circumcision" in *Nourished with Peace*, ed. F. E. Greenspahn et al., Chico 1984, 51-79를 보라.

46. *Gesetz und Geist*, 98-9.

47. *Ibid.*, 94-106.

48. 디아스포라의 상황은 확실히 팔레스타인과는 달랐다. 팔레스타인에서는, 종종 민족주의적 열정으로 인해서, 유대인들이 강제적인 할례를 주장할 수 있었다(마카비1서 2:46; Josephus, *Ant* 14.257-8, 318-9; *Bell* 2.454; *Vita* 112-3); M. Hengel, *Die Zeloten. Untersuchungen zur jüdischen Freiheitsbewegung in der*

에 대해 동정적이었으며 회당에 참여하곤 했다고 주장함으로써 일
정 부분 설명을 한다. 지방의 유대인들이 이제 이들 이방인들의 지지
를 잃은 후 그들에게 할례를 받도록 강요함으로써 그들을 다시 장악
하게 되고, 그들의 지지를 지속적으로 받기 위해 할 수 있는 모든 일
을 했을 수 있다는 것이다.[49] 그러나 갈라디아 교회의 그리스도인들
이 이전에 회당에 참여하고 있었다고 하는 충분한 증거가 없다.[50] 그
리고 가장 그럴듯해 보이는 것인데, 만약 선동가들이 갈라디아 바깥
에서 왔다고 한다면, 순응에 대한 압력은 지역 회당과 마찬가지로 유
대 기독교와 예루살렘과 관련이 있을 수 있다.

만약 우리가 논의한 여러 가지 설명들 중에 만족스러운 것이 전

Zeit von Herodes I bis 70n. Chr., Leiden 1961, 201-4를 보라. 만약 지방의 유
대인들이 갈라디아인들의 반율법적인 행동으로 인해서 분개했다고 한다
면, 어떻게 해서 할례를 통해 누그러질 수 있었는지에 대해서도 마찬가지로
분명치가 않다. 게다가 G. F. Moore는 로마가 유대인들에게 허용했던 특별
한 예외 조항들이 개종자들에게도 적용될 수 있었는지의 여부에 대해 묻는
다. *Judaism in the First Centuries of the Christian Era. The Age of the Tannaim*, 3
volumes, Cambridge, Mass. 1927-1930, I, 350-51.

49. A. E. Harvey, "Forty Strokes Save One: Social Aspects of Judaizing and
Apostasy", in *Alternative Approaches to New Testament Study*, ed. A. E. Harvey,
London 1985, 79-96, 이곳에서 관련된 부분은 86-88.

50. Harvey는 갈 4:9에 호소한다. 그러나 이 구절은 갈라디아인들이 회당에 복귀
했다는 것을 나타내지 않는다. *RSR* 7 (1981) 310-18에 있는 Betz의 *Galatians*
에 대한 서평을 보면, W. D. Davies도 갈라디아인들이 이전에 유대교의 지지
자들(혹은 개종자들)이었다고 보는데, 이는 갈라디아서의 바울 논증이 유대
전승에 대한 갈라디아인들의 친숙함이라는 전제를 근거로 한 것이다. 그러
나 이것은 바울이 유대 기독교 대적자들의 주장에 대해 반대하고 있다는 사
실로 쉽게 설명이 된다. 갈 3:1-5과 4:8-9은 Davies의 견해를 아주 의심스럽
게 만든다.

혀 없다 하더라도, 최소한 그 설명들은, 왜 갈라디아인들이 기꺼이 할례를 받았는지 분명하게 이해하기 위해서는, **신학적인 논증들** 및 내포된 **사회적인 요인들** 모두에 대해 탐구해야 한다는 것을 분명하게 보여준다.

a) **신학적인 논증들**. 우리는 최소한 선동가들이 할례를 옹호하기 위해 사용한 주요 논제들 중의 하나를 확인할 수 있다. (유일하게 καθώς [-처럼]로 시작되는) 3:6에서 바울은 갑자기 창세기 15:6을 인용하면서 자신의 논증 속에 아브라함을 도입시킨다. 아브라함과 아브라함의 "후손" 혹은 "씨"의 정체에 대한 논의는 갈라디아서 3:6-18 논증에서 두드러지게 나타나고, 그 장의 마지막에 다시 등장한다("여러분이 그리스도께 속한 사람이면, 여러분은 아브라함의 후손이요", 3:29). 사실 아브라함의 이야기는 4:21-31의 확대된 알레고리 속에서 다시 한번 소환되는데, 주석가들은 종종 이 단락에서 성경이 사용되는 방법이 평상시의 바울보다 상당히 억지스럽고 인위적이라고 본다. 이 시점에서, 위에서 갈라디아서의 거울 읽기를 논하면서 개괄적으로 살펴보았던 기준들에 대해 언급할 필요가 있다. 아브라함을 언급하는 어조(즉 강조점들), 빈도, 명료성과 생소함 모두가, 많은 주석가들이 말하고 있듯이, 갈라디아에 있던 바울의 대적자들이 갈라디아인들을 '설득'하기 위해 아브라함에게 호소하고 있음을 보여준다. 바울은 방어하기 위해 안간힘을 다하여, 그들의 성경해석과 자신의 성경해석을 대결시킬 수밖에 없게 되었다.[51] 당연한 것이지만, 특히 그들은 할례가 아브라함과 그의

---

51. 예, Foerster, "Abfassungszeit", 139, Martyn, "Law-Observant Mission", 317-

후손들에게 언약의 상징이라는 것이 아주 분명하게 드러나는 창세
기 17장을 사용할 수밖에 없었다. "너희 가운데서 남자는 다 할례를
받아야 한다. … 그렇게 하여야만, 나의 언약이 너희 몸에 영원한 언
약으로 새겨질 것이다. 할례를 받지 않은 남자 곧 포피를 베지 않은
남자는 나의 언약을 깨뜨린 자이나, 그는 나의 백성에게서 끊어진
다"(창 17:10-14).[52] 이처럼 분명한 본문으로 무장한 선동가들은 아브라
함의 언약과 아브라함의 축복을 공유하기 위해(창 12:3; 18:18 등) 갈라디
아인들이 할례를 받아야 한다는 것을 손쉽게 증명할 수 있었을 것이
다. 실로 그와 같은 하나님의 명령이 그들이 가지고 있는 성경에 있
었다.

창세기 본문에서 할례, 아브라함 그리고 언약이 분명하게 연결되
고 있기 때문에, 팔레스타인과 디아스포라에서 유래한 광범위한 유
대교 문헌에서 볼 수 있는 바와 같이, 유대교 신학에서는 이런 주제

323를 보라. 그리고 특히 Barrett, "Allegory"는 바울은 대적자들이 사라와 하
갈의 이야기를 사용한 것에 대해 대답해야 했으며, 갈 3장에 있는 여러 부분
에서 바울이 대적자들과 동일한 본문을 사용하고 있다고 주장한다. 비록 바
울이 롬 4장과 9장에서 아브라함 주제에 대해 논하고 있기는 하지만, 바울이
갈라디아서에서 그 주제를 논하는 것만으로도 바울이 특별히 이 부분에 있
어서 대적자들에게 직접적으로 대답하고 있다는 가정을 뒷받침하기에 충분
하다.

52. 대적자들이 창 17장을 사용한 것에 대해서는, Burton, *Galatians*, 153-59,
Duncan, *Galatians*, 87-88, Mussner, *Galaterbrief*, 216-17 그리고 다른 많은 주
석가들을 보라. Barrett는 이렇게 언급한다: "대적자들은 단순히 개인적인 원
한이나 질투 때문에 행동하지 않았다. 그들은 자세한 성경적인 논증으로부
터 뒷받침되고 있는 진지한 신학적인 입장을 갖고 있었다." "Allegory", 15.

들이 빈번하게 결합될 수 있었다.[53] 게다가 아브라함은 유대교의 시
작이자 기반을 의미했다. 그리고 이 때문에 아브라함은 외부인들에
게 유대교를 대표하는 핵심적인 인물이 되었다. 디아스포라 유대교
문헌에서, 그는 종종 문화, 철학 그리고 과학의 아버지라는 호교론적
인(apologetic) 관점에서 거론되곤 한다.[54] 그러나 첫 번째 개종자로서
아브라함의 위치는 갈라디아의 상황에 특히 잘 들어맞았다. 실제로
아브라함은 창세기 17:4-5("너는 여러 민족의 조상이 될 것이다")에 근거하여,
할례를 받고 그의 참된 후손이 된 개종자들의 아버지로 묘사될 수 있
었을 것이다.[55] 따라서 대적자들은 갈라디아인들이 하나님의 백성의

---

53. 예, 희년서 15:9-35; 시락서 44:19-20; Theodotus, frag.5 (in Eusebius, *P. E.*
    9.22.7); 마카비1서 1:15, 60-63; 그리고 랍비문헌에 대해서는, 미쉬나 아보
    트 3.11 (E. T. 3.12); 바벨론 싼헤드린 99a; 바벨론 요마 85b; 바벨론 샤바트
    135a(할례를 받을 때에 흘리는 피는 언약의 피다)를 보라. Philo, *Quest Gen*
    3.46-52 와 Josephus, *Ant* 1.192는 둘 다 할례를 창 17장에 근거해서 아브라함
    과 연관 지어서 말하기는 하지만 둘 다 "언약" 주제에 대해서는 중요하게 생
    각하지 않는다. 신약에서는 행 7:8과 롬 4.9ff.를 보라.
54. 특히 Philo와 Josephus, Artapanus 단편들, Eupolemus와 다른 유대인 변증가
    들; Georgi, *Opponents*, 49-60 그리고 S. Sandmel, *Philo's Place in Judaism. A
    Study of Conceptions of Abraham in Jewish Literature*, New York 1971에서 다루
    고 있는 자료들. Brinsmead, *Galatians*, 111-14는 아마도 갈라디아서 문맥에 나
    타난 이런 주제들의 중요성을 과대평가하는 듯하다. 그 주제들이 바울서신
    에는 나타나지 않는다.
55. 첫 번째 참된 개종자로서의 아브라함에 대해서는 희년서 11:15-17; 아브라함
    의 묵시록 1-8; Josephus, *Ant* 1.154ff.; Philo, *Virt* 212ff.; 창세기 랍바 46:2를 보
    라. 일부 단락들이 개종자가 '조상들'의 공덕에 대한 권리를 주장할 수 있는
    지의 여부에 대해 묻고 있기 때문에(예, 미쉬나 빅쿠림 1:4), Drane, *Paul*, 28,
    82 그리고 Harvey, "Opposition", 325-26는 개종자들이 "아브라함의 후손"
    이라고 불릴 수 있는지의 여부에 대해 질문한다. 그러나 이들은 이 점에서

구성원이라는 정체성을 보장받고, 하나님의 약속들을 받는 유일한
길은 할례를 받는 것이라고 주장했을 것이다. 어정쩡한 신분은 무가
치하다고 설명했을 것이다.[56]

갈라디아의 상황과 가장 유사한 것들 중의 하나가 아디아베네
(Adiabene)의 왕 이자테스(Izates)의 이야기인데, 그는 어머니인 헬레나
(Helena)와 더불어서 이 시기의 가장 중요한 유대교 개종자에 속한다.
비록 요세푸스가 이 사건을 설명하는 방법에 약간의 왜곡이 있기는
하지만(Ant 20.17-96), 요세푸스가 들려주는 이야기는 최소한 그가 개연
성이 있다고 생각하는 것이 무엇인지를 보여준다. 헬레나와 왕의 아
내들은 유대교 상인이 선전하는 유대교의 예배(τὸν θεὸν σέβειν, ὡς
Ἰουδαίοις πάτριον ἦν, "유대인 조상을 따라 하나님을 예배하는 것", 20.34-5)에 매료되
었다. 그들의 모범에 영향을 받은 이자테스도 참된 유대인이 되기 위

Strack-Billerbeck(I, 119; III, 558)의 선별적인 자료 때문에 오해했다. 다른 랍
비 단락들은 창 17:4-5이 아브라함이 개종자들의 아버지였다는 의미로 해석
될 수 있었다는 것을 분명하게 보여주고 있다(예, 예루살렘 빅쿠림 1.4; 탄후
마 לך לך section 6); J. G. Braude, *Jewish Proselyting in the First Five Centuries
of the Common Era*, Providence, R. I. 1940, 99; B. J. Bamberger, *Proselytism in
the Talmudic Period*, New York 1968, 67; D. Daube, *Ancient Jewish Law, Three
Inaugural Lectures*, Leiden 1981, 9를 보라.
56. 갈라디아인들이 **되돌아가는** 것에 대한 바울의 경고(4:9; 5:1)는 대적자들이
자신들의 정책을 한발 **앞으로** 내딛는 것으로 설명했음을 나타내주는 것일 수
있다; 따라서 3:3은, 만약 우리가 여기에서 그들이 사용한 정확한 용어를 확
실하게 밝혀내지 못한다 하더라도, 그들의 메시지의 일반적인 취지를 반영
하고 있을 것이다. Wilckens, "Was heisst", 87는 그들이 "이제 할례를 받아 이
스라엘 영역으로 들어가는 마지막 결정적인 발걸음을 내디뎌야.. 하는", 유
대인에게 호의적인 갈라디아인들에게 접근했다고 주장한다.

해, 할례를 포함한 유대교의 관습을 받아들이기를 원했다(νομίζων τε μὴ ἂν εἶναι βεβαίως Ἰουδαῖος, εἰ μὴ περιτέμνοιτο, πράττειν ἦν ἕτοιμος, "할례를 받지 않고는 완전한 유대인이 될 수 없다고 생각한 그는 할례를 받았다", 20.38). 그러나 헬레나와 아나니아스(Ananias)는 유대교와 유대민족을 식별해내는 분명하고도 변함없는 상징인 할례가 아디아베네 백성들과 관계를 소원해지게 할 수도 있다는 것을 깨달았다. 아디아베네 백성들은 유대교의 율법에 대해 관용적이지 않았고, 다른 민족의 제의에 열심이었다(20.39-42). 아나니아스는 나머지 백성들이, 왕이 "꼴사나운 행습들"을 가르치는 데 책임이 있다고 생각할 것이 두려워서, 이자테스에게 할례를 받지 말고 하나님을 예배해야 한다고 주장했다. 하나님은 이런 정치적으로 위험한 상황에서 그의 할례 생략을 용서해주신다는 것이다(20.41-2). 이자테스는 율법에 대한 엄격한 준수로 이름이 나있는 갈릴리 출신의 한 유대인인 엘레아자르(Eleazar)의 권유를 받기 전까지 이런 타협안을 만족해했다. 엘레아자르는 **율법을 읽고 있는** 이자테스를 발견했다. 그리고 그에게 그것이 **명령하고 있는 바를 행하라고**, 즉 스스로 할례를 받으라고 권유했다(20.43-45). 이자테스는 순순히 동의했다. 그러나 곧이어 민족의 전통을 저버리고 "이방의 행습들"에 자진해서 헌신한 것으로 인한 정치적인 결과에 직면해야 했다(20:47-48, 75-76, 81). 요세푸스는 이로 인한 귀족들의 여러 반란에도 불구하고 하나님께서 어떻게 그를 지켜주셨는가에 대해 기록하고 있다(20.48, 75-91).

  이 이야기는 유대교에 호의적인 이방인들이 할례를 받도록 하는 데 성경이 어떻게 사용될 수 있었는지 분명하게 설명해주고 있다. 바울의 개종자들은 그리스어 구약성서를 그들의 성경으로 간주해야 한다는 것을 바울로부터 배웠을 것이다(참조, 고전 10:11; 롬 15:4). 따라서 선동가들이 창세기에 나오는 아브라함 이야기의 명백한 의미를 주장했을 때에, 그들은 아마도 요세푸스의 글에 나타난 엘레아자르와 동일하게 호소했을 것이다. "당신은 율법을 단지 읽기만 할 것이 아니라, 더 나아가서 율법이 명령하는 것을 행해야만 합니다. 어느 때까지 할례를 받지 않은 채로 있으시렵니까? 만약 당신이 이 문제에 대한 율법을 아직까지 읽지 않았다고 한다면, 이제 그것을 읽으시기 바랍니다. 그럼으로써 당신이 범하고 있는 불경함에 대해 알게 되시기를 바랍니다"(Josephus, *Ant* 20.44-5).[57]

그러나 이자테스의 이야기는 또한 할례가 갖는 사회적인 의미를 보여준다. 할례를 받음으로써 이자테스는 유대교의 신앙과 행습에 대해 돌이킬 수 없는 헌신을 했던 것이며, 그럼으로써 (그의 백성들에게는 상당히 괴로운 것이기는 하지만) 사회적으로 그리고 정치적으로 유대교에 스스로 동조했던 것이다. 이것은 갈라디아인들이 기꺼이 할례를 받도록 했던 사회적인 요인들에 대해 연구할 필요가 있음을 뜻한다.

b) **사회적인 요인들.** 우리가 이미 제시한 증거들에 비추어 볼 때, 할례가 유대인과 자신들을 유대민족과 확실하게 동일시하고 싶어 하는 사람들을 구별해주는 가장 중요한 신분 표시 중의 하나였다는

---

57. 창세기 랍바 46:10에 의하면, Izates와 Monobazus는 창 17장을 읽음으로써 가책을 느끼게 되었다고 한다. 그러나 이것은 아마도 단지 그럴듯한 억측에 불과할 것이다. M. D. Hooker, *Pauline Pieces*, London 1979, 73-74는 최근에 회심한 갈라디아 그리스도인들에게 성경이 영향을 끼쳤음을 강조한다.

것이 드러난다.[58] 비록 예외적인 경우에 이방인들을 할례받지 않은 유대인으로 간주할 수 있다고 하더라도, 일반적으로 할례가 유대인의 정체성을 취함에 있어서 필수적이며 결정적인 요구사항으로 인식되고 있던 것으로 보인다.[59] 유대교의 행습들과 유대교의 신학에 매력을 느끼고, 때때로 회당에도 참석했을 수도 있는 이방인이 엄청나게 많았다고 하는 증거들이 있다(아래의 135-37쪽을 보라). 그러나 개종자가 된다고 하는 것은 훨씬 심각한 문제였다. 무엇 때문에 이방인 남자들이 할례라고 하는, 불편하고 남들이 싫어하는 행위를 받아들이고, 그럼으로써 그들 스스로 유대인과 사회적으로 동일하다고 선포했던 것일까? 우리는 어떤 사람들이 생존의 위협 속에서 할례를 받았으며, 그리고 어떤 이들이 유대인 여인과 결혼하기 위한 대가로 할례를 각오했다는 것을 알고 있다.[60] 갈라디아인들이 분명히 이런 범주에 해당한 것은 아니며, 오히려 여러 "의미 있는 타자들"(가족의 일

---

58. 또한 할례의 목적이 아브라함의 백성들을 다른 백성들과 섞이지 않도록 지켜주는 것이었다(βουλόμενος τὸ ἀπ᾽ αὐτοῦ γένος μένειν τοῖς ἄλλοις οὐ συμφυρόμενον)고 하는 Josephus의 언급 *Ant* 1.192을 보라.

59. N. J. McEleney, "Conversion, Circumcision and the Law", *NTS* 20 (1973-4) 319-41은 개종자들이 항상 필수적으로 할례를 받은 것은 아니라는 것을 암시해주는 것으로 볼 수 있는 상당히 많은 증거의 단편들을 모았다; 그러나 그가 제시하는 사례들은 J. Nolland, "Uncircumcised Proselytes?", *JSJ* 12 (1981) 173-194에 의해서 조목조목 제대로 반박되었다(참조, Räisänen, *Paul and the Law*, 40-41). Izates의 경우에, Ananias조차도 할례를 생략하는 것은 하나님의 용서를 필요로 하는 잘못임을 인식하고 있었다(*Ant* 20.41-2).

60. 위협에 대해서는, 에스더 8:17 그리고 Josephus, *Bell* 2.454를 보라; 참조, 위의 n.48. 결혼에 대해서는, Josephus, *Ant* 20.139, 145를 보라.

원, 존경하는 스승 등)의 영향을 받았던 것으로 보인다.[61] 유베날리스(Juvena-lis)가 보도하는 바, 유대교에 호의적이었던 사람들의 후손들은 곧장 할례를 받았으며,[62] 아디아베네 왕실 가족들은 상호 간에 그리고 아나니아스와 엘레아자르 같은 스승의 영향을 받았다. 갈라디아인들의 경우에는 선동가들이 "의미 있는 타자들"이 되었기에, 이들을 인정하고 수용하는 것이 바울에 대한 것보다 더욱 중요하게 되었다(4:16-20).

갈라디아인들의 행위를 이해하기 위해 우리는 그리스도인으로서 그들이 경험한 사회적인 입장의 취약성에 대해 생각해보아야 한다. 그리스도인 개종자로서 그들은 이방신들에 대한 예배를 포기했는데(4:8-11), 이런 개종은 엄청난 인식의 재조정만이 아니라 사회적인

---

61. 세계의 구성과 세계의 유지에 있어서의 "의미 있는 타자들"의 역할에 대한 간결한 설명에 대해서는, P. L. Berger, *The Social Reality of Religion*, London 1967, 1장을 보라: "세계는 (부모, 스승, '동료' 같은) 의미 있는 타자들과의 대화를 통해서 개인의 의식 속에 구축된다. 세계는 같은 종류의 대화, 즉 동일한 혹은 (배우자, 친구 혹은 다른 동료들 같은) 새로운 의미 있는 타자들과 함께 하는 대화를 통해 유지되는 주관적 실체이다. 만약 그와 같은 대화가 (배우자가 죽거나, 친구가 실종되거나, 혹은 어떤 이가 자신의 본래의 사회적인 환경을 떠나게 됨으로써) 단절된다면, 세계는 흔들리기 시작하며, 그 주관적인 개연성을 잃어가기 시작한다. 다른 말로 표현해서, 세계의 주관적인 실제는 대화라고 하는 가느다란 실 위에 걸려 있는 것이다"(17). 이 유형은 분명히 처음에는 바울의 영향하에 그리고 그 다음에는 성공한 "의미 있는 타자들"인 선동가들의 영향하에 놓였던 갈라디아인들에게 적용할 수 있다. 자세한 이론적인 설명은 P. L. Berger and T. Luckmann, *The Social Construction of Reality*, London 1967, 3부에 있다.

62. Juvenal, *Sat* 14.99: 안식일을 준수하는 조상들의 후손들은 "할례를 받는다 (*mox et praeputia ponunt*)".

혼란도 초래했을 것이다. 가족과 공동체의 신들에 대한 예배에서 스스로를 소외시키는 것은 가족, 친구, 동료 구성원들, 사업 단체와 도시 당국과의 관계에 심각한 균열을 가져올 수 있었다.[63] 고린도 교회에 있는 아주 극소수의 부자들은 이런 사회적인 균열을 피할 수 있었던 것으로 보이기는 하지만, 대부분의 초기 기독교 공동체들에게 그런 일은 흔히 있던 경험으로 보인다. 그리고 (다른 소아시아 지역들 가운데서) 베드로전서가 보내진 곳에 있었던 그리스도인들은 갈라디아의 경우를 당연한 것으로 여겼던 것 같다. 이곳에서는 그리스도인들이 사회에서 추방당한 것으로 추정된다(벧전 2:12, 15, 18-20; 3:1, 13-16; 4:3-5, 12-16).[64] 그래서 그 저자는 이런 불리한 상황을 목회적인 격려를 통해서 상쇄시키려고 최선을 다한다.[65] 바울이 갈라디아에 거주한 것과 그곳에 기독교 공동체들을 설립한 것은 이 그리스도인들의 사회적 정체

---

63. A. D. Nock, *Conversion. The Old and new in Religion from Alexander the Great to Augustine of Hippo*, Oxford 1933, 156: "사회 시설, 동호회 생활 및 축제의 영원한 상실."

64. 갈 3:4에 있는 τοσαῦτα ἐπάθετε(그 많은 체험)는 갈라디아에서의 비슷한 현상이 있었다는 증거를 제공해준다. 그러나 바울이 여기에서 큰 박해를 언급하고 있는지(Lightfoot, *Galatians*, 134) 아니면 엄청난 영의 체험을 가리키고 있는지(Schlier, *Galater*, 124; Betz, *Galatians*, 134)는 분명치가 않다. 확실히 로마의 작가들은 그리스도인들의 특징인 반사회적인 '미신적 행위'(*superstitio*)에 보편적으로 부정적이다: Tacitus, *Annals* 15.44.2-8; Suetonius, *Nero* 16; Pliny, *Ep* 10.96.1-10.

65. J. H. Elliott, *A Home for the Homeless. A Sociological Exegesis of I Peter, Its Situation and Strategy*, London 1982를 보라. 그러나 나는 편지의 수신인들이 문자적으로는 πάροικοι(나그네)이며, 법적인 의미에서 "거류하는 외국인"(resident aliens) 혹은 "시골 주민"(country-dwellers)이었다고 하는 그의 주장을 납득할 수 없다.

성 확립에 도움을 주었다. 그들이 바울에게 베푼 아낌없는 관심(4:12-15)은 바울에 대한 그들의 의존도를 가늠하게 해준다. 바울이 갈라디아를 떠난 것은 불가피하게 그 이후 그들의 사회적인 불안을 강화시켰다. 그들은 이제 그들 민족의, 그리고 조상의 종교 행위에 참여할 수 없었다. 그러면서도 그들은 동일한 성경을 가지고 있고, 유대인 회당의 신학과 많은 부분에 있어서 동일했음에도 불구하고, 유대인 회당의 회원(혹은 참석자조차도)이 될 수 없었다. 만약 그들이 북 갈라디아에 있는 마을들에 살았다고 한다면, 그들은 지리적으로도 상당히 멀리 떨어져 있는 것이었기에, 다른 곳에 있는 바울이 세운 비슷한 교회들의 존재에 대해서도 알 수 없었을 것이다.

이와 같이 연약한 사회적인 정체성을 고려해 볼 때에, 우리는 왜 갈라디아인들이 선동가들의 메시지에 마음이 흔들렸는지 이해할 수 있다. 유대 그리스도인들은 그리스도에 대해서는 동일한 믿음을 가지고 있었다. 그러나 그들은 자발적으로 할례를 받았다. 바울이 예루살렘과 "기둥들"에 대해 장황하게 논한 것으로 볼 때(1:18-2:10; 4:25-26), 아마도 바울의 대적자들은, 그들이 예루살렘에서 왔든 그렇지 않든 간에, 갈라디아인들에게, 기독교 운동의 참된 기원이자 권위자로 인정받는 위치에 있는 교회의 기둥들 역시 다른 유대인들에게 복음을 전하는 할례받은 유대인들이라는 사실을 갈라디아인들에게 각인시켰을 것이다.[66] 그러므로 그들은 유대인의 정체성을 가진 채로 기독

---

66. 2:2, 6, 9에 나오는 바울의 아이러니는 대적자들이 이 "기둥들"을 과대평가하는 것에 대한 바울의 반응을 보았을 때 가장 잘 설명된다. "예루살렘은 우리의 어머니입니다"(4:26)는 아마도 대적자들의 가르침을 반영하는 것일 것

교의 운동에 참여하는 것과 갈라디아인들 같은 이방인들이 할례를
받아야 할 필요성에 대해 몇 가지 타당한 이유를 주장했을 것이다.
그들은 심지어 할례받은 유대인인 바울 자신이 일반적으로는 자신
의 개종자들에게 할례를 받게 했는데, 갈라디아에 있는 개종자들은
부적절한 입교의 상태로 내버려 두었다고 주장했을 수도 있다.[67] 그
리고 그들이 의도적으로 갈라디아인들과 함께 식사하기를 거절하거
나, 혹은 주의 만찬에서 그들에게서 물러남으로써 갈라디아인들의
지위가 부적절하다는 측면을 부각시켰을 가능성이 있다(ἐκκλεῖσαι ὑμᾶς
θέλουσιν, ἵνα αὐτοὺς ζηλοῦτε, 4:17; 참조, 2:11-14).[68]

할례를 받아들임으로써 갈라디아인들은 갈라디아 사회의 나머
지 사람들과 관계하면서 떳떳한 입장을 취할 수 있었다. 비록 유대인
들이 인기는 없었을지 몰라도, 최소한 유대 종교는 오랜 역사를 가지
고 있었다. 그것은 기독교 운동처럼 의심스러운 새 것이 아니었다.[69]

이다.

67. 이런 해석은 갈 5:11과 1:10에 대한 거울 읽기의 한 가지 방법이 될 수 있을
    것이다(그는 갈라디아에서 할례에 대한 주장을 생략함으로써 "사람을 기쁘
    게 한 것이다"). 그들은 갈라디아인들이 받은 침례를 개종자의 입교의식의
    첫 번째 부분이기는 하지만, 할례가 없이는 완성된 것이 아니라고 설명했을
    수 있다. 이 당시의 유대교 개종자의 침례에 대해서는 Epictetus, *Diss* 2.9.20-
    21를 보라.

68. 4:17에 대해서는 Schlier, *Galater*, 212를 보라. 디아스포라에서 유대인의 배
    타성이 주는 사회적인 충격에 대해서는 Josephus, *Apion* 2.210과 Juvenal, *Sat*
    14.96-104를 보라. 후자의 단락은 어떻게 이런 배타성이 개종자가 됨으로써
    완전한 입교 상태가 되기를 바라는 사람들을 유도하였는지를 분명하게 보여
    준다.

69. Nock, *Conversion*, 161-3, 202-11. 유대교는 민족적이며 조상전래의 종교였기

개종자가 됨으로써 갈라디아인들은 지방 회당과 일체감을 갖기를 바랐을 것이며, 따라서 최소한 사회 속에서 좀 더 이해되고 인정받는 입장에 서고 싶어 했을 것이다.[70] 이런 변화를 위해 필요한 조치는 그들이 기독교로 개종한 것에 비하면 훨씬 사소한 것이었다. 재사회화는 상대적으로 간단한 문제였다.[71]

이런 사회적인 요인들이 이 바울서신에 쉽게 드러나는 것은 아니다. 왜냐하면 바울은 신학적인 문제들에 보다 더 집중하기 때문이다. 그러나 서신 속에는 위에서 대략적으로 살펴본 설명들을 뒷받침해주는 개종의 사회적인 의미에 대한 충분한 암시와 정보가 있다. 선동가들의 신학적인 선동과 더불어서, 사회적인 요인들은 갈라디아인들이 기꺼이 할례받은 것을 설명하는 데 상당한 도움을 준다.

때문에 로마 세계에서 대체적으로 용인되었다.

70. 개종자들은 디아스포라 회당들에서 환영을 받아온 것으로 보인다. Philo는 그들에게 "특별한 우정과 일상적인 선의 이상의 것이 주어져야 한다"는 모세의 요구사항을 언급한다. *Spec Leg* 1.52(참조, 레 19.33-34). 그렇기 때문에 갈라디아인들은 그 결속력으로 이름이 난 공동체의 환영을 받았을 것이다. Cicero, *pro Flacco* 66; Tacitus, *Histories* 5.5; Josephus, *Apion* 2.283.

71. 사회학자들의 용어로 표현하자면, 일차적인 사회화보다는 부차적인 것이다. 근본적인 회심이 덜 철저한 부가적인 것으로 보완되는 사례에 대해서는 Apuleius, *Metamorphoses* 11에서 잘 묘사되어 있다: Lucius의 Isis 신비종파 입교식 직후 Osiris 제의에 들어가는 입교식이 이어진다.

율법 준수

할례가 갈라디아 교회 위기의 중요한 문제라는 데에는 의심의 여지가 없지만, 율법에 어떤 의미가 부여되고 있는지는 처음 볼 때에 그다지 분명하지가 않다. 학자들은 선동가들이 전체 율법에 대한 복종을 요구했는지, 아니면 갈라디아인들이 율법을 선택적으로 혹은 피상적으로 복종하는 것을 허용할 작정이었는지에 대해 계속해서 토론하고 있다. 바울서신 속에 있는 세 단락에서 이 문제의 불명확성이 드러난다.

i) 바울이 "율법"이나 "율법의 행위들"에 대해 자주 언급하지만, 율법 준수의 실제적인 사례들에 대해서는 놀랍게도 거의 언급하지 않는다. 실제로, 할례를 제외하고는 4:10에 나오는 불평이 유일하다: ἡμέρας παρατηρεῖσθε καὶ μῆνας καὶ καιροὺς καὶ ἐνιαυτούς(여러분이 날과 달과 계절과 해를 지키고 있으니). 게다가 이 구절은 아주 일반적인 의미의 달력 준수(calendar observance)를 언급하는 것이다. 곧, (골 2:16과는 대조적으로) 유대교의 안식일과 절기들이 아니라, 단순히 "날들", "달들", "계절들", "해들"을 가리키는 것뿐이다.

ii) 5:3에서 바울은 갈라디아인들에게 그들이 받은 할례의 의미에 대해 엄중하게 경고한다: μαρτύρομαι δὲ πάλιν παντὶ ἀνθρώπῳ περιτεμνομένῳ ὅτι ὀφειλέτης ἐστὶν ὅλον τὸν νόμον ποιῆσαι(내가 할례를 받는 모든 사람에게 다시 증언합니다. 그런 사람은 율법 전체를 이행해야 할 의무를 지닙니다). 어쨌든 바울이 이 진술을 통해서 의미하는 바는 갈라디아인들이 자신들이 지고 있는 율법에 대한 의무를 깨닫지 못하고 있음을 나타내는 것일 수도 있다. 혹은, 만약 **모든 율법**(ὅλον τὸν νόμον)을 지켜야 한다는 것에 강조점이 있다면, 이 말은 그들이 단지 부분적으로만 율법을 지키고 있다는 것을 지적하는 것일 수도 있다.

iii) 6:13에서 바울은 이렇게 확언한다: οὐδὲ γὰρ οἱ περιτεμνό-μενοι αὐτοὶ νόμον φυλάσσουσιν(할례를 받은 사람들 스스로도 율법을 지키지 않습니다). 이 논쟁적인 진술은 선동가들("할례를 위해 다니는 자들") 그리고/또는 갈라디아인들("할례받은 자들"—위의 97-98쪽을 보라)이 율법 준수에 대해 관심이 없거나 진지하지 못하다는 의미로 볼 수 있다.

우리는 이미 이런 구절들이 갈라디아 교회의 위기를 재구성하는 일에 사용될 수 있는 몇 가지 방법에 대해 살펴보았다. 갈라디아인들이 τὰ ἀσθενῆ καὶ πτωχὰ στοιχεῖα("무력하고 천하고 유치한 교훈")으로 회귀한 것에 대한 4:9의 언급과 함께 바울이 달력 준수와 관련해서 4:10에서 사용한 일반적인 용어로 인해 몇몇 학자들은 선동가들이 절기들을 준수하라고 요구하면서 "정통" 유대교의 용어들이 아니라, 특정한 날들에 대한 점성술적이며 우주적/영지주의적인 의미와 관련된 용어들을 사용해서 설명했다고 주장했다.[72] 슈미탈스는 5:3과 6:13에 근거해서 선동가들이 율법 준수에는 전혀 관심이 없었다고

---

72. 위의 각주 6을 보라. 그와 같은 목록이 묵시적인 유대 문헌에서는 일반적이기 때문에(예, 희년서 1:14; 6:34-8; 에녹1서 72-82), Schlier는 4:10이 대적자들이 "외경 전통에 속한" 유대교("apocryphal" Judaism)였다는 것을 나타내는 것으로 본다. *Galater*, 203-7. Schmithals는 4:9-10이 영지주의적인 성향을 나타내는 것으로 보며, *Gnostics*, 44, Jewett은 "갈라디아인들에게 소개된 제의적인 종교력은 정통과는 거리가 먼 것에 근거한 것"이라고 결론 내린다. "Agitators", 208.

주장한다. 사실상 6:13을 문자 그대로 받아들여 "원칙적으로 율법을 포기했음을 의미"한다고 보았던 것이다.[73] 좀 덜 극단적인 가설들도 제시되었다. 예를 들어, 쥬윗은 선동가들이 교묘한 정책을 갖고 있었다고 주장한다. 즉, 선동가들이, "약삭빠르게도 할례가 전체 율법을 준수해야 한다는 뜻이라는 것(갈 5:3)을 언급하지 않았다는 것이다". 그들은 단지 "빠르고 가시적인 성과들"에만 관심이 있었을 따름이고, "그들에게는 갈라디아인들이 율법을 제대로 알고 행하는 것보다는 할례를 받고 절기들을 지키게 되는 것이 더욱 중요했던 것이다."[74] 다른 학자들도 마찬가지로 이 구절들은 대적자들이 율법 준수를 요구함에 있어서 불성실했거나 선택적이었음을 나타낸다고 이해한다.[75]

그러나 우리는 정반대 방향을 가리키는 증거에 대해서도 마찬가지로 주목해야 한다. 예를 들어, 4:21에서 바울이 갈라디아인들에게, λέγετέ μοι, οἱ ὑπὸ νόμον θέλοντες εἶναι, τὸν νόμον οὐκ ἀκούετε(율법 아래에 있기를 바라는 사람들이여, 나에게 말해 보십시오. 여러분은 율법이 말하는 것을 듣지 못합니까)라고 말한 사실에 대해 생각해보아야 한다. 만약 갈라디아

---

73. *Gnostics*, 33은 Lightfoot와 Schlier가 자신을 지지하고 있다고 주장하는데, 이는 틀린 소리다. 각주 51에서 그는 이 구절들이 '명확한 자유방임주의적 경향'을 나타낸다고 보기까지 한다. 결론에 가서는 "유대주의자"(Judaisten)라는 입장으로 후퇴한 것처럼 보인다. 55. 참조, Marxsen, *Introduction*, 53-5.

74. "Agitators", 207-8; 참조, Sanders, *Paul, The Law, and the Jewish People*, 29.

75. 예, Crownfield, "Singular Problem", 500, Brinsmead, *Galatians*, 64-65, 119, Lightfoot, *Galatians*, 219, Bonnard, *Galates*, 129, Schlier, *Galater*, 231-32, 281, Mussner, *Galaterbrief*, 347-48을 보라. Hirsch, "Zwei Fragen", 194는 갈라디아인들이 율법을 준수하려고 노력했지만 "서툴렀다"고 말한다.

인들 중에서 아무도 율법을 따르고 복종하는 것을 진지하게 여기지 않았다고 한다면, 이 질문과 뒤이어 등장하는 알레고리는 전혀 불필요한 것이 되고 말았을 것이다. 실제로 그 알레고리는 다시 "종살이의 멍에"(ζυγῷ δουλείας, 5:1)를 메지 말라는 당부로 끝나고 있다. 그리고 이것이 "율법의 멍에"라는 유대교의 개념을 암시한다는 것이 거의 확실하기 때문에,[76] 만약 갈라디아인들이 율법을 준수하는 데 관심이 없었다면, 이 말은 완전히 빗나간 것이 되고 말았을 것이다.

그러나 그런 결론을 뒷받침해주는 것은 이 구절 하나만이 아니다. 만약 우리가 서신 전체를 갈라디아 위기에 대한 진지한 반응으로 간주한다면, 2:15 이후에 나오는, 율법의 행위들, 율법에 의한 칭의와 율법에 복종하는 것에 대한 지속적인 논쟁을 간과할 수 없을 것이다. 우리는 슈미탈스처럼, 갈라디아서 3-4장의 대부분을 바울이 유대인과 논쟁한 것에서 유래한 전승 자료라고 제쳐놓을 수 없다.[77] 왜냐하면 믿음, 율법 그리고 영에 대한 논증들은 분명히 갈라디아의 위기와 관련 있기 때문이다(3:1-5; 4:4-7, 21). 율법의 의미를 제한하고, 율법과 아브라함의 언약 사이를 갈라놓고, 율법과 그리스도의 믿음을 대립시키려는 바울의 강하고 반복적이며 확고한 노력들은 (우리의 거울 읽기 기준에 비추어 볼 때) 갈라디아의 논쟁과 선동가들의 메시지에서 율법이 중

---

76. "토라의 멍에"라고 하는 랍비적 표현(미쉬나 아보트 3:5; 바벨론 싼헤드린 94b 등)는 하나님의 멍에라고 하는 구약의 개념에 그 뿌리를 두고 있다(렘 2:20; 5:5; 시 2:3). 시락서는 그것을 지혜의 멍에라고 해석한다(시락서 51:26). K. Rengstorf, art. ζυγός, in *TDNT* II, 900-1과 M. Maher, "'Take my yoke upon you'(Matt XI.29)", *NTS* 22 (1975-76), 97-103을 보라.
77. *Gnostics*, 41-42, "Judaisten", 49-50에 더 자세하게 설명되어 있다.

요했다는 것을 가리킨다. 그렇지 않다면 우리는 이 서신에 나타난 바울의 논쟁의 핵심이 완전히 빗나간 것으로 결론을 내려야만 한다. 그리고 그것은 우리가 최후의 수단으로 선택해야 하는 결론이다.[78]

그럼에도 불구하고 우리는 재구성을 어렵게 만드는 이런 구절들을 설명하기 위해 계속해서 노력해야 한다. 4:10과 관련해서 말하자면, 바울이 모든 종류의 "율법의 행위들" 중에서, 갈라디아인들의 달력 지키기를 부각시킨 이유는, 그가 여기에서 갈라디아인들이 예전에 갖고 있던 이방종교와 직접적으로 비교되는 점을 발견했기 때문으로 보인다. 이방종교와 유대교 신앙은 모두 특정한 성스러운 "날들"을 지켰으며, 바울은 이런 두 가지 형태의 신앙의 유사성을 강조하기 위해 "날들", "달들" 그리고 "계절들"이라는 일반적인 용어들을 의도적으로 선택했다. 따라서 바울은 그들의 새로운 유대교 관습을 과거 생활 방식으로의 후퇴로 묘사함으로써 논쟁에서 유리한 위치를 얻게 된 것이다. 이 구절들 중에서 갈라디아인들의 율법 준수가 부분적이었다거나 "비정통적"이었다는 것을 나타내는 것은 전혀 없다.

---

78. "Judaisten", 43-53에서 Schmithals는 대적자들이나 갈라디아인들 중 아무도 율법에는 관심이 없었지만, 바울은 그들이 할례받은 것을 율법에 대한 헌신으로 생각했고, 그랬기 때문에 율법은 기독교의 믿음과 어울릴 수 없다는 것을 그들에게 설득시키기 위해 애를 썼다고 주장한다. 그러나 이런 주장은 정작 바울이 갈라디아인들이 율법의 행위들을 행하는 것에는 전혀 관심이 없다는 것을 알고 있음에도 불구하고, 바울이 갈라디아인들에게 율법의 행위를 하지 말라고 주장한 것으로 만들어 버린다(3:1-5)! 바울이 이 같은 위기의 상황에서 그렇게 엉뚱한 논쟁에 시간을 허비했다는 것은 전혀 그럴듯해 보이지 않는다.

5:3을 해석하면서, 바울의 주장을 거울 읽기 할 때 방법론적으로 조심해야 하는 것이 무엇인지 돌아보아야 한다(위의 90-95쪽). 할례의 의미에 대한 바울의 경고가 선동가들, 혹은 갈라디아인들의 율법 준수 의무를 의도적으로 부정하거나 경시했음을 암시한다고 추측할 필요는 없다. 그렇다기보다 바울은 갈라디아인들이 전혀 모르지는 않지만, 조금은 순진하게 생각하고 있는 사실을 확실하게 각인시키려는 것일 수도 있다. 율법에 순종할 준비가 되어 있었지만, 실제적으로 전체 율법을 준수해야 한다는 의미에 대해 직면할 필요가 있었다는 것이다.[79] 이 해석은 5:3이 형식적으로는 "율법 아래에 있기를 바라는 사람들"을 향한 4:21의 호소와 아주 비슷하게 취하고, 강조할 내용은 3:10에 나오는 "율법 책에 기록된 모든 것"에서 취했을 가능성에 의해 뒷받침된다.[80] 큄멜(Kümmel)이 기록했듯이, "5:3에서 바울은 갈라디아인들에게 새로운 사실을 알리려는 것이 아니다. 다만 그들이 이미 알고 있지만 충분하게 고려하지 않은 사실을 다시 한번 되

---

79. Vielhauer는 바울이 강조하는 것은 ὅλον(전체)이라고 올바르게 지적한다. "Gesetzesdienst und Stoicheiadienst im Galaterbrief", in *Rechtfertigung*, ed. J. Friedrich et al., Tübingen 1976, 545. Howard, *Crisis*, 16에게는 미안하게도, "빚진 자"(ὀφειλέτης)가 되는 문제가 이 부분에 추가될 수도 있겠지만 중요한 의미는 없는 것 같다.

80. 3:10은 아마도 바울이 μαρτύρομαι δὲ πάλιν(내가 다시 증언합니다)이라고 기록했을 때 마음에 두고 있던 구절일 것이다. Watson, *Paul, Judaism and the Gentiles*, 71. 그리고 그 책의 각주 109에서 인용된 것들. 바울의 본문(D' F G 등)에 대해서 일부의 편집자들은 πάλιν(다시)이 무엇을 의미하는지 그리고 그것을 삭제해버려야 할지 확신이 없는 것이 분명하다. 4:21과 5:32을 갈라디아 교회에 있는 두 가지 다른 그룹을 지칭하는 것으로 보는 것은 전혀 무익한 것이다. Drane, *Paul*, 47-48, 82-83.

새겨보기를 바랄 뿐이다."[81]

　　마지막으로, 6:13은 문맥이 아주 논쟁적이기 때문에, 이 구절을 액면 그대로 받아들이는 것은 지극히 주저할 수밖에 없다.[82] 선동가들이 할례를 주장하는 것은 오직 자신들을 보호하고, 자신들의 영광을 위한 것이지 율법을 위해서가 아니라는 바울의 진술은, 분명히 그들의 신뢰성을 훼손시키고 갈라디아인들에게 충격을 주려고 하는 것이다. 바울이 이런 진술을 입증해야 한다는 압박을 받았을 수도 있지만, 그가 어떤 증거를 제시할 수 있었는지 알기는 어렵다. 바울이 예전에 바리새파에 있을 때 지켰던 기준들이 그들의 것보다 더 엄격했다는 것을 내세우거나(1:14), 대적자들이 베드로와 같은 입장에 서서 율법 지킴을 주장하면서도 이방인들과 어울림으로써 그들 스스로를 율법의 범법자로 만들었다고 생각했을 수도 있다(2:18).[83] 어쨌든

81.　*Introduction*, 300; 참조, Eckert, *Verkündigung*, 41-42 그리고 Betz, *Galatians*, 259-61. Jewett의 주장은 심각할 정도로 일관성이 없다: 그는 5:3이 선동가들이 전체 율법을 지켜야 한다는 의무를 언급하지 않았다는 것을 나타내는 것으로 간주한다(207). 그러면서도 여전히 그들이 전체 율법에 대한 복종이 구원을 위해 필요하다거나 그리고 머지않아 따라야 할 것이라고 생각했다고 주장한다(201-2). 그는 그들의 할례 캠페인이 팔레스타인에 있는 열심당의 압박 때문에 발생한 것이라고 본다(204-6). 그러나 어떻게 열심당이 단지 율법에 대해 최소한의 헌신만 하고 있는 개종자들에게 호감을 받을 수 있었는지는 분명치 않다.

82.　Schmithals는 반드시 그래야 한다고 주장한다. "Judaisten" 53-54. 선동가들은 율법에는 관심이 없었고, 개종자들에게 할례를 줌으로써 회당의 분노를 피하려고만 했다는 것이다. 그리고 분명히 회당의 유대인들의 입장에서 선동가들과 개종자들이 율법을 거절하는 꼴을 보는 것은 생각할 수도 없다는 것이다!

83.　Howard, *Crisis*, 15-16; Sanders, *Paul, The Law and the Jewish People*, 23. 어

그들이 실제로는 율법을 지키지 않는다는 바울의 비판은 논박되기는커녕 오히려 역설적으로, 서신의 나머지 부분에 나타나는 바, 선동가들이 갈라디아인들에게 할례받음과 더불어 율법 준수를 기대했다는 인상을 공고하게 해준다. 따라서 할례의 경우보다 증거가 더욱 애매하기는 하지만, 율법 준수가 선동가들의 요구 사항 속에서 중요한 요소였다는 것은 상당한 개연성이 있다.

a) **선동가들의 논증.** 선동가들이 자신들의 입장을 주장하는 방법에 대해서도 몇 가지를 제안해 볼 수 있다. 우리는 이미 바울이 갈라디아서 3장에서 아브라함과 율법을 구분하기 위한 논증에 상당한 노력을 기울였다는 것에 주목했다. 아브라함의 축복은 믿음에서 난(ἐκ πίστεως) 자들에게 속한 것이지, 율법의 행위에 근거하여 살려고 하는(ἐξ ἔργων νόμου) 자들의 것이 아니며(3:6-10), 아브라함에게 주신 언약의 약속이 430년 늦게 등장한 율법 때문에 취소될 수 없다는 것이다(3:15-17). 즉, 아브라함에게 주신 약속들과 율법은 분명히 구분된다(3:18-22). 이 모든 것은 대적자들이 아브라함을, 할례와 마찬가지로 율법을 위한 논증에 사용하였으며, 율법을 아브라함의 언약-약속들과 연결 지으려 했다는 것을 암시한다. 사실상 그런 것은 유대교의 전통에 해박한 사람들이나 할 수 있는 것이다. 여러 유대교 전통에서는 시내산에서 율법이 공포되기 이전이라 할지라도 창세기 26:5("아브라

떤 이들은 6:13을 바울이 유대교의 율법 준수에 반대하는 전통적인 논쟁에서 차용한 것으로 본다(참조, 행 7:53; 마 23:3; 롬 2:17ff.; 8:3), Eckert, *Verkündigung*, 32-35, Betz, *Galatians*, 316. 또한 Barrett, *Freedom and Obligation*, 87을 보라.

함이 나의 말에 순종하고, 나의 명령과 나의 계명과 나의 율례와 나의 법도를 잘 지켰기 때문이다")과 아브라함의 순종과 관련된 유사한 다른 구절들에 근거해서 아브라함이 율법을 지킨 것으로 본다.[84] 게다가 "언약"과 "율법"이라는 용어는 유대교의 사상 속에서 서로 묶여서 등장하는 일이 흔했다. 그러한 결합은 시내산 내러티브에서 시작해서 구약성서 전체에 걸쳐서 나타나고 있다.[85] 언약의 의무 사항이 율법 속에 나타나 있다는 것은 모든 유대인들에게 자명한 것이었다.[86] 따라서 만약 갈라디아인들이 언약에 들어가려면 할례를 받으라는 요구를 받았다고 하더라도(창 17장), 율법 준수를 그들의 새로운 언약적 지위와 연결시키는 것은 자연스러운 일이었다.

우리가 가진 증거가 그다지 강력하지는 않지만, 선동가들이 사용했던 몇 가지 다른 성경적인 논증을 찾아내는 것은 가능하다. 조밀하

---

84. 예, 희년서 15:1-2; 16:20ff.; 시락서 44:20; CD 4.2; 바룩2서 57.1-3; Philo, *Abr* 3-6, 60-62, 276; 미쉬나 키두쉰 4:14; 바벨론 요마 28b를 보라.

85. 시내산에서 받은 율법판들은 언약의 판들이었다(출 34:28; 신 4:13; 9:9 등). 율법을 범하는 것은 언약을 깨뜨리는 것이다(신 17:2; 왕하 17:15; 18:12; 호 8:1). 더 자세한 것은 H. J. Schoeps, *Paul. The Theology of the Apostle in the Light of Jewish Religious History*, London 1961, 213-16을 보라.

86. A. Jaubert는 그녀의 연구, *La Notion d'Alliance dans le Judaïsme aux Abords de l'Ère Chrétienne*, Paris 1963, 를 다음과 같은 말로 결론짓고 있다: "*la Loi ... est inséparable de toute les catégories de l'Alliance juive*"(율법은 … 유대인들을 연결시켜주는 모든 범주와 분리할 수 없다), 457. 쿰란에 있어서 "은혜의 언약"에 가입한 자는 "자유롭게 그들 스스로 하나님의 교훈 준수에 헌신한다"는 것은 분명하다(1QS 1:7). 랍비 문헌에 나오는 "언약의 멍에"로서의 율법에 대해서는 A. Büchler, *Studies in Sin and Atonement in the Rabbinic Literature of the First Century*, London 1928, 1-118 그리고 Sanders, *Paul and Palestinian Judaism*, 84-238을 보라.

게 구성된 구절들인 3:10-12에서, 바울은 성경에 근거해서 복잡한 논
증을 펼친다. 그가 인용한 것 중에서 두 가지는 다소 부자연스럽게
들어와 있는 것처럼 보인다. 그 구절들의 **명백한** 의미가 논증을 거스
르는 것처럼 보이기 때문이다. 3:10에서 그는 신명기 27:26을 인용하
는데, 그 구절은 율법책에 기록된 모든 것을 지키지 않은 자들에게
저주를 선언하고 있다. 그런데 어찌된 일인지 바울은 이 저주를 율법
의 행위들을 준수하는 자들을 향한 것으로 만들고 있다. 그리고 3:12
에서 율법 준수에 대한 레위기 18:5("이것을 지키기만 하면, 그것으로 그 사람이
살 수 있다")의 약속은 앞 절의 인용구 하박국 2:4로 인해 기각된 이후
에야 비로소 인용된다. 이 구절들에 내포된 바울의 논리에 대한 학문
적인 논쟁에 있어서, 바울이 대적자들에 의해 사용된 인용구를 재사
용하려고 했다는 주장이 종종 제기되기도 했다.[87] 확실히 그 구절들
은 갈라디아인들을 공략하려고 준비한 것으로 보인다. 이 구절들만
이 아니라 다른 많은 곳에서 성경은 분명하게 율법을 준수하는 자들
에게는 복을, 그리고 무시하는 자들에게는 저주를 선언한다. 만일 갈
라디아인들이 성경을 진지하게 받아들였다면, 그들은 분명히 이 문
제에 대해 성경이 말하는 것을 준수하라고 강요받았을 것이다.[88]

---

87. 이 부분에 나타난 바울의 복잡한 논리에 대한 논쟁에 대해서는, H. Hübner,
    Law in Paul's Thought, 36-42; N. A. Dahl, "Contradictions in Scripture", in
    Studies in Paul. Theology for the Early Christian Mission, Minneapolis 1977, 159-
    77; Dunn, "Works of the Law"를 보라. 바울이 대적자들에게 그들이 스스
    로 사용했던 성경들을 되돌려 주고 있다고 하는 제안에 대해서는, Barrett,
    "Allegory", 6-7 그리고 Watson, *Paul, Judaism and the Gentiles*, 71을 보라.
88. 3:1-5과 4:4-6에서 영과 율법을 구분하려는 바울의 노력에 비추어 볼 때에,

디아스포라 유대인들이 율법을 설명하고 칭송하는 방법들을 비교하는 것도 도움이 될 수 있을 것이다. 필론과 다른 헬라파 유대인들도 유사한 내용을 많이 언급했지만, 율법에 대한 현존하는 가장 광범위한 변증은 요세푸스의 저서인 『아피온 반박문』(Contra Apionem)이다. 이런 저서들 속에서 유대교의 율법은 그 엄청난 역사로 인해 칭송되며, 다른 민족들이 모세에게 배웠다거나, 법을 제정할 때 많은 사상들을 차용해갔다는 주장도 자주 제기된다.[89] 실제로, 특히 필론은 유대교의 율법이 보편적인 법이라고 주장하는데, 율법은 하나님이 이 세상에 창조해 놓으신 질서와 사람에게 심어 놓으신 이성과 일치하는 자연의 법칙이라는 것이다.[90] 요세푸스는 이방인들 사이에 널리 퍼져있는 율법에 대한 존경을 자랑스럽게 기록한다. "하나님이 우주에 충만하신 것과 마찬가지로, 율법도 모든 인류 가운데 퍼져나갔다. … 참으로, 우리 스스로는 우리가 가진 율법의 탁월함을 깨닫지 못한다 할지라도, 확실히 우리는 율법을 존경하는 수많은 무리들

그의 대적자들이 그것들을 결합시켰을 가능성이 있다; 어쨌든 "너희 속에 내 영을 두어, 너희가 나의 모든 율례대로 행동하게 하겠다. 그러면 너희가 내 모든 규례를 지키고 실천할 것이다"라는 하나님의 약속이 겔 36:27에 나온다는 것이다.

89. 예, Josephus, *Apion*, 2.154-56, 168, 256-57, 279-81; Aristobulus in Eusebius, *P.E.* 8.10.4; 13.12.1, 4(피타고라스, 플라톤, 소크라테스 그리고 오르페우스도 모세의 것을 차용했다); Artapanus in *P. E.* 9.27.4-6; Eupolemus in *P. E.* 9.26.1.을 보라.

90. 이런 주장은 Philo의 저서 도처에서 등장한다; Goodenough의 논의, *By Light, Light*, 48-94를 보라. 참조, Eusebius, *P. E.* 13.12.9-16에서 Aristobulus는 안식일이 우주적인 자연의 법칙이라는 것을 보여주려고 노력한다.

때문에 율법을 자랑스러워하지 않을 수 없다"(*Apion* 2.284, 286). 그러나 아마도 율법을 칭송하는 가장 효과적인 방법은 일반적으로 헬레니즘 세계에서 덕목으로 간주하던 자질들을 율법을 통해서도 성취할 수 있음을 강조하는 것이었을 것이다. 따라서 요세푸스는 왜 율법이 ἀρέτη(덕)의 전형인지를 반복해서 강조한다. 율법은 εὐσεβεία(경건), κοινωνία(교제), φιλανθρωπία(자선), δικαιοσύνη(의), σωφροσύνη(신중함) 그리고 다른 많은 덕목들을 증진시킨다는 것이다.[91] 다른 유대인 변증가들과 마찬가지로, 그도 또한 유대인 영웅들의 생애에 대한 이야기를 통해서 이런 자질들을 강조한다.[92] 따라서 바울의 대적자들이 이것을 갈라디아의 그리스도인들에게 율법을 권하기 위한 논증의 강력한 도구로 이용했을 것으로 보인다.

b) 갈라디아인들의 자발적인 승낙. 할례를 기꺼이 받아들인 갈라디아인들이 율법의 다른 요구들도 준수할 준비를 해야만 했다는 것은, 사실 충분히 이해가 된다. 우리는 그 당시에 유대교의 관습과 디아스포라의 회당에 매력을 느끼던 이방인들이 많았다는 것을 알고 있다. "존경하는 수많은 무리들"에 대한 요세푸스의 자랑이 전혀 근거 없는 것은 아니었다. 요세푸스와 다른 사람들은 "수많은 사람들이 우리의 종교적인 관습들을 받아들이고 싶어 하는 강렬한 열망을 보인 지가 오래되었다"고 하는 풍부한 증거들을 제공하고 있다(그는 특히 안

---

91. *Apion* 2.146, 170-171, 211-4, 283-4, 291-5. 참조, 4 Macc, Ps.-Phocylides, Testaments of the 12 Patriarchs, Ep Arist, the Jewish Sibyllines etc.

92. 예, *Ant* 1.18-24(모세), 155(아브라함), 222(이삭); 2.40ff., 140ff.(요셉) 등등; 참조, Ps-Eupolemus in Eusebius *P. E.* 9.17.2-9(아브라함); Philo, *Abr*; *Mos* etc.

식일, 금식, 등불을 켜는 것과 음식법을 언급한다. *Apion* 2.282).[93] 그런 이방인들을 항상 "하나님 경외자들"(God-Fearers)이라는 전문적인 명칭으로 불렀는지는 몇 가지 논란이 있는 문제지만, 중립적이거나 적대적인 관찰자들이 이방인의 "유대화" 경향에 대해 전하는 것을 보면 그들의 존재를 의심할 수는 없다.[94] 따라서 갈라디아인들은 애초에 율법을 준수하기

---

93. *Apion* 2.123, 209-10,261, 280-6 그리고 *Ant* 4.217(참조, Philo, *Mos* 2.17-25)에 나오는 일반적인 언급들 외에, Josephus는 다마스커스(*Bell* 2.560), 안디옥(*Bell* 7.45), 시리아 전체(*Bell* 2.463)와 로마(*Ant* 18.82)에 있는 유대교에 호의적인 사람들에 대해 언급한다. 몇몇 로마의 작가들도 로마에 있는 비유대인들 사이에서 유대교의 관습이 호응을 얻고 있다고 언급한다; 예, Juvenal, *Sat* 14.96-106; Horace, *Sat* I 9.67-72; Suetonius, *Domitian* 12.2; Dio Cassius 37.17.1; 57.18.5; 67.14.1-2를 보라. 참조, 행 13:16, 26, 43, 50; 16:14; 17:4; 18:7에 나오는 비시디아와 헬레니즘 도시들에 대한 증거. Josephus가 모든 나라와 도시들에서 이방인들이 유대교의 관습을 준수했다고 주장하는 것은 의심의 여지없이 과장하는 것이다(*Apion* 2.282). 그러나 곳곳에 흩어져 있는 증거들은 분명히 광범위한 경향을 보여준다.

94. 사도행전에 나오는 다소 애매모호한 증거에 대해서는 K. Lake, "Proselytes and God-Fearers", in *The Beginnings of Christianity, Part I. The Acts of the Apostles*, volume 5: *Additional Notes*, ed. K. Lake and H. J. Cadbury, London 1933, 74-96을 보라. A. T. Kraabel, "The Disappearance of the 'God-Fearers'", *Numen* 28(1981) 113-26은 '하나님 경외자들'의 존재와 명칭이 모두 누가의 창작이라고 주장했다; 그러나 다른 사람들은 유대교에 호의적인 이방인이 존재한다는 반박 불가능한 증거를 제시하며, 그들이 최소한 때로는 θεοσεβεῖς(하나님 경외자들)라고 불렸다는 것을 보여주었다. E. Schürer-G. Vermes-F. Millar, *The History of the Jewish People in the Age of Jesus Christ (175 B.C.-A.D. 135)*, volume 3, Edinburgh 1986, 150-76; T. M. Finn, "The God-fearers Reconsidered", *CBQ* 47 (1985) 75-84. 나는 J. Reynolds가 최근에 *Supplement to the Proceedings of the Cambridge Philological Society*, Cambridge 1987에서 이방인 "하나님 경외자들"을 언급하고 있는 Aphrodisias에서 발굴한 결정적인 비문을 출판했다고 들었다.

를 시작함으로써, 심지어는 유대교의 가장 독특한 외적 모습으로까
지, 당시 많은 사람들이 이해했을 (그리고 그 이후에 일부 다른 이방 그리스도인
들 역시 걸었던) 그 길을 따랐던 것이다.[95]

그러나 갈라디아인들에게는 대부분의 이방인들보다 율법을 지
켜야 하는 더 많은 이유가 있었다. 우리가 이미 논한 바와 같이, 그들
이 할례를 선택한 것이, 개종자로서 유대 민족 그리고 유대 기독교와
동일시하고자 하는 그들의 열망을 나타내는 것이라면, 그들은 분명
히 그러한 선택이 율법의 요구에 대한 헌신을 포함한다는 것을 알고
있었을 것이다. 우리가 가지고 있는 유대교 자료들은 할례/개종이
반드시 유대인들의 전통 수용을 포함한다는 것을 분명히 하고 있다.
"개종은 그에게 율법의 모든 말씀들을 부과한다."[96] 갈라디아인들이
율법 준수에 대한 의무를 받아들이지 않은 채로 선동가들이나 예루
살렘의 유대 그리스도인들, 지방 회당의 인정을 바란다는 것은 상상
하기 어려운 일이다.

그러나 그들의 입장과 관련해서 우리가 아직 살펴보지 않은 한

---

95. 예, 골 2장; Ignatius, *Mag* 8-10; *Philad* 6; Tertullian, *Ad Nat* I 13.3-4를 보라.

96. 시프라 케도쉼 pereq 8:3 (E. T. in Moore, *Judaism*, I 331) 그 단락은 계속해
    서 다음과 같이 이어진다. "권위 있는 분들이 말씀하시기를, 개종자가 그 스
    스로 한 가지 명령만 제외하고 모든 율법의 말씀에 복종하기로 한다면, 그는
    받아들이지 않는다." 랍비문헌의 설명에 의하면 할례와 침례를 통해서 개종
    자를 받아들이는 데에는, 대표적으로 "무겁고" 그리고 "가벼운" 명령들을 암
    송하는 것이 포함되는데, 이것은 후보자의 새로운 의무들을 분명히 하기 위
    해서다(바벨론 예바모트 47a-b). Josephus도 할례가 유대인들의 관습을 받
    아들이는 것을 포함하는 것으로 간주한다. *Ant* 14.257-8; 20.145-6. Braude,
    Jewish Proselyting, 8을 보라.

가지 중요한 측면이 있다. 갈라디아인들이 유대교의 율법에 마음이 끌렸다면, 그것은 아마도 최소한 부분적으로는 일상생활의 행동을 위한 자세한 교훈들을 담고 있기 때문이었을 것이다. 밀러(F. Millar)가 말하고 있듯이, "이런 것이 전혀 없는 종교는 없다. 그러나 유대교의 그것은 고대 종교들의 것보다 훨씬 더 정확하고 훨씬 더 포괄적이다."[97] 유대교의 전통적인 관습들은 고풍스럽고 권위적인 분위기가 있으면서도, 모든 생활 방식에 직접적으로 도움을 줄 수 있었다. 요세푸스가 말하듯이, "종교는 우리의 모든 행동들과 직업들 그리고 언어들을 지배한다. 우리의 율법 수여자가 이런 것들 중에서 하나라도 검증하지 않거나 규정하지 않은 채로 남겨 둔 것은 전혀 없다"(Apion 2.171). 이와는 대조적으로, 갈라디아인들은 분명히 그들 스스로 약간은 불안정하고 불확실한 입장에 있다고 느꼈을 것이다. 우리는 바울이 그들에게 어떤 도덕적인 교훈들을 주었는지 확실히 알 수는 없다. 5:21에서, 바울은 자신이 갈라디아인들에게 일련의 악행들에 대해 경고했다는 사실을 가리키고 있지만, 교훈의 범위나 실용성에 대해서는 알 수 없다. 그는 서신의 여러 부분에서, 교훈의 방식 또는 전승에 대해 언급하고 있다(살전 4:1-2, 6, 11; 고전 4:17; 11:2; 롬 6:17). 그러나 그것들은 기록된 것으로서 고정되고 권위 있는 본문이 아니라 유동적인 구전전승들이다.[98] 바울은 분명히 그의 개종자들이 "하나님

---

97. Schürer-Vermes-Millar, *History of the Jewish People,* III, 155.

98. 바울과 다른 신약의 저자들이 교리문답에서 사용되던 기존의 윤리규정에 의지한 것이라는 주장이 제기되곤 했다. A. Seeberg, *Der Katechismus der Urchristentheit*, Leipzig 1903; P. Carrington, *The Primitive Christian Catechism,*

께로부터 가르침"(살전 4:9)을 받거나 "영의 인도하심"(갈 5:18; 롬 8:14)을 받기를 기대했다. 고린도에서 그가 경험한 것이 어떤 도움이 되었는지 몰라도, 그는 이방인 개종자들에게 기본적인 도덕적 교훈이 필요하다는 것을 소홀하게 생각하는 경향이 있었던 것 같다. 즉, 바울은 고린도인들이 자신의 도덕적 전제들을 공유하지 않고 있었다는 사실에 분명히 놀랐다.[99] 바울은 그곳에 있을 때 가까운 곳에서 도덕적 안내자의 역할을 했다. 그러나 바울이 없을 때에, 그리고 기독교의 윤리와 체험에 대한 확고한 전승이 없는 상태에서, "영 안에서 행하라"는 바울의 권면은 그다지 만족스럽지 못했던 것이 분명하다. 그른 것에서 옳은 것을 구별해낼 율법도 없고, 범죄를 처리하고 다시 힘을 줄 제사도 없는 상황에서, 그들의 안정과 자기 확신은 다소 불안정해졌다. 베츠가 약간 과장해서 언급하듯이, "이런 상황에서, 그들의 일상생활은 밧줄 위에서 곡예하는 꼴이 되고 만다!"[100]

이 부분에서 그들의 불확실함에 기여했던 또 다른 요인은 바로

Cambridge 1940. 그러나 이런 주장은 현재는 거의 지지받지 못하는 가설이다.

99. J. C. Hurd, *The Origin of I Corinthians*, London 1965는 바울의 첫 번째 복음 선포가 어떻게 해서 거의 자유방임주의적인 의미로 이해될 수 있었는지를 보여주고 있다.

100. *Galatians*, 9; 참조, *idem*, "Defense", 107 그리고 "Spirit", 155. Ebeling은 다음과 같이 말한다: "이방인인 갈라디아인들에게 우주의 기초적인 영들(spirits)의 속박으로부터의 해방은 구원이라는 심오한 느낌을 가져다주었다. 그러나 그것은 또한 그처럼 전적으로 낯선 자유에 직면하여, 어디에다가 삶의 확고한 닻을 내려야 하는가 하는 심각한 불안정한 느낌을 줄 수도 있었다." *Truth of the Gospel*, 251.

교회 내부에서 시작된 분열과 논쟁이었던 것 같다. 그러한 어려움들
이 5:15에 있는 "서로 물어뜯고 잡아먹는 것"에 대한 바울의 경고에
나타나는 것 같다. 그리고 그에 대한 또 다른 증거가 5:26과 "육체의
행위" 목록에 있는 사회적인 범죄들에 대한 바울의 강조에서 나타난
다(아래 제5장에서 더 자세하게 논의되었다). 우리가 이런 논쟁이 일어난 이유
에 대해 말할 수는 없지만(그 논쟁들은 아마도 '선동가들'이 한층 더 악화시켰을 것
이다), 그 논쟁들이 갈라디아인들을 불안하게 하고, 그들 자신과 그들
의 행동 방식에 대한 불확실성을 강화시켰음이 분명하다. 그러한 논
쟁 속에서 어떻게 그들이 누가 옳고 누가 그르다고 말할 수 있었겠으
며, 받아들일 수 있는 신앙과 행위의 경계를 어떻게 확정지을 수 있
었겠는가?[101]

　　이런 상황 속에서, 선동가들의 제안은 아주 매력적인 것으로 보
였음에 틀림없다. 유대교의 제의들과 의식을 도입함으로써 갈라디아
인들은 지속적으로 하나님의 백성이라고 하는 자신들의 정체성을
강화시킬 수 있는 수단을 갖게 되었다. 유대교의 정결 규례들이 갈라
디아 사회 속에서의 그들의 독립된 신분을 유지해주는 데 효과적인
수단이 될 수 있었던 것과 마찬가지로, 기도, 절기 그리고 안식일 규
례들을 지키는 것은 그들의 새로운 신분을 지속적으로 되새기게 해

---

101. Berger는 다음과 같이 말한다: "기독교 사회라고 하는 실체는 이런 실체를
　　당연한 것으로 받아들이는 사회적 구조의 존재에 의존하고 있다. … 이런 그
　　럴듯한 구조가 그 완전성 혹은 지속성을 상실하게 되면, 기독교 사회는 비틀
　　거리게 되고 그 실체는 자명한 진리로서의 자신을 제시하지 못하게 된다."
　　The Social Reality of Religion, 47.

줄 것이다. 종교 사회학자들은 종교적 세계관을 강화해주는 그러한 제의들의 중요성을 잘 알고 있다.[102] "율법의 행위들"은 갈라디아 기독교 공동체들을 유지해주는 중요한 사회적인 기능을 했을 것이다.[103]

같은 방식으로 율법에 나타난 도덕적인 명령들은 갈라디아인들에게 가장 환영받았을 것이 분명하다. 베츠가 말하듯이, "그들은 구체적인 도움이 필요했다. 그리고 바울의 대적자들은 그것을 제공할 수 있었을 것이다. 시내산 계약에 가입하는 것과 토라에 복종하는 것이 그들에게 인간의 실패와 악행을 처리해주는 방법으로 제공되었을 것이다."[104] 그것은 또한 그들의 일상생활의 수많은 영역에 대한 확실한 지침을 제공했을 것이다. 바울은, 결국, 그들에게 이 권위 있

---

102. 예, Berger and Luckmann, *Social Construction of Reality*, 174-6; M. Douglas, *Purity and Danger*, London 1966, 114-139; H. Mol, *Identity and the Sacred*, Oxford 1976, 233-245를 보라.

103. R. Heiligenthal은 "집단 구성원의 표시인 갈라디아서에서 말하는 '율법'"과 "'율법의 행위'라는 사례를 통해서 본 갈라디아서에 나타난 이신칭의라는 바울의 교리의 사회적 의미"에 대해 올바르게 강조한다. *Kairos* 26(1984) 38-53, at 41. 참조, Meeks는 다음과 같이 말한다: "바울 쪽은 할례와 정결 제의를 거절했다. 따라서 그 공동체가 살고 있는 이방인 사회에 대하여 그 자신의 정체성을 유지시켜주는 유대교 공동체의 가장 효과적인 방법 중의 하나를 포기한 것이다. 이것은 바울과 갈라디아에 있는 그의 대적자들 사이의 논쟁에 있어서 실제적인 문제였다." "Toward a Social Description of Pauline Christianity", in *Approaches to Ancient Judaism, II*, ed. W. S. Green, Missoula 1980, 33.

104. *Galatians*, 273; 참조, Ebeling, *Truth of the Gospel*, 251: "자유로부터 파생된 혼란 때문에 그들은 유대교의 토라를 가지고 그 진공상태를 채우자고 하는 제안을 거절하기 어렵게 되었을 것이다."

는 자료들을 전해주었다. 갈라디아인들을 지도하려고 하는 유대 그
리스도인 해석가들처럼, 갈라디아인들이 율법 속에서 그들에게 필요
한 분명하고 포괄적인 도덕적인 가르침들을 추구하는 것은 당연한
것이었다.

결론

　갈라디아의 위기에 대한 우리의 탐구는 천천히 그리고 조심스럽
게 진행될 수밖에 없었다. 우리는 바울이 쓴 서신에 나오는 증거들을
사용하는 일의 어려움과 다른 자료들에 의거해서 이것을 보완하는
일이 주는 문제들에 대해 주목했다. 그리고 우리는 위기에 대한 여러
가지 각기 다른 재구성들이 갖는 강점과 약점들을 평가해보았다. 조
심스럽게 우리가 가진 역사적인 증거들을 바꾸어가면서, 우리는 특
별히 할례와 율법 준수에 집중했으며, 이런 것의 의미에 대해 단지
신학적 상징이 아니라 중요한 사회적인 함의를 갖는 행동들로서도
탐구해보았다. 갈라디아 위기에서 문제가 되는 것은 갈라디아 그리
스도인들의 **정체성**과 그들의 **적절한 행동** 방식이었다. 할례를 받고 개
종자가 됨으로써 그들이 하나님의 백성 안에서의 위치를 정당화하
고 확신할 수 있었을까? 그리고 그들이 유대민족의 제의들과 윤리적
인 규범들을 택했어야만 했을까? 우리의 탐구는 선동가들의 제안들
이 이런 드러난 문제들에 있어서 얼마나 매력적이고 합리적인 것이
었는지 증명해주었다.

이런 논쟁이 일어난 특별한 사회적 상황에 주목하는 것이 중요하다. 선동가들이 연루되어 있는 한, 그 문제들은 "사람이 무엇을 행해야 구원을 받는가?"라고 하는 수준의 것으로 축소되거나 일반화될 수는 없다. 오히려 그들은 하나님의 백성에 속했다고 주장하는 이방인들이 아직 유대인의 정체성과 규범을 채택하지 않았다는 구체적이고도 이례적인 일에 관심을 두고 있다. 우리는 그 위기에 대한 바울의 반응을 논함에 있어서 이런 독특한 문제들의 배경을 놓쳐서는 안 된다. 왜냐하면, 바울이 특정한 문제의 근거에 대해 일반화된 신학적 견해를 제시했을 수도 있지만, 언제나 그의 주장들은 먼저 직접적인 역사적 상황의 측면에서 접근해야 하기 때문이다.

마지막으로 할례와 율법 준수에 대한 우리의 분석이 갈라디아 교회 위기의 이중적인 면을 부각시켰다는 것을 지적할 수 있다. 그 위기는 정체성과 행동 방식 두 가지 모두와 관련해서 질문하게 했다. 물론, 이 두 가지는 분리될 수 없다. 갈라디아인들이 그런 의무들을 실천하면 하나님의 백성이라는 지위는 확인되겠지만, 더욱 안정된 개종자의 정체성을 갖기 위해서는 모든 영역에 걸친 의무들을 감당해야 했다. 내가 채택한 범주인, "정체성"과 "행동 방식"은 할례와 율법 준수의 사회적인 함의에 관한 연구에서 나온 것이다. 그것들은 샌더스가 말한 "들어감"과 "머무름"과 비슷하다. 그러나 샌더스와 다른 사람들이 갈라디아서를 거의 배타적으로 '들어감'이라고 하는 표제하에 논하는 반면에, 이 장은 행동 방식/머무름이 정체성/들어감에 대한 논쟁과 똑같은 분량으로 다루어지고 있음을 입증했다.[105] 달리 말하자면, 윤리에 대한 문제가 갈라디아 교회 위기의 중요한 요소였다는 것이다.

---

105. Gundry, "Grace", 8-9는 이 점에 대해 Sanders의 문제를 올바르게 지적한다. 그리고 서신이 그만큼 "머무름"에 대해 말하고 있다고 강조한다.

제3장
서신의 주요 부분에 나타난 바울의 반응

　　"선동가들"의 주요 요구사항과 선동가들이 갈라디아인들의 주목
을 받았던 이유를 탐구함으로써, 우리는 갈라디아에서 논쟁되는 주
요 문제들에 대해 분명한 개념을 얻을 수 있었다. 이로 인해 우리는
위기에 대한 바울의 반응을 분석하고, 그 효과를 평가할 수 있게 되
었다. 우리는 신동가들의 주장에 설득력을 더하는 몇 가지 사항에 주
목해보았다. 즉, 많은 문제에 대해 그들은 자기들의 입장을 뒷받침하
는 성경, 전승 그리고 논리를 갖고 있었다. 바울이 그들의 메시지에
대응해야 했다면, 이는 분명 엄청난 과업이었을 것이다. 그러나 마찬
가지로 분명한 것은 복음에 대한 바울의 전체적인 설명과 이방인의
사도로서의 정체성이 이 위기 상황 속에서 위험에 처하게 되었다는
것이다.

　　그 위기에 대한 우리의 탐구는 **정체성**과 **행동 방식**이라고 하는 한

쌍의 개념에 집중되기에, 특별히 이 주제들을 염두에 두고 바울의 반응을 검토하고자 한다. 이 연구에 있어서 우리의 첫 번째 관심이 바울의 윤리에 대한 것이기 때문에, 우리는 곧바로 서신의 끝부분에 있는 윤리적인 교훈들로 건너뛰고 싶은 유혹을 받을 수도 있다. 하지만 더 깊이 생각해보면 이 문제에 대해 지나치게 편협한 접근법을 택하는 것은 좋지 않음을 알게 된다. 정체성과 행동 방식은 갈라디아의 위기에서 너무도 분명하게 서로 연결되어 있는 것이기 때문에, 우리는 바울이 그 문제들을 완벽하게 독립적으로 다룰 수 있었으리라 기대해서는 안 된다. 따라서 최소한 정체성의 문제가 명백하게 제기되고 있는 서신의 주요 부분을 간략하게나마 탐구할 필요가 있다(예, "누가 아브라함의 후손인가?"). 이 단락들에 관한 연구는 바울이 선동가들의 주장에 어떻게 반격하고 있으며, 그리스도인의 정체성에 대한 바울의 전혀 다른 개념을 그리스도인의 행동을 위한 대안적인 전략과 어떻게 연결시키고 있는지를 밝혀내는 데 집중하게 될 것이다.

안디옥 사건과 이신칭의

우리가 여기에서 선동가들의 요구에 대한 바울의 반응에 집중한다는 것은 갈라디아서 1-2장에 나오는 바울의 자전적 이야기를 한쪽으로 제쳐 놓겠다는 뜻이다. 1-2장에서 바울이 이방인의 사도로서 자신의 정체성에 대한 도전이나 조롱에 대해 반응하고 있는 것으로 볼 수도 있겠지만, 이 단락의 대부분은 **갈라디아인들에 대한 선동가들의**

제안과는 직접적인 관련이 없다.[1] 그럼에도 불구하고, 이 이야기의 끝부분에서(2:11-21), 바울은 안디옥에서 이방인들과 식사하는 문제에 대해 베드로와 의견을 달리했던 사건을 언급하고 있다. 이 사건이 최근에 일어나서 마지막에 기록된 것 같기는 하지만,[2] 이 사건은 서신에서 좀 더 역사적인 부분과 좀 더 신학적인 부분을 이어주는 중요한 역할을 한다. 이것은 두 가지 방식으로 전환부의 역할을 한다. 첫째로, 안디옥 논쟁과 결부되었던 문제는 유대인과 이방인이 근본적으로 동등하다는 것과 이방인을 "유대화"(judaize)하려는 잘못―바울의 관점에 있어서 갈라디아 위기의 중심에 있는 문제이기도 한―에 대한 것이다. 그리고 둘째로, 이 사건은 바울이 베드로에게 어떻게 주장했는지 (혹은 주장하고 싶었는지) 말할 수 있는 기회를 준다(2:14b-21). 바울은 여기에서 서신의 나머지 부분과 밀접하게 연결된 표현들을 사용한다. 실제로, 바울이 베드로에게 했던 말로 기록된 것이 마치 갈라디아의 선동가들에게 하는 것으로 들린다는 주장이 종종 제기되곤 했다. 분명히 이것은 바울에게 있어서 그가 앞으로 주장하게 될 주요

---

1. 이 단락에 나타난 바울의 전략에 대한 분석을 위해서는, J. D. G. Dunn, "The Relationship between Paul and Jerusalem according to Galatians 1 and 2", *NTS* 28(1982) 461-78을 보라. B. R. Gaventa, "Galatians 1 and 2: Autobiography as Paradigm", *NT* 28 (1986) 309-26은 바울이 자신을 이 장들 속에서 갈라디아인들을 위한 모범으로 제시하고 있다고 본다(참조, 4:12); 그러나 이것은 아주 제한적인 범위에서만 진실일 뿐이다. 왜냐하면 바울이 말하고 있는 것 중의 대부분은 갈라디아인들의 경험과 전혀 비슷하지 않기 때문이다.
2. Lüdemann이 최근에 반대되는 주장을 하기는 했지만, *Paul*, 57-59, 75-77, 이것은 여전히 가장 그럴듯한 설명으로 보인다.

주제들 중 일부를 말할 수 있는 기회였다.[3]

　베드로에 대한 바울의 책망은 본래 행동에 관한 것이었다. 베드로가 유대교의 음식법 때문에 이방 그리스도인들과의 식탁교제 자리에서 물러났다. 그러나 바울이 보기에 이런 행동은 "복음의 진리"(14절)와 관련하여 중요한 신학적인 의미가 있는 것이었으며, 그리스도 안에서의 유대인과 이방인의 정체성에 대한 문제를 심각하게 제기하는 것이었다(14-16절). 베드로와 나머지 유대 그리스도인들의 행동은 일관성이 없기 때문에 비난을 받았다. 그때까지 베드로 자신도 "유대인처럼 살지 않았다."[4] 그러나 더욱 심각한 것은 베드로가, 이방인과의 교제를 철회함으로써, 이방인들로 하여금 "유대화"되도록 사실상 강요하고 있다는 점이다. 즉, 유대 그리스도인 형제들의 율법과 관습을 택하도록 했다는 것이다.[5] 바울에게 있어서 이것은 유대인과 이방인 신자들의 정체성에 대해 완전히 오해하고 있음을 나

3.　Betz의 수사학적인 분석에 의하면, 2:15-21은 이후에 "*probatio*"(증명)에서 논의 될 주제들을 설명하는 "*propositio*"(주장)의 기능을 한다. *Galatians*, 18-19, 113-114. 베드로에 대한 최초의 문제제기는 분명히 14-15절에 있지만, 17-18절의 해석도 염두에 두고 있었을 것이다; 그러나 이신칭의, 그리스도의 십자가 처형 그리고 믿음을 통해서 얻는 생명에 대한 논의도 서신의 나머지 부분을 위해 계획된 것이다. 이런 "이중 청중"(double audience)에 대해서는 J. D. G. Dunn, "Incident", 6 and n.116을 보라.

4.　Dunn, "Incident"은 어떻게 해서 안디옥에 있던 이방 그리스도인들이 대부분의 율법(예, "노아" 규례?)을 준수하고 있었는가에 대해 논한다. 그러나 그들과 베드로 모두 유대인처럼 살지 않았다는 것은 분명하며(ἐθνικῶς καὶ οὐχὶ Ἰουδαϊκῶς ζῇς, 14), 이것은 분명히 율법에 있는 정결 규례들 중의 일부를 무시했다는 것을 암시한다.

5.　ἰουδαΐζειν에 대해서는 위의 2장 각주 1을 보라.

타내는 것이자, 베드로와 다른 이들이 "복음의 진리를 따라 똑바로 걷지 않음"(οὐκ ὀρθοποδοῦσιν πρὸς τὴν ἀλήθειαν τοῦ εὐαγγελλίου, 2:14)을 입증하는 것이었다.[6]

이로 인해 바울은, 특별히 유대인 및 이방인과 관련해서, "복음의 진리"가 무엇인지 설명하게 된다. 따라서 그는 15-21절에서, 베드로와 그리스도를 믿는 다른 유대인 신자들이 쉽게 받아들일 수 있는 진술로 시작해서, 복음의 기본적인 사실들 중 일부를 언급한다.

그들이 나면서부터 유대인이고 "이방인 출신의 죄인들"(ἐξ ἐθνῶν ἁμαρτωλοί)이 아님에도 불구하고,[7] 그들은 사람이 ἐξ ἔργων νόμου(율법의

---

6. 신약성서에 한번 등장하는 ὀρθοποδεῖν의 정확한 의미가 분명하지는 않지만, 이 구절에 대한 가장 그럴듯한 해석은 "그들이 복음의 진리를 따라서 바른 길을 가지 않았다"인 것으로 생각된다(Mussner, *Galaterbrief*, 144; G. D. Kilpatrick, "Gal 2:14 ὀρθοποδοῦσιν", in *Neutestamentliche Studien für R. Bultmann*, ed. W. Eltester, Berlin 1957, 269-74). 베드로와 나머지 유대인들은 올바른 길에서 벗어나 있었다. 이것은 근본적으로 진리의 복음과 "함께/맞춰서 걷지 않는 것"과 동일한 것이다(Bruce, *Galatians*, 132; Betz, *Galatians*, 110-11).

7. "이방인들"과 "죄인들"을 동일시하는 것은 기본적인 유대교의 원칙이었다: 예, 삼상 15:18; LXX 시 9:18; 솔로몬의 시편 2:1-2; 17:25; 희년서 23:23-4; 24:28(참조, 22:16에 있는 결론: 그들과 더불어 먹지 말라); 에스라4서 3:28-36; 마 5:47과 눅 6:32; 마 26:45과 눅 18:32; K. Rengstorf, art. ἁμαρτωλός, *TDNT* I, 324-26을 보라. Dunn, "Incident", 27-28은 "이방인 출신 죄인"이 "야고보에게서 온 사람들"이 사용했던 경멸적인 구호였을 수도 있다고 주장한다. 그 구절을 재구성하려고 하는 Neitzel의 시도("we jews by birth and not Gentiles, sinners", "Zur Interpretation von Galater 2,11-21", *TQ* 163 (1983) 15-39, 131-49)는 설득력이 없다고 판정할 수밖에 없는데, 왜냐하면 ἁμαρτωλοί(죄인들)를 그 구절의 끝부분에 어색하게 내버려뒀다가 아무런 설명도 하지 않기 때문이다.

행위들로) 의로워지는 것이 아니라 예수 그리스도를 믿음으로 의로워

진다는 사실을 알고 있었다(2:15-16).[8] 2:16에 나오는 "그리스도에 대한

믿음"과 "율법의 행위들"을 대립시키는 반복적인 진술은 그리스도

에 대한 믿음으로 인한 칭의가 "유대인"과 "이방인 출신의 죄인들"

사이의 전형적인 유대적인 구분 방식을 수정하게 되었음을 강조해

주고 있다.[9] 안디옥 논쟁 직후에 이어지는 문맥은 "율법의 행위들"이

---

8. 최소한 한 곳에서는, 바울은 분명하게 그리스도에 대한 믿음을 말한다(εἰς
    Χριστὸν Ἰησοῦν ἐπιστεύσαμεν, 2:16). 그러나 동일한 구절의 다른 곳들(διὰ
    πίστεως Ιησοῦ Χριστοῦ 그리고 ἐκ πίστεως Χριστοῦ)에서도 마찬가지로 "그리
    스도에 대한 믿음"을 의미하는지 아니면 "그리스도의 신실함"을 의미하는지
    에 대해서는 아직도 논쟁중이다. 후자의 견해에 대한 가장 최근의 설명으로
    Hays, *Faith of Jesus Christ*, 139-191을 보라. 그러나 Hays는 하나님에 대한 그
    리스도의 신실함과 그리스도에 대한 (또는 향한) 그리스도인의 믿음 사이의
    관계를 설명하지 못한다; 그리고 그는 3:5과 3:6을 연결해주는 καθώς(~와 같
    은)에 나타난 갈라디아인들의 믿음과 아브라함의 믿음 사이의 명백한 관련
    성에도 불구하고, 아브라함의 믿음을 그리스도의 신실함의 전형으로 간주하
    는 억지를 부린다. 비록 그리스도의 복종이 롬 5장과 빌 2장에서 중요한 요
    인으로 작용하기는 하지만, πίστις Χριστοῦ라고 하는 애매모호한 말에 입각
    해서 갈라디아서를 이해해야 한다는 분명한 증거가 없다. 그 구절은 "그리스
    도에 대한 믿음"을 나타내는 손쉬운 표현으로 간주하는 것이 더 낫다(참조,
    4:22, 26).
9. 2:16의 첫머리에 나오는 δέ(그러나)에 대한 본문상의 증거가 다소 공평한 균
    형을 이루기 때문에(𝔓⁴⁶ A에서는 생략되었다; ℵ B C Dᶜ에서는 볼 수 있다),
    각각의 독법 위에다가 너무 많은 것을 구축하려는 것은 지혜롭지 못한 것이
    될 것이다(이 점에 있어서 Dunn에 대한 Hübner의 공격을 보라, "Was heisst
    bei Paulus", 126ff.). 그러나 우리는 그럼에도 불구하고 2:16의 내용(유대인과
    이방인 모두 율법의 행위를 통해서는 의로워질 수 없다)에 근거해서, 이것이
    2:15에 나오는 전형적인 유대인의 관점(유대인들은 "이방인 출신의 죄인들"
    과는 구분되며 이들보다 우월하다)을 수정하는 것이라고 주장할 수 있다.

"유대인처럼 사는 것"과 동의어라는 것을 분명하게 보여준다. 그리고 바울은 이런 독특한 유대인의 행동 방식이 유대인 또는 다른 어느 누구에게라도(ἄνθρωπος ... πᾶσα σάρξ), 칭의의 본질적인 특징이 아니라고 지적한다. 사실상, 17절은 계속해서 유대인 신자들이 자신들을 이전에 "이방인 출신 죄인들"로부터 구분하던 것을 포기해야 할 필요가 있음을 보여준다. "그리스도 안에서 의롭다 함을 받으려고 하다가", 유대인인 우리가 죄인들로 드러날 수도 있다는 것이다(εὑρέθημεν καὶ αὐτοὶ ἁμαρτωλοί[우리가 죄인으로 드러난다면]는 15절에 나오는 ἐξ ἐθνῶν ἁμαρτωλοί[이방인 출신 죄인들]를 반영하고 있다). 안디옥 사건은 어떻게 해서 이런 일이 일어날 수 있는지에 대한 좋은 예이다. 복음은, 비록 율법의 관점에서 볼 때에 그들이 "죄인들"로 정죄되는 한이 있더라도, 유대인 신자들이 이방인들과 함께 먹고 그들처럼 살아야 한다(ἐθνικῶς ζῇς, 14절)고 요구했다.[10]

그러나 만일 이것이 복음에 대한 정확한 이해라고 하더라도, 여전히 답변해야만 하는 중대한 이의제기가 있고 도출해내야만 하는

---

10. Burton, *Galatians*, 129-30; Mussner, *Galaterbrief*, 176-7; Howard, *Crisis*, 43-4; R. Kieffer, *Foi et Justification à Antioche. Interpretation d'un Conflit(Gal 2:14-21)*, Paris 1982, 53-57을 보라. 일부 해석가들은 "우리 유대인들"이 그리스도 안에서 구원받을 필요가 있다는 것을 인정하는 과정에서 죄인들임을 깨닫게 되는 것이라고 본다. G. Klein, "Individualgeschichte und Weltgeschichte bei Paulus. Eine Interpretation ihres Verhältnisses im Galaterbrief", *EvTh* 24(1964), 126-165; J. Lambrecht, "The Line of Thought in Gal 2:14b-21", *NTS* 24(1977-8) 484-495. 그러나 이런 생각은 어떻게 해서 그리스도가 죄를 "짓게 한다"거나 "조장한다"는 비난이 주어질 수 있는지를 제대로 설명할 수 없다(17c절).

결론들이 있다. 첫째로, 그리스도에 대한 믿음이 유대인들로 하여금 이방 "죄인들"처럼 살도록 요구할 것이라는 주장은, 그렇다면 그리스도가 "죄의 종"(ἄρα Χριστὸς ἁμαρτίας διάκονος, "그리스도는 죄를 짓게 하시는 분이라는 말입니까", 17절)의 역할을 하는가 하는 심각한 문제를 일으킨다.[11] 이 질문이 안디옥 논쟁에서 제기되었을 가능성이 있다. 바울은 정말로 그리스도에게 속하는 것이 유대인 신자들로 하여금 율법을 무시하는 죄악을 범하게 한다고 생각했을까?[12] 그런 질문은 바울의 교훈이 내포하는 반율법주의적 의미에 대한 전반적인 염려를 반영하기 때문에(참조, 롬 3:8; 6:1; 행 21:21), 바울 입장에서는 답변을 신중하게 구성하는 것이 아주 중요하다. 그리스도가 죄를 조장하거나 권장한다고 하는 주장은 단호하게 거부했을 뿐만 아니라(μὴ γένοιτο, "그럴 수 없습니다"), 곧바로 반격하는 것처럼 보인다(2:18). 이방인들과 식사하면서 자기 스스로를 "범죄자"(παραβάτης)로 만드는 것은 (안디옥에서 베드로와 다른

---

11.   ἄρα를 ἄρα(추론의 의미)로 읽어야 하는지 아니면 (바울서신에서 다른 곳에서는 전혀 나타나지 않는) ἆρα(의심의 의미)로 읽어야 하는지는 분명하지가 않다. 그러나 어느 경우라도, 질문을 이끌고 있다는 것은 거의 확실하다. 그 구절이 거의 모든 다른 구절들 중에서 바울이 질문에 대답할 때(갈 6:14이 유일한 예외다)에 사용되곤 하는 μὴ γένοιτο(그럴 수 없습니다)와 연결되기 때문이다. 그렇기 때문에 대부분의 주석가들은, 비록 일부의 반대가 있기는 하지만, 그 구절을 질문으로 간주한다(Borse, *Galater*, 114-15; C. F. D. Moule, *An Idiom Book of New Testament Greek*, Cambridge 1959, 196; R. Bultmann, "Zur Auslegung von Galater 2,15-18", in *Exegetica*, Tübingen 1967, 394-99).

12.   T. Zahn, *Der Brief des Paulus an die Galater*, Leipzig 1905, 128; Betz, *Galatians*, 120을 보라. H. Feld는 심지어 이 말이 베드로가 논쟁할 때 했던 바로 그 말을 인용한 것으로 보아야 한다고 주장한다. "'Christus Diener der Sünde'. Zum Ausgang des Streites zwischen Petrus und Paulus", *TQ* 153 (1973) 119-31.

사람들이 그랬던 것처럼) 율법의 요구를 다시 받아들이는 경우뿐이라는 것
이다.[13] 실제로, 그리스도는 죄를 조장하지 않는다. 왜냐하면 그리스
도 안에서 의로워진다고 하는 것은 그와 함께 십자가에 못박히는 것

---

13. 바울의 주장에서 2:18의 역할이 무엇인지에 대해서는 아직도 논쟁 중이
다. 그럼에도 불구하고 나는 a) 생략된 것을 넌지시 비추면서 γάρ(왜냐하
면)가 그 구절을 17절과 연결하고 있다는 것이 가장 그럴듯하다고 생각한
다: "결코 그렇지 않다. 사실상 그 경우는 정반대이다. 왜냐하면..." 참조,
4:21; 롬 9:14-15; 11:1 그리고 Lightfoot, *Galatians*, 117. Lambrecht는 이 부분
을 너무 날카롭게 끊어 버리는데("Line of Thought", 491-93), Kieffer, *Foi et
Justification*, 60-61가 이를 올바르게 수정한다. b) 바울이 1인칭 단수를 사용
하는 것은 아마도 베드로의 행동이 암시되어 있기는 하지만, 베드로에 대
한 직접적인 공격을 기술적으로 피하려고 하는 문학-어법상의 전략인 것으
로 보인다(Schlier, *Galater*, 96-7; R. C. Tannehill, *Dying and Rising with Christ.
A Study in Pauline Theology*, Berlin 1967, 56-7을 보라). 바울이 19-20절에
서 "나"를 사용하는 것도 그리스도를 믿는 한 사람의 유대인 신자로서 그
가 직면하고 있는 대안들에 대한—율법을 다시 세우거나 혹은 율법에 대
하여 죽는—설명을 예고하는 것이다. c) 이 구절이 묘사하는 행동은 율법과
"옛" 이스라엘의 구조물들을 다시 세우는 것이다(C. K. Barrett, "Paul and the
'Pillar' Apostles", in *Studia Paulina*, ed. J. N. Sevenster and W. C. van Unnik,
Haarlem 1953, 1-19, 특히 18을 보라). 그것이 그리스도인으로 하여금 율법
을 범하는 자(παραβάτης)가 되게 하는 것은, 죄를 짓지 않고 율법 아래 사는
것이 불가능하기 때문도 아니고(pace Schlier, *Galater*, 97; W. Mundle, "Zur
Auslegung von Gal 2,17-18", *ZNW* 23 (1924) 152-53), 그렇게 함으로써 그
가 복음을 거스르는 죄를 범하기 때문도 아니며(pace Duncan, *Galatians*, 69;
Neitzel, "Interpretation", 131-37), 오히려 그러한 행동이 그가 이전에 이방 그
리스도인과의 교제를 위해서 율법에 관대했던 것이 잘못인 것 같은 인상
을 줄 수 있었기 때문이다(Oepke, *Galater*, 61; Becker, *Galater*, 30; Mussner,
Galaterbrief, 178-9; Räisänen, *Paul and the Law*, 259를 보라). 이 구절을 하나
의 핑계(gloss)로 보고 삭제해버리는 것은(Schmithals, "Judaisten", 41-43) 지
나칠 뿐더러 옳지 못한 방법이다.

을 의미하기 때문이며(2:20), "율법으로 말미암아 율법에 대하여 죽는 것"(ἐγὼ γὰρ διὰ νόμου νόμῳ ἀπέθανον)을 의미하기 때문이다.[14] "율법에 대하여 죽은" 자들에게는 유대인의 삶의 방식을 설명해주는 율법의 도덕적인 요구사항들이 이제는 더 이상 의로운 것과 악한 행동을 구분해주는 진정한 기준이 아니다. 유대인이 이방인과의 식탁교제를 위해 율법을 저버린 것은 유대인의 관점에서는 "죄"이지만, 율법에 대하여 죽은 사람에게는 그렇지 않다. 따라서 법적으로 말하면 이방인들과 함께 식사하는 유대 그리스도인들은 "죄인들"이지만, 엄밀한 의미에서 그리스도가 죄를 조장했다고 말할 수는 없는 것이다.[15] 왜냐하면 유대인과 이방인이 차별 없이 그리스도를 믿는 믿음으로 의롭

---

14. 우리는 이 장의 마지막 부분에서 과거와의 철저한 단절을 상징하는 십자가의 의미에 대해 더 자세하게 살펴볼 것이다. "율법에 대하여 죽는 것"이 뜻하는 바는(참조, 롬 7:1-4; 이례적인 여격에 대해서는 Tannehill, *Dying and Rising*, 18을 보라) 율법이 죽은 사람에게는 더 이상 효력이 없다는 것이다: "사람이 죽는 즉시, 그는 계명의 의무에서 자유케 된다"(시 88:6에 근거한 b Sabbath 30a에서 랍비 Johanan이 한 말). 율법으로 말미암아 율법에 대하여 죽는다는 바울의 말은 의도적인 역설처럼 보이면서도 어딘지 여전히 수수께끼 같은 부분이 있다. 문맥은 그 뜻하는 바가 율법이 죄를 드러낸다거나 선동한다는 것이 아니라(Burton, *Galatians*, 132-3; Bruce, *Galatians*, 143-4), 그리스도의 십자가 처형에 있어서의 율법의 역할과 그러므로 그와 함께 십자가에 못박힌 자들에 대한 율법의 역할에 대한 것임을 암시해준다(Tannehill, *Dying and Rising*, 58-9). 따라서 그 표현은 3:13과 그리스도의 십자가 처형에 대한 저주-판결(curse-verdict)을 지칭하는 것으로 보인다(Schlier, *Galater*, 99-101; A. van Dülmen, *Die Theologie des Gesetzes bei Paulus*, Stuttgart 1968, 25-6; F-J. Ortkemper, *Das Kreuz in der Verkündigung des Apostels Paulus*, Stuttgart 1968, 22)

15. Burton, *Galatians*, 125-6; Räisänen, *Paul and the Law*, 76 n.173을 보라.

다함을 받는다고 하는 복음의 진리가 새로운 삶의 방식과 기준을 세
워주기 때문이다. 유대인 신자들은 이제 더 이상 단순히 Ἰουδαϊκῶς
(유대 사람처럼) 살지 않는다(2:14). 바울은 자신의 "생활"에 대해 이야기
하면서(2:19-20), 베드로의 생활에 대한 자신의 비평을 은연중에 담아
내고 있는 것이 분명하다(2:14).[16] 바울은 자신의 생명을 그리스도께
바쳤기 때문에(ζῶ δὲ οὐκέτι ἐγώ, ζῇ δὲ ἐν ἐμοὶ Χριστός, "이제 살고 있는 것은 내가 아
닙니다. 그리스도께서 내 안에서 살고 계십니다"), 오직 하나님을 위해 살고 있으
며(ἵνα θεῷ ζήσω), 지금 자신은 율법이 아니라 믿음이 자기의 정체성을
규정한다고 주장한다: ὃ δὲ νῦν ζῶ ἐν σαρκί, ἐν πίστει ζῶ τῇ τοῦ υἱοῦ
τοῦ θεοῦ ... (내가 지금 육신 안에서 살고 있는 삶은, … 하나님의 아들을 믿는 믿음 안에
서 살아가는 것입니다).

　　이것이 밀접하게 연결된 이 구절들에 대한 유일한 해석이 아니
라는 것은 당연히 인정할 수밖에 없다. 몇몇 부분들에서, 바울의 생
각은 너무 함축적이어서 약간 애매모호하다.[17] 그렇지만, 우리의 연

---

16. 19-20절에 있는 ἐγώ(나)의 강조용법은 아마도 바울의 입장에 대한 개인적인
　　고백 이상의 것을 암시하고 있을 것이다; 그것은 바울이 "자신의 삶 속에서
　　표현되어야만 하는 구속사의 상황을 진지하게 받아들이고 있다는 것과, 베
　　드로와 나머지 사람들도 마땅히 따라야만 하는 길을 택했다"는 것을 가리킨
　　다(E. Stauffer, art. ἐγώ in *TDNT* II, 357; 참조, Kieffer, *Foi et Justification*, 67).

17. 여기에서 제시된 것과 어느 정도 차이가 나는 다른 해석들에 대해서는
　　위의 각주에 나온 논문들과 더불어서 V. Hasler, "Glaube und Existenz.
　　Hermeneutische Erwägungen zu Gal. 2, 15-21", *ThZ* 25 (1969) 241-51; W.
　　G. Kümmel, "'Individualgeschichte' und 'Weltgeschichte' in Gal 2:15-21",
　　in *Christ and Spirit in the New Testament*, ed. B. Lindars and S. S. Smalley,
　　Cambridge 1973, 157-73을 보라. Kieffer의 자세한 설명, *Foi et Justification*,
　　13-80은 여기에서 설명된 것과 아주 비슷하다.

구와 관련 있는 몇 가지 부분들은 충분히 선명해 보인다.

i) 이 구절들에 나타난 베드로에 대한 바울의 주장은 그리스도를 믿는 유대인 신자들의 정체성에 대한 것이다. 바울은 분명히 몇 가지 표준적인 유대교의 전제들과는 반대되지만, 자신이 "복음의 진리"라고 부르는 것을 기반으로, 특히 십자가에 초점을 두는 방식으로 정체성을 재규정하려고 시도하고 있다.

ii) 이 문맥 속에서 바울이 "율법의 행위들"이라고 부르는 용어는 바울이 ζῆν Ἰουδαϊκῶς(유대 사람처럼 사는 것)라고 부르는, 유대인의 정체성을 나타내주는 행동들을 가리키는 것으로 보인다(2:14). 율법의 행위들을 행하는 것과 유대인의 정체성 사이의 이런 연관성은 우리가 선동가들이 요구한 것에 대한 분석에서 기대했던, 바로 그것일 수도 있다. 그들에게 있어서나 바울에게 있어서나 율법의 요구를 행하는 것은 유대인의 삶의 방식을 택한다고 하는 표시인 것이다. 이것은 바울이 "율법의 행위들"에 대해 반박하는 것이, '행함'(doing)과 '믿음'(believing)을 분리하는 차원에서 말하는 그런 '행위'를 공격하는 것이 아니라는 뜻이다. 이 서신에서 바울의 공격 대상은 "율법의 행위들", 즉 유대인의 삶의 방식을 유지하는 행위이다.[18] 왓슨은 이렇게 말한

---

18. "율법의 행위들"이 율법주의를 나타낸다는 것이 대중적인 생각이었다(예, D. P. Fuller, "Paul and 'the Works of the Law'", *Westminster Theological Journal* 38 (1975-56) 28-42를 보라). 그러나 E. Lohmeyer는 그 문구는 순전히 토라-준수에 대한 중립적인 묘사일 뿐이라고 올바르게 주장했다(*Probleme paulinischer Theologie*, Darmstadt 1954, 31-74). 그리고 몇몇 학자들이 최근에 바울이 이런 행위를 공격하는 것이 그 행위들이 자기 의를 부추기기 때문이 아니라 그 행위들이 유대인의 민족적 정체성과 그에 따른 이방인들의 배

다. "믿음-행위 대립은 믿음과 일반적인 도덕 사이의 대립이 아니다. 오히려 그것은 독특한 믿음과 실천이 수반되는 그리스도인으로서의 삶과 유대인으로서의 삶 사이의 대립이다."[19]

iii) 따라서 유대 그리스도인의 정체성 재규정의 본질적인 부분은 올바른 행동 양식에 대한 재규정이다. 안디옥 논쟁은 식사습관이라고 하는 아주 실제적인 문제에서 비롯된 것이며, 우리가 이미 살펴본 바와 같이 그 논쟁의 핵심은, 항상 그리고 어떤 희생을 치르더라도 "죄"에 대한 규정과 율법을 무시하는 행동을 피해야만 하는지에 대한 것이다. 바울은 결론에서 율법에 근거하지 않고, 그리스도로 말미암아 형성된 그리고 "믿음으로" 행하는 새로운 삶의 방식의 윤곽을 묘사한다. 따라서 믿음은 정체성("우리는 그리스도를 믿음으로 의로워졌다")과 행동("내가 지금 사는 것은 믿음으로 사는 것이다") 모두에 있어서 핵심적인 요소로 등장한다. 즉, 믿음은 직설법과 명령법을 포괄하며 복음을 믿는 그리스도인이 어떻게 진리를 따라서 "올바르게 행할" 수 있는지를

제와 결부되어 있기 때문이라고 주장했다: 이와 같은 주장을 한 사람들로는 J. B. Tyson, "'Works of the Law' in Galatians", *JBL* 92(1973) 423-32; Dunn, "New Perspective" and "Works of the Law"; Sanders, *Paul, The Law, and the Jewish People*이 있다. Dunn, "New Perspective"에게는 미안하지만, 바울이 이 문맥에서 "율법에 대한 죽음"을 말하고 있기 때문에, "율법의 행위"가 단지 몇 가지 눈에 띄는 독특한 행동들을 나타낸다고 보는 것은 불가능하다; 참조, Wilckens에 대한 J. Blank의 반응, in "Warum sagt Paulus: 'Aus Werken des Gesetzes wird niemand gerecht'?", in *Evangelisch-Katholischer Kommentar zum Neuen Testament, Vorarbeiten Heft I*, Zürich 1969, 79-95.

19. *Paul, Judaism and the Gentiles*, 65.

결정한다.[20]

따라서 이런 초기 단계에서도 바울서신이 갈라디아인들에게 정
체성의 문제와 행동 방식의 문제 모두에 대해 어떻게 말하는지를 볼
수 있다. 우리가 보았던 문제들은 갈라디아의 위기 안에서 서로 밀접
하게 연결되어 있는 것들이다. 물론, 지금까지는 베드로에 대한 그의
반응을 (적당하게 완화된 상태로) 반복하면서, 바울은 주로 유대 그리스도
인의 정체성과 생활방식에 관심을 보여 왔다. 이것은 이방인들에게
최소한 한 가지, 중요하지만 소극적인 의미를 갖는다. 즉, 그들이 그
리스도를 믿는 자로 인정받기 위해 유대인의 정체성과 생활 방식을
채택할 필요는 없다는 것이다. "복음의 진리"의 더욱 적극적인 측면
—그리스도를 믿는 것이 이방 그리스도인의 정체성과 행동에 어떤
의미가 있는가 하는 것—은 뒤에 나오는 갈라디아서 3-4장의 주제다.
그곳에서 바울은 갈라디아의 상황에 전면적으로 대응한다.

갈라디아 교회의 영

서신의 주요 논증 부분(베츠가 "프로바티오"[probatio, "증명"]라고 불렀던 부
분)이 갈라디아인들의 영체험에 대한 호소로 시작한다는 것은 매우

---

20. J. A. Ziesler, *The Meaning of Righteousness in Paul. A Linguistic and Theological
Enquiry*, Cambridge 1972, 165를 보라: "믿음은 나눌 수 없는 것이기 때문에,
그리스도인의 지속적인 삶으로서의 믿음과 그리스도 안에 나타난 하나님의
행동에 대한 반응으로서의 믿음(즉 칭의의 믿음)은 분리될 수 없다."

중요하다(3:1-5). 바울이 이 사실에 부여하는 비중은 그것이 자신의 논증을 위한 움직일 수 없는 증거라고 하는 말에서 분명하게 나타난다: τοῦτο μόνον θέλω μαθεῖν ἀφ' ὑμῶν(3:2, "나는 여러분에게서 이 한 가지만을 알고 싶습니다"). 물론, 실제로 바울이 이것이면 충분하다고 생각하는 것은 아니다. 왜냐하면 그는 일련의 복잡한 성경적 논증을 계속해서 제시하기 때문이다(3:6ff.). 그렇지만 이것은 그럼에도 불구하고 바울의 일련의 논증에서 (4:6-7에서 반복되고 있는 것과 더불어서) 가장 처음에 놓일 만큼 중요한 것이다.

비록 바울은 갈라디아인들을 책망하면서(3:1) 가장 먼저 앞 절(2:21)에 있는 십자가 주제를 선택하기는 하지만, 실제로 강조하고자 하는 점은 설교의 내용에 대한 것이 아니라 그 설교로 인한 경험적인 결과, 즉 갈라디아인들이 영을 받았던 체험이다. 바울이 이런 체험을 설명하는 방법을 보면 영은 하나님의 선물이라는 전제가 분명하게 보인다(τὸ πνεῦμα ἐλάβετε, "여러분이 받은 영", 3:2; ὁ ἐπιχορηγῶν ὑμῖν τὸ πνεῦμα, "여러분에게 주신 영", 3:5; 4:6에 이 점이 분명하게 나타나 있다). 두 가지 명백한 유대교 신학의 전제들에 비추어 볼 때, 하나님께서 개종하지 않은 이방인들에게 영을 주신 사실의 중요성은 분명해진다. i) 이방인들은 "죄인들"이고 영의 "거룩함"을 생각하면, 당연히 영은 비유대인들에게는 주어질 수 없는 것이었고, 사실상 율법을 준수하는 상황 속에서만 영 주심을 기대할 수 있었다.[21] ii) 여러 갈래의 유대교가 있지만, 그 어디

---

21. 겔 36:22과 랍비 문헌들에 대한 D. Hill, *Greek Words and Hebrew Meanings*, Cambridge 1967, 220-32의 논의를 보라. 특히 민수기 랍바 20:1(우상을 숭배하는 이방인들은 거룩한 선물을 받기에는 너무 더럽다) 그리고 메킬타 베샬

에도 에스겔 37장에 나오는 이스라엘의 회복을 의미하는 때라고 볼 수 있는 새로운 시대가 오기 전에, 하나님이 어떠한 방법으로든 영을 부어주시리라고 기대하는 곳은 없었다.[22] 희년서 1장의 종말론적인 예언을 보면 이 두 가지 개념의 전형적인 결합이 나온다. "그리고 나는 그들을 위해 **거룩한 영**(a holy spirit)을 줄 것이다. 그리고 나는 그들을 정결하게 할 것이며, 그럼으로써 그들은 그날로부터 영원토록 나를 따르는 것에서 돌이키지 않을 것이다. 그리고 그들의 영혼들은 나에게 그리고 나의 **모든 명령들**에 충실할 것이다. 그리고 그들은 나의 **모든 명령**을 행할 것이다. 그리고 나는 그들의 아버지가 될 것이다. 그리고 그들은 나의 아들들이 될 것이다. 그리고 그들은 모두 '살아계신 하나님의 아들들'이라고 불리게 될 것이다"(1:23-25).

이런 종말론과 일치하게, 그리고 다른 초기 그리스도인들과 마찬가지로, 바울은 영 체험을 약속의 성취로(3:14) 그리고 "때가 찼음"을 알리는 것으로 해석했다(갈 4:4-6; 참조, 롬 8:23; 행 2:15-21). 희년서의 저자와 마찬가지로, 그는 영의 임재를, 영을 받은 사람들이 하나님의 "아들들"이라는 증거로 간주한다. 바울이 볼 때, 영의 영감을 받은 그들

라 7, 133-138행(율법에 복종하는 것은 영을 받기 위한 필수 조건이다)을 보라.

22. 겔 37:1-14 이외에도; 겔 39:29; 욜 3:1(MT); 사 32:9-20; 44:1-5; 에녹1서 61.11; 미쉬나 소타 9:15(end); 창세기 랍바 26:6을 보라. W. D. Davies, *Paul and Rabbinic Judaism*, 202ff.에서 이 본문들과 다른 본문들에 대해서 검토했다. 쿰란의 시편에 나타나는 "영"에 대한 특별한 강조는 아마도 그 공동체의 종말론적인 징후인 것으로 보인다.

의 "아바"-기도(Abba-prayer)가 친밀한 관계를 입증해준다(4:6).[23] 이런
의미에서 영의 임재는 그들이 하나님의 백성의 일원이라는 정체성
에 대한 명백한 증거인 것이다. 그러나 바울 논증의 핵심은 갈라디아
인들의 체험 중 한 가지 중요한 점이 일반적인 유대교의 기대와 반대
된다는 것이다. 즉 그들은 ἐξ ἔργων νόμου(율법의 행위들로) 영을 받은 것
이 아니었다(4:2, 5). 여기에서 중요한 점은 그들의 영체험이 과거(3:2)
에나 현재(3:5)에나 율법 준수에 기댄 것이 아니라는 사실이다. 그들
이 정확하게 어떻게 영을 받게 되었는지에 대해서는 다소 불분명하
다. 애매모호하게 ἐξ ἀκοῆς πίστεως(듣고 믿음으로)라고 간략하게 말하고
있다.[24] 아마도 이 표현에 있어서 결정적인 단어는 πίστις(믿음)일 텐데,
왜냐하면 이 단어가 곧장 아브라함의 믿음에 대해서 말하는 창세기
15:6에 근거한 논증으로 안내하기 때문이다(3:6ff). 어쨌든 그들의 영
체험에 호소함으로써, 바울은 분명히 갈라디아인들에게 개종자가 되
지 않고도, 그들이 하나님의 가족의 일원으로 완전하게 인정되었다

---

23. 4:6에 있는 ὅτι를 선언의 의미로 볼 것인가 아니면 원인의 의미로 볼 것인가
에 대한 논의에 대해서는, 주석가들과 더불어서, Lull, *Spirit in Galatia*, 105-
119를 보라. 두 경우 모두에 있어서 영은 갈라디아인들의 아들로서의 신분을
입증해준다; 참조, 롬 8:14-17.
24. 이 구절을 해석하는 네 가지 주요 선택에 대해 Hays, *Faith of Jesus Christ*, 143-
49가 잘 설명하고 있다. πίστις가 무관사이고(1:23과는 대조적으로), 3:6에서
는 분명히 아브라함의 경험에 대응시킬 의도를 보이기 때문에, "믿음"(Betz
가 *Galatians*, 128에서 주장하듯이 "그 믿음"/"그 복음"이 아니라)으로 이해
되어야 하는 것이 거의 확실해 보인다. 그러나 그 전체 구절을 "믿음을 수반
하는 들음"이나 아니면 "믿음을 유발시키는 메시지"로 (혹은 이 두 가지 선
택의 다른 변형들로) 해석해야 하는지를 결정하는 것은 불가능하다.

는 것을 확신시키려 한다.[25]

그러나 2:14-21에서처럼, 정체성에 대한 신중한 정의는 실천에 직접적으로 영향을 미친다. 만약 이 영 체험이 갈라디아인들이 그리스도인으로서의 삶을 시작한 방법이라고 한다면, 그리고 그 방법이 하나님께서 그들 가운데에서 계속해서 기적을 행하시는 방법이라고 한다면, 그것은 또한 그들이 지속적으로 살아가야 하는 방법인 것이다. 이것이 3:3에 있는 바울의 반어적인 질문의 명백한 의미다. ἐναρξάμενοι πνεύματι νῦν σαρκὶ ἐπιτελεῖσθε(영으로 시작하였다가, 이제 와서는 육체로 마치려고 합니까). 여기에서 바울이 채택하고 있는 범주에 주목하는 것이 중요하다. 갈라디아 그리스도인들의 정체성에 있어서 결정적인 요소인 영이, 실천을 위한, 유일하게 타당한 기준이 되고 있다. 그리고 πνεῦμα(영)와 완전히 대립되는 것으로, 바울은 σάρξ(육체)를 채택하는데, 이 용어 안에 그가 바로 ἔργα νόμου(율법의 행위들)라고 부르는 것이 포함되어 있음이 분명하다.[26] 이렇게, 바울은 갈라디아인들에게 선택지를 제시하면서, 이후에 설명할, 양자택일의 두 가지 행동 양식의 기초가 되는 이원론을 사용한다(5:13-6:10).

---

25. 이 점에 있어서 바울의 신학적인 논리는 행 10:44-48; 11:15-18; 15:7-11에 있는 사도행전 저자의 논리와 정확하게 일치한다.

26. 몇몇 주석가들이 σαρκί의 의미를 할례에 제한하고 있기는 하지만(예, Burton, *Galatians*, 148; Duncan, *Galatians*, 81; Betz, *Galatians*, 133-34), 다른 사람들은 그 용어가 일반적인 의미에서 ἔργα νόμου(율법의 행위들)를 따르는 것을 포함할 만큼 포괄적이기도 하고, 모호하기도 하다고 주장하는데, 이게 더 설득력이 있다; 예, Bonnard, *Galates*, 63; Schlier, *Galater*, 123; Bruce, *Galatians*, 149를 보라.

재정의된 아브라함의 가족

2장에서 우리는 여러 부분에 걸쳐서 갈라디아 위기에서 아브라함 전승이 갖는 의미를 고찰하여 보았으며, 대적자들이 자신들의 입장을 논증하기 위해 아브라함과 관련된 성경과 당시의 유대교의 전승을 사용하는 방법에 대해 살펴보았다. 이에 대한 반응으로, 바울은 아브라함을 다양한 문맥 속에서 거론한다. 그리고 바울도 여러 번에 걸쳐서 다른 관점에서 재해석을 시도하는데, 이는 바울이 복음 제시를 위해 아브라함에게 주어진 약속들을 활용하는 것에 특별한 관심이 있음을 보여준다. 안디옥 논쟁을 거론하면서, 바울은 베드로가 보인 행동들 때문에 실제로는 전혀 다른 결과들이 발생한다는 것을 보여주기 위해서, 바울과 베드로가 공유했던 것(그리스도에 대한 믿음으로 인한 칭의)을 언급했다. 갈라디아인들을 책망하면서, 바울은 그들이 어떻게 살아야 하는지에 대한 자신의 생각을 뒷받침하기 위해 갈라디아인들의 영 체험에 호소했다. 그리고 이런 경우와 비슷하게, 바울은 갈라디아 논쟁의 핵심에 아브라함 전승들이 있다고 생각한다. 그리고 그의 전술은 그리스도에 입각해서 그 전승들을 해석함으로써 대적자들의 선동에 대항하고, 그리스도인의 정체성과 행동에 대한 자신의 이해를 뒷받침하는 것이다. 우리는 여섯 개의 부분에서 바울이 아브라함 전승을 재규정하는 기술을 살펴볼 수 있다:[27]

---

27. 이런 연결에 대해서는 C. K. Barrett, *From First Adam to Last. A Study in Pauline Theology*, London 1962, 33-45 그리고 *Freedom and Obligation*, 22-29 를 보라. C. Dietzfelbinger, *Paulus und das Alte Testament*, München 1961은 바

i) 바울은 (유일하게 καθώς[처럼]로 시작되는) 3:6에서 갑자기 창세기 15:6을 인용하면서 아브라함 주제를 끄집어낸다. 이 본문이 아브라함의 믿음을 강조하고 있고, 그 믿음이 δικαιοσύνη(의)와 연결되어 있기 때문에 택했던 것이 분명하다(참조, 갈 2:15-17).[28] 그러나 유대교의 여러 해석들과는 달리, 바울은 이 구절을 아브라함의 공로, 율법 준수나 시험의 때에 보인 그의 복종과 연결시키기를 거부한다.[29] 하나님에 대한 아브라함의 반응의 유일하고 본질적인 특징은 그의 믿음이었다. 그래서 바울은 아브라함의 후손들은 할례(οἱ ἐκ περιτομῆς, 2:12)가 아니라 믿음을 통해서(οἱ ἐκ πίστεως, 3:7, 9) 그 성격이 결정된다는 것을 "설명"할 수 있었다(γινώσκετε ἄρα, "그러므로 아십시오", 3:7). 사실상 바울은 조심스럽게 아브라함의 할례에 대한 모든 언급을 생략한다.[30] 심지어

울이 어떻게 아브라함의 이야기 속에서 기독교의 복음을 읽어내는지에 대해서 증명한다. 또한 K. Berger, "Abraham in den paulinischen Hauptbriefen", *Münchener Theologische Zeitschrift* 17(1966) 47-89를 보라.

28. 칠십인역에서 πίστις와 δίκαιος/δικαιοσύνη가 함께 발견되는 또 다른 곳은 합 2:4(갈 3:11을 보라), 삼상 26:23과 렘 49:5뿐이다. 창 15:6은 다시 한번 롬 4:3에 나타난 바울의 논증으로 인해서 그 중요성이 입증된다.

29. 참조, 마카비1서 2:52; 메킬타 베샬라 7, 139ff. 행. 다른 랍비들의 언급에 대해서는 Mussner, *Galaterbrief*, 218; Sandmel, *Philo's Place*, 81-2; Strack-Billerbeck III, 200-201을 보라. 토라 준수자로서의 아브라함에 대해서는 위의 131-33쪽을 보라. 마카비1서 2:52과 시락서 44:20도 아브라함을 πιστός(참조, 갈 3:9)라고 부르고 있기는 하지만, 그들이 그 형용사를 바울처럼 "믿는"(believing)이 아니라 "하나님의 뜻에 대한 신실함"이라는 의미로 사용하고 있는 것이 눈에 띈다. 우리가 앞으로 살펴보게 되겠지만, 바울이 창 15:6을 사용하는 것이 약 2:18-24과 반대되기는 하지만, 바울은 그럼에도 불구하고 믿음을 "실천하는 것"(at work)으로 보는 것에 관심을 두고 있다(갈 5:6).

30. 믿음과 할례가 모두 거론되고 있는 로마서 4장과는 다르다. 그러나 바울은

할례에 대한 "영적인" 해석조차도(참조, 빌 3:3; 롬 2:25-29) 이 문맥에 대해 오해하게 할 수 있었다. 그래서 바울은 아브라함에게 호소하지만, 믿음이라고 하는 유일한 기준을 강조하기 위해 할례가 나오는 창세기 17장의 본문을 완전히 회피하고 있다. 그리고 "믿음"이라는 용어를 사용하는 것을 볼 때, 바울은 그동안 "계시되어 온 것"이 사실은 "그리스도에 대한 믿음"이라고 이해하고 있음이 분명하다(3:22-23).[31]

ii) 창세기의 이야기를 이런 식으로 선별적으로 사용한 것에 이어서, 3:8에는 창세기 12:3과 18:18의 약속이 결합된 인용이 나온다.[32] 다시 한번 강조하지만, 바울이 성경 본문을 인용할 때 그의 해석을 결정짓는 것은 문맥이다. 즉, 아브라함을 통해 "모든 민족들"에게 약속된 축복은 일종의 예언(προϊδοῦσα)이자 복음에 대한 예견(προευηγγελίσατο)이었다. 곧, 바울이 말하는 이방인을 위한 복음(1:16; 2:8-9)으로

믿음이 아브라함의 δικαιοσύνη(의)에 있어서 보다 우선적이었고 결정적인 요인이었음을 보여준다. 분명히 로마서와 동일한 접근방법은 갈라디아의 위기에 대처하고 있는 바울에게 손해가 될 수도 있었다; 갈라디아인들은 자신들의 믿음에 할례를 더함으로써 자기들은 단지 아브라함의 선례를 따랐을 뿐이라고 대답할 수도 있었다! Burton, *Galatians*, 155-9; Bruce, *Galatians*, 154-5; A. T. Hanson, *Studies in Paul's Technique and Theology*, London 1974, 69를 보라.

31. 이것도 로마서 4장과 다르다. 여기 갈라디아서에서 바울은 아브라함의 믿음과 그리스도인의 믿음 사이에 분명하게 일치하는 점이 있다는 것을 설명하려고 하지도 않을 뿐만 아니라, 어떻게 아브라함이 믿음이 "오기" 전에 믿을 수 있었는지를 분명하게 설명하려고 하지도 않는다(4:23).

32. 칠십인역 창 12:3에 나오는 πᾶσαι αἱ φυλαὶ τῆς γῆς(땅에 사는 모든 족속 [tribe], 참조, 창 28:14; 행 4:25)가 칠십인역 창 18:18에 나오는 πάντα τὰ ἔθνη(모든 민족[nation])로 대체된다(참조, 창 22:18; 26:4).

해석된다. 바울의 입장에서 볼 때, 그 본문은 많은 우상숭배자들이 개종이라고 하는 복을 어떻게 발견하게 될 것인가를 가리키는 것이 아니라, 어떻게 하나님께서 이방인들을, 비록 그들이 여전히 ἔθνη(이 방인), 즉 할례를 받지 않았고 법률적으로 말하자면 죄인들인 채로 있을지라도, ἐκ πίστεως(믿음으로 말미암아) 의롭게 하실 것인가를 가리킨다 (2:15).[33] 이런 관점에서 볼 때에, 아브라함이 받은 약속들은 이미 율법에서 자유로운 바울의 이방인 선교를 정당화시켜주고 있었던 것이다.

iii) 그러나 바울조차도 창세기 본문을 자신의 목적을 위해 각색하는 상당한 재능에도 불구하고, 아브라함과 그리스도인의 정체성의 핵심적인 부분인 영을 연결해주는 본문을 찾아내지 못했다. 우리는 바로 앞 바울의 논증에서 영의 중요성에 대해 살펴보았다. 여기에서 바울이 자신의 논증을 뒷받침하기 위해 인용한 본문은 없지만 아브라함 주제와 영을 연결시키기 위하여 어떻게 노력했는지 관찰할 수 있다. 우리는 이미 두 가지 주제를 연결시키는 한 가지 방법에 대해 살펴보았다. 즉, 3:5에서 3:6로의 전환은 "믿음"이라고 하는 공통주제를 통해서 이루어진다. 따라서 갈라디아인들의 영 체험은 아브라함이 의롭다 여김을 받은 것과 평행(καθώς, "~와 같이")으로 간주된다. 또 다른 사례가 3:14에 나오는데 거기에서는 이방인들에게까지 미친 아브라함의 축복이 믿음으로 약속된 영을 받은 것과 결부된다. (14절에

---

33. 바울이 2:14-15에서 ἔθνη(이방인)를 준 법률적인(semi-technical) 용어로 사용하고 있는데(위를 보라), 이는 바로 이 용어를 포함시키기 위해 칠십인역 창 12:3의 본문을 변형시키는 것이 그에게 중요했음을 나타내준다.

나타나는) 이 두 가지 평행을 이루는 ἵνα 절들 사이의 논리적인 연결이 곧바로 분명하게 나타나지는 않지만,[34] "약속"에 대한 언급(τὴν ἐπαγγελίαν τοῦ πνεύματος, "약속하신 영")은 분명히 뒤이어 나오는 아브라함이 받은 약속들에 대한 언급과 연결된다는 것을 증명하고 있다.[35] 마지막으로, "알레고리"의 중심 부분에서, 바울은 이삭의 출생이 κατὰ πνεῦμα(영을 따라)에 의한 것이라는 언급을 집어넣는다(4:29; 4:23의 δι' ἐπαγγελίας[약속을 따라]와 평행을 이룬다). 영에 대한 이런 언급은 마찬가지로 설명되지 않은 채로 남겨진다. 그러나 그 언급은 아브라함의 진정한 가족이 믿음뿐 아니라 영에 의해 그 성격이 특징지어진다는 생각을 강화하는 데 도움을 준다.

iv) 3:14까지 오는 논증에서, 바울은 아브라함의 가족에 대한 축복이 이방인들에게도 열려있으며, 믿음과 영이 관련이 있음을 '입증'했다. 오로지 3:13-14에서만 그리스도가 자신의 저주받은 죽음을 통해 그 축복이 ἐν Χριστῷ Ἰησοῦ(그리스도 예수 안에서) 이방인들에게 미치게 하는 분으로 등장한다(3:14). 이 표현이 3:8에서 인용하고 있는 이

---

34. 그 두 개의 절이 연속적이라기보다는 동격이라고 일반적으로 받아들여지고 있다. 하지만 두 번째 절이 첫 번째 절을 명료화하려는 것일 수도 있다. Schlier, *Galater*, 140; Bruce, *Galatians*, 167. B. Byrne, "Sons of God"—"*Seed of Abraham*". *A Study of the Idea of the Sonship of God of All Christians in Paul*, Rome 1979, 156-57 그리고 S. K. Williams, "Justification and the Spirit in Galatians", *JSNT* 29 (1987) 91-100이 "아브라함의 축복"과 "영의 약속" 사이의 신학적인 연관성에 대해 논의했다.

35. 𝔓[46] D' F G 등에 나오는 또 다른 독법인 τὴν εὐλογίαν τοῦ πνεύματος(영의 복)은 아마도 그 절의 첫 번째 부분에 나오는 εὐλογία(복)에 대한 동화작용일 것이다. Metzger, *Textual Commentary*, 594.

방인들이 ἐν σοί(네[아브라함] 안에서) 축복을 받으리라 선언한 창세기 본
문들을 반영하려는 것일 수도 있다. 만약 그렇다고 한다면, 아브라함
과 그리스도 사이의 이와 같은 암묵적인 연결이 3:16에서는 분명하
게 나타나고 있는 것이다.[36] 여기에서 바울은 아브라함과 그의 "후
손"(seed)에 대한 약속에서 언급하고 있는 σπέρμα(후손)를 집합적인 단
수로 본다(창 13:15; 17:8 등). 더 일반적인 의미(그리고 그의 일반적인 용법과도, 롬
4:18; 9:7; 11:1 등)와는 반대로, 그는 ὅς ἐστιν Χριστός(그리스도이신) 한 사람
을 지칭하기 위해 단수의 의미를 도출해내고 있다(참조, 3:19). 여기에
나타난 바울의 방법이 랍비의 해석 방법을 반영하고 있다는 것은 널
리 인정되고 있다.[37] 그러나 바울이 명사를 다루는 방법과 유사한 사
례들이 칠십인역에 없는 것은 아니다(창 4:25; 21:13; 삼하 7:12을 보라). 그리
고 심지어는 아브라함과 다윗의 후손에 대한 유대교의 "메시아적"
해석을 반영하는 것일 수도 있다.[38] 여하튼 "그 후손"을 그리스도와

---

36. A. J. M. Wedderburn, "Some Observations on Paul's Use of the Phrases 'in Christ' and 'with Christ'", *JSNT* 25(1985) 83-97을 보라. J. C. Beker, *Paul the Apostle. The Triumph of God in Life and Thought*, Philadelphia 1980, 50-51은 갈 3장에서 그리스도는 그가 "약속의 유일한 내용"이 되는 3:16에 이르기까지 는 단순히 약속을 "가능케 하시는 분"(enabler)일 뿐이라고 언급한다.

37. 특히 D. Daube, *The New Testament and Rabbinic Judaism*, London 1956, 438-44를 보라.

38. O. Betz, "Die heilsgeschichtliche Rolle Israels bei Paulus", *Theologische Beiträge* 9(1978) 1-21, 특히 11-12; M. Wilcox, "The Promise of the 'Seed' in the New Testament and the Targumin", *JSNT* 5(1979) 2-20을 보라. 여기에서 사용된 바울의 방법에 대한 더 자세한 논의를 위해서는 R. N. Longenecker, *Biblical Exegesis in the Apostolic Period*, Grand Rapids 1975, 123-4 그리고 E. E. Ellis, *Paul's Use of the Old Testament*, Edinburgh 1957, 70-73을 보라.

동일시함으로써, 바울은 아브라함 가족의 모든 축복들이 그리스도를 통해서만 유효하게 된다고 확언할 수 있게 된다. 아브라함의 믿음은 이제 그리스도에 대한 믿음의 관점에서 논의된다(3:22-29). 이방인들은 침례를 받아 그리스도와 하나가 됨(baptized into Christ)으로 구원받는다(3:26-29). 그리고 영은 이제 하나님의 아들의 영으로 묘사된다(4:6). 하나 됨이라는 의미(corporate sense)에서 진실로 아브라함의 후손이라고 불릴 수 있는 자는 그리스도에게 속한 자들뿐이다(3:29).[39]

v) 이런 후손에 대한 논의는 아브라함이 받은 약속들과 모세 율법 사이를 분명하게 구분하려는 지속적인 논증과 강하게 결부되어 있다(3:15ff.). 여기에서 바울은 이 두 실체를 공통적인 것으로 혼합하는 것에 반대한다. 이 혼합은, 갈라디아인들이 아브라함 언약에 들어가기 위해서는 율법의 의무가 필요하다고 생각하게 만든 원인 중 하나였다. 바울은 그 두 가지가 분명하게 구분되어야만 한다는 것을 주장하기 위해 다양한 논증을 사용한다. 율법은 430년 이후에 주어졌으며(참조, 출 12:40), 하나님이 이전에 세우신 διαθήκη(언약)를 수정하거나 파기할 수는 없었다(3:15-17).[40] 아브라함의 유업은 오로지 약속에만

---

39. Barrett, *Freedom and Obligation*, 38: "물론 바울은 '후손'이 집합적인 명사라는 것을 알고 있었다. 그러나 그에게는 먼저 그리스도와 함께 그리고 그 안에서, 상상도 못할 통일체로, 탄생하고 있는 새로운 집단을 확립하기 위해 종족(race)이라고 하는 옛 집단을 무너뜨릴 필요가 있었다."

40. 여기에서 염두에 두고 있는 정확한 법률적인 관행에 대해서는 여전히 몇 가지 불확실한 부분이 있다. 가장 개연성 있는 해석은 아마도 랍비 율법에 나오는 מתנת בריא(좋은 선물)에 대해 언급하는 E. Bammel, "Gottes ΔIAΘHKH (Gal III. 15-17) und das jüdische Rechtsdenken", *NTS* 6 (1959-60) 313-9일 것이다; 그러나 그의 논증은 최근에 Räisänen, *Paul and the Law*, 129

의존하고 있었다. 즉, 그것은 율법에서 난 것이 아니었다(3:18; 참조, 롬
4:13-14). 율법은 "후손"이 복을 물려받기 위해 올 때까지만 기능하기
로 되어있던 것이다(3:19, 23ff.). 하나님의 약속이 직접 고지된 것과는
대조적으로, 율법은 천사와 중재자를 통해서 주어졌다(3:19-20).[41] 마지
막으로 율법과 약속들은, 모순되지는 않더라도, 동일한 기능을 위해
있는 것이 아니다. 의롭다 여김을 받는 것은 믿음으로만 가능한 것이
지 율법을 통해서가 아니다(3:21-25). 바울은 그렇기 때문에 아브라함
이 받은 약속들의 유일무이한 타당성을 증명하기 위해 모든 일련의
증거들을 수집한다. 아브라함이 받은 약속들은 율법과 무관한 것이
며, 율법 준수에 의존할 수 없는 것들이다.

　vi) 아브라함의 전승을 재규정하려는 바울의 마지막 노력은
4:21-31에 있는 "알레고리"에서 볼 수 있다. 이 알레고리는 그가 아브
라함 이야기를 가장 광범위하고 가장 논쟁적으로 사용한 것인데, 사
라와 하갈 사건에 대한 자연스러운 읽기를 전복시킴으로써, 표준적
인 유대교의 개념을 완전히 뒤집고 있다. 낯설 뿐만 아니라 심지어

　에 의해서 비판되었다. 바울은 διαθήκη의 이중적인 의미—"계약"(3:17, ברית
　에 대한 칠십인역의 번역) 그리고 인간의 "뜻"(will) 혹은 "유언"(3:15)—를
　활용하고 있는 것처럼 보인다; Burton, *Galatians*, 500-5와 Byrne, "Sons of
　God", 158, n.84에 나오는 논의를 보라.
41.　이 구절들에 있는 수많은 복잡한 문제들 속으로 들어가보지 않는다면, 중재
　하는 천사들을 핑계로 율법으로부터 하나님을 멀리 떼어놓으려는 바울의
　엄청난 노력의 가치를 알 수 없다; 그러나 그는 하나님께서 율법의 궁극적
　인 창시자라는 것을 전적으로 부인하지는 않는다. *pace* Hübner, *Law in Paul's
　Thought*, 26-27(영역본 27쪽 첫머리에 있는 διά는 ὑπό를 잘못 인쇄한 것이
　다).

독단적인 해석을 하는, 이런 "절묘한 솜씨"는, 대적자들이 바로 이 이야기를 사용한 것에 대한 바울의 대응이라는 것이 가장 좋은 설명일 것이다.[42] 이 알레고리는 이 서신 전체에 걸쳐서 입증되는 바울의 전략을 잘 보여준다. 이 서신에서 바울은 갈라디아인들이 할례와 율법에 매력을 느끼지만, 결국에는 그것이 그들의 바람과는 정반대의 결과를 초래하게 된다는 것을 보여주려고 애쓰고 있다.[43] 다시 한번 아브라함의 참된 가족에 대한 문제가 제기된다. 바울의 "알레고리적"인 해석에 의하면,[44] 사라-이삭 계보의 후손에는 유대인만이 아니라 그리스도로 인해서 자유롭게 된 자들(유대인과 이방인들)이 포함된다. 반면에 하갈과 이스마엘은 율법 아래 있는 종들을 대표한다. 바울은 다양한 방법들을 통해서 그러한 놀랄 만한 결론에 도달한다.[45] 그러

---

42. Drane, *Paul*, 43-4 그리고 Barrett, "Allegory", 8-16. 이것은 바울이 많은 주석가들이 전혀 필요 없다고 보는 성경적 논증을 포함시킨 이유를 설명해준다 (예, Burton, *Galatians*, 251 "추가된 부분").

43. 이런 거듭되는 가치의 전도는, 바울이 믿지 않는 유대인들을 "이스마엘"로 부른다는 것은 상상할 수 없는 일이라고 하는 L. Gaston의 항변의 설득력을 떨어뜨린다. "Israel's Enemies in Pauline Theology", *NTS* 28(1982) 400-423. 그 단락을 재해석하고자 하는 노력을 했지만, 바울에게서 "반유대주의"(anti-semitism)의 굴레를 제거하려는 변론적인 관심 때문에 그 노력이 곡해되었다.

44. 주석가들은 계속해서 바울의 방법이 실제로 "알레고리"인지 아니면 "모형론"인지에 대해 논쟁하고 있다; Hansen, *Studies*, 91-103을 보라.

45. 여기에는 시내산과 하갈에 대한 수수께끼 같은 동일시(4:25, Mussner, *Galaterbrief*, 322-5를 보라), 곧 *gezerah shawah*(이것은 랍비적 해석방법의 하나로서 다른 두 개의 본문에 동일한 단어가 나타날 경우에 둘 사이의 유비점을 찾는 방법이다—역주)를 통한 사 54:1에 대한 호소(4:27, Barrett, "Allegory", 11-12, 더불어서 "kemin homer"라고 하는 주석 방법에 대한 언급

나 바울의 논증 과정을 보면, 두 언약(δύο διαθῆκαι, 4:24)의 상반되는 특징들을 설명하는 목록을 구성하는 것이 핵심이다. 여기에서는, 아브라함이 모세에게 반대되는 역할을 하기보다, 아브라함의 이야기가 그 자체로 두 가지로 나누어진다. 사라와 하갈은 두 개의 언약,[46] 두 개의 전혀 다른 가족 정체성의 근거를 나타낸다. 한 사람은 약속, 유업, 영 그리고 위에 있는 예루살렘과 연결된다. 이것은 사라의 계보인데, 자유의 가족이며, 따라서 그리스도로 말미암아 "자유롭게 된" 사람들과 동일시된다. 다른 사람은 하갈의 후손인데, 종의 가족이며, 따라서 율법의 "노예" 아래에 있는 자들로 해석된다. 이런 노련한 단어 연결법을 통해서 바울은, 아브라함의 합법적인 상속자는 그리스도 안에서 자유를 누리는 자들이라고 하는 승리에 찬 결론에 도달한다(4:31-5:1).

아브라함의 가족에 대한 이 모든 정교한 논증들은 갈라디아인들에게 아브라함의 자녀라고 하는 그들의 신분이 그리스도에 대한 그들의 믿음에 근거하고 있기 때문에 안전하다고 설득하려는 목적을

을 보라)와 그리스도인들에 대한 유대인들의 핍박 언급이 포함된다(4:29).
46. 이 문맥 속에서 이 두 개의 언약을 "옛 것"과 "새 것"으로 언급하는 것은 분명히 불가능할 것이다(고후 3장과는 반대로). 그것들에 상응하는 두 여인은 동시대의 인물이었으며, 바울은 "비합법적인" 언약의 상속자로부터 "합법적인" 상속자를 구분해내는 데 관심을 두고 있다(Richardson, *Israel*, 99-101을 보라). 렘 31장에 나오는 옛 것/새 것 용어는 어쨌든 갈라디아서와 거의 맞지 않는데, 왜냐하면 아브라함 언약이 모세의 것보다 더 오래된 것이기 때문이다. 이런 것을 알고 있으면서도, E. Grässer는 여전히 당혹스럽게도 갈 3-4장이 "옛" 그리고 "새" 언약이라고 하는 용어를 사용하고 있다고 주장한다. *Der Alte Bund im Neuen*, Tübingen 1985, 56-77.

위해 사용된다. 율법과 할례를 강조하는 선동가들에게 대항해서, 바
울은 그리스도를 믿고, 영을 받았고, "그리스도 안에서" 자유를 얻은
이방인들이, 성경이 미리 내다본 바와 같이, 아브라함 약속의 진실한
상속자임을 입증하고자 했다. 그러나 아브라함 가족 내에서 그들의
신분이 갖는 실제적인 의미는 무엇인가? 바울이 영과 믿음에 대해서
는 긍정적으로 언급하고 율법에 대해서는 부정적으로 언급하는 갈
라디아서 3-4장에서 이를 암시하고 있기는 하지만, "아브라함의 후
손"이라고 하는 그들의 지위의 실제적인 측면들은 5:1-6에서 더욱
분명하게 진술되고 있다. 이 구절들은 두 개의 언약과 연결된 두 가
지 삶의 방법이라고 하는 뚜렷한 양자택일이 갈라디아인들 앞에 있
다고 하는 4:21-31의 "알레고리"에 의존하고 있다. 그들은 모든 율법
을 준수하겠다는 의무와 더불어서, 할례의 언약을 선택할 수도 있다
(5:3). 그렇게 되면 그들 스스로 종의 멍에를 지게 되는 것이다(5:1). 그
러나 그들은 그러한 일련의 행동이, 그리스도가 그들에게 아무 도움
이 안 된다는 의미라는 것을 깨달아야만 한다(5:2). 왜냐하면 그들은
그리스도에게서 끊어지고, 은혜에서 떨어져 나가게 될 것이기 때문
이다(5:4). 한편 그들은 이삭을 통해서 후손의 계보에 들어오게 되는
"참된" 아브라함 언약을 택할 수도 있다. 이 경우에 그들은 자유가
주는 유익을 만끽하게 될 것이며, 그리스도와 하나님의 은혜의 유익
을 누리게 될 것이다. 바울은 그러한 유익을 5:5에서 요약하고 있다.
즉 (그리스도를 믿는) "우리"에게는 영(πνεύματι)의[47] 선물이 그 특징이 되

---

47. 문장 속에서 이런 여격의 역할이 무엇인지 분명하지 않다. Betz는 이것은 애

고, 믿음을 통해서(ἐκ πίστεως) 신분이 증명된다는 것이다. 그리고 그러
한 것에 근거하여, 우리는 의에 대한 확고한 희망을 갖고 있으며 의
를 간절히 고대한다는 것이다(ἐλπίδα δικαιοσύνης ἀπεκδεχόμεθα). 이런 것들
이 그리스도 안에서 성취된, 그리고 갈라디아서 3-4장 전체에 걸쳐
서 증명하려고 하는, 참된 아브라함 언약에 대한 뚜렷한 표지들이다.
그래서 바울은 5:6에서 자신의 논증을 요약한다. 그리스도 안에서는
할례나 무할례가 모두 신분을 나타내는 표시로서의 의미를 상실하
며(οὔτε περιτομή τι ἰσχύει οὔτε ἀκροβυστία),[48] 사랑으로 일하는 믿음만이 중
요하다는 것이다(ἀλλὰ πίστις δι᾽ ἀγάπης ἐνεργουμένη).[49]

5:6에 있는 이런 표현은 특히 두 가지 이유로 인해 중요하다.

i) 그리스도 안에서의 유대인과 이방인의 동등성에 대해 말하는
서신 앞부분의 논증을 요약하면서(2:14-21; 3:13-14, 26-29 등), 갈라디아 위
기의 핵심적인 주제인 할례라는 표지에 특별히 집중하고 있다. 할례
의 의미를 무효화시킴으로써, 바울은 갈라디아인들의 현재 신분이

초에 "그리스도인의 체험에 대한 일차적인 자료"로서 자리를 잡았던 일종의
"신학적인 약어"라고 말한다. *Galatians*, 262.

48. 동사 ἰσχύει(효력이 있다)는 바울이 언약에 가입한 (혹은 그렇지 못한) 것을
나타내는 이런 표시가 갖는 효용성을 무효화시키는 것에 관심이 있다는 것
을 암시해준다; Schlier, *Galater*, 234; Betz, *Galatians*, 262-63. 그 문맥은 갈라
디아인들이 만약 그 효용성을 받아들인다고 한다면, 할례가 갈라디아인들에
게 파괴적인 영향을 끼칠 것임을 보여주고 있다.

49. 분사의 태(voice)에 대한 오랜 논쟁(중간태—'사랑을 통해 작동하는 믿
음'[through love]; 수동태—"사랑에 의해[by love] 시행되는 믿음")은 이제
거의 일반적으로 중간태를 선호하는 쪽으로 정착되고 있다; 특히 Mussner,
Galaterbrief, 353-54를 보라.

불완전하다는 선동가들의 주된 논증을 훼손시키고 있다. 이것은 이 자테스에게 특별히 할례를 면하게 해주었던 아나니아스의 정치적인 편의보다 훨씬 더 급진적인 것이다. 이것은 하나님의 백성을 나타내는 정체성의 표지들에 대한 훨씬 광범위한 재규정이다. 즉, 이제부터는 그리스도 안에 있으며, 영을 소유하고 있고 사랑을 통해서 일하는 믿음을 가진 것으로 그 정체성이 결정된다는 것이다.

ii) 이런 정체성에 대한 규정이 실천적인 강조점을 갖는다는 것도 마찬가지로 중요하다. 믿음은 반드시 사랑을 통해서 일해야 한다. 비록 참된 아브라함의 가족이 율법의 멍에에서 자유롭다고는 하지만, 자신들의 믿음을 사랑의 행위로 만드는 일(work)에 대한 의무에서 자유로운 것은 아니다. 다시 한번 바울이 이 서신에서 그런 '행위'를 공격하는 것에는 전혀 관심이 없고, 오직 **율법의 행위들**에 대해서만 그러하다는 것이 분명해진다. 그리고 다시 한번 그리스도인의 정체성에 대한 바울의 재규정이 필연적으로 그리스도인의 행동이라고 하는 실천적인 측면에 대한 관심을 포함할 수밖에 없다는 것이 분명해진다.

우리가 연구한 이 세 단락은 모두 대적자들의 '설득'에 대항하려는 바울의 노력을 보여준다. 그들이 유대적인 정체성, 개종자의 신분, 아브라함의 할례 언약과 율법 준수에 대한 요구를 강조한 것에 반해서, 바울은 그리스도에 대한 믿음과 영의 선물에 근거한 정체성에 대한 새로운 이해, 율법에서 자유로운 새로운 형태의 의무, 그리고 사랑으로 믿음이 일하는, 영 안에서의 지속적인 헌신을 주장한다.

각각의 단락에서 우리는 그리스도인의 정체성에 대한 바울의 정의
와 그리스도인의 행동 양식에 대한 그의 대략적인 묘사 사이의 밀접
한 관계를 살펴보았다. 갈라디아서에 있는 두 개의 구절이 이런 관계
를 아주 분명하게 요약하고 있다. 2:14에서 바울은 "복음의 진리를
따라서" 행하지 않는 베드로와 다른 사람들을 고발하고 있으며, 5:7
에서는 갈라디아인들에게 누가 그들로 하여금 "진리에 복종"하지 못
하게 하는지 묻는다(τίς ὑμᾶς ἐνέκοψεν [τῇ] ἀληθείᾳ μὴ πείθεσθαι;). 확실히 바
울이 갈라디아서 2-4장 안에서 설명하고 있는 "진리"는 단순한 지적
인 동의를 의미하는 것이 아니다. 그것은 "복종"을 의미하며, "실천
하는" 방식을 결정한다는 의미이다.

그럼에도 불구하고, 우리는 바울의 논증이 갈라디아의 위기에 효
과적인 답변이 되는지 물어보아야 한다. 바울의 교묘한 말재주가 갈
라디아인들을 조금은 당황스럽게 만들었다고 생각할 수도 있다. 안
디옥 논쟁에서 "죄인들"과 "범법자들"을 교묘하게 재해석하는 것이
나, 갑자기 σπέρμα(후손)가 단수라는 것을 강조하는 것이나(그러다가
3:29에서는 갑자기 그런 사실을 망각한다), "알레고리"에서는 이질적인 대상들
을 경이롭게 연결하는 것이, 우리보다 갈라디아인들이 더 이해하기
어려웠을 수도 있다. 갈라디아인들이 바울의 선별적인 성경 사용과
핵심적인 구절들에 대한 다소 억지스러운 해석을 어떻게 생각했을
지 설명하기는 어렵다. 그들이 성경과 어느 정도나 친숙했는지는 알
수 없다. 갈라디아인들이 바울의 놀라운 해석학적 솜씨에 그저 어리
둥절했을 수도 있다. 어떤 이들은 그 논증들이 갈라디아인들의 경험
에 호소하고 있다고, 즉 영을 받은 것(3:1-5)과 그들이 처음에 바울과

친밀한 관계를 맺은 것(4:12-20)에 주로 기대고 있다고 생각하기도 한다. 그러나 어떤 이들은 갈라디아에서 얼굴을 맞대고 있어서 모든 이점을 누리던 선동가들이, 바울이 주장하던 대부분의 내용을 반박하는 데 별로 어렵지 않았을 것이라고 생각한다.

우리는 특별히 적합한 행위에 대한 바울의 설명과 관련해서 '효용성'(effectiveness)에 관한 질문을 제기하지 않을 수 없다. 앞 장에서 우리는 갈라디아인들이 율법에 매력을 느꼈음에 주목했고, 이런 매력을 느끼게 된 이유 중의 하나가 매일의 생활을 위한 실천적인 교훈에 관한 규정들이라고 언급했다. 5:12에 이르기까지 서신에서 바울은 왜 갈라디아인들이 율법의 행위들을 행해서는 안 되는지에 대한 많은 이유를 제시했으며, 우리가 이미 살펴본 바와 같이, 바울은 "믿음으로 사는 삶"(2:19-20), 영 안에 계속 머물러 있음(3:1-5) 그리고 믿음으로 하여금 사랑을 통해서 일하게 하는 것(5:1-6)이라고 하는 그리스도인의 삶에 대해 폭넓게 설명했다. 그러나 그리스도인의 행동에 대한 이런 정의들은, 비록 어떻게 "진리에 복종"할지에 대해 일반적인 용어로 설명하고 있기는 하지만, 여전히 갈라디아인들의 좀 더 실제적인 요구들을 충족시켜 주지는 못한다. 따라서 우리는 지금까지 우리가 연구했던 구절들이 5:13-6:10에 나오는 윤리적인 교훈으로 가는 길을 예비하고 있음을 알 수 있다. 또한 어떻게 계속해서 영 안에 거할 수 있는지, 어떻게 믿음으로 하여금 사랑을 통해서 일하게 만들 수 있는지를 정의하려고 노력하지 않으면, 바울의 주장에 심각한 결함이 생긴다는 것을 알 수 있다. 적절한 시기에, 우리는 5:13-6:10에서 실제로 바울이 자신의 목적을 어떻게 효과적으로 달성했는지에 대해 평가할 필요가 있지만, 우선은 서신의 본론이 마지막 부분에 있는 윤리적인 교훈들의 필요성을 향하고 있으면서 동시에 이 교훈들을 제공하고 있다고 결론 내릴 수 있다.

연속성과 불연속성

바울의 윤리적인 교훈에 대한 자세한 연구를 시작하기에 앞서서, 논쟁 과정에 나타난 신학적 틀에 주목해야 한다. 바울이 아브라함과 관련된 주제를 다루는 방법을 보면, 자신의 복음이 유대교 전통과 연속선상에 있음을 보여주고 싶어 할 뿐만 아니라, 이와 동시에 십자가(율법에 대한 죽음)와 영의 선물로 인해서 초래된 새로운 상황을 강조한다는 것을 알 수 있다. 이런 연속성과 불연속성의 결합이 바울의 윤리학을 설명하는 방법과 관련(예, 어떤 부분에 있어서 그의 윤리학이 유대교의 윤리적 전통과 연속적인지 혹은 거리가 있는지)이 있을 수 있기 때문에, 이 점에 대해 간략하게 연구해 볼 필요가 있다.

갈라디아인들이 (아브라함의 믿음을 공유하고 있기에) 합법적인 '아브라함의 후손'이라는 것을 증명하는 것과 아브라함에게 주어진 약속들이 이방 그리스도인들의 '믿음' 및 '복'과 직결되어 있음을 증명하는 것이 바울의 논증을 '입증'하는 데 결정적으로 중요하다. 바울은 심지어 이 약속들이 "복음을 미리 선포"(προευηγγελίσατο, 3:8)한 것임을 주장한다. 그러나 이와 동시에 그는 오직 그리스도의 오심을 통해서 믿음이 "왔다"거나 "계시되었다"(3:23-25)고, 그리고 복음이 그의 소명체험을 통해서 오직 그에게 "계시되었다"(1:15-16)고 말한다. 같은 맥락에서, 바울은 4:1-7에서 자녀 됨(sonship)이라고 하는 주제에 대해 논하면서, 아버지의 προθεσμία(정해 놓은 때)를 기다리고 있는 미성년자인 자녀이자 상속자를 언급하는 것으로 유비(analogy)를 시작한다. 그러나유비가 계속되고 "때가 참"(the fullness of time)이라는 절정에 이르면서, 그 과정은 직접적으로 연속성을 갖기보다, 사실상 양자 됨(υἱοθεσία, 5절)을 허락받아 종에서 아들로의 **신분 변화**로 묘사되어야 함이 분명해진다.[50] 성숙에 이른 아들이 자유를 얻고 입양된 노예가 되는 이런 복합적인 유비 속에서, 우리는 이스라엘의 역사에 대한 바울의 전망 속에연속성과 불연속성의 결합이 들어있음을 볼 수 있다.[51]

　이런 긴장관계를 보여주는 또 다른 실례는 바울이 '언약'이라고하는 주제를 다루는 방법이다. 한편으로 바울은 "언약"이라고 하는

50.　사전과 대부분의 주석가들은 υἱοθεσία가 "아들로 입양 됨" 혹은 "입양으로인해서 발생한 아들의 신분"을 의미한다는 데 동의한다. *BAG* s. v.; Burton, *Galatians*, 220-1; Bruce, *Galatians*, 197-8을 보라. 두 가지 경우 모두 그 개념은 자신의 유업을 물려받는 것을 기다리는 아들에 대해 말하는 4:1-2과 정확하게 일치하지는 않는다.

51.　4:1-7에서 "우리"(3절, 5절)와 "너희"(6절은 복수; 7절은 단수)가 누구를 가리키는 것인지 늘 분명한 것은 아니다. 4:1-5에서 말하는, 보호자 아래 있는 아이(참조, 3:24-5 율법의 보호 하에 있음)와 οἱ ὑπὸ νόμον(율법 아래 있는 자들)을 속량하는 것에 대한 언급은 이스라엘을 가리키는 것으로 보는 것이 가장 자연스럽다; 그러나 6-11절에서 그 단락이 연결되는 방식은(이방인이 한때 τὰ στοιχεῖα[그 교훈] 아래에 있었지만 이제는 자녀이다) 전체 단락이 유대인과 이방인을 동일하게 언급하고 있는 것으로 해석할 수 있게 한다. Betz, *Galatians*, 204-5, Mussner, *Galaterbrief*, 268, Byrne, "Sons of God", 176-78 그리고 Howard의 광범위한 논의, *Crisis*, 66-82를 보라.

용어를 사용하여, 율법보다 430년 이전에 체결되었고(3:17) 사라와 사라의 후손에 의해 대표되는(4:21ff.) 아브라함 언약의 영구한 유효성을 강조하기 위해 사용한다. 다른 한편으로, 바울은 그 용어가 일반적으로 할례, 율법 그리고 이스라엘의 선택과 연결되던 것을 제거하고, 거기에 그리스도에 대한 믿음과 영의 선물 같은 새로운 내용으로 채운다. 누구든 바울이 단지 유대교의 언약 개념들을 채택했을 뿐이라거나 그 개념들을 전적으로 배척했다고 결론내릴 수는 없다. 바울의 급진적인 해석은 그와 같은 어떠한 일반화된 결론도 허용하지 않는다.[52]

아브라함, 자녀 됨 그리고 언약은 갈라디아서에 나타난 바울의 해석학적 행위의 세 가지 분명한 사례들이다. 갈라디아서에서는 유대교의 용어와 성경을 선별하여 그리스도인의 믿음의 관점에 입각

---

52. Sanders는 (Davies에 반대해서) 바울의 신학이 단순히 "언약적 율법주의"(covenantal nomism)의 개정판이 아니라고 올바르게 주장한다. *Paul and Palestinian Judaism*, 511-15; 그러나 그가 "사실상 바울은 유대교의 언약이 구원에 대해 효력이 있다는 것을 명백하게 부정하고 있으며, 따라서 유대교적 근거를 의식적으로 부정하고 있다"고 주장하는 것은 아마도 너무 멀리 나간 듯하다(551). 차라리 바울이 그 용어에 대한 재규정을 통해서 언약에 대한 전통적인 이해를 공격한다고 말하는 편이 나았을 것이다(예를 들면, Sanders 그 스스로도 그렇게 말하고 있다. *Paul, The Law, and the Jewish People*, 46 그리고 "Jesus, Paul and Judaism", in *ANRW* II 25:1, 434). T. J. Deidun이 바울의 모든 곳에서 "새 언약"이라고 하는 주제가 발견된다고 하는 주장은 지나치게 과장된 것이다. *New Covenant Morality in Paul*, Rome 1981. Hooker가 바울의 근본적인 "언약적" 양식("하나님의 선택과 약속이 인간의 수용과 반응을 이끌어낸다")을 "언약적 율법주의"와 구분해야 한다고 간파한 것은 훨씬 진실에 근접한 것으로 보인다. "Paul and 'Covenantal Nomism'", in *Paul and Paulinism*, ed. M. D. Hooker and S. G. Wilson, London 1982, 47-56.

해 개조하고 재규정한다. 그러나 아마도 가장 충격적인 사례는 서신의 마지막 부분에 있는 내용일 것이다. 거기에서 바울은 "이 규례를 행하는 모든 자들"에게 복을 선언한다(6:16의 κανών, "규례"): εἰρήνη ἐπʼ αὐτοὺς καὶ ἔλεος καὶ ἐπὶ τὸν Ἰσραὴλ τοῦ Θεοῦ("하나님의 이스라엘에게 평화와 자비가 있기를 빕니다", 6:16). 이 축복문의 낯선 배열은 유대교의 축복문을 개작한 흔적일 수도 있다.[53] 그러나 전체 서신의 문맥을 고려해 볼 때, 바울이 여기에서 (그의 현존하는 모든 서신에서 유일하게) "이스라엘"이라고 하는 바로 그 명칭을 그리스도를 믿는 이들(유대인들과 마찬가지로 이방인들)에게 덧씌우는 것처럼 보인다.[54] 만약 "이스라엘"이라고 하는 명칭조차도 재규정할 수 있다면, 예외로 간주할 만한 것이 전혀 없음이

---

53. Kaddish와 Shemoneh Esre에도 이와 유사한 전통적인 기도가 있다; 19세기 축복문(연대 미상)은 이렇게 끝난다. "평화, 행복 그리고 축복, 은혜와 자비와 긍휼을 우리에게 그리고 모든 이스라엘, 당신의 백성에게 주소서"; Richardson, *Israel*, 78-84를 보라.

54. 이 논란 많은 구절에 대해서는, 주석들을 제외하고, Richardson, *Israel*, 74-84, G. Lüdemann, *Paulus und das Judentum*, München 1983, 27-30을 보라. 그리고 G. Schrenk, "Was bedeutet 'Israel Gottes'?", *Judaica* 5(1949) 81-94; "Der Segenswunsch nach der Kampfepistel", *Judaica* 6 (1950) 170-190 그리고 N. A. Dahl, "Der Name Israel: Zur Auslegung von Gal.6,16", *Judaica* 6 (1950) 161-170 사이의 논쟁을 보라. Schrenk가 "하나님의 이스라엘"이 오직 유대 그리스도인들을 가리키는 것으로 보는 반면에(참조, Richardson—이스라엘 중에 있는 아직 믿지 않는 이들은 결국에는 구원받을 것이다), Dahl은 모든 그리스도인들을 의미하는 것이라고 하는 다수의 견해를 설득력 있게 설명한다. 그는 a) 갈라디아서의 문맥이 그리스도 안에 있는 모든 사람들이 이스라엘의 특권과 명칭을 상속받으며, 그리고 b) 다른 곳에서도 바울은 "참된" 그리고 "거짓된" 이스라엘을 구분한다(롬 2:29; 9:6; 빌 4:2-3; 고전 10:18; 갈 4:21-31)는 것을 지적한다. 여기에 바울이 자주 "하나님의 교회"라고 하는 평행구를 사용한다는 관찰을 덧붙일 수 있다(갈 1:13; 고전 1:2; 10:32 등).

확실하다. 즉, 이스라엘의 모든 전통은 새로운 관점하에 이해되고 재해석될 수 있는 것이다.

사회학적인 관점에서 본다면, 이런 연속성과 불연속성의 결합을 분파주의 이데올로기라고 설명할 수도 있다. 모체가 되는 종교에서 분리되는 과정에 있는 모든 분파들은 나머지 종교 공동체와의 차별성을 드러내는 상당수의 재해석을 제시하는 반면에, 그 종교 전통의 유일한 합법적인 계승자로서의 존재를 정당화하기 위해 노력한다.[55] 이런 점에서, 종종 지적되듯이, 바울의 성경 해석 방법은 쿰란에서 사용하던 방법들과 상당히 유사하다. 두 그룹이 모두 유대교 전통에 뿌리를 두고 있는 분파주의 운동이기 때문이다.[56] 바울의 서신에는, 쿰란 자료에서와 마찬가지로, 상당량의 유대교 본문과 주제들이 새로운 문맥 속으로 유입되며, 철저하게 새로운 의미들이 부여된다. 이런 새로운 의미들을 토대로 해서 발달한 반제들(antitheses)이 모체에서 분파들이 분리되는 것을 촉진시킨다.

그러나 이런 현상에 대한 신학적인 분석은 무엇을 보여주는가? 바울서신에서 작용하고 있는 신학적인 흐름에 대한 한 가지 중요한 단서가 마지막 축복문의 문맥에 있다. 6:16에서 κανών(규례)이 언급하고 있는 것은 이전의 구절에서 선언한 원칙이다. οὔτε περιτομή τί ἐστιν οὔτε ἀκροβυστία ἀλλὰ καινὴ κτίσις(할례를 받거나 안 받는 것이 중요한

55. 쿰란, 요한 공동체 그리고 바울에 관한 사례들을 대해서는 Watson, *Paul, Judaism and the Gentiles*, 38-48을 보라.

56. F. F. Bruce, *Biblical Exegesis in the Qumran Texts*, London/Grand Rapids 1959 (=『사해사본의 구약 사용』, 감은사, 2018).

것이 아니라, 새롭게 창조되는 것이 중요합니다). '새로운 창조'라는 말은 때때로 '삶의 새로운 시작'을 의미하기도 한다.[57] 그러나 이 말이 κόσμος(세상) 의 십자가에 못박힘 언급 직후에 나오기 때문에(6:14), 이런 이원론적 이고 '우주적인' 용어가 묵시적인 신학의 영향을 반영하고 있는지에 대해 물어보아야 한다. 이런 질문을 염두에 두고 서신을 다시 읽어보 면, 우리는 어떻게 해서 역사에 대한 다소 다른 두 가지 개념들이 나 란히 기록되어 있는 것처럼 보일 수 있는지 알게 된다. 한편으로 바 울은 역사의 때에 대해, 목적들과 약속들에 대해 그리고 성취의 때가 도달했음에 대해 말하는데(3:15-4:7), 이 모든 것들은 진보로 표현되는 시간의 직선적인 전개를 의미한다. 그러나 그는 또한 현재의 때를 "악한 세대"(1:4)이며, 여기에서 우리가 "구원받아야" 하는 것으로 묘 사한다. 그리고 그는 그리스도 안에 있는 구원을 율법, 육체 그리고 세상의 종이 되는 것과 완전히 반대되는 것으로 묘사한다. 이런 시각 에서 볼 때, 그리스도-사건은 세상 역사의 완성이 아니라, 그것에 대 한 철저한 전복인 것이다. 다른 말로 하자면, 갈라디아서의 신학은 '구속사'와 '묵시'의 결합으로 특징지어진다.

　갈라디아서와 관련해서 이런 용어들을 사용하는 데에는 문제가 없지 않다. 즉 그 용어들의 적용가능성은 그 용어들의 정의와 관련한 몇 가지 논란에 대한 판단에 달려 있다. 만약 '구속사'(*Heilsgeschichte*)를 일련의 역사적인 사건들을 통한 하나님의 구원목적에 대한 설명으

---

57. 예, 개종에 대한 랍비들의 논의에 나오는 Gen Rabba 39.14; b Yebamoth 48b; E. Sjöberg, "Wiedergeburt und Neuschöpfung im palästinischen Judentum", *STh* 4(1950) 44-85.

로 본다면, 최소한 아브라함, 율법 그리고 그리스도 사이의 관계와
관련된 갈라디아서 3-4장의 일부는 이 범주에 포함되어야만 한다.[58]
안타깝게도, '묵시'라는 용어는 엄청나게 다양한 방법으로 사용될 수
있다. 즉, 묵시는 특정한 문학 장르(혹은 계시의 형식—예, 환상을 통한), 또는
특정한 종말론의 형태, 또는 특정한 사고의 방법을 정의하는 데 사용
될 수 있다(그리고 각각의 경우에 각각의 '특정한' 실체가 얼마나 잘 규정되어 있는지 물
을 수 있다).[59] 환상 같은 형식적인 특징들에 초점을 두면, 롤랜드(C. Row-
land)처럼, 바울의 서신 안에는 "묵시적" 요소들이 거의 없다고 결론
내릴 수도 있다.[60] 그리고 우리의 관심을 근접한 종말에 대한 기대에
국한시키면, 갈라디아서가 다른 묵시적인 바울의 서신과 부합되지
않는 예외적인 경우라고 하는 베커(J. C. Beker)의 견해에 동의할 수도
있다.[61] 그럼에도 불구하고, 만약 우리가 묵시적인 특징들을 담고 있
는 사고의 방법에 관심을 둔다면, 환상이나 임박한 종말에 대해 분명

---

58. O. Cullmann, *Salvation History*, London 1967, 74-78, 특히 구속사에 대한 정
    의를 보라. 모든 쟁점에 대해서는 U. Luz, *Das Geschichtsverständnis des Paulus*,
    München 1968을 보라.

59. "묵시"를 규정하고자 하는 최근의 영향력 있는 시도에 대해서는 J. Collins
    (ed.), *Apocalypse: The Morphology of a Genre*, Semeia 14 (1979) 그리고 D.
    Hellholm (ed.), *Apocalypticism in the Mediterranean World and the Near East*,
    Tübingen 1983에 나오는 L. Hartman, E. P. Sanders와 그 외 다른 사람들의 논
    문들을 보라.

60. C. Rowland, *The Open Heaven. A Study of Apocalyptic in Judaism and Early
    Christianity*, London 1982.

61. Beker, *Paul the Apostle*, 58: "갈라디아서는 하나님의 임박한 우주적 승리에
    초점을 두고 있는 그리스도-사건에 대한 묵시적인 해석이 바울 사상의 확고
    한 핵심이라는 나의 주장을 철회하라고 위협한다."

하게 말하지 않는 구절들을 살펴볼 필요가 있다. 그리고 비록 다른
학자들은 그것들을 다르게 정의하더라도, 우리는 전형적인 묵시적
특징들에 대한 믹스(W. Meeks)의 목록을 비교적 안전하게 따를 수 있
다.

1. 비밀들이 저자나 예언자에게 계시되었다.

2. 이런 비밀들은 곧바로 일어날 우주적인 변화에 대한 것이다. "이 세
   대"를 "오는 세대"에서 분리하는 때가 절정을 향해서 움직이고 있다.

3. "마지막 날"에 일어날 사건들 중에서 핵심은 심판이다: 세계 질서의
   수정, 악한 자와 선한 자의 분리, 그리고 적절한 보상과 징계 부여.

4. 결과적으로 묵시적인 세계에는 세 가지 유사한 이원성이라는 특징
   이 있다: (a) 하늘/땅의 우주적 이원성, (b) 이 세대/오는 세대의 시간
   적 이원성, 그리고 (c) 사회적 이원성: 빛의 아들들/어둠의 아들들, 의
   로운 자/불의한 자, 택함 받은 자/세상에 속한 자.[62]

비록 마틴(J. L. Martyn)은 '묵시'에 대한 이전의 모든 정의를 회피하
지만, 갈라디아서를 분석하거나, 갈라디아서에 "묵시적 모순들"
(apocalyptic antinomies)의 가득함을 발견해내는 것을 보면, 묵시적인 특
징에 대한 그러한 목록을 사용하는 것이 분명하다.[63] 갈라디아서에는

---

62. W. Meeks, "Social Functions of Apocalyptic Language in Pauline Christianity",
    in D. Hellholm (ed.), *Apocalypticism*, 687-705, 여기에 인용된 것은 689.

63. J. L. Martyn, "Apocalyptic Antinomies in Paul's Letter to the Galatians", *NTS*
    31 (1985) 410-24; Martyn은 "모순"을 "대립"이나 "갈등"을 나타내기 위해서

바울 자신이 받은 예수 그리스도의 계시(ἀποκάλυψις)에 대한 언급이 나온다(1:12, 16). 그러나 특별히 중요한 것은 바울이 그리스도의 오심을 기다리던 믿음이 계시된 것으로(εἰς τὴν μέλλουσαν πίστιν ἀποκαλυφθῆναι, "장차 올 믿음이 나타날 때까지", 3:23) 묘사하는 방법이다. 이것은 일반적으로 미래의 것으로 예상하던 '묵시적인' 사건들 중 최소한 몇 가지를, 바울이 여기에서는 과거 혹은 현재의 것으로 간주하고 있다는 사실을 우리에게 일깨워준다. 따라서 그는 세상이 이미 십자가에 못박혔으며(6:14), καινὴ κτίσις(새 창조)가 시작되었으며(6:15), 그리스도인들이 "이 악한 세대"(1:4)에서 구원받고 있다고 말할 수 있는 것이다. 아직도 간절하게 기다리고 있고(5:5), 보상과 처벌이 이루어지는(6:5-10), 마지막 심판은, 그럼에도 불구하고 부분적으로는 믿는 자들에 대한 칭의에서 예고되고 있으며, 그 때문에 묵시적 "이원론"(믹스)이나 "모순들"(마틴)이 현 시대 안에서도 생생하게 드러나는 것이다. 즉 "영"과 "육"의 싸움을 통해서, 그리고 "종 됨"과 "자유", 그리스도의 왕국과 "세상의 요소들"(στοιχεῖα τοῦ κόσμου)의 영향이라는 대립을 통해서 그러하다. 마틴이 올바르게 강조하고 있듯이, 이런 싸움들은 원래부터 창조의 일부분이거나 세상에 본래부터 있던 것이 아니다. 그것들은 그리스도의 오심과 새로운 창조의 시작 같은 묵시적인 사건에 의해서 촉발된 것이다.[64] 그렇다면 이런 관점에서 볼 때, 갈라디아서는 '묵시적' 신학의 요소들을 담고 있는 것으로 볼 수 있다.

사용하는 것처럼 보인다.

64. "Apocalyptic Antinomies", 416-21.

그럼에도 불구하고 우리는 여기에서 이 서신에 나타난 '묵시적' 사상의 역할을 분명하게 해주거나 혹은 확인해주는 몇 가지 부분들에 대해 살펴보아야 한다. **첫째로** 우리는 세상의 종말과 새로운 창조의 시작에 대한 묵시적인 용어들이 (롬 8:18ff.과는 반대로) 여기에서는 어떠한 물질적인 의미에도 적용되지 않는다는 것에 주목해야 한다. 오히려 '할례자'와 '무할례자'를 사회적으로 구분 짓는 '옛 세상'이 폐기되고, 새로운 사회적 실체가 창조되는 사회적 관계의 재정비를 나타낸다.[65] 세상(κόσμος)이 나에 대해서(ἐμοί, 6:14) 십자가에 못박혔다고 하는 바울의 진술은 이 사건이 본래 물질적인 표현이라기보다는 인간론적으로 이해되었음을 나타낸다. 그러나 바울이 말한 ἐμοί(나에 대해서) 때문에, 바울이 개인적인 자기 이해를 언급하는 것일 뿐이라는 결론을 내릴 필요는 없는데, 왜냐하면 다음에 이어지는 구절들이 그가 새로운 창조의 규범을 따라서 "행하게" 될 사람들의 공동체에 관심을 갖고 있다는 것을 보여주기 때문이다.[66] 다른 말로 하자면, 바울은 그리스도 사건에 의해 창조된 새로운 유형의 존재를 묘사하기 위해 묵시적인 주제를 채택하는 것처럼 보인다는 것이다. 그런데 그 유

---

65. P. S. Minear, "The Crucified World: The Enigma of Galatians 6,14", in *Theologia Crucis—Signum Crucis*, ed. C. Andresen and G. Klein, Tübingen 1979, 395-407.

66. J. Baumgarten, *Paulus und die Apokalyptik*, Neukirchen-Vluyn 1975, 227-43 의 중요한 결론을 보라: Baumgarten은 바울에게 있어서 묵시의 역할에 대한 Bultmann과 Käsemann 사이의 유명한 논쟁에 끼어들면서, 바울이 우주론적인 주제를 인간론적인 용어로 해석하려 했으며, 그러나 그의 인간학은 개인주의적인 것이 아니라 교회론을 통해 통제된다는 결론을 내린다.

형은 유대교의 전통을 뒤엎고, 그리스도 안에서 유대인과 이방인이 새로운 공동체를 세우는 것이다.

둘째로, 마틴이 지적하듯이, 6:14에서 십자가에 못박힘을 강조하는 것은 "전체 갈라디아서를 통틀어서 바울의 묵시적인 초점이 그리스도의 파루시아에 있는 것이 아니라, 오히려 그의 죽으심에 있다는 사실을 나타낸다."[67] "옛" 세상의 "죽음"을 나타내는 그리스도의 십자가가 구시대의 생각과 행동 방식에서는 "걸림돌"(stumbling-block)이다(2:19-21; 3:1, 13-14; 5:11; 6:12-14).[68] 실제로 다른 곳에서는 바울에게 묵시적 사건의 대표적인 사례인(특히 고전 15장을 주목하라), 그리스도의 부활이 갈라디아서에서는 거의 전혀 찾아볼 수 없다는 것은 주목할 만한 일이다(1:1이 유일한 언급이다). 새로운 시대의 상징인 부활의 자리는 영이 차지하고 있지만, 십자가를 강조하는 것은 이 서신에서 반대하려는 주제(negative thrust)가 무엇인지를 보여준다. 즉, 율법 아래에서 사는 옛 시대는 이미 끝났다는 것이다. 십자가는 갈라디아인들에게 그리스도 안에서 그들은 과거의 존재 형태에 대해서 죽었다는 것을 가장 적나

---

67. "Apocalyptic Antinomies", 420.
68. 율법과 관련해서, 십자가가 "걸림돌"(offence)이라는 생각은 그리스도께서 십자가에 못박히셨기 때문에 율법의 저주 아래 있다고 하는 사실로 인해 특히 강조되었을 수도 있다(갈 3:13-14). 곧, 이런 것이 그리스도에 대한 믿음과 (그리스도에 대해 판결을 내리는) 율법에 대한 복종 사이에서 분명한 선택을 하게 만든다. 이런 일련의 생각이 바울이 이전에 그리스도인들을 박해한 것과 그 이후의 회심에서 중요했는지 판단하는 것이 비록 어렵기는 하지만(Räisänen, *Paul and the Law*, 249-51의 논의를 보라), 아마도 갈 3장의 논증에 있어서는 (부수적인) 모종의 역할을 하고 있을 것이다(M. D. Hooker, 'Interchange in Christ', *JTS* n. s. 22 (1971) 349-61을 보라).

라한 말투로 설명해준다.[69] 그리고 십자가에 대한 설교가 동시대를 살아가는 이방인과 유대인들에게 낯설고 거리끼는 것이라는 것을 그들이 분명히 알고 있었기 때문에, 바울이 십자가를 그들이 믿는 복음을 나타내는 표지라고 강조하는 것(3:1)은 교회 밖의 사람들과 그들 사이의 사회적 구별을 강조하는 역할을 한다. 믹스가 지적했듯이, "이성이나 유대교 전승에 기초한 그 선포의 새로움—기대에 어긋나거나 최소한 초월하는(고전 1:18-25)—때문에, 그 선포가 혁신의 근거가 된 것이다. … 메시아가 율법의 저주를 받아서 죽임을 당했다고 하는 예상하지 못했고, 거의 상상할 수 없었던 사실은 하나님의 백성이 향후 구성되고 구획되어야 하는 방식에 급격한 변화를 초래했다."[70]

셋째로, 이런 묵시적 언어의 기능을 고려해볼 때, 우리는 갈라디아인들 앞에 놓인 명백한 양자택일의 상황에서 이 묵시적 언어가 미치는 영향에 대해 주목해야만 한다. 당시의 상황에서 볼 때에, 그들은 가능한 존재 유형의 범위에 대해 틀림없이 의식하고 있었을 것이다—이방인으로서의 예전의 생활방식과 그들이 처음 회심했을 때의 바울의 방식 그리고 선동가들이 옹호한 생활방식. 그들은 또한 다양

---

69. 이 맥락에 나타난 바울의 이례적인 여격의 사용에 대해서는 C. F. D. Moule, "Death 'to sin', 'to law' and 'to the world': A Note on Certain Datives", in *Mélanges Bibliques*, ed. A. Descamps and A. de Halleux, Gembloux 1970, 367-75를 보라.

70. W. Meeks, "The Social Context of Pauline Theology", *Int* 3691982) 266-77, 여기에서 인용된 곳은 273-74; 참조, 그의 저서 *First Urban Christians*, 168-69, 175-77. 그러나 나는 바울의 역설적인 메시지를 바울이 개종시킨 대부분의 중요 인물들의 심각한 신분상의 모순과 연결하는 Meeks에 동의하지 않는다.

한 차원에서 율법을 준수하는 것이 가능하다고 알고 있었을 것이다. 그러나 바울은 그들의 선택을 두 가지로 축소시킨다. 그리고 날카롭게 대립되는 묵시적인 주제들을 사용해서, 자신의 선택을 가장 간결하고 강경한 용어로 제시한다. 자유인이냐 종이냐, 하나님이냐 '[세상의] 요소들'(στοιχεῖα)이냐, 그리스도냐 모든 율법이냐, 영이냐 육체냐.[71]

마지막으로, 우리는 갈라디아서가 묵시적인 주제들을 구속사적 전망과 연결시키고 있다고 하는 우리의 관찰로 돌아가야만 한다. 일관된 묵시적인 틀 속에서 볼 때, 과거와 현재는 모두 우리가 구속되기를 기다리고 있는 '악한 세대'이며, 그리고 의로움은 오직 다가오는 '새로운 창조' 속에서만 발견될 것이다. 그럼에도 불구하고, 갈라디아서에서는 그와 같은 극단적인 대립들이 연속성과 목적론적 역사라는 원리와 나란히 제시되고 있다. 즉, 아브라함은 믿음으로 의롭다 여김을 받았으며, 성경의 약속들은 지금 그 완성에 이르렀고, 그 후손은 성장하고 있다는 것이다. 어떤 관점에서 보면, 모든 과거는 "세상의 요소들" 아래 있는 종이었지만, 다른 관점에서 보면, 그것은 복음의 전형, 선례 그리고 예언으로 볼 수 있는 것이다. 어느 정도, 이 요소들의 결합은 다양한 형태의 유대 묵시문학에 나타난다. 즉 다니엘서와 쿰란 문헌들에서도 신실한 증인, 성경의 약속들 그리고 묵시적인 사건을 위해 길을 준비하는 역사적인 과정들이 나타난다.[72] 그

---

71. 이 묵시적 이원론이 교회 외의 모든 것을 같은 범주로 묶는데 끼치는 영향에 대해서는, Meeks, *First Urban Christians*, 183ff를 보라.
72. 예, 단 9:15-16, 24-27; CD 1.1-4.12; 1QpHab을 보라.

러나 우리가 바울을 너무 일방적으로 해석하지 않고, 이런 두 가지
요소들이 만들어내는 긴장을 약화시키지 않기 위해서는 바울의 신
학 안에서 이러한 이원성을 염두에 두는 것이 중요하다.[73]

    이 장에서 우리는 여러 가지 목적을 염두에 두고 갈라디아서의
주요 부분에 나타난 몇 가지 주제를 살펴보았다. 바울이 대적자들의
선전에 대응하는 몇 가지 방법을 분석하면서 그가 만들어 놓은 '정체
성'과 '행동 방식' 사이의 연관성을 검토했으며, 전체 서신이 기록된
신학적인 틀을 살펴보았다. 우리의 연구는 갈라디아서 2-4장이 서신
의 마지막 부분에 나오는 윤리적인 교훈과 어떻게 연결되는지와, 그
윤리적 교훈이 왜 필연적으로 등장할 수밖에 없는지를 강조했다. 이
제 5:13-6:10을 자세하게 연구할 위치에 도달했다. 왜냐하면 우리는
이제 이 단락이 갈라디아인들의 상황이 요구하는 바에 부합하는지,
그리고 서신의 앞부분에 나타난 일련의 사상과 잘 조화되는지 (혹은
어떻게 그러한지) 판단할 수 있기 때문이다. 우리는 1장의 마지막 부분에

---

73. *Paul the Apostle*에서 Beker는 다음과 같이 말한다: "이스라엘의 역사는 바울
에게 있어서 단순히 어두웠던 옛 시대가 아니다; 그는 모형론의 관점에서 이
스라엘의 역사를 해석함으로써 시대들 사이에 나타난 이원론을 완화시킨
다"(150); "묵시적 이원론은 피조물을 위한 하나님의 구원 계획에서 이스라
엘 백성이 차지하는 위치에 대한 구속사적 이해를 통해서 완화된다"(181). 묵
시사상과 구속사의 창조적인 혼합을 표현하는 올바른 방법이 이신칭의에 대
한 Käsemann과 Stendahl 사이의 열정적인 논쟁의 핵심이다: Stendahl, *Paul
Among Jews and Gentiles*, 78-96 그리고 129-132와 Käsemann, "Justification
and Salvation History in the Epistle to the Romans", in *Perspectives on Paul*,
London 1971, 60-78 (=『바울신학의 주제』, 대한기독교서회, 1989)을 보라.

서 언급한 과제들 중에서 두 가지를 완수했다. 그 목적과 양식을 염두에 두고, 5:13-6:10에 대해 신중하게 연구하는 그 세 번째 과제를 이제 시작할 수 있다.

제4장
영의 충족성

갈라디아의 위기를 재구성함에 있어서, 우리는 선동가들이 갈라디아인들에게 제시한 두 가지 도전에 대해 언급했다. i) 왜 갈라디아의 그리스도인들은 할례도 받지 않았으면서 이스라엘의 상속자로서의 특권을 주장하는 변칙적인 입장을 취하는가? 그리고 ii) 왜 그들은 율법에 규정되어 있는 하나님의 뜻에 복종하지 않는가? 이 후자의 도전과 관련해서 우리가 살펴보았듯이, 율법을 준수하라고 하는 선동가들의 제안이 갖는 매력 중의 하나가 문서화된 권위 있는 율법규범으로 인한 안전성일 것이다. 이에 비해서, 바울의 윤리적인 규정은 위험스러울 정도로 애매모호한 것으로 보일 수 있다. 갈라디아인들은 어떻게 해서 "영 안에서 행하는 것"이 충분한 윤리적인 보호수단을 제공해줄 것이라고 확신할 수 있었을까? 그것이 그들의 실제적인 문제들을 해결하는 데 도움을 줄 수 있었을까? 그것이 율법에서 하나님이 요구하고 있는 윤리적인 기준들에 부합하는 것일까? 이와 같은 몇 가지 사항들이 갈라디아의 위기에서 틀림없이 일정한 역할을 했으며, 그 문제에 대해 바울이 어느 정도 대답해야 했을 것이다.

여기에서 바울이 직면하고 있는 어려운 문제에 주목하는 것이 중요하다. 실로 그것을 감당해내는 것은 어려운 일이었다. 갈라디아 인들을 율법으로 유혹하는 주술을 깨뜨리기 위한 노력의 일환으로, 바울은 그런 유혹에 빠지는 것을 일종의 종 됨으로 묘사했다(2:4-5; 4:1-11; 4:21-5:1). 그리고 그런 다음에 그리스도 안에 있는 자들의 자유에 대해 강조했다. 그러나 "자유", "율법에서 해방", "율법에 대하여 죽음"에 대해 말하는 것이 갈라디아인들을 불안하게 했을 수도 있다. 이런 말들이 오히려 갈라디아인들을 선동가들의 품으로 이끌었던 원인 중의 하나였던, 윤리적으로 안전하지 않다고 하는 느낌을 강화시켰을 수도 있기 때문이다. 율법에 대해 논의하는 과정 속에서, 바울은 율법의 역할을 '파이다고고스'(παιδαγωγός, "초등교사"), 즉 그 아이가 성장할 때까지 규제하고 훈육하는 보모로 묘사했다(4:24-25).[1] 이 유비는 바울의 논증을 위해 더할 나위 없이 좋은 것이었다. 왜냐하면 그것이 율법의 규제하는 기능과 시한부적 역할을 예시해주었기 때문이다.[2]

---

1. 헬라와 로마사회의 παιδαγωγός(초등교사)의 역할에 대해서는 E. Schuppe, art. παιδαγωγός, PW 18, 2375-2385 그리고 S. Bonner, *Education in Ancient Rome. From the Elder Cato to the Younger Pliny*, London 1977, 38-46을 보라. 1차 문헌에 대한 최근에 나온 가장 좋은 연구는 N. H. Young, "Paidagogos: The Social Setting of a Pauline Metaphor", NT 29 (1987) 150-76이다.

2. 갈 3장에 있는 이런 유비의 역할에 대해서는 J. S. Callaway, "Paul's Letter to the Galatians and PlatO's *Lysis*", JBL 67 (1948) 353-55; R. N. Longenecker, "The Pedagogical Nature of the Law in Galatians 3:19-4.7", *Journal of the Evangelical Theological Society* 25 (1982) 53-61; D. J. Lull, "'The Law was our

그러나 "믿음이 이미 왔으므로, 우리가 이제는 παιδαγωγός(초등교사)
아래에 있지 않습니다"라고 하는 승리에 찬 선언은(3:25), 바울을 자유
하게 했던 것이 갈라디아인들을 위험하게 만들고 있음을 보여주는
것일 수도 있다. 율법의 규제하는 기능—율법이 "악한 충동"을 막아
주고, 하나님의 백성을 죄에 빠지지 않도록 보호해주며, 그들 주위에
"울타리"를 쳐주는 방식—은 디아스포라와 랍비 유대교 모두가 율법
의 영광들 중의 하나로 자랑스럽게 내세웠었다.[3] 그렇기 때문에, 선

Pedagogue': A Study in Galatians 3:19-25", *JBL* 105 (1986) 481-98을 보라.
Lull은 바울이 이런 상징을 사용한 것은 이스라엘을 훈련시키고 규제하는 율
법의 긍정적인 역할을 나타내는 것이며, 3:19에 나오는 παραβάσεων χάριν(범
죄들 때문에)을 "범죄를 일으키거나 조장하기 위해" 보다 "범죄를 다루기 위
해"로 해석하는 것을 뒷받침한다고 주장한다. 그러나 παιδαγωγός(초등교사)
의 규제하는 힘을 좋게 보느냐 나쁘게 보느냐 하는 것은, 그를 고용한 부모
인지 아니면 그의 돌봄하에 있는 아이인지에 달려있다! 바울은 이런 규제에
서 놓이는 것을 강조하고 있다. 그러나 다른 유비를 사용하고 있는 선동가들
은 그러한 "자유"를 위험한 것으로 간주했으리라는 것은 의심의 여지가 없
다(아래를 보라). 3:19에 대한 Lull의 해석은 율법의 역할에 대한 바울의 견해
가 이 단락 전체에 걸쳐서 일관적이라고 하는 대단히 논쟁의 여지가 있는 가
정에 근거하고 있다.

3. 디아스포라에 대해서는 예, Josephus, *Ant* 4.210-11; 16.43; *Apion* 2.174: "이
모든 것에 대해 우리의 지도자는 기준이자 법칙인 율법을 만들어 놓았는데,
그것은 마치 아버지나 스승 아래에 있는 것과 마찬가지로 그 아래에서 살
수 있도록 하는 것이고, 자의적으로나 혹은 무지로 인해서는 어떤 죄도 짓
지 않도록 하는 것이다"; 이스라엘을 두른 "울타리"로서의 율법에 대해서
는, Ep Arist 139, 142를 보라. 랍비들과 "악한 충동"(*yeser hara*')에 대해서는
예, 바벨론 베라코트 5a; 바벨론 킷두쉰 30b: "나의 자녀들아, 나는 악한 욕
망을 창조했다. 그러나 나는 [또한] 그 해결책[문자적으로는 향신료(spices)]
으로 토라를 창조했다; 만약 너희가 토라에 전념한다면 너희는 그 손에 넘
어가지 않게 될 것이다. …"(E. T. Soncino edition, 146). 내가 알기로는, 율법

동가들은 이런 '보호를 위한 구속'이 끝나게 되었다는 바울의 주장을
위험하고 무책임한 것으로 해석했을 수도 있다.

안디옥 논쟁에 대한 논의에서, 우리는 바울이 자신의 신학에 대
한 그와 같은 반대를 알고 있었다는 것에 주목했었다. 율법의 금지조
항을 무시하고, 그리스도의 이름으로 이방인 출신 "죄인들"처럼 되
는 것은 그리스도를 "죄의 종"(ἁμαρτίας διάκονος, 2:17)으로 만들고 있다
는 말을 들을 수도 있는 것이다.[4] μὴ γένοιτο(그럴 수 없습니다)라는 말로
그러한 비난에 반박하는 것 혹은 되받아치는 것(2:18)과 어떻게 해서
믿음으로 살고 영으로 행하는 것이 실제로는 "하나님을 향하여 살
고"(2:19) 그분의 뜻을 행하는 것인지를 보여주는 것은 전혀 다른 별
개의 것이었다.

을 παιδαγωγός(초등교사)에 명확하게 비교하는 유대교의 문헌이 없기는 하
지만(아마도 율법이 단순히 일시적인 역할을 하는 것으로 생각할 수 없기 때
문일 것이다), Philo는 παιδαγωγός를 칭송하는데, 왜냐하면 초등교사가 있는
동안에는 잘못을 저지를 수 없기(παιδαγωγοῦ ... παρόντος οὐκ ἂν ἁμάρτοι ὁ
ἀγόμενος) 때문이라는 것이다. *Mut* 217 그리고 다른 곳에서도 παιδαγωγοί(교
사)와 νόμοι(율법)를 훈련시키는 것에 있어서 유사한 역할을 하는 것으로 묘
사하고 있다. *Mig* 116; 참조, 마카비4서 1:17 ἡ τοῦ νόμου παιδεία(율법에 대한
교육).

4. 위의 150-57쪽을 보라. 위-클레멘스 설교들 17.13-19(Pseudo-Clementine
    Homilies, E. Hennecke, *New Testament Apocrypha*, ed. W. Schneemelcher, E. T.
    ed. R. McL. Wilson, London 1965, II, 122-23)에서 우리는 안디옥에서 베드로
    가 바울에게 대답한 것에 대한 어느 유대-그리스도인의 설명을 볼 수 있는
    데, 바울을 무율법주의자라고 비난하고 있다. 실로 할례에 대한 바울의 진술
    은 계속해서 그의 "반율법주의적 가르침"에 대한 유대인의 공격을 초래하고
    있다. S. B. Hoenig, "Circumcision: The Covenant of Abraham", *JQR* n. s. 53
    (1962-63) 322-34, 특히 323.

이 장에서 우리는 바울이 이런 문제점들을 염두에 두고 5:13-6:10의 마지막 권면들을 구성했다는 여러 가지 증거를 검토하게 될 것이다. 바울이 여기에서 그의 대적자들의 직접적인 비난에 대답하고 있는 것이든 아니든,[5] 바울은 자신이 내렸던 윤리적인 명령과 관련해서 제기된 몇 가지 우려를 알고 있었던 것으로 보인다. 여기에서 우리의 과제는 바울이 어떻게 자신의 규정을 옹호하고, 윤리적 행동을 위한 영의 충족성을 설명하고 있는지를 살펴보는 것이다.

사랑의 종 됨 안에 있는 자유: 5:13

바울의 권면은 자유에 대한 또 하나의 널리 알려진 선언으로 시작한다. 사실상 자유는 그들을 부르신 **목적**이었다는 것이다(ὑμεῖς γὰρ ἐπ᾽ ἐλευθερίᾳ ἐκλήθητε, ἀδελφοί, "형제들아, 너희는 자유를 위하여 부르심을 입었다", 5:13) 이런 선언은 분명히 5:1을 반영하고 있지만, 한편으로는 그것과 완전히 반대의 입장을 취하고 있다. 즉, 5:1이 자유를 "종의 멍에"(ζυγὸν

---

5. Watson, *Paul, Judaism and the Gentiles*, 147은 그들은 바울이 "육체의 욕망을 채워주고 있다"는 비난을 했다고 주장한다. Martyn, "Apocalyptic Antinomies", 416은 "교사들"이 율법을 "악한 충동"의 해결책으로 이해했으며, 그들이 그와 같은 충동을 표현하기 위해 σάρξ(육체)라는 용어를 사용했다고 주장한다. J. Markus, "The Evil Inclination in the Letters of Paul", *Irish Biblical Studies* 8 (1986) 8-20은 심지어 ἐπιθυμία σαρκός(육체의 욕망)가 1QH 18.23에 나오는 히브리어 בשר יצר에 대한 번역이라고 주장하기도 한다. 사실상, "육체"라는 용어가 선동가들에게서 나온 것이라는 증거는 없다.

δουλείας)에 반대되는 것으로 자연스럽게 해석한 반면에, 5:13은 일종의 역설(paradox)을 보여준다. 갈라디아인들은 사랑을 통해 서로에게 종이 되는 일에 그들의 자유를 사용해야 한다는 것이다(διὰ τῆς ἀγάπης δουλεύετε ἀλλήλοις, "사랑으로 서로 종노릇 하라"). 여기에서 바울이 의도적으로 역설을 만들었다는 것은 의심의 여지가 없는데, 왜냐하면 그가 이런 δουλεία(종노릇)를 자유에 대한 대립물이 아니라, 오히려 자유에 반드시 수반되어야 하는 실천으로 설명하기 때문이다.[6] 실제로 "서로 종노릇하라"는 구절은 그 자체로 어느 정도 역설적이다. 왜냐하면 종이란 일종의 위계적인 사회 구조이지, 자기를 서로 희생하는 관계가 아니기 때문이다.[7]

그러나 그러한 문구들은 바울이 말하는 역설적인 사랑 그 이상의 것을 보여준다. 그 문구들은 바울이 옹호하는 '자유' 안에 엄격한 윤리적인 의무가 구축되어 있다는 것을 분명하게 하려는 그의 의도를 보여준다. 그것은 율법의 의무가 아니라 사랑의 의무이다. 사랑을 언급하는 것은 몇 구절 앞에 있는 "사랑으로써 역사하는 믿음"(5:6)이라는 말을 반영하려는 의도로 보인다. 아브라함 계통의 믿음에 대한 기독교적 이해는 할례와는 상관없지만, 사랑과 관련이 있다. 그리고

---

6. Oepke, *Galater*, 169; Schlier, *Galater*, 243-44; 참조, 롬 6:18-23을 보라.

7. 종이라고 하더라도 (본성을 따라 살지 아니면 이성을 따라 살지) 자유롭게 선택할 수 있다고 하는 스토아적 역설은 바울이 자유의 책임에 대해 강조하는 것과는 전혀 다르다. 그가 말하는 자유는 하나님의 백성은 하나님을 섬기기 위해 자유롭게 되었다고 하는 유대교의 개념의 변형으로 볼 수도 있다(출 4:23; 19:4-6; 20:1-6; 레 25:42). 바울이 이런 주제를 사용한 것에 대해서는, 예, F. Mussner, *Theologie der Freiheit nach Paulus*, Freiburg 1976을 보라.

상호 섬김으로 표현된 사랑은 자유의 필연적이고 실천적인 결과이다. 따라서 믿음과 자유는 결코 윤리적인 파탄이 아닌 것이다.

그러나 이 구절은 또한 자유의 오용의 가능성에 대해서도 말한다: μόνον μὴ τὴν ἐλευθερίαν εἰς ἀφορμὴν τῇ σαρκί(그 자유로 육체의 기회를 삼지 말고). 바울이 피해야 하는 위험을 언급할 때 사용하는 용어(σάρξ, "육체")에 주목하는 것이 중요하다. 2:15-21에 대한 분석에서, 우리는 안디옥 사건에 대한 바울의 반응에서 핵심적인 부분이 율법에 나타난 '죄'의 정의를 약화시키려는 것이었음을 보았다. 비록 이방인들과 함께 먹는 것이 율법의 관점에서 볼 때 '죄'이기는 하지만, 그러한 기준이 '율법에 대하여 죽은 자들'에게는 적용되지 않는다는 것이다. 이런 모든 논쟁, 그리고 그리스도가 '죄'를 조장한다는 비난은 바울이 ἁμαρτία(죄)라는 용어를 계속해서 사용하는 것을 어렵게 만들었다. 바울의 갈라디아 청중들은, 안디옥에 있는 유대-그리스도인들과 마찬가지로, 죄라는 말이 기본적으로 율법에 대한 불순종과 관련 있다는 말을 너무도 자주 들었을 것이다. 이것이 아마도 갈라디아서의 바울의 윤리적인 권면들이 δικαιοσύνη(의)와 ἁμαρτία(죄)의 대립에 근거하지 않고, 오히려 πνεῦμα(영)와 σάρξ(육체)의 대립에 근거하고 있는 이유 중의 하나일 것이다. 바울은 '죄'에게 기회를 주는 것에 대해 경고하지 않고, 오히려 '육체'에게 기회를 주는 것에 대해 경고하고 있다.

그러나 만약 σάρξ가 정확하게 율법에 대한 불순종을 뜻하는 것이 아니라고 한다면, 그것은 무엇을 의미하는 것일까? 비록 σάρξ가 바울이 사용하는 어휘 중에서 지극히 복잡하고 파악하기 어려운 단어라는 것이 오늘날 폭넓게 인정되고 있지만, 현대의 번역들과 최근의 주석들은 놀랍게도 바울이 여기에서 언급하고 있는 것이 "자유방임주의"(libertinism) 반율법주의자의 "방종"이라고 추측하기를 주저하지 않는다.[8] 사실상 갈라디아서에서 이 부분에 이르기까지 이 용어가 등장한 구절들 중에 그런 의미를 갖고 있는 것은 없다(1:16; 2:16, 20; 3:3; 4:13-14, 23, 29). 그리고 5:19-21에 나오는 "육체의 행위"에 대한 목록조차도 "자유방임주의"라는 범주에 깔끔하게 부합되지 않는다(아래의 제5장을 보라). 우리는 나중에 바울이 σάρξ라는 단어를 사용할 때 보이는 미묘한 차이들을 살펴보게 될 것이다(아래의 제6장을 보라). 그러나 현재로서 바울이 사용하는 용어는 그리스도인의 행동의 윤리적인 범주들을 재규정하기 위해 심사숙고해서 선택한 것이라고 말할 수 있을 것이다.

따라서, 우리는 5:13에서 이미, 바울이 기독교의 믿음과 자유가 설령 율법의 범주에 정확하게 들어맞지 않는다고 하더라도 어떻게 광범위한 윤리적인 함의를 가질 수 있는지 보여주려 한다는 것에 대한 징후들을 알게 되었다.

---

8. NEB "천박한 본성"(lower nature); NIV "사악한 본성"(sinful nature); GNB "너희의 육체적 욕망"(your physical desires); JB "자기탐닉"(self-indulgence); Bruce, *Galatians*, 240 "자유방임주의", "거리낌 없는 방종"; Schlier, *Galater*, 242-3 "Antinomismus"; Mussner, *Galaterbrief*, 358 "das libertinistische Missverständis". Betz, *Galatians*, 275는 "흉악한 악행"이라는 상당히 애매모호한 말을 한다.

육체 다루기: 5:16-18, 24-25

바울은 무엇이 악한 것인지를 설명한다. 그리고 '육체'가 윤리적
인 생활을 위협한다고 말한다. 선동가들과 갈라디아인들이 이미 이
런 윤리적인 위협에 대한 설명에 익숙했었는지는 판단하기 어렵지
만,[9] 그러나 어쨌든 우리는 바울이 육체라는 용어를 사용하는 한 가
지 유리한 이유에 주목하게 된다. 그 용어에는 ἁμαρτία(죄)라는 용어
가 풍기는 율법과 관련된 느낌이 없다는 것이다. 그런데 이제 바울은
계속해서 자신이 옹호하는 윤리적인 생활이 어떻게 이런 위협을 처
리할 수 있고, 그것에 대항하는 적절한 방어수단을 제공할 수 있는지
를 보여준다. 바울이 갈라디아인들에게 '죄'에서 자신을 지키기 위해
율법을 준수하라고 시키지 않는다면, '육체'에는 무엇으로 맞설 것인
가? 당연히 바울이 내놓는 대답은 영이다. 이렇게 바울이 '육체'라는
범주를 택한 또 다른 이유가 나타난다. 앞에서 말한 "육체"와 "영"이
라고 하는 이원론(3:3; 4:29)을 기반으로, 즉 갈라디아인들이 그리스도
안에서 살기 시작한 삶의 방식이 계속되는 것임을 즉각 인정하게 될
것이라는 관점에서 바울은 "영"을 윤리적인 해결책으로 제시하고 있
는 것이다(3:1-5).

---

9. Betz, *Galatians*, 8-9는 갈라디아인들이 "육체"에 대한 문제를 인식하고 있었
    다고 가정한다. 그리고 Martyn은 선동가들이 율법이 "육체"에 대한 해결책
    이라고 옹호했다고 생각한다. "Apocalyptic Antinomies", 416. 5:21은 바울이
    전에도 일련의 악행에 대해 갈라디아인들에게 경고했음을 보여준다. 그러나
    그가 그것들을 "육체의 일들"과 동일시했는지의 여부에 대해서는 알 수 없
    다(바울이 그런 식으로 제시하는 또 다른 악행 목록은 없다).

갈라디아서 5:16은 갈라디아인들이 그들이 시작했던 것을 지속
해야 한다는 호소(λέγω δέ, πνεύματι περιπατεῖτε, "내가 말합니다. 여러분은 영께서 인
도하여 주시는 대로 살아가십시오")와 이 길을 따르면 분명히 그들이 육체의
욕망을 채우려 하지 않게 될 것이라는 확신에 찬 진술(καὶ ἐπιθυμίαν
σαρκὸς οὐ μὴ τελέσητε, "그러면 육체의 욕망을 채우려 하지 않을 것입니다")로 이루어
져 있다. 이 유명한 확신은 충격적이다(부정과거 가정법과 함께 사용된 οὐ
μή[결코 ~하지 않는다]는 "미래에 일어날 사건을 부정하는 가장 확실한 형태"를 표현한
다).[10] 바울은 자신이 제시하고 있는 윤리적인 보호 장치에 대한 확신
을 표현하기 위해, 이보다 더 간략하거나 더 직접적인 방법을 사용할
수 없었을 것이다. 그러나 그와 같은 진술은 좀 더 설명할 필요가 있
다. 왜 "영 안에서 행하는 것"은 "육체의 욕망"을 배척하는가? 왜 그
것들은 서로 공존할 수 없는가? (γάρ[왜냐하면]로 시작되는) 그 다음 구절
에 설명이 나온다.[11] 육체와 영이 대립한다는 것이다: ἡ γὰρ σὰρξ
ἐπιθυμεῖ(5:16에서 ἐπιθυμίαν σαρκὸς[육체의 욕망]를 가져온다) κατὰ τοῦ πνεύ-
ματος, τὸ δὲ πνεῦμα κατὰ τῆς σαρκός("육체의 욕망은 영을 거스르고, 영이 바라
시는 것은 육체를 거스릅니다", 5:17). 이 두 개의 절(clauses)은 육체와 영 사이의
전쟁이라는 차원에서 더 자세하게 설명된다(다시 한번 γάρ가 사용된다):

10. *BDF*, section 365; 참조, E. de W. Burton, *Syntax of the Moods and Tenses in
New Testament Greek*, Edinburgh 1894, section 172. 이 구문이 금지를 나타낸
다는 것은 가장 가능성이 낮다(RSV; Bonnard, *Galater*, 112 n. 1). 왜냐하면 신
약성서에서 유일하게 마 13:14, 행 28:26에서만 그것이 발견되기 때문이다.
게다가 둘 다 칠십인역 사 6:9을 인용하고 있다.
11. Burton, *Galatians*, 300; Schlier, *Galater*, 248. 5:17을 5:16과 대립되는 것으로
읽어야 하는 아무런 증거도 없는 것이 확실하다.

ταῦτα γὰρ ἀλλήλοις ἀντίκειται(이 둘이 서로 적대관계에 있으므로). 서로 대립한다는 것은 분명히 서로를 배척한다는 의미이며, 그렇기 때문에 갈라디아인들이 영 안에서 행하면, 왜 육체의 욕망을 채우지 않을 것인지가 충분히 설명된다(5:16). 그러나 이것은 또한 영 안에서 그들이 "자유"를 누리지만, 그럼에도 불구하고 그들 마음대로 살아가는 자유를 의미하는 것으로 받아들여서는 안 된다는 뜻이기도 하다. 전쟁은 어떤 선택권을 배제하고, 다른 것을 요구하기도 한다. 만약 그들이 영 안에서 행한다면, 그들은 이 같은 갈등을 떠안게 될 것인데, 그것은 원하는 것은 무엇이든지 행할 자유를 가진 것이 아님을 뜻한다—ἵνα μὴ ἃ ἐὰν θέλητε ταῦτα ποιῆτε("너희가 원하는 일이라고 아무거나 행할 수 없게 된다", 5:17). 그와 같은 갈등 때문에 그들의 자유는 절대적인 것이 될 수 없다. 왜냐하면 그들이 영 안에서 행하면 육체와 대적하게 될 것이고, 따라서 반드시 따라야 하는 윤리적인 선택이 결정되기 때문이다.

5:17 마지막에 있는 절(ἵνα μὴ ἃ ἐὰν θέλητε ταῦτα ποιῆτε)에 대한 이런 해석은 일반적인 해석 경향에서 벗어난 것이다. 사실상 이 절은 일반적으로 전체 서신 중에서 가장 어려운 것 중의 하나로 인정되고 있다. 이 절에는 서로 연결된 두 가지 난점이 있다. i) ἵνα(~하기 위하여)를 목적의 의미로 보아야 하는가, 아니면 결과의 의미로 보아야 하는가? 그리고 ii) 행할 수 없다는 "원하는 것"(ἃ ἐὰν θέλητε)의 정체는 무엇인가? 첫 번째 문제는 순전히 문법적인 근거로는 해결될 수 없다. ἵνα는 모울(Moule)이 "목적과 결과 사이에 분명하게 구분선을 긋는 것을 지독하게 싫어한다"고 설명하는 "셈어적인 특징"(Semitic mind)을 띠고

있기 때문에, 신약성서 안에서 두 가지 의미를 모두 나타낼 수 있다.[12]
두 번째 문제와 더불어서, 오직 문맥만이 이 문제를 해결할 수 있다.

이 절을 설명하기 위해 제시된 여러 가지 해결책은 주로 세 가지
경향으로 나뉜다.

a) 17절은 영으로 감화된 신자의 뜻을 육체가 좌절시키는, 육체와
영의 갈등을 표현한다.[13] 이런 해석을 지지하는 가장 강력한 논증은
로마서 7:14-25(그리고 아마도, 그리스도인들이 광범위하게 경험했던 선한 뜻들의 좌
절)과 평행하는 것으로 추정하는 것이다. 그럼에도 불구하고, 이 구절
은 가장 중요한 면에서 로마서 7장과 전혀 다르다.[14] 그리고 이런 해
석은 5:17을 5:16의 확신과 분명하게 대비시키지도 못할 뿐만 아니
라, 전체적으로 이 단락에서 바울이 의도하는 바를 손상시킬 수도 있
다. 만약 바울이 여기에서 육체가 지속적으로 영의 뜻을 좌절시킨다

---

12. *Idiom Book*, 142; *BDF*, section 391; *BAG* s. v. II 2. 대부분의 주석가들은 ἵνα
를 결과로 본다(Lightfoot, Lagrange, Oepke, Bonnard, Ridderbos, Betz 등). 반
면에 일부의 사람들은 목적의 의미를 주장한다(예, Burton, Sieffert, Schlier,
Mussner).

13. R. A. Cole, *The Epistle of Paul to the Galatians*, London 1965, 158; Lightfoot,
Galatians, 207; H. N. Ridderbos, *The Epistle to the Galatians*, E. T. Grand
Rapids 1956, 203-4; Borse, *Galater*, 195-96; P. Althause, "'Das ihr nicht tut,
was ihr wollt'. Zur Auslegung von Gal. 5,17", *TLZ* 76 (1951) 15-18; J. D. G.
Dunn, "Rom. 7,14-25 in the Theology of Paul", *ThZ* 31 (1975) 257-73, at 267-
8.

14. 이 두 본문 간의 차이점들을 훌륭하게 정리해주는 것으로는, R. H. Gundry,
"The Moral Frustration of Paul before his Conversion: Sexual Lust in Romans
7.7-25", in *Pauline Studies*, ed. D. A. Hagner and M. J. Harris, Exeter 1980,
228-45, at 238-39를 보라.

는 것을 인정하고 있다면, "영 안에서 행하라"고 권면할 합당한 이유를 제시할 수 없을 것이다. 바울이 자기의 주장을 자기가 망가뜨리고 있다는 것을 전혀 몰랐다고 생각하지 않는 이상, 우리는 문맥이 이런 해석을 배제한다는 것을 인정할 수밖에 없다.[15]

b) 17절은 똑같이 서로를 좌절시키는(결과로서의 ἵνα) 혹은 그렇게 하기 위해 애쓰는(목적으로서의 ἵνα) 두 개의 세력인 육체와 영의 갈등을 표현한다.[16] 이런 해석에서는 "너희가 원하는 것들이 **무엇이든**"(ἃ ἐὰν θέλητε)이라는 바울의 문구를 좋은 근거로 간주하며, 구절의 중간에 나오는 서로 대적한다는 진술(ταῦτα γὰρ ἀλλήλοις ἀντίκειται)을 강조한다. 그러나 이것은 앞의 해석과 동일한 문제점 때문에 혼란에 빠지게 된다. 육체와 영 사이의 "교착상태"를 인정하는 것은 5:16의 확신에 찬 진술이나 영의 충족성을 입증해야 할 바울의 상황과 맞지 않는다.[17]

---

15. 나는 이런 해석이 바울이 여기에서 그리스도인의 삶을 냉정하게 묘사하고 있다는 생각에 근거해서 제기되었던 것이라고 추측할 따름이다. 그러나 만약 이 장의 논지가 정당하다면, 이런 주장은 맞지 않다. 즉 바울은 영 안에서 행하는 것의 윤리성과 충족성에 대한 자신의 생각을 옹호하고 권장하기 위해 노력하고 있는 것이다.

16. C. J. Ellicott, *A Critical and Grammatical Commentary on St. Paul's Epistle to the Galatians*, London 1859, 115; Burton, *Galatians*, 300-2; Oepke, *Galater*, 174-75; Schlier, *Galater*, 249-50; Mussner, *Galaterbrief*, 377-78; Betz, *Galatians*, 279-81. 이 중에서 Oepke와 Betz는 ἵνα를 결과적인 의미로 생각한다. 그리고 나머지는 이 두 세력의 의도들이 어쨌든지 성취된 것으로 가정하고 있는 것처럼 보인다.

17. Mussner, *Galaterbrief*, 377-78는 이 교착상태를 긍정적인 의미로 해석하려고 한다. 즉 두 세력이 서로를 소멸시키고, 따라서 그리스도인은 참된 자유의지의 상태가 된다는 것이다. 그러나 이런 결론(즉, 무엇이든 원하는 것을 할 수 있다)은 바울의 결론과 정반대되는 것이다!

이런 노선을 받아들이는 대부분의 사람들은 이 구절이 미성숙하거나 혹은 불만족스러운 그리스도인의 지위를 묘사하는 것으로 받아들인다. 그러나 바울은 그런 식으로 자포자기 하지 않는다.[18] ἵνα절이 의도만을 나타내는 것(즉, 순수하게 목적의 의미)으로 간주되는 경우에 한해 문맥에 부합할 수 있을 것이다.[19] 하지만 설령 그렇다 하더라도 우리는 육체의 의도가 아니라, 영의 의도가 어떻게 해서 성취되는지를 보여주는 보다 자세한 진술을 기대할 수 있을 것이다. 5:18은 이런 요구를 만족시켜주지 않는 것으로 보인다.

c) 17절은 육체와 육체의 욕망을 좌절시키는 것을 목적으로 하는 (혹은 결과적으로 그렇게 된) 영 사이의 갈등을 표현하고 있다.[20] 이것은 5:16의 확신에 찬 진술을 뒷받침하고 설명해줌으로써, 문맥과 잘 들어맞는다는 큰 장점이 있다. 그런데 이런 해석의 문제점은 중간에 있

---

18. Ellicott(115)는 이것을 "그리스도인이 겪는 과정의 초기의 그리고 보다 미숙한 단계"로 묘사한다. 그리고 Oepke(174-75)는 5:17을 평범한 것과는 거리가 멀고, 5:18에서 말하는 영에 대한 완전한 복종과 대립시키려고 의도된 "가치 없는 의지를 속박"한다는 뜻으로 이해한다. 그러나 이런 주장은 5:18의 서두에 있는 δέ(그러나)에 과도한 비중을 부여하는 것이며 5:17을 5:16과 5:18 사이에 있는 하나의 여담으로 간주하는 것이다. Betz는 만약 이런 입장을 따라서 해석한다면, 이 구절은 그 문맥과 공존할 수 없다고 올바르게 지적한다; 그러나 그는 그 해석을 유보하면서 그 구절을 "바울 이전"(pre-Pauline)의 인간학의 유산으로 간주한다. Bruce, *Galatians*, 245는 조심스럽게 동의한다.

19. 이것은 E. Schweizer, art. πνεῦμα in *TDNT VI*, 429 그리고 D. Wenham, "The Christian Life: A Life of Tension?", in *Pauline Studies*, ed. D. A. Hagner and M. J. Harris, Exeter 1980, 80-94, 특히 83이 옹호하는 입장인 것 같다.

20. 이런 해석은 Chrysostom에게까지 거슬러 올라간다. 그러나 최근에는 극소수만이 지지할 뿐이다: Duncan, *Galatians*, 166-68 그리고 Jewett, *Paul's Anthropological Terms*, 106-7.

는 표현("서로 대적한다")과[21] 조화시키는 것 및 왜 "너희가 원하는 것들이 무엇이든"을 "육체의 욕망"으로 간주해야 하는지에 대한 이유를 설명하는 데 있다.

위에서 간략하게 언급했듯이, 우리의 결론은 이런 해석들을 그대로 따르지는 않지만, 각각의 장점들은 받아들인다. 이 전체 단락(5:13-6:10)의 문맥, 그리고 특히 5:16은 바울이 영이 충분한 윤리적인 방향성을 제공해주며, "육체"로부터 보호해준다는 것을 입증하고 싶어 한다는 것을 강하게 암시한다. 갈라디아인들은 실로 자유를 위해 부르심을 받았다(5:13). 그러나 영은 이것이 "너희들이 원하는 것들은 아무거나"(ἃ ἐὰν θέλητε; 참조, 고전 6:12, πάντα μοι ἔξεστιν ἀλλά ..., "모든 것이 나에게 허용되어 있습니다. 그러나 …") 행하기 위한 일종의 백지 위임장이 아님을 보증해준다. 육체는 분명히 이런 절대적인 자유를 이용할 것이다(5:13). 그러나 영은 그들에게 육체를 배척하도록 동기를 부여하고 통제하는 저항력을 제공해준다. 다시 말해, 갈라디아인들은 자유롭게 "원하는 것들은 아무거나" 행할 위험한 상태에 처하지는 않는데, 왜냐하면, 그들이 영 안에서 행하는 한, 그들은 윤리적인 선택들을 결정하는 전쟁에 참전하기 때문이다. 전쟁이라는 표현은 양쪽이 똑같이 균형을 이루고 있다는 것을 나타내기 위해 끌어온 것이 아니라,[22] 갈라디아인들이 이미 몇 가지 방식의 활동(영)에(to) 가담하고 있으며, 다른 것

---

21. Duncan(167-68)은 사실상 이것을 하나의 삽입구로 간주하는데, 그렇게 되면 마지막 절이 영이 육체를 대적한다는 표현 뒤에 이어지게 된다.

22. 예, H. A. W. Meyer, *The Epistle to the Galatians*, E. T. Edinburgh 1884, 307-9; Burton, *Galatians*, 302; Mussner, *Galaterbrief*, 377-78과는 반대로.

(육체)에 대해서는 저항하고 있음을 보여주기 위한 것이다. 갈라디아 인들은 바울이 말하는 "자유"와 "영을 따르는 것" 때문에 그들이 아무런 윤리적인 방침도 없이, "원하는 것은 무엇이나 행하는" 형편없는 존재가 되게 할 것이라는 두려움을 느낄 필요가 없다. 육체와 영 사이의 전쟁이 그럴 수 없다는 것을 보장한다: ταῦτα γὰρ ἀλλήλοις ἀντίκειται ἵνα μὴ ἃ ἐὰν θέλητε ταῦτα ποιῆτε(이 둘이 서로 적대관계에 있으므로, 너희가 원하는 일이라고 아무거나 행할 수 없다).[23]

이런 해석이 주는 유익은 5:13-16의 문맥에 잘 맞을 뿐만 아니라, 5:17에 있는 모든 다양한 요소들을 진지하게 수용하며, 그리고 그 뒤에 이어지는 구절에 대한 적절한 설명을 제공한다는 것이다: εἰ δὲ πνεύματι ἄγεσθε, οὐκ ἐστὲ ὑπὸ νόμον("그런데 여러분이, 영의 인도하심을 따라 살아가면, 율법 아래에 있는 것이 아닙니다", 5:18). 만약 영 안에서 행하는 것이 육체에 대항하는 전쟁에 가담하는 것을 의미한다면, 그것은 생명을 위한 분명한 방향을 제공한다. 즉 그것은 영에 의해서 **인도함**을 받는 것(즉, 지시를 받는 것)을 의미한다. 그리고 처음에는 갑자기 "율법"이 침

---

23. 이런 해석은 ἵνα의 목적적 혹은 결과적 해석 모두와 잘 맞을 수 있는데, 왜 냐하면 목적이 성취되었음을 가정하는 것처럼 보이기 때문이다. 만약 이것을 목적절로 읽는다면, "누구의 목적인가?"(Oepke, *Galater*, 174-75)라는 질문은 틀린 것이 될 것이다: 이것은 어떤 "사람"이나 "세력"(영/육체/양쪽 모두)의 목적을 나타내지 않고, "사태"(state of affairs)—즉 이 둘이 서로 대적한다는 것과 이 둘 사이에 전쟁이 있다는 사실—의 목적을 나타낸다. 만약 바울이 이런 사태에 대해 그 목적이 누구를 위한 것인지에 대해 말하라는 압력을 받았다면, 내 생각에 그의 대답은 "하나님"이었을 것이다. 내가 이렇게 해석할 수 있게 이끌어준 사고의 흐름은 *Paul, Judaism and the Gentiles*, 107에 있는 Watson의 견해 덕분에 시작되었다.

입한 것처럼 보였는데, 이제는 앞뒤가 맞게 된다. 곧, 그리스도인은 이제 더 이상 "율법 아래"있지 않다. 즉, 구속하고 징계하며 지시하는 율법의 영향권 아래 있지 않다는 것이다(참조, ὑπὸ παιδαγωγόν, "초등교사 아래", 3:23-25).[24] 왜냐하면 영이 육체와의 싸움에 필요한 모든 지침을 제공하시기 때문이다. 그들은 자신들의 행동을 안내해 줄 율법이 필요치 않다. 즉, 영이 인도하시는 육체와의 싸움에 있어서, 그들은 필요한 모든 지시를 받는다.[25]

이 단락은 우리가 잠시 한 쪽으로 밀어놓아야만 하는 또 다른 여러 문제들을 제기한다. 즉, 바울은 "육체"와 "영"을 사람 안에서 역사하는 두 가지 충동으로 보는가? 아니면 "외부로부터" 영향을 미치는 두 가지 힘으로 생각하는가?[26] 영이 "육체"와 "율법" 모두와 대립하

---

24. ὑπὸ νόμον(율법 아래)은 분명히 율법의 구속하며 제한하는 권세를 나타내주는, 3:23-4:5에 있는 내용들을 연상시킨다. 이것들은 결코 어떤 지나친 비난(Ridderbos, *Galatians*, 204)이나 율법적인 자기 의(Burton, *Galatians*, 302-3; Schlier, *Galater*, 250)를 의미하는 것이 전혀 아니다: 오히려 그리스도 자신이 ὑπὸ νόμον(율법 아래)있다는 설명과 잘 들어맞을 수 있다(4:4).

25. Duncan, *Galatians*, 169이 그 구절을 올바르게 주석한다: "만약 보호하시는 영의 삶에 대해 알고 있다면, 당신은 율법의 보호가 필요하지도 않고 인정할 필요도 없다." 참조, Betz, *Galatians*, 281. Lull, *Spirit in Galatia*, 114, 117ff., 은 여기에서 사용된 ἄγεσθε(너희가 인도하심을 받다)가 παιδαγωγός(초등교사)를 직접적으로 반영하기 위한 것이라고 설명한다. 자구상의 연관성은 아마도 너무 먼 것 같다. 하지만 개념상의 연관성은—율법의 지시와 영의 지시—분명하게 존재한다.

26. 대부분의 주석가들은 여기에 사용된 πνεῦμα가 인간의 영(spirit)이 아니라 하나님의 영이라고 생각하는데, 이것이 내가 전체적으로 대문자 'S'를 사용하는 이유이다(Lagrange, *Galates*, 147; O. Neill, *Recovery*, 68은 예외이다). 그러나 영을 내적인 충동(랍비들의 "선한 경향"과 마찬가지로)을 형성하거나 혹

는데, 그렇다면 이 두 가지 실재들 사이에는 어떤 연관성이 있는가?[27] 우리는 6장에서 이 문제들로 다시 돌아오게 될 것이며, 지금은 이 간략한 구절의 목적에 대한 결론으로 만족하고자 한다. 여기에서 바울은 "육체"의 위협이 영에 의해 격퇴될 수 있다고 설명한다. 또한 영 안에서 행하면 전쟁에 휘말리게 되지만, 그렇기 때문에 그리스도인은 자신이 원하는 모든 것을 행하지 않게 되며, 오히려 육체적인 선택을 배척한다고 설명한다. 그리고 율법의 통제에 복종하지 않아도, 영이 이런 방식으로 모든 필요한 윤리적인 지침을 제공하신다고 설명한다.

영이 능히 육체를 이기는 것에 대해 설명하면서, 바울은 이제 그 다양한 특성들을 두 가지 유명한 목록을 통해서 언급한다(5:19-23). 우리는 이 목록들을 적당한 때에 살펴볼 것이다. 그러나 여기에서는 5:24-25에 있는 육체에 대한 바울의 설명에 좀 더 집중할 것이다. 이 구절에 익숙하지만 않았다면, 5:24은 틀림없이 가장 놀라운 발언으로 우리에게 충격을 던져주었을 것이다: οἱ δὲ τοῦ Χριστοῦ [Ἰησοῦ] τὴν σάρκα ἐσταύρωσαν σὺν τοῖς παθήμασιν καὶ ταῖς ἐπιθυμίαις(그리스

은 외부적인 힘(1QS 3-4에 나오는 빛의 영이나 군주처럼)으로 생각하는 것은 여전히 가능하다. "육체"는 훨씬 수수께끼 같다; 일종의 신체적인 요소 혹은 일종의 인간의 성향인가, 아니면 어떤 초인간적인 "능력"인가?

27. Martyn, "Apocalyptic Antinomies", 416은 서로 상반되리라고 생각할 수도 있는, "율법"과 "육체"가 어떻게 여기에서 한 덩어리가 되어서, 함께 영의 새로운 대적이 되고 있는지에 대해 정확하게 언급한다. 이것이 "율법이 육체와 동맹관계에 들어갔는지"를 직접 보여주는지는 명백해지는 않지만, 그들 사이의 연관성(참조, 3:3)은 확실히 흥미로운 일이다.

도 [예수]에 속한 사람은 정욕과 욕망과 함께 자기의 육체를 십자가에 못박았습니다).[28] 이 진술 중에서 한 가지 주목할 만한 특징은 그리스도인들이 이 십자가에 못박힘의 대상이 아니라 행위자들로 묘사되고 있다는 것이다. 여기에 쓰인 동사는 분명히 그리스도의 십자가에 못박힘과의 연관성 때문에 선택된 것이다.[29] 그러나 2:19과 6:14에서처럼 그리스도인이 그리스도와 함께 **십자가에 못박힌** 것이 아니라, 그리스도인들이 육체를 스스로 **십자가에 못박은** 것이다. 능동태를 택한 것은 신자들의 선택과 책임을 강조하기 위한 것이다. 바울이 여기에서 침례를 암시하려고 했는지는 판단하기 어렵다.[30] 주목해야할 점은, 그가 이 사건을 "그리스도에게 속한" 자들의 업적으로 묘사한다는 것이다. 왜냐하면 이는 육체로 돌아가는 것이 (그들이 당한 일이 아니라) 그들 스스로 행한 것에 대한 포기를 암시하기 때문이다.

또 다른 흥미로운 특징은 이 구절이 육체의 죽음을 의무나 희망사항이 아니라 과거의 사건으로 선포한다는 것이다.[31] 분명히 죽음에

28. 일부 사본들이 Ἰησοῦ를 생략하기 때문에(𝔓[46] D F G 등), Nestle-Aland[26]과 UBS³은 이것을 괄호 안에 두었다.

29. Betz, *Galatians*, 289-90은 Philo, *Som* 2.213에 있는 한 단락을 "이 점에 대한 바울의 가르침과 놀랄 만큼 유사한 평행"을 이루는 것으로 본다. 그러나 그것들은 십자가에 못박힘을 제외하고는 공통점이 거의 없는데, 왜냐하면 Philo는 하나님의 심판하에 있는 피학적인(passion-loving) 정신(νοῦς)의 무기력한 상태를 묘사하고 있기 때문이다.

30. 이 문제가 주석들 사이에서 많이 논의 되었다: 특히 Schlier, *Galater*, 263-4 그리고 H. Weder, *Das Kreuz Jesu bei Paulus*, Göttingen 1981, 198-201을 보라. 롬 6:1-6에 있는 평행구는 침례에 대해 분명하게 언급한다.

31. Duncan, *Galatians*, 176은 바울이 "시간 속에서 일정한 순간에 완료된 특정한 행동"을 언급하고 있음을 인정한다. 그러나 "죽음의 전주곡인 십자가에 못

대한 말이 그 뒤에 나오는 구절을 이끌고 있는데, 거기에서는 앞부분
과는 달리 삶에 대해 말하고 있다: εἰ ζῶμεν πνεύματι, πνεύματι καὶ
στοιχῶμεν("만일 우리가 영으로 살면, 또한 영으로 행할지니", 5:25). 이 구절은 분
명히 과거의 죽음과 십자가의 못박힘에 대한 언급들 뒤에 곧바로 이
어서 현재의 생명과 새 창조에 대해 언급하고 있는 2:19-20 그리고
6:14-15과 평행을 이룬다. 유일한 차이는 5:24-25에서는 **육체의 죽음**
이 영으로 사는 길을 열어준다는 것이다.

이런 두 가지 사항이 함께, 5:16-18에 나오는 바울의 초기의 언급
을 뒷받침하고 확증해주는 5:24의 진술에 특별한 힘을 제공해준다.
그리스도 안에서의 삶이 "육체"로 규정되는 "악"에 대항할 충분한
보호수단을 제공해주는가? 그 대답은 여기에서도 다시 한번 "그렇
다"이다. 왜냐하면 그리스도에게 속한다는 것은 육체의 파멸을 의미
하기 때문이다. 그리스도는 "죄의 노예"가 되는 것과 거리가 멀다
(2:17). 왜냐하면 그에게 속한 자들은 육체를 부추기지 않고 죽이기 때
문이다. 그리고 이것은 영이 대적하는 세력인 육체와 **전쟁**을 하는 상
황을 말하는 것이 아니다(5:17). 다른 관점에서 보고 있는 것인데, 영이
육체의 **죽음** 이후에 오는 새로운 형태의 삶이라고 할 수 있는 것이
다.

다시 한번 이런 진술로부터 그리고 이것과 5:16-18의 연관성과
관련해서 많은 질문이 제기된다. 만약 육체가 십자가에 못박혔다면,

박히는 행위가 죽음과 분리되어 있다"고 생각하는 것은 잘못이다. "십자가
에 못박히는 것"과 "죽는 것"은 2:19에서 (분명히) 동의어이다.

왜 그것이 여전히 신경써야 할 세력인가? 만약 육체가 "그 정욕과 욕
망과 함께" 죽었다면,[32] 왜 그 "욕망"은 여전히 그리스도인을 유혹하
고 영을 위협하는가(5:16-17)? 여기에서 십자가에 못박혔다고 말하는
"육체"는 과연 무엇인가? 그것은 개인적인 (혹은 개인의 일부분) 차원의
의미인가(참조, 2:19, "내가 십자가에 못박혔습니다") 아니면 세상이라는 차원
의 의미인가(참조, 6:14, "세상이 나를 대하여 십자가에 못박히고")? 5:24-25에서
말하는 "죽음"과 "삶"이 어떻게 해서 6:14-15에 나오는 "새로운 창
조"라는 묵시적인 주제와 연결되는가?

  우리가 5:16-18과 관련해서 주목했던 질문들과 마찬가지로, 이
문제들은 (6장에서) 철저하게 연구하기 전까지는 뒤로 미룰 것이다. 이
시점에서 우리는 바울의 논증에 나타난 이런 진술들의 기능에 대해
간략하게 언급할 것이다. 5:24-25에서 바울은 그리스도께 속했음을
"죽음"에서 "생명"으로 옮긴 것과 같은 존재 양태의 결정적인 변화
가 뒤따르는 것으로 묘사한다. 이 변화는 '육체'와 가장 철저한 단절
을 만들어낸다. 그들의 삶은 이제 육체의 욕망을 충분히 저지할 뿐만
아니라, 육체와의 전쟁을 통해서 그들의 행동을 결정하는 영에 의해
서 결정되기 때문에, 갈라디아인들은 "영을 따라 행하라"는 바울의
제안을 따라서 최고의 확신을 가질 수 있는 것이다. 즉, 이것이 (그리고
오직 이것만이) 윤리적 위협에 대한 승리를 보장해 줄 것이며, 그들로 하
여금 율법에 의지하지 않는 윤리적인 선택을 이끌어 준다는 것이

---

32. παθήματα(정욕)와 ἐπιθυμία(욕망) 사이의 구분은 불분명한데, 왜냐하면 바울
이 "열정"이라는 의미로 전자를 사용한 유일한 용례는 능동의 의미로 사용
되었기 때문이다(롬 7:5); Burton, *Galatians*, 299-300, 320-21을 보라.

다.[33]

율법 없이 맺는 열매: 5:22-23

비록 우리가 지금 이 구절(5:18)에 있는 율법에 대한 바울의 언급
들 중의 하나를 살펴보고 있지만, 다른 구절에 있는 νόμος("율법", 5:14,
23; 6:2)를 설명하지 않은 채로 둘 수는 없다. 곧 분명해지겠지만, 5:14
과 6:2은 함께 살펴보는 것이 가장 좋고, 또 상당한 논의가 필요하기
에 5:23에서 시작하는 것이 좋을 것이다.

바울의 문장 κατὰ τῶν τοιούτων οὐκ ἔστιν νόμος(5:23, "이런 것들을 막
을 법이 없습니다")는 ὁ καρπὸς τοῦ πνεύματος(영의 열매)라는 제목이 붙은
'덕목'의 목록 끝에 있다. 율법에 대한 언급을 살펴보기 전에, 바울이
이 제목을 선택한 어떤 특별한 의미가 있는지 살펴볼 가치가 있다.
바울의 서신 다른 곳에도 열매 은유가 나온다(예, 롬 1:13; 6:21-22; 7:4-5;
15:28; 빌 1:11, 22; 4:17; 골 1:6, 10; 엡 5:9-11). 그리고 주석가들은 (5:19의 τὰ ἔργα τῆς
σαρκός[육체의 일]와는 정반대인) "열매"에 대한 바울의 언급을 그리스도인

---

33. 참조, Betz, "Defense", 111: "따라서 바울은 또한 영에 입각한 그의 윤리가 '합
    리적이며', 갈라디아인들이 '육체'와 관련해서 겪고 있는 문제들을 해결해
    줄 수 있다는 것을 보여준다."

의 행동이 갖는 자연스럽고 자발적인 특성,[34] 인격의 성장 개념을[35] 암시하는 것, 혹은 그런 덕목들이 하나님/영에 의해서 주어지는 것임을 강조하는 것으로 본다.[36] 그럼에도 불구하고 바울이 "열매"나 "추수"의 은유를 선한 행동들과 악한 행동들 모두에 대해 사용할 수 있다는 것을 언급하지 않을 수 없다(롬 6:21-2; 7:4-5; 참조, 영과 마찬가지로 육체와 관련된 파종과 거둠에 대해서는 갈 6:7-8). 따라서 "열매를 맺는 것"이 특별히 그리스도인과 무슨 상관이 있는지는 분명하지 않다.[37] 우리가 선물(gift)이라는 개념을 절대화할 수 없다는 것을 깨닫는 것이 중요하다. 즉, 사랑과 선함이 영의 열매의 한 부분이라 하더라도, 바울이 갈라디아인들에게 그와 같은 것들을 행하라고 역설하는 것을 보면, 이

---

34. 예, Cole, *Galatians*, 167; Burton, *Galatians*, 313; Oepke, *Galater*, 180을 보라. Ebeling, *Truth of the Gospel*, 256은 "기술의 세계"(일)와 "자연의 세계"(열매)를 비교한다.

35. Duncan, *Galatians*, 173; Guthrie, *Galatians*, 148; 참조, E. Schweizer, "Traditional Ethical Patterns in the Pauline and Post-Pauline Letters and their Development", in *Text and Interpretation*, ed. E. Best and R. McL. Wilson, Cambridge 1979, 195-209, at 198.

36. Schlier, *Galater*, 255-56; Mussner, *Galaterbrief*, 385; Deidun, *New Covenant Morality*, 81: "καρπός(열매)라는 개념은 영의 내적인 역동성과 그리스도인의 '수동성'을 떠오르게 한다: '열매'는 그리스도인의 노동의 산물이 아니라, 다른 분의 활동의 영향이다. 그리스도인은 그것을 선물로 받는다." 또한 ἔργα(행위들)가 복수인 반면에 καρπός(열매)가 단수인 것이 이런 특성들의 조화와 통일성을 의미한다는 것이 자주 언급된다; Duncan, *Galatians*, 174; Ridderbos, *Galatians*, 207; Schrage, *Einzelgebote*, 54-56.

37. E. Kamlah, *Die Form der katalogischen Paränese im Neuen Testament*, Tübingen 1964, 181-82는 καρπός(열매)가 단순히 "표징"이나 "특징"을 의미하는 것으로 본다. Betz, *Galatians*, 286는 그 용어를 "혜택"으로 해석하고 "영혼의 열매들"로서의 덕목이라고 하는 스토아적 개념에 관심을 기울인다.

는 바울이 권면하는 주제이기도 한 것이다(5:6, 13; 6:4, 9-10).[38]

일부 주석가들은 이 구절을 복음서 전승에 나오는 열매 은유들과 비교한다(예, 마 3:7-10; 7:15-20; 막 12:1-12; 눅 13:6-9; 요 15:1-6).[39] 그런데 이 복음서 구절들은 구약성서에서 이런 주제의 은유가 사용된 것에 영향을 받았기 때문에,[40] 바울의 은유도 유대 전승을 통해 설명될 수 있을 것이다. 구약성서에서 이스라엘은 열매 맺는 나무로 종종 묘사된다.[41] 그리고 일부 예언서 구절들에서는—이사야 5장에 있는 "포도원의 노래"가 가장 분명한데—이스라엘이 기대했던 열매(즉 윤리적인 행동)를 맺지 못했다고 비난을 받는다.[42] 종말론적인 예언들에는 문자적이고 은유적인 의미에서[43] 이스라엘이 미래에 열매를 맺을 것이라는

---

38. 따라서, Betz, *Galatians*, 287: "'영의 열매'는 인간의 행위가 포함되는 것을 전제로 한다(참조, 5:25)"는 말은 옳다. Schlier, *Galater*, 255-6 그리고 Deidun, *New Covenant Morality*, 118-9는 바울이 ἔργα(행위들)라는 용어를 피한 것은 율법의 "행위-의"와 연결되기 때문이라고 주장한다. 그러나 바울은 그리스도인의 행위에 대해 말하는 것을 전혀 당혹스러워하지 않는다(갈 6:4, 10; 고후 9:8; 살전 1:3).

39. Lightfoot, *Galatians*, 209; Opeke, *Galater*, 180.

40. 마 11장에 나오는 무화과나무에 대한 저주에 대해서는 W. Telford, *The Barren Temple and the Withered Tree*, Sheffield 1980을 보라.

41. 포도/포도원: 시 80:8-18; 사 5:1-7; 27:2-6; 렘 2:21; 12:10; 겔 15:1-8; 17:1-10; 19:10-14; 호 10:1; 감람나무: 렘 11:16; 호 14:6. (후손의) 풍성함은 창세기 이야기의 중요한 주제이며, 인류에게 주신 명령이며(창 1:28; 9:1, 7), 아브라함과 그의 가족에 대한 약속이다(창 17:2, 6, 20; 22:17; 28:3-4 등). 이 용어가 아마도 골 1:6, 10에서 반영된 듯하다; E. Lohse, *Colossians and Philemon*, Leicester 1986, 53을 보라.

42. 사 5:1-7; 렘 2:21; 8:13; 24:8-10; 미 7:1ff.

43. 사 27:2-6; 37:30-32; 렘 31:27-28; 32:41; 겔 17:22-24; 호 14:5-8; 욜 2:18ff.; 암 9:13-15.

많은 약속들이 있으며, 최소한 두 단락들, 이사야 32:15-16과 요엘 2:18-32에서는 열매가 분명하게 영과 연결된다.

　우리는 바울이 구약과 이후의 유대 전승에 나오는 이런 표상과 친숙했을 것으로 가정할 수 있다.[44] 그뿐만 아니라, 바울은 복음서 전승이 발전하면서 이런 표상들이 다시 사용되고 있다는 것을 알았을 가능성이 있다.[45] 따라서 바울이 "영의 열매"를 언급하는 것은 이스라엘에 대한 예언적인 진술들과 이스라엘의 미래에 대한 약속을 생각나게 하려고 의도한 것일 수도 있다. 그런 열매는 하나님이 항상 그의 백성에게 요구하시던 것이며, "오는 세대"를 위해 약속된 것이었다. 이제 "위로부터 영을"(사 32:15) 부어주시는 "때가 차"게 되었으므로(갈 4:4), 하나님의 백성들은 그들에게 기대되던 "열매"를 맺을 수 있다는 것이다. 이러한 연관성이 많은 단어를 선택함으로써, 바울은 자신의 견해를 더 많은 근거를 바탕으로 제시할 수 있었다. 즉, 갈라디아인들이 지속적으로 오직 영 안에서 행한다면, 그들은 하나님께서 요구하시는 그런 행동을 실제로 하게 된다는 것이다.[46]

　이런 점이 ὁ καρπὸς τοῦ πνεύματος(영의 열매)라는 언급을 통해서

44. 예, 희년서 16:26; 1QS 8:20; 에녹1서 94:2-10; 에스라4서 5:23-24 등을 보라. 일부 본문에는 "열매"가 좀 더 구체적으로 율법의 행위들로 정의된다: 에스라4서 9:31-32; 바룩2서 32:1; 창세기 랍바 30:6; 바벨론 쏘타 46a.

45. H. Riesenfeld, *The Gospel Tradition*, E. T. Oxford 1970, 190-199.

46. 바울이 "아브라함의 축복"을 언급하는데(3:14), 그 축복을 "전능하신 하나님이 네게 복을 주어 너로 생육하고 번성케 하사"(창 28:3-4)로 이해하는 게 적절할 것 같다. 만약 이 축복이 이방인이 포함됨으로써(갈 4:27) 문자적으로 실현된다면, 이것은 또한 "영의 열매"를 통해서 은유적인 의미로도 성취되는 것이다.

암시되고 있는 반면에, 비록 부정적인 방식이기는 하지만, 목록의 마지막 부분에서는 훨씬 분명하게 설명되고 있다: κατὰ τῶν τοιούτων οὐκ ἔστιν νόμος(5:23). 이 문구는 통상적으로 "이런 것들을 막을 법이 없습니다"로 번역되는데, 어떤 이들은 이것이 신중하게 절제된 표현이라고 설명한다. 즉, "이런 것들을 막을 법이 없다고 부드럽게 주장하는 것은 이런 일들이 율법의 요구를 완전히 충족시킨다는 것을 강조적으로 주장하는 효과가 있다."[47] 그러나 일부 학자들은, 만약 그 문구를 이런 식으로 해석한다면, 이 문구가 "가치 없"거나 완전히 "부적절한" 문구가 되고 말 것이 너무도 명백하다고 생각한다.[48] 왜 바울은 "사랑, 기쁨, 평화" 등을 막을 법이 없다는 것을 지적해야만 했을까?

이 문제를 쉽게 해결하는 한 가지 방법은 τῶν τοιούτων(이런 것들)을 중성으로 보지 않고 남성으로 읽음으로써, 그 문구를 "그러한 사람들을 막을 법이 없다"로 읽는 것이다.[49] 이것은 바울이 영의 인도를

---

47. Burton, *Galatians*, 318; R. Bring, *Commentary on Galatians*, E. T. Philadelphia 1961, 267-8; Mussner, *Galaterbrief*, 389; "문장은 약간 모순된 것처럼 들리지만, 사실은 자명한 것을 말하고 있다."
48. Oepke, *Galater*, 183("사소한 문장"); Hofmann("아주 불필요한 것"), Schlier, *Galater*, 262에서 인용함; Zahn, *Galater*, 266. H. Sahlin, "Emendationsvorschlage zum griechischen Text des Neuen Testaments III", *NT* 25(1938) 73-88은 이 구절이 "아주 하찮고 무의미하다"라고 생각한다. 그러나 영의 열매에 대한 전체 목록을 생략해서 이 단락을 수정하고, κατὰ τῶν τοιούτων ἔστιν νόμος("이런 것들을 막을 법")가 육체의 행위 뒤에 나오는 것으로 읽는 것은 전혀 개연성이 없다(82-3).
49. Duncan, *Galatians*, 175(Moffatt의 번역을 따른다); Cole, *Galatians*, 169; Ridderbos, *Galatians*, 208; Oepke, *Galater*, 183; 물론 복수는 단수인

받는 자들은 "율법 아래" 있지 않다고 주장하는 5:18과 연결될 수 있다. 즉, 이런 자질들을 드러내 보이는 사람들을 정죄할 율법이 없다는 것이다(참조, 롬 8:1).[50] 그럼에도 불구하고, 문맥은 중성이 보다 나은 해석임을 보여준다.[51] 그리고 만약 남성을 택한다고 하더라도, 우리는 왜 바울이 그러한 언급을 해야 할 필요성을 느꼈는지에 대해 여전히 설명해야 한다.

문제를 해결하는 또 다른 방법은 NEB(New English Bible)의 번역을 차용하는 것인데, 이 문구에 대한 일부 주석가들의 언급들 속에 사실상 이 번역이 내포되어 있는 것으로 보인다. 즉, "그와 같은 일들을 다루는 율법은 없다."[52] 이런 번역은 κατά를 "~에 대한"이라는 뜻으로 해석할 때 가능한 것이다. 그리고 이런 번역은 일반적으로 윤리적인

καρπός(열매)와 맞지 않는다.

50. 그렇지만 5:18에 나타난 ὑπὸ νόμον(율법 아래)과 관련해서 위의 각주 24를 보라. 5:23이 "그러한 사람들을 제지할 (것을 요구하는) 율법이 없다"는 것을 의미하는 것으로 보는 사람들은(Lightfoot, *Galatians*, 210; Duncan, *Galatians*, 175-76 등) 딤전 1:9에 호소할 수는 있지만, 그렇게 하려면 여기에 나타난 κατά의 의미를 엄청나게 확대해석 해야만 한다.

51. 5:21에 나오는 τὰ τοιαῦτα(이런 일을 하는 자들)과 명백한 평행의 기능을 하는 것으로 보인다. Burton, *Galatians*, 319; Schlier, *Galater*, 262-63 그리고 대부분의 주석가들. 그러한 자질들은 오로지 개개인의 생활 속에서 발휘될 수 있기 때문에, 궁극적으로 성에 대한 두 가지 해석 사이에는 거의 차이가 없다.

52. 이것은 G. M. Styler, "The Basis of Obligation in Paul's Christology and Ethics", in *Christ and Spirit in the New Testament*, ed. B. Lindars and S. S. Smalley, Cambridge 1973, 175-187 특히 179 n.11의 강력한 지지를 받는다; 그는 일반적인 번역을 "기껏해야 엄청나게 줄여서 말한 것 그리고 설득력이 없는 모순 중의 하나"로 간주한다.

자질들이 율법과는 완전히 분리된 영역에, 즉 법칙들과 규정들이 무관한 영역에 속한다는 의미로 해석되곤 했다.[53] 이런 해석이 불가능한 것은 아니지만, 그렇게 하려면 κατά를 신약성서에서 아주 드물게 사용되는 의미로 해석해야 한다.[54] 그리고 그렇게 하면 바울이 5:14에서 한 말과 명백하게 모순된다. 바울이 율법으로부터 사랑 명령을 인용하면서도(5:14), 왜 사랑 등을 다루는 율법이 없다고 주장하는지 살펴보는 것은 난감한 일이다.[55]

---

53. 예, Bruce, *Galatians*, 255; Borse, *Galater*, 205; Deidun, *New Covenant Morality*, 118을 보라: 바울은 "갈라디아인들에게 '아가페'가 … 율법이 전혀 무관한 영역에 속한다는 것을 상기시켜 주려고 한다." Oepke, *Galater*, 183 그리고 Schlier, *Galater*, 263는 보다 일반적으로 율법의 "힘"의 종결에 대해 언급한다.

54. 신약성서에 있어서 이런 의미에 대한 다른 가능한 사례들은 요 19:11, 행 25:3 그리고 고전 15:15이다; 그러나 BAG s. v. 1.2.b를 보라. 그렇지만 Aristotle, *Pol* 3.8(1284a 13)에는, 완전한 덕망을 갖춘 남자에 대해 말하고 있는, 분명한 평행구가 있다: κατὰ τῶν τοιούτων οὐκ ἔστι νόμος, αὐτοὶ γάρ εἰσι νόμος ... (갈 5:23과 평행을 이룬다는 것을 처음으로 지적한 사람은 분명히 E. Bäumlein, "Ueber Galat. 5,23", *Theologische Studien und Kritiken*, 1862, 551-53이며, 후에 독립적으로 J. D. Robb, "Galatians V. 23. An Explanation", *ExT* 56 (194-45) 279-80이 발견했다). 그러나 Bruce가 지적하듯이(255-56), "바울은 아마도 직접적으로나 의식적으로 아리스토텔레스에게서 인용하지 않았을 것이다." 왜냐하면 그것들의 배경이 되는 문맥에 비추어 보았을 때, 두 문구들 사이의 유사성은 "다소 거리가 있"기 때문이다.

55. 비록 율법이 사랑과 같은 자질들을 **실행**하게 할 수 없다거나(Bruce, 255), 율법이 사람으로 하여금 "윤리적인 책임들을 감당하"도록 해주지도 않으면서 요구만 한다는 것이 사실이라고 하더라도(Betz, 289), 어떻게 이 구절에 있는 바울의 단순한 진술에서 이것들을 다 읽어낼 수 있는지 도무지 모르겠다. 우리는 연구의 마지막 부분에 가서 여기에 나타난 바울의 윤리학이 어떤 의미에서 "적법한지" (혹은 그렇지 않은지에 대해) 살펴보게 될 것이다.

그렇기 때문에 통상적인 번역을 고수하면서, 종종 주장되듯 실제로 그 구절이 불필요한 것은 아닌지 묻는 것이 더 나을 것 같다. 이 단락의 다른 부분들에서 우리가 확인한 변론을 감안할 때, 이 구절은 사실상 전체적으로 잘 어울린다고 볼 수 있다. 갈라디아인들이, 그리스도와 영에 대한 바울의 해석이 자신들을 "죄"로 인도하게 될 것이라고 염려할 때, 바울은 영이 "선함", "화평" 그리고 "절제" 같은 아무도 이의를 제기할 수 없는 품행으로 이끈다고 대답하는 식이다. 어떠한 법도 (분명히 모세 율법도) 이런 특성들에 반대하기 위해 인용될 수는 없었다. 그러나 여기에서 우리는 바울이 선택한 바에 주목해야 한다. 왜냐하면 바울의 주장은 이방인 교회에 나타난 영의 역사의 필연적인 결과로 간주된 바, "부정한 음식"을 먹는 것에 대한 이야기를 하지 않고 유대교 절기들과 할례를 무시하는 말을 하지 않았을 경우에만 성립될 수 있기 때문이다. 법, 즉 모세의 율법이 분명히 그러한 품행들에 반하여 인용될 수 있었을 것이다! 어디까지나 바울의 말은 전적으로 옳으며, 이는 갈라디아인들로 하여금 영의 인도하심을 신뢰하게 할 만큼 설득력이 있었던 것이 틀림없다. 그러나 객관적인 입장에서 볼 때, 법(특히 모세의 율법)과 영의 관계에 대한 그와 같은 긍정적인 언급은 바울이 율법과 충돌하는 특정한 주제들을 유보했을 경우에만 가능하다는 것을 염두에 두어야 한다.

이 시점에서 헬레니즘적 유대교에서 사용하는 덕목들과 흥미롭게 비교해볼 수 있다. 그와 같은 목록들을 인용하는 이유들 중 하나는 율법이 요구하는 것이 헬레니즘 세계에서 칭찬받는 도덕들과 심지어는 네 가지 '기본 도덕'인 φρόνησις(지혜), ἀνδρεία(용기), σωφροσύνη(절제) 그리고 δικαιοσύνη(정의)까지, 정확하게 일치한다는 것을 보여주려는 호교론적인(apologetic) 열망 때문이다.[56] 이런 의미에서 그 덕목들은 특히, 토라의 유대적인 특징들을 제거하나 완화시키거나 재해석하는 "가교"의 역할을 하였다.[57] 바울도 덕목들을 일종의 가교(bridge)로 사용한다. 말하자면, 바울은 가장 흔한 플라톤이나 스토아학파의 용어조차도 사용하지 않지만, 일반적으로 고상한 삶을 나타낸다고 인정되는 자질들의 목록을 가지고 율법을 옹호한다. 디아스포라 유대인들은 율법을 고도의 윤리적인 삶의 방법에 필적할 만한 것으로 칭송하기 위해 덕목들을 사용한 반면, 바울은 그러한 목록을 영 안에 거하는 삶의 윤리성을 율법에 필적할 만한 것으로 칭송하기 위해 사용한다. 어떤 사람이 사랑, 자비 그리고 절제를 실천하기만 하면, 유대교의 관습과 음식법을 지키지 못했더라도 문제가 되지 않는다는 것을 받아들일 디아스포라 유대인은 아마도 거의 없을 것이기에, 당연하겠지만 바울의 독특한 입장은 서신 전체의 문맥을 살펴볼 때 드러난다.[58] 그러나 바울은 그의 동료 유대인들과 마찬가지로

---

56. 특별히 네 가지 기본도덕과 관련해서 솔로몬의 지혜 8:7; 마카비4서 1:19; Philo, *Ebr* 23; Josephus, *Apion* 2.170-171을 보라. 다른 덕목들에 대해서는 예, Josephus, *Apion* 2.145-6, 211-4, 283, 291-5; Philo, *Op Mundi* 73; Virt 181-2(개종자의 덕목); *Sacr* 27을 보라.

57. 예를 들어, Ps-Phocylides에서 유대교 관습을 삭제하는 것; Ep Arist 128-171에서 유대교의 음식법을 δικαιοσύνη(정의)의 사례로 재해석한 것; 그리고 Josephus가 모세 율법을 준수하는 유대교의 완고함을 φρόνησις(지혜)와 καρτερία(= ἀνδρεία[용기])로 설명하는 것, *Apion* 2.183, 283에 주목하라.

58. Philo는 이런 노선을 취하는 알렉산드리아에 있는 "알레고리주의자들"을 비난한다(*Mig* 89-93). 그러나 그와 같이 자의식적으로 "자유방임적"이거나

일반적인 덕목들이 자신의 윤리 정책들을 설명하고 옹호하는 데 얼마나 유용하게 사용될 수 있는지 알고 있었다. 그리고 그는 이런 가능성을 5:22-23에서 활용한다.

(그리스도의) 법을 이룸: 5:14과 6:2

5:13에 있는 자유와 노예에 대한 진술 덕분에, 우리는 바울이 말하는 역설적인 사랑을 눈여겨보게 되었다. 그러나 사랑에 대한 자신의 입장을 뒷받침하기 위해 율법을 직접적으로 거론하는 바울 때문에 조금은 당혹스럽기도 하다: ὁ γὰρ πᾶς νόμος ἐν ἑνὶ λόγῳ πεπλήρωται, ἐν τῷ· ἀγαπήσεις τὸν πλησίον σου ὡς σεαυτόν("모든 율법은 '네 이웃을 네 몸과 같이 사랑하여라' 하신 한마디 말씀 속에 다 들어 있습니다." 5:14). 율법을 부정적인 시각으로 보는 여러 장들 이후에—바울은 "율법의 저주", "종의 멍에"에 대해 말하며, 율법의 때가 마지막에 이르렀고, 그리스도인들이 율법에 대해 죽었다고 말했다—사랑에 대한 긍정적인 논증에 율법이 등장하는 것은 놀라운 일이다. 만약, 왓슨이 지적하듯이, 바울이 "유대 공동체의 율법 소유를 인정하는 것이 갈라디아서 특유의 관점"이라면,[59] 어째서 바울은 그리스도인의 사랑을 주장하는 이 지점에서 율법을 언급하는 것일까? 그리고 바로 몇 구절

"세속화된" 경향에 대한 다른 증거는 디아스포라에서 거의 찾아 볼 수 없다.
59. Watson, *Paul, Judaism and the Gentiles*, 71.

다음에 바울은 여전히 그리스도인들이 "율법 아래" 있지 않다(οὐκ ἐστὲ ὑπὸ νόμον, 5:18)고 말하고 있는데, 이웃 사랑을 통해서 율법을 성취한다는 것은 도대체 무슨 뜻인가? 이 구절은 "이 서신에서 가장 예상치 못했던 바울 사상의 전개"로 묘사되어 왔다.[60] 이것은 서신의 나머지 부분들과 조화될 수 없는 것이며, 율법에 대한 바울의 자기 모순적인 견해를 보여주는 하나의 사례로 처리되어야 하는 것인가?[61] 아니면 바울이 자기 입장을 설명하기 위해 발생할 수밖에 없는 "불가피한 미묘한 차이"(necessary nuance)인가?[62]

5:14에 있는 바울의 진술 속 문제들이 몇 구절 뒤에 나오는 그의 말로 인해서 정말로 복잡해진다: ἀλλήλων τὰ βάρη βαστάζετε καὶ οὕτως ἀναπληρώσετε τὸν νόμον τοῦ Χριστοῦ("여러분은 서로 남의 짐을 져주십시오. 그렇게 하면 여러분이 그리스도의 법을 성취하실 것입니다." 6:2). "법을 성취함"에 대한 언급은 5:14과 모종의 연관성을 암시한다. 그러나 "그리스도의 법"에 대한 바울의 언급은 두 가지 놀라움을 안겨준다. 즉, 여기에서는 "율법"이 긍정적인 존재일 뿐만 아니라, "그리스도"와 "율법"이 갈라디아서 전반에 걸쳐서 가장 강력하게 대립하는 입장에 서

---

60. G. Shaw, *The Cost of Authority. Manipulation and Freedom in the New Testament*, London 1983, 50. Hübner는 5:14의 특이성에 대해 "Das ganze und das eine Gesetz"에서 가장 충실하게 설명했다.
61. 특히 Räisänen, "Difficulties" 그리고 *Paul and the Law*를 보라.
62. S. Westerholm, "On Fulfilling the Whole Law(Gal. 5:14)", *SEÅ* 51-52 (1986-87) 229-37, 특히 231. (Westerholm은 이 논문에서 바울이 모세의 율법을 행하는 것과 모세의 율법을 완성하는 것을 의도적으로 구분하고 있다고 주장한다. 여기에서 미묘한 차이가 발생한다고 볼 수 있다. 저자가 말하는 미묘한 차이란 바로 그것을 의미하는 것으로 보인다—역주)

있다는 사실에도 불구하고(2:16-21; 4:23-26; 4:1-7; 5:1-6), 율법이 그리스도
와도 결합되어 있다는 것이다. 5:14과 "율법을 성취함"의 의미로 돌
아가기 전에, 가장 난해한 이 구절부터 살펴보도록 하자.

1. 그리스도의 법

베츠는 이 문구를 설명하는 것이 "전체 서신 중에서 가장 중요한
문제들 중의 하나"라고 말했다.[63] 바울의 표현—ὁ νόμος τοῦ Χριστοῦ(그
리스도의 법)—은 바울의 다른 서신 중에서도 오로지 단 하나의 평행구가
있을 뿐이다. 그것도 당혹스럽기는 마찬가지인데, 그것은 바로 고린
도전서 9:21에 있는, 그가 ἔννομος Χριστοῦ([문자적으로] 그리스도의 율법 안
에)에 있다는 표현이다. 문맥은 바울이 ὑπὸ νόμον(율법 아래)도 아니고
ἄνομος θεοῦ(하나님의 율법이 없는) 자도 아닌 입장을 묘사하기 위해
ἔννόμος Χριστοῦ(그리스도의 율법 안에)를 사용한다는 것을 보여주는데
(9:20-21), 그리스어의 유연성을 활용해서 문구를 만들어내는 바울의
실력을 보여준다. 하지만 그 문구가 의미하는 바를 정의하기는 대단
히 어렵다. 우리는 갈라디아서 6:2을 해석할 때에도 이런 능숙한 용
어 사용을 염두에 두어야만 한다.

"그리스도의 법"을 설명하기 위한 수많은 시도들이 있었고, 그것
을 네 가지 항목으로 나누어 논의해볼 수 있다.

a) ὁ νόμος τοῦ Χριστοῦ은 "메시아의 법"으로 번역해야 하며, 이
것은 새 시대에 메시아가 율법을 재해석하거나 다시 반포할 것이라

---

63. Betz, *Galatians*, 299.

는 랍비 사상을 반영하는 것으로 보아야 한다는 주장이 제기되어왔
다. 이런 견해의 가장 철저한 옹호자는 데이비스(W. D. Davies)인데,[64] 그
는 오는 세대에 율법이 개정되고, 갱신되고, 새롭게 해석되거나 혹은
심지어 새로운 율법으로 대체될 것이라는 인상을 주는 일련의 구약
과 랍비의 진술들을 제시한다.[65] 그럼에도 불구하고, 이것이 "메시아
의 율법"으로 알려질 것이라는 증거는 아주 빈약하다. 데이비스도
다섯 개의 가능성 있는 자료들을 모았을 뿐이다(전도서 랍바 11:8; 아가 랍
바 2:13-14; 이사야 타르굼 12:3, 아 5:10; 얄쿠트 이사야 26:2).[66] 그리고 그 스스로도
"우리가 새로운 메시아의 토라와 관련해서 제시할 수 있는 증거는
… 그다지 인상적인 것이 아니다. … 우리 연구의 결과는 어떤 의미
에서건 결정적인 것은 아니다"라고 인정한다.[67]

---

64. *Torah in the Messianic Age and/or the Age to Come*, Philadelphia 1952, revised
and expanded in *The Setting of the Sermon on the Mount*, Cambridge 1963,
109-190.
65. 구약에서는: 사 2:1-5; 42:2-4; 렘 31:31-4; 랍비문헌에서는: 레위기 랍바
9:7; 13:3; 시편 미드라쉬 146:7; 바벨론 싼헤드린 51b; 바벨론 샤바트 151b.
A. Schweitzer, *Mysticism*, 187-93 그리고 L. Baeck, "The Faith of Paul", *JJS* 3
(1952) 93-110은 이 본문과 다른 본문들을 율법이 메시아의 시대에 끝나게
될 것이라는 견해에 대한 증거로 인용했다. Schoeps, *Paul*, 168-75는 "메시아
의 시대에는 옛 토라가 주는 모든 악한 영향이 중단될 것이며, 그러나 하나
님께서는 메시아를 통해서 새로운 토라를 주신다는 것이 랍비문헌에 특히
널리 퍼져있는 사상이다"라고 주장한다(172).
66. Davies, *Setting*, 172-9에 히브리어 본문과 그 번역이 있다.
67. *Setting*, 188. 참조, Strack-Billerbeck III, 577 그리고 IV, 1-3에서 편집자들은
그곳들에 있는 증거는 메시아의 토라가 단지 옛 것에 대한 새로운 해석일 뿐
임을 암시한다고 주장한다. 바울이 시온-토라에 대해 언급할 때 일부 예언
서 본문들을 염두에 두었다는 P. Stulmacher의 주장(*Versöhnung, Gesetz und*

가장 탁월한 옹호자가 이렇게 확신하지 못하는 것을 고려할 때, 대부분의 학자들이 데이비스가 설명하려고 했던 본문들(마 5-7장; 갈 6:2)에 이런 랍비 문헌들이 적합한지 의심하는 것은 놀라운 일이 아 니다. 이런 랍비적 개념에 대한 증거의 부족, 애매모호함과 (아마도 기 독교 용어의 영향을 받은 듯한) 문헌들의 늦은 연대는 바울의 문구를 설명함 에 있어서 많은 가치를 부여하기에는 너무 간접적이며 결정적이지 못하다.[68]

　　b) "메시아의 토라"에 대한 랍비적 개념의 영향을 받아들이든지 혹은 그렇지 않든지 간에, 바울은 예수님의 가르침을 그리스도인의 율법(Christian law)으로 생각했으며, 갈라디아서 6:2에서 이 문구로 그 것을 암시했다고 주장할 수 있다. 이 점에 대해 데이비스는 확신하고 있다. "바울은 예수를 새로운 모세라는 견지에서 보고 있음이 분명 하며, 그리고 … 그는 그리스도의 말씀 속에서 그에게 있어서 새로운 기독교 할라카의 기초가 되는 νόμος τοῦ Χριστοῦ(그리스도의 법)을 발견

Gerechtigkeit. Aufsätze zur biblischen Theologie, Göttingen 1981, 168-75; 참조, O. Hofius, "Das Gesetz des Mose und das Gesetz Christi", ZTK 80 (1983) 262-86)은 Räisänen, Paul and the Law, 239-45에 의해서 올바르게 기각되었다; 이 주장은 가장 빈약한 증거에 근거한 것이었다.

68. 비록 Davies가 일부의 지지를 받기는 했지만, 예, J. Jervell, "Die offenbarte und die verborgene Tora. Zur Vorstellung über die neue Tora im Rabbinismus", STh 25 (1971) 90-108, 그의 증거는 E. Bammel, "νόμος Χριστοῦ", in Studia Evangelica III, ed. F. L. Cross, Berlin 1964, 120-28; P. Schäfer, "Die Torah der messianischen Zeit", ZNW 65 (1974) 27-42; 그리고 R. Banks, Jesus and the Law in the Synoptic Tradition, Cambridge 1975, 65-81에 의해서 반박되고 평가 절하되었다.

해내었음이 분명하다."[69] 데이비스는 바울의 마음이 바울의 윤리적인 가르침 전체에 (특히 롬 12-13장; 살전 4-5장; 골 3장에서) 울려 퍼지고 있는 "예수의 말씀으로 가득 차" 있다고 생각했다. 다드(C. H. Dodd)는 결국 고린도전서 9:21에 있는(고전 7:10과 9:14에서는 그리스도의 명령을 가리키는 것으로 간주되는) ἔννομος Χριστοῦ(그리스도의 율법 안에)에 근거해서 비슷한 입장을 주장했다.[70] 다드는 갈라디아서 6:1-5에 있는 바울의 교훈들이 마태복음 23:4과 18:15-16에 있는 예수의 가르침을 재적용한 것이라고 생각했다. 그렇기 때문에 바울이 그리스도의 법 성취에 대해 말한 것은 "예수 그리스도가 자신의 제자들에게 주었고 그 제자들이 교회에 전수해준 교훈들을 … 실행하겠다는 의지를 내포한다"는 것이다.[71]

그럼에도 불구하고 그러한 해석은 방법론적인 문제와 신학적인 문제 모두에 직면하게 된다. 바울이 예수의 가르침을 암시하고 있거나 의존하고 있는 부분을 확정 짓는 것은 엄청나게 어려운 일이다. 대략 그러한 암시들(allusions)의 범위가 여덟 개에서 천 개가 훨씬 넘

---

69. *Paul and Rabbinic Judaism*, 144; 참조, 보다 자세하고 약간 수정된 그의 입장에 대한 진술을 위해서는 *Setting*, 341-66.

70. *The Bible and the Greeks*, London 1935, 37에서 Dodd는 갈 6:2이 "예수의 토라"를 의미할 수도 있다는 것을 부인했다. 그러나 그의 관점은 그가 *Gospel and the Law. The Relation of Faith and Ethics in Early Christianity*, Cambridge 1951, 64-83와 본래 1953년에 출판되었다가 1968년에 *More New Testament Studies*, Manchester 134-48에서 재출판된 "Ἔννομος Χριστοῦ"를 저술했던 시기에 어느 정도 변화가 있었다.

71. "Ἔννομος Χριστοῦ", 147. Dodd의 입장은 R. N. Longenecker, *Paul: Apostle of Liberty*, New York 1964, 183-90가 전적으로 지지했다.

는 것으로 추정되고 있다.[72] 그리고 아주 객관적인 기준들을 적용했을 때 갈라디아서 6:1-5에 대한 다드의 이론이 충분히 뒷받침되는 것도 아니다.[73] 게다가 만일 바울이 예수의 가르침을 광범위하게 활용했다고 하더라도, 바울이 그것을 교훈을 위한 규정으로 간주했다거나 그것을 "그리스도의 법"으로 묘사했을 것 같지는 않다. 그러한 가르침이 어떤 권위를 갖고 있었든지 간에, 예수가 바울에게 랍비나 "두 번째 모세"의 역할을 한 것은 아니다.[74] 실제로 바울이 주로 그러

---

72. V. P. Furnish, *Theology and Ethics in Paul*, Nashville 1968, 51-66는 여덟 군데에서 암시되고 있다고 보았으며, Davies가 예수의 가르침에 대한 평행구를 지나치게 열정적으로 찾아내는 것을 비판했다; Davies는 그러한 평행구 스물다섯 개를 발견해냈고(*Paul and Rabbinic Judaism*, 136-42), Furnish가 지나치게 수학적으로 접근한다고 비난했다(146 n.1). A. Resch, *Der Paulinismus und die Logia Jesu in ihrem gegenseitigen Verhältnis untersucht*, Leipzig 1904는 천 개 이상의 암시를 찾아냈는데, 그 중의 스물여덟 개가 갈 5-6장에 있다. 이 사안에 대한 그의 엄청난 과장 때문에 학자들은 암시된 곳을 추정하는 것을 대단히 조심하게 되었다; 그러나 D. L. Dungan, *The Saying of Jesus in the Church of Paul*, Oxford 1971 그리고 D. C. Allison, "The Pauline Epistles and the Synoptic Gospels: the Pattern of the Parallels", *NTS* 28 (1982) 1-32에 의해서 이 논쟁에 신선한 자극을 주었다.

73. 다음과 같은 요소들이 암시의 사실여부를 분명하게 할 것이다: a) 뚜렷한 어휘상의 일치; b) 유사한 사상적 배경; c) 이방인이나 유대인들이 흔히 사용하는 용어/사상과의 불일치; d) 예수의 가르침을 떠올리게 하는 근거; e) 무리지어 나타나는 비슷한 암시들. 이런 기준들에 비추어 볼 때에, Dodd의 주장은 다소 빈약해 보인다: βάρη(짐)와 φορτίον(짐, 갈 6:2, 5)은 마 11:30과 23:4에서도 발견되는 용어들이기는 하지만 문맥이 아주 다르며, 또한 갈 6:1-2과 마 18:15-16 사이의 전반적인 유사성은 큰 비중을 두기에는 너무 애매모호하다. Dodd의 주장을 지지하고 확장하려는 Brinsmead의 시도, *Galatians*, 174-76, 182-85는 설득력이 없다. 갈 5:14에 대해서는 아래를 보라.

74. Furnish, *Theology*, 59-66; Sanders, *Paul and Palestinian Judaism*, 511-15. 기독

한 가르침을 암시만 한다는 바로 그 사실만 보더라도, 그 가르침이 권위 있는 규정 모음집과는 완전히 다른 범주에 속한다는 것을 알 수 있다.[75]

c) 최근에 몇몇 학자들은 "그리스도의 법"이라는 문구가 바울의 갈라디아 대적자들에게서 기원한 것이며, 바울이 반대 논증을 하면서 그들의 어휘를 채택하고 있다고 추정했다. 게오르기(Georgi)가 이런 논지를 제시한 첫 번째 인물이었음이 분명하고,[76] 그 이후로 많은

교를 새로운 율법을 가진 새로운 언약으로 보는 후자의 묘사(예, Barnabas 2:6; 21:8; Ignatius, *Mag* 2:1)는 갈 6:2을 암시하는 것일 수 있다. 그러나 그것은 바울의 신학보다는 마태나 야고보의 신학에서 더 많은 영향을 받았다.

75. 참조, Räisänen, *Paul and the Law*, 77-82은 Dodd를 날카롭게 비판한다. Davies 가 보다 최근의 논문, "The Moral Teaching of the Early Church", in *The Use of the Old Testament in the New and Other Essays*, ed. J. M. Efird, Durham N. C. 1972, 310-32, 에서 자신의 입장을 어느 정도 수정하고 있는 것이 특히 눈에 띈다: 그는 이제 8개만이 예수의 가르침과 "분명하게 평행하는 것"으로 보고 있으며, "그리스도의 법"과 관련해서는 "예수의 가르침과는 **기껏해야 부분적으로만** 관련이 있다"고 진술한다(327, 강조는 저자의 것); 그는 그것이 다른 어떤 것을 의미했을 수도 있다고 언급하지 않는다.

76. Betz, *Galatians*, 300 n.71에 의하면 그러하다; 나는 그가 인용하는 본문 속에서 저자 표시를 못 찾았다. (Betz의 주석에 보면, Georgi의 해당 논문이 실린 책의 저자 혹은 편집자의 이름이 빠져 있다. 그것을 말하는 것 같다. 그래서 Barclay도 Georgi의 논문 출처를 전혀 기록하지 않고, 오로지 Betz만 언급하고 있는 것으로 보인다—역주) 이전에 J. Weiss는 이것이 바울 이전의 문구라고 제안한 바 있다. *Earliest Christianity. A History of the Period AD 30-150*, E. T. Gloucester, Mass. 1970, II, 554; 참조, G. Friedrich, "Das Gesetz des Glaubens Röm 3,27", *ThZ* 10 (1954) 401-17, 특히 407-8 그리고 M. Hengel, *Between Jesus and Paul. Studies in the Earliest History of Christianity*, E. T. London 1983, 151 n.137.

사람들이 이 논지를 지지했다.[77] 그러나 (유대) 그리스도인들인 대적자들의 율법에 대한 헌신을 고려할 때, 그런 용어가 대적자들의 성격과 부합하지 않는다는 것을 충분히 상상할 수 있다. 하지만 우리가 본문에 대해 '거울 읽기'를 할 수 있는 능력에는 한계가 있기 때문에(본서 제1장을 보라), 우리가 여기에서 할 수 있는 것은 단지 '상상'해보는 것뿐이다. 바울 자신이 고린도전서 9:21에서 비슷한 문구를 사용하고 있는 것으로 보아서, 바울이 그런 역설적인 용어를 스스로 만들 수밖에 없었다는 것이 터무니없어 보이지는 않는다. 그리고 이렇게 생각하는 것은, 사실 바울이 위험을 감수하고서 갈라디아인들에게 전혀 바울답지 않은 것처럼 들렸을 문구를 사용했다고 생각하는 것보다 더 쉬울 것 같다. 어쨌든 간에, 우리는 그럼에도 불구하고 "그리스도의 법을 성취함"을 통해서 바울 자신이 의미하고자 했던 바가 무엇인지 결정해야만 한다.[78]

d) ὁ νόμος τοῦ Χριστοῦ(그리스도의 법)라는 바울의 문구에서 νόμος가 넓은 의미에서 '기준'이나 '원리'를 의미하는 것으로 볼 수도 있다. 이런 관점에서 볼 때에, 바울은 모세의 율법이나 그리스도가 만

---

77. D. A. Stoike, "The law of Christ": A Study of Paul's Use of the Expression in Galatians 6:2, Th.D. dissertation, Claremont 1971; Betz, Galatians, 300-1; Brinsmead, Galatians, 163-85.

78. 이런 가설이 "불가능하지 않다"고 생각하는 Wilkens는 선동가들이 죄 많은 동료 그리스도인들을 비난하기 위해 이 문구를 사용했으며, 바울은 "그러한 오용에 맞서서 그것을 참된 의미로" 해석하기 위해 그 문구를 채택한 것이라고 주장한다. "Entwicklung", 176; 그러나 이것은 여전히 바울이 그것의 "참된 의미"는 무엇이라고 생각했는가라는 문제를 우리에게 남겨준다.

234 진리에 대한 복종

들어 놓은 새로운 율법을 말하는 것이 아니라, 의도적으로 언어유희
를 사용해서, 그리스도인의 삶을 통제하는 "원리"에 대해 묘사한 것
이 된다.[79] 이런 경우에는 일반적으로 바울이 의도적으로 5:14에 있
는 자신의 말을 반영하는 것으로 본다. 바울이 요구하는 원리는 사랑
의 법칙이라는 것이다.[80]

이런 네 가지 접근들은 이 구절에 대한 견해들이 아주 다양하다
는 것을 보여준다. 바울이 의미하는 바를 완전하게 설명해줄 손쉬운
방법은 없을 것이다. 그러나 다음에 이어지는 주석학적인 관찰들이
가장 유용한 해결책을 제시할 수 있을 것이다.

i) 먼저 6:2과 5:13-14 사이의 밀접한 관계에 대해 입증하는 것이
중요하다. 이 둘의 밀접한 관계는 대부분의 주석가들이 인정하는 것
인데, 상호 간의 의무를 나타내는 평행되는 언급들이 있고(δουλεύετε
ἀλλήλοις, "서로 종노릇 하십시오", 5:13; ἀλλήλων τὰ βάρη βαστάζετε, "여러분은 서로 남의
짐을 져 주십시오", 6:2), πληροῦν(가득 채우다) 어근에서 파생된 동사들(πεπλή-
ρωται, "이루어졌다", 5:14; ἀναπληρώσετε, "여러분이 성취하실 것입니다", 6:2)이 반복

---

79. Räisänen, *Paul and the Law*, 80: "*Nomos*는 거의 은유적으로, 보다 느슨한 의
미로 사용되고 있다"; Eckert, *Verkündigung*, 160-61; van Dülmen, *Theologie
des Gesetzes*, 66-8; Burton, *Galatians*, 329; Guthrie, *Galatians*, 152-53; Bruce,
Galatians, 261. R. B. Hays, "Christology and Ethics in Galatians: The law of
Christ", *CBQ* 49 (1987) 268-90은 νόμος를 "규제하는 원칙 혹은 존재의 구
조"라고 설명한다(276). 롬 3:27; 7:21 그리고 8:2(ὁ νόμος τοῦ πνεύματος τῆς
ζωῆς ἐν Χριστῷ Ἰησοῦ[그리스도 예수 안에 있는 생명의 영의 법])이 νόμος의
확장된 의미를 나타내기 위해 주로 인용되는 평행구이다.
80. Luther, *Galatians*, 539: "그리스도의 법은 사랑의 법이다." 참조, Ellicott,
Galatians, 125; Mussner, *Galaterbrief*, 399.

되는 것을 통해 분명하게 드러난다. 실로 짐을 지는 것은 노예가 하는 일이기 때문에, 각각의 경우에 상호 간에 의무가 있다는 주제는, 보다 정확하게 말하자면, 서로 섬기는 것이다.[81] 따라서 바울이 도덕적 실패라는 특별한 βάρη("짐", 6:1)을 염두에 두고 있었든지, 아니면 보다 일반적으로, 매일의 생활 속에 있는 갖가지 영적이며 육적인 짐들을 염두에 두고 있었든지 간에,[82] 바울이 이 구절에서 명령하고 있는 것은 "사랑으로 서로 섬기라"는 것이다(5:13). 따라서 그 다음에 나오는 문구인 "그렇게 하면 여러분이 그리스도의 법을 성취하실 것입니다"라는[83] 말은 5:14에 나오는 사랑 명령으로 온 율법을 성취한다

---

81. 참조, Aristophanes는 *Frogs*의 시작하는 장면에서 노예가 짐을 지는 일을 우스꽝스럽게 묘사하고 있는데, 거기에서 Xanthias는 Dionysus의 무거운 짐을 지려고 발버둥치는 것으로 나온다. 고전 9:19-21에서 ἔννομος Χριστοῦ(그리스도의 율법 안에) 있는 것은 모든 사람에게 종이 되는 것과 연결된다.

82. Ridderbos, *Galatians*, 213와 Mussner, *Galaterbrief*, 399는 "짐"이라는 말을 6:1에 나오는 도덕적인 약점들로 제한하는 부류에 속한다; 그러나 롬 15:1과 고전 12:26에 있는 평행구들은 그 용어를 보다 일반적으로 해석하도록 우리를 부추기고 있음이 분명하다. Burton, *Galatians*, 329; Betz, *Galatians*, 299. 어쨌든지 간에, J. G. Strelan, "Burden-Bearing and the Law of Christ: A Reexamination of Galatians 6:2", *JBL* 94 (1975) 266-76에서 바울이 여기에서 예루살렘을 지원할 경제적인 부담을 언급하고 있다고 주장하는 것은 설득력이 없다; 이에 대한 답변으로는, E. M. Young, "'Fulfil the Law of Christ'. An Examination of Galatians 6:2", *Studia Biblica et Theologica* 7 (1977) 31-42를 보라.

83. 더 나은 본문이 미래 직설법인 ἀναπληρώσετε(여러분이 성취하실 것입니다 [새번역]. Metzger, *Textual Commentary*, 598, Lightfoot, Betz, Mussner 등. 𝔓⁴⁶[ἀποπληρώσετε] B F G 그리고 가장 오래된 사본들에 근거함)인지 아니면 부정과거 명령법인 ἀναπληρώσατε(너희가 성취하라[개역개정]. Burton, Borse 등. ℵ A C D 등을 따라서)인지 확신하기가 어렵다. 전자의 읽기가 더

는 진술과 함께 해석해야만 한다.

ii) 이 두 구절 사이의 이런 밀접한 유사성을 고려한다면, 다음과 같이 결론 내리는 것이 타당할 것이다. 즉, 5:14에 나오는 사랑을 통해 성취된 "모든 율법"은 모세 율법이기 때문에(자세한 것은 아래를 보라), 우리는 "그리스도의 법을 이룬다"는 바울의 말을, 비록 τοῦ Χριστοῦ (그리스도의)라는 속격으로 한정되어 있기는 하지만, 모세 율법을 성취함에 대한 또 다른 표현으로 보아야 한다는 것이다. 물론, 이런 주장은 심각한 문제를 일으킨다. "그리스도의 법을 이루는 것"(6:2)이 "사랑으로 율법을 이루는 것"(5:14)과 나란히 등장해야 하는 이유는 무엇인가?

a) 초기 교회의 다른 사람들과 마찬가지로, 바울이 레위기 19:18을 예수가 율법을 요약하기 위해 사용했던 본문으로 간주했기 때문이라는 것이 가장 확실한 대답일 것이다.[84] 이것은 개연성 있는 주장들 중 하나이긴 하지만, 안타깝게도 예수의 가르침을 암시하고 있음을 입증할 수는 없다. 왜냐하면 바울이 분명하게 자신이 예수에게 의존하고 있다고 밝히지 않고 있으며, 율법에 대한 이런 유명한 요약을 완전히 독자적으로 파악했을 수도 있기 때문이다.[85] 그러나 예수가

나온 것으로 보인다.

84. 율법을 요약하기 위해 예수께서 레 19:18을 사용했다는 것은 공관 전승에 나오는 몇 가지 자료들을 통해서 확인된다(막 12:31=마 22:39; 눅 10:27; 마 19:19; 참조, 마 7:12); 이런 것들이 "예수께서 레 19:18을 인용함으로서 도덕법을 요약했다는 초기 교회의 강한 확신"에 대해 증언해준다. H. Montefiore, "Thou shalt Love Neighbour as Thyself", *NT* 5 (1962) 157-70, 특히 158.

85. 레 19:18과 황금률을 사용한 다른 유대교 문헌에 대해서는 아래의 240-42쪽

강조한 이런 명령이 그리스도인을 위한 교훈들 속에서는 이미 익숙한 것이었으며, 여기에서 바울이 그 명령을 의도적으로 반영하고 있을 가능성은 여전히 남아있다. 따라서 사랑을 통해서 율법을 이루는 것은 (그리스도께서 가르치셨던 바와 같이) τοῦ Χριστοῦ(그리스도의) 법을 성취하는 것이 될 수 있는 것이다.

b) 또한 바울의 서신들에서는 그리스도께서 죽으심을 통해 보이신 모범이 등장하는 곳곳에서 "사랑"과 "그리스도" 사이의 분명한 연관성이 발견된다.[86] 실제로 이 서신의 가장 첫머리에서 바울은 그리스도를 "나를 사랑하셔서 나를 위하여 자기 몸을 내어주신 하나님의 아들"로 묘사했다(2:20).[87] 또한 로마서 15:1-3에는 갈라디아서 6:2에 대한 흥미로운 평행구가 있는데, 거기에서 바울은 강한 자들에게 그들 자신을 기쁘게 하기 위해서가 아니라, 그들의 이웃을 기쁘게 하기 위해(τῷ πλησίον[이웃을]은 로마서 13:9의 ἀγαπήσεις τὸν πλησίον[이웃을 사랑하라]이라는 사랑 명령을 반영하고 있다) 타인의 약함을 담당(βαστάζειν)하라고 호소하고 있다. 그렇게 해야 하는 이유는 그리스도의 모범 때문이다—καὶ γὰρ ὁ Χριστὸς οὐχ ἑαυτῷ ἤρεσεν("그리스도께서도 자기를 기쁘게 하지 아니하셨나니", 롬 15:3). 따라서 사랑을 통해 율법을 이루는 것은 (마치 사랑이 "그리스도 안에 있는"[갈 5:6, 22] 자들의 가장 두드러진 특징이듯이) 그리스도와 같은 방

을 보라.

86. 이 구절을 해석함에 있어 그리스도의 모범의 중요성에 대해 H. Schürmann, "'Das Gesetz des Christus' Gal 6.2. Jesu Verhalten und Wort als letztgültige sittliche Norm nach Paulus", in *Neues Testament und Kirche*, ed. J. Gnilka, Freiburg 1974, 282-300, 그리고 Hays, "Christology and Ethics"가 강조했다.

87. 참조, 롬 5:8; 8:37-39; 고후 5:14-15 그리고 엡 5:2, 25.

법으로 율법을 이루는 것이 될 것이며, 그리고 이것은 다시 한번 τοῦ Χριστοῦ(그리스도의)라는 속격을 정당화시켜 주게 된다.[88]

이것은 바울이 "그리스도의 법을 성취함"을 말하면서 의미했던 바가 "그리스도께서 본을 보이신 (그리고 가르치신?) 방법으로 율법을 이룬다는 것", 즉 사랑으로 율법을 이룬다는 의미임을 보여준다. 바울은 소위 "메시아의 율법"이라고 하는 새로운 규정을 암시하지 않으며, 비록 그가 사랑 명령을 그리스도의 가르침 중에서 특별히 중요한 것으로 생각하고 있다 하더라도, 예수의 말씀들에 기초한 새로운 규정 모음집을 가리키고 있었던 것은 아니다. 오히려 여기에서 νόμος (율법)는, 5:14에서와 마찬가지로, (단순히 '기준'이나 '규제의 원리'가 아닌) 모세의 율법을 가리키는데,[89] 다만 τοῦ Χριστοῦ(그리스도의)라는 속격으로 한정되어 있을 뿐이다. 여기에서 속격은 그리스도가 율법을 공표했다는 의미가 아니라[90] 그리스도를 통해 재규정된 율법이라는 보다

---

88. Schürmann, "Gesetz des Christus", 289-90은 비록 Hofius, "Gesetz", 282-3이 그를 지지하기는 하지만, 그리스도인들이 서로 짐을 지는 것(갈 6:1-2)과 그리스도께서 죄를 담당하신 것(그는 사 53장에 호소한다) 사이에서 평행을 이끌어냄으로써 자신의 입장을 과장하고 있다. Hays, "Christology and Ethics", 도 마찬가지로 그리스도의 "신실함"과 "복종"을, 그것들과 "사랑" 사이의 관계를 입증하지 않은 채, 막연하게 언급함으로써 자신의 주장의 설득력을 약화시키고 있다.

89. 이런 주장이 바울이 νόμος(율법)를 "원리"(아마도 롬 3:27과 8:2에서처럼)라는 의미로 사용할 수 있다는 것을 부정하는 것은 아니다. 그러나 갈 5:14과 6:2 사이의 현저한 유사성은 두 구절에 나오는 νόμος(율법)를 (모세의) 율법을 언급하는 것으로 볼 수밖에 없도록 한다. 참조, Sanders, *Paul, The Law, and the Jewish People*, 97-8.

90. Burton, *Galatians*, 329; Duncan, *Galatians*, 181; Bligh, *Galatians*, 473의 주장

느슨한 의미로 이해해야 할 것이다.[91] νόμος(율법)가 명사와 함께 나오
는 경우에, 바울은 종종 그리스어 속격이 갖는 유연성을 활용한다.
따라서 각각의 문구들은 조심스럽게 해석해야 한다.[92] 게다가, 모울
이 언급하듯이, "'그리스도의' 같은 속격은 대부분 문맥과 개연성에
의존해서 해석해야 한다."[93] 이런 경우에, (특히 5:13-14과 연결되어 있는) 문
맥은 바울이 τοῦ Χριστοῦ(그리스도의) (모세의) 법을 성취함을 언급하고
있다는 것과, 그리고 τοῦ Χριστοῦ(그리스도의)가 '그리스도와 관련된 율
법', 즉 '그리스도의 사랑으로 재규정되고 성취된 율법'을 의미할 개
연성을 보여준다.

　이런 해석은 νόμος τοῦ Χριστοῦ(그리스도의 법)이라는 바울의 속격
구문이 갖고 있는 미묘함을 부각시켜준다. 그리고 우리는 적당한 때
에 νόμος(율법)를 재규정하기 위한 이런 노력이 어떤 목적을 위한 것

과는 반대로.

91. 참조, Wilkens, "Entwicklung", 175: "그리스도께서 정하신 법". Schrage는 보
　　다 일반적인 수준에서 언급한다: "한편으로 구약의 정신은 그리스도인들에
　　게 권위 있는 것이지만, 다른 한편으로 이 권위는 그리스도와의 관계를 통해
　　서만 그 구속력을 갖게 된다. 거칠게 말하자면, 구약의 율법은 그리스도인의
　　생활의 기준이 되기 전에 먼저 율법으로서 가치가 인정되어야 한다(참조, 갈
　　5:14; 6:2)." *Einzelgebote*, 237-8.
92. νόμος θεοῦ("하나님의 율법", 롬 7:22, 25)에 나오는 속격의 용법의 차이에 주
　　목하라; νόμος Μωϋσέως("모세의 율법", 고전 9:9); νόμος τοῦ ἀνδρός("남편
　　의 법", 롬 7:2); νόμος τῆς ἁμαρτίας("죄의 법", 롬 7:23, 25) 그리고 νόμος τοῦ
　　πνεύματος("영의 법", 롬 8:2).
93. C. F. D. Moule, "'Fulness' and 'Fill' in the New Testament", *SJT* 4 (1951) 79-
　　86, 여기에서 사용된 부분은 82. 골 2:11에 있는 ἡ περιτομὴ τοῦ Χριστοῦ(그리
　　스도의 할례)는 이에 해당하는 또 다른 사례이다.

인지 고찰하게 될 것이다. 그러나 또한 "율법을 이룸"의 의미에 대해
몇 가지 고려해야 할 부분이 있는데, 그것은 이 문구가 발견되는
5:14과 6:2 사이에 약간의 변화가 있기 때문이다. 이제 이 문제를 집
중적으로 살펴볼 것이다.

2. 율법을 이룸

우리는 갈라디아서 5:14과 6:2이 '율법의 성취'라고 하는 동일한
언급으로 서로 묶여 있음을 보았다. 5:14에서 전체 율법은 한 가지
명령(사랑 명령)을 통해 성취된다(πεπλήρωται). 그리고 6:2에서는 짐을 지
는 자들이 "그리스도의 법"을 성취할 것이다(ἀναπληρώσετε). 5:14에 있
는 바울의 진술에 특별히 이례적으로 포함되어 있는 표현을 보면, 이
런 문구들을 이해하는 데 문제가 되는 것이 무엇인지 잘 드러난다.

바울이 레위기 19:18을 모든 율법(ὁ πᾶς νόμος)이 성취되는 "한 말
씀"(즉 명령)으로 인용할 때, 바울이 다른 유대 전승들과 아주 유사한
방법을 사용하는 것처럼 보인다. 바울과 동시대인이었던 힐렐(Hillel)
이 했다는 말이 곧바로 생각난다(그 말의 진정성은 논란이 되고 있다). "네가
싫어하는 것은, 너의 이웃에게도 하지 마라. 그것이 모든 율법이다.
다른 모든 것은 주석이다. 가서 배우라"(바벨론 샤바트 31a). 또 다른 '평
행구'가 이보다 약간 늦은 시기에 랍비 아키바(Akiba)에게서 발견되는
데, 그는 "네 이웃을 너 자신과 같이 사랑하라"라는 말을 율법에서
"가장 위대한 원리"(כלל גדול)라고 언급했다(창세기 랍바 24:7).[94] 또한 랍

---

94. 이 명령을 사용하는 다른 랍비 본문에 대해서는 Strack-Billerbeck I, 363-64

비 문헌에 보면 특정한 행위를 모든 율법에 대한 성취로 묘사하는 많은 진술들이 있다.[95] 하지만 랍비들이 5:14에 나타나는 바울 진술의 모든 **요소들**을 친숙하게 생각했다 하더라도, 그 언급이 등장하는 **문맥**에 대해서는 강한 거부감을 나타냈을 것이다. 왜냐하면 사랑 명령이 율법의 성취라고 주장하면서 동시에, 바울은 갈라디아인들에게 율법의 멍에를 멜 필요가 없다고 가르치고 있기 때문이다. 즉, 그들은 율법 아래에서 살아서는 안 되며(5:18), 할례를 받지 않아야 한다는 것이다(5:3-4). 실제로 바울은 할례를 받을 경우에 발생할 파국을 경고하고 있는데, 만약 그렇게 한다면 그들은 모든 율법을 지켜야만 하는 책임을 지게 된다는 것이다(ὀφειλέτης ἐστὶν ὅλον τὸν νόμον ποιῆσαι, 5:3). 그래서 바로 이 부분에서 랍비들과의 평행이 깨지게 된다. 왜냐하면 랍비들은 결코 그들의 요약적 진술들이 율법의 다른 부분들은 의도적으로 무시해도 된다는 뜻으로 생각하지 않았기 때문이다![96] 바울은 레

를 보라. 12 족장의 유언서를 보면, 하나님 사랑과 이웃 사랑은 율법을 요약하기 위해 사용되는 명령들이다(잇사갈의 유언 5.2; 단의 유언 5.3).

95. H. W. A. van de Sandt, "An Explanation of Rom. 8.4a", *Bijdragen. Tijdschrift voor Filosofie en Theologie* 37(1976) 361-78, at 373가 수집한 본문들을 보라(이 논문을 나에게 추천해주신 Dr. J. A. Ziesler에게 감사드리는 바이다). 갈 5:14과 가장 가까운 내용은 출 15:26에 대한 Mek Vayassa이다: "이것은 만약 누군가가 그의 일을 처리함에 있어서 정직하고, 그의 동료들의 마음이 그로 인해서 즐거움을 얻는다면, 그는 모든 율법을 이룬 것처럼 여겨질 것이라고 가르치고 있다."

96. Moore, *Judaism* II, 83-88; Sanders, *Paul and Palestinian Judaism*, 112-14: *idem*, "On the Question of Fulfilling the Law in Paul and Rabbinic Judaism", in *Donum Gentilicium*, ed. E. Bammel et. al., Oxford 1978, 103-126, 특히 112-17을 보라.

242 진리에 대한 복종

위기 19:18을 나머지 모든 율법의 명령을 **포괄하는** 하나의 요약으로
사용하지 않는다. 즉, 율법의 나머지 모든 것들이 그 구절에 대한 주석
이라고 생각하지도 않고, 그것들을 배우고 복종해야 한다고 생각하지
도 않는다. 따라서 이는 바울이 ὁ πᾶς νόμος ἐν ἑνὶ λόγῳ πεπλήρωται(온 율
법은 한 말씀에서 이루어졌다)라고 썼을 때, 모세 율법을 언급하고 있는 것이
전혀 아니거나, 혹은 "이루어졌다"는 동사를 랍비 문헌에 나오는 다
른 비슷한 진술들과 다소 다른 의미로 사용하고 있음을 암시한다.

한스 휘브너(Hans Hübner)는 5:3에 나오는 ὅλος ὁ νόμος(율법 전체)와
5:14에 나오는 ὁ πᾶς νόμος(모든 율법) 사이에 있는 언어적인 차이에 관
심을 집중시키면서, 이 견해들 중에서 첫 번째 입장을 취했다.[97] 그는
전자를 양적인 측면에 강조점을 두면서 모세 율법을 언급하는 것으
로 간주한다. 그러나 πᾶς(모든)가 이례적인 수식 위치에 나오는 후자
는 총체성을 강조하기는 하지만 모세 율법을 가리키지 않는다는 것이
다: "이처럼 모든 모세 율법은 단순히 그리스도인들에게 합당한
'전체' 율법과 동일하지 않다."[98] "전체 율법"에 대한 유대교의 이해
를 반영하지만 실제로는 전혀 다른 실체를 가리키고 있다는 것은 모
순적인 표현이다.

하지만 휘브너의 주장은 그 자체로는 독창적이라 하더라도 성립

---

97. Hübner의 입장은 "Das ganze and das eine Gesetz"에 자세하게 설명되
    어 있다. 중요한 부분들이 *Law in Paul's Thought*, 36-41에 다시 나온다. 그
    리고 그 신학적인 의미들은 "Identitätsverlust und paulinische Theologie.
    Anmerkungen zum Galaterbrief", *KuD* 24 (1978) 181-193에서 가져온 것이다.
98. *Law in Paul's Thought*, 37; Hübner는 이것을 바울이 "유대교의 율법이해와 대
    항해서 싸우면서 언어적으로 벨트 아래를 때리고 있는 것"으로 묘사한다.

될 수 없다. 왜냐하면 갈라디아서에서 νομός(율법)가 이 구절에 이르기까지 줄곧 "모세 율법"을 의미했으며, 그리고 네 구절 뒤에 나오는 5:18에서도 계속해서 이런 의미를 내포하고 있기 때문이다. 또한 5:14은 그 자체에 모세 율법의 인용문을 담고 있기 때문에(레 19:18은 νομός[율법]에 들어있는 λόγοι[말씀들] 중의 하나이다), ὁ πᾶς νόμος(모든 율법)가 전체 모세 율법 말고 다른 어떤 것을 의미할 수 있다는 것은 지극히 믿기 어려운 일이다. 게다가 평행구인 로마서 13:8-10은 명백하게 모세 율법을 가리키고 있으며, 휘브너가 그 구절과 갈라디아서 5:14 사이에 있다고 주장하는 미묘한 차이는 설득력이 없다.[99]

그러나 만약 휘브너의 선택이 잘못된 것이라면, 바울이 사용하는 "성취"라는 용어는 이 문제에 어떤 단서를 줄 수 있을까? 상당히 오래 전에 버튼(Burton)은, "이 문장[5:14]의 정확한 의미는, 결코 작지 않은 부분, πεπλήρωται의 의미에 의존"하고 있으며, 또한 그 의미가 "다양한 해석"의 대상이 되었음을 지적한 바 있다.[100] 비록 일부 오래된 주석들과 최근의 일부 번역들이 πληρόω를 "요약하다"의 의미로 보기는 하지만,[101] 이런 의미를 갖고 있는 것으로 제시할 수 있는 평

---

99. *Law in Paul's Thought*, 37, 83-88. Hübner의 논지에 대한 이와 비슷한 비판들을 Sanders, *Paul, The Law and the Jewish People*, 96-7, Räisänen, *Paul and the Law*, 27 n.72, 그리고 *ThZ* (1979) 121-23에 있는 Hübner의 책에 대한 U. Luz의 서평을 통해서 들을 수 있다.

100. *Galatians*, 294.

101. Burton은 Weizsäcker과 Stapfer를 "요약하다"라는 해석을 지지하는 자들로 인용한다; Moffatt, NEB, NIV, JB 그리고 GNB가 이 해석을 채택했다. Mussner, *Galaterbrief*, 370는 롬 13:8-10을 근거로 해서 여기에 나타난 의미의 일부로서 "Aufgipfelung"(요약)의 의미를 취한다; 그러나 그 구절은 ἀνακεφαλαιόω

행구가 전혀 없으며, 오히려 바울은 이 동사를 다른 곳에서 "성취"
혹은 "완전하게 성취함"이라는 의미로 사용하고 있다(롬 8:4; 13:8-10).[102]
따라서 율법이 한 가지 명령에서 성취되었다는 바울의 진술은 "이
한 가지 명령의 실천에서 성취되었다"는 말이 축약된 것으로 보아야
한다.[103]

그러나 여기에서 우리는 다소 충격적인 언어학적 자료를 살펴보
아야만 한다. 칠십인역에서 πληροῦν은 율법과 관련해서는 한 번도
사용되지 않는다. (그리고 그 동의어는 히브리어 성경에 나오는 מלא가 아니다.) 대
신에 여러 다른 용어들이 사용되었다.[104] 그뿐만 아니라 다른 헬레니
즘 유대문헌에서도 πληροῦν은 비록 아주 가끔 ἐντολή(계명) 같은 목

와 πληρόω 사이의 차이를 보여준다.

102. 참조, 롬 15:19(그리스도의 복음을 남김없이), 고후 10:6(온전히 순종), 골
4:17(직분을 완수하라). *BAG*, πληρόω 3은 과거시제가 사용되었다는 것 때
문에 갈 5:14을 "모든 율법이 한 말씀에서 완벽하게 표현되었나니"로 번역
한다. 그러나 완료시제는 다른 식으로도 설명이 가능하다("율법은 성취되
었다/완전히 성취되었다"). 그리고 *BAG*는 그 해석을 설명해줄 수 있는 어
떤 평행구도 제시하지 못한다. ἀναπληρόω(6:2)에 있는 접미사는 오히려 거
의 아무런 의미도 더해주지 않는다: 이 단어도 마찬가지로 (Meyer, *Galatians*,
323-4와는 달리, "부족한 것을 채우다"가 아니다) "완전히 성취되다"라는 의
미이다.

103. Lightfoot, *Galatians*, 205; Burton, *Galatians*, 295.

104. 히브리어 성경에서 율법 준수에 대한 표준적인 용어들과, 또한 그에 대
한 칠십인역의 일반적인 동의어들은 다음과 같다; שמר(φυλάσσω/τηρέω);
עשה(ποιέω); שמע(ἀκούω); קום(ἱστάνω/ἐμμένω); E. Hatch and H. A.
Redpath, *A Concordance to the Septuagint and the Other Greek Versions of the Old
Testament(including the Apocryphal Books)*, Oxford 1897을 보라. "주의 말씀을
성취하는 것"에 대한 언급들은 항상 예언자들과 연관된다. 예, 왕상 2:27; 대
하 36:21.

적어와 함께 사용되기는 하지만, νομός와 함께 등장하는 경우는 전
혀 없다.[105] אלמ가 더 이상 사용되지 않는 랍비문헌에서 율법의 성취
에 대해 설명할 때는 일반적으로 동사 םוק("일어나다", "서다")의 몇 가지
형태를 사용한다. 하지만 이것은 "완전함" 그리고 "완성"이라는 의
미를 갖고 있는 동사 πληροῦν과 느낌이 같지는 않다.[106] 따라서 율법
이 성취되었다(πεπλήρωται)거나 그리스도인들이 그리스도의 율법을 성
취한다고 말하는 경우에, 바울은 유대교 전통에 그 유례가 없는 어휘
를 사용하고 있는 것이다.

또한 바울이 유대인의 율법 준수와 관련해서 다양한 용어들을
사용하고 있지만(예, φυλάσσω, ποιέω, πράσσω), πληρόω는 전혀 사용하지
않는다는 것을 주목하는 것이 중요하다.[107] 바울이 율법과 관련해서
(ἀνα-)πληρόω를 사용하는 네 번의 경우가 모두 그리스도인들과 관
련이 있다(롬 8:4; 13:8; 갈 5:14; 6:2; 참조, 롬 13:10 πλήρωμα νόμου, "율법의 완성"). 그
리고 이 동사의 어근은 그리스도인과 율법의 관계에 대해 설명할 때

---

105. 납달리의 유언 8:7(ἐντολαὶ νόμου ... πληροῦνται); 마카비1서2:55 (λόγον
    πληρῶσαι); Philo, *Praem* 83(πληρῶσαι τοὺς λόγους); 시뷜라의 신탁
    3:246(πληροῦντες ... θεοῦ φάτιν, ἔννομον ὕμνον). Josephus는 *Ant* 8.58에서 어
    떤 계약의 성립에 대해 ἀναπληροῦν을 사용한다. 세속 그리스어에서의 용법
    에 대해서는 *LSJ*와 *MM* s. v.을 보라. 사도교부들 중에서는 Barn 21.8 그리고
    Pholycarp, *Phil* 3:3(ἐντολή와 함께)를 보라.
106. van de Sandt, "An Explanation of Rom. 8.4a", 364-75를 보라.
107. 자세한 내용은 다음과 같다: φυλάσσω("지키다", 갈 6:13; 롬 2:26); ποιέω("행
    하다", 갈 3:10, 12; 5:3; 참조, 롬 2:13, 14); ἐμμένω("준수하다", 갈 3:10);
    πράσσω("지키다", 롬 2:25); τελέω("온전히 지키다", 롬 2:27); δουλεύω("섬기
    다", 롬 7:25); ὑποτάσσομαι("복종하다", 롬 8:7).

바울이 선호하던 어휘라고 할 수 있다.[108] 따라서 우리는 갈라디아서 5:14(그리고 6:2)에 대한 열쇠가 바울 특유의 독특한 어휘사용(πληροῦν)에 있으며, 5:3과의 차이점은 율법에 대한 묘사에 있는 것이 아니라 (ὅλος ὁ νόμος-ὁ πᾶς νόμος, "율법 전체-모든 율법") 사용된 동사의 차이에 있다고(ποιεῖν-πληροῦν, "행하다-성취하다") 추측할 수 있다. 베츠와 웨스터홈(S. Westerholm)이 이 부분을 간파했지만,[109] 바울의 어휘 선택이 의미하는 바를 밝혀내는 일은 우리의 몫으로 남아 있다.

i) 동사 πληροῦν은, 비록 이 동사의 어의론 영역에서 '성취'와 '완성'이라는 개념이 지배적이긴 하지만, 율법의 요구에 대한 완벽한 실현과 달성이라는 의미가 있으며, 하나님의 목적과 약속이 그리스도 안에서 성취되기에 이르렀다고 하는, 서신 앞부분에 있는 바울의 주장과 밀접한 관련이 있다(ὅτε δὲ ἦλθεν τὸ πλήρωμα τοῦ χρόνου, "그러나 기한이 찼을 때", 4:4). 신약성서에 나오는 성취와 관련된 일반적인 용어들에 대해 논하면서, 모울은 이 용어의 (유대 문헌과 비교할 때) 주목할 만한 빈도수와 그것이 나타내는 바 하나님의 뜻과 계획이 최종적으로 성취되었다는 확신에 주목했다.[110] 실제로 이 점은 마태복음 5:17(율법의 성취에 대해 말하고 있는 바울서신 이외의 유일한 신약성서 본문)과 관련해서 종종 언

---

108. 그러나 바울은 롬 3:31에서 ἱστάνω(세우다)를 사용하고 있으며 τήρησις ἐντολῶν θεοῦ(하나님의 계명을 지키는 것)를 그리스도인의 의무로 묘사하고 있다(고전 7:19). 롬 2:13-14, 26-27가 이방 그리스도인들을 가리킨다는 것은 충분히 가능성이 있다.

109. Betz, *Galatians*, 275; Westerholm, "On Fulfilling the Whole Law"를 보라.

110. C. F. D. Moule, "Fulfillment-Words in the New Testament: Use and Abuse", *NTS* 14 (1967-68) 293-320.

급되어 왔다. 5:17에서 마태가 사용하는 용어는 크게는 성경의 성취
에 대한, 그리고 구체적으로는 예언의 성취에 대한 그의 확신을 반영
하고 있다.[111] 하지만 바울이 율법과 관련해서 이 동사를 사용한 의미
에 대해서는 거의 관심을 기울이지 못했다. 그러나 바울이 또한 그리
스도께서 강림하시는 종말론적 때의 성취와 함께 이루어지는 하나
님 뜻의 완전한 실현을 묘사하기 위해 이 동사를 사용한다는 것은 의
심의 여지가 없다.[112]

ii) 우리는 바울이 이 어휘를 부분적으로는 그 **애매모호함** 때문에
선택했다고 추론할 수도 있다! "모든 율법이 한 가지 명령에서 성취
된다"고 말하는 것은 나머지 계명들의 상태를 불분명하게 만들어버
린다. 율법이 사랑 명령으로 "요약"(summed up)된다고 설명한다면 율
법의 모든 부분에 (사랑의 표현으로서) 복종해야 한다는 인상을 주게 될
것이다. 반면에 율법이 사랑 명령으로 "축소"(reduced)된다고 말한다
면 율법의 나머지 부분에 대한 명백한 폐기가 되는데, 이는 아마도

---

111. 마 5:17에 나오는 πληρῶσαι의 의미는 H. Ljungman, *Das Gesetz erfüllen. Matth.
5:17ff. und 3:15 untersucht*, Lund 1954가 충분하게 논의했다; 또한 J. P. Meier,
Law and History in Matthew's Gospel. A Redactional Study of Mt. 5:17-48, Rome
1976, 73-81, Banks, *Jesus and the Law*, 208-13, 그리고 U. Luz, "Die Erfüllung
des Gesetzes bei Matthäus(Mt. 5:17-20)", *ZTK* 75 (1978) 398-435를 보라. 바
울이 그의 어휘를 이 말씀 혹은 이와 비슷한 말씀에서 취했다는 것은 불가능
한 일이 아니다; 그러나 물론, 이런 주장은 그 말씀이 진정한 예수님의 말씀
(또는 예수 전승에 대한 아주 초기의 첨가)인지 또는 마태의 창작인지의 여
부에 달려있다.

112. 때, 성경 그리고 율법이 바울에게서 어떤 식으로 모두 "성취되"는지를 설명
하고 있는(92-93), J. C. Fenton, "Paul and Mark", in *Studies in the Gospel*, ed. D.
E. Nineham, Oxford 1955, 89-112을 보라.

바울이 논쟁의 이 지점에서 부여하고자 하는 의미를 넘어서는 것으로 보인다. "성취"는 율법을 "행함"이나 "준수함" 같은 용어들에 내재된 엄격함은 없지만 율법의 요구들을 만족시킨다는 아주 강한 인상을 준다.[113] 이러한 방식으로 바울은 갈라디아인들에게 율법의 몇 가지 요구사항을 준수하지 말 것을 촉구하는 동시에, 그가 관심을 기울이고 있는 ([그리스도의] 법을 성취하는) 사랑에 유리한 쪽으로 강하게 주장할 수 있는 것이다. 따라서 레이제넨이, 바울의 "부정확한 진술" (looseness of speech)이 "바울의 그리스도인 독자들에게 감정적인 수준에서 감동"(28)을 준다고 본 것은 옳다. 하지만 레이제넨은 이것이 특히 πληροῦν과 관련된 경우에 그러하다는 것에는 주목하지 못했다.[114] 웨스터홈은 이 동사의 중요성에 대해 주목하면서 다음과 같은 합당한 결론에 이른다. "바울에게 있어서 그리스도인들이 모든 율법을 '성취'한다고 말하는 것과, 그렇기 때문에 그리스도인들의 행위(그리고 오

---

113. 마태가 사용하고 있는 πληρῶσαι의 애매모호함도 마찬가지로 자주 언급된다; Räisänen, *Paul and the Law*, 87-88 그리고 마태가 이 용어를 율법의 요구에 의존하기도 하고 폐기하기도 하는 예수님의 우유부단한 개념을 감추기 위한 일종의 "연막"으로 사용한다고 주장하는 M. D. Goulder, *Midrash and Lection in Matthew*, London 1974, 261-62를 보라.

114. Räisänen, *Paul and the Law*, 67-68, 71, 82-83, 201, 265, 이 바울은 율법이 성취되었다고 주장 할 필요가 있었다고 지적한 것은 옳다; 그러나 그는 πληροῦν의 특별한 의미를 발견하지는 못한다. ποιεῖν과 πληροῦν에 대한 Betz의 구분에 반대한 그의 주장들은(63-64 n.104) 설득력이 없다(예, 그가 소수의 본문 상의 이문에 호소하는 것은 바울의 용법에 대해 아무것도 입증하지 못한다). 대부분의 주석가들은 ποιεῖν과 πληροῦν을 동의어로 간주한다. Schlier, *Galater*, 245; Mussner, *Galaterbrief*, 370; 참조, Hübner, *Law in Paul's Thought*, 49 n.81.

직 그들의 행위만이)가 온전히 율법의 '참된' 목적을 완벽하게 만족시킨
다고 주장하는 것은 중요하다. 반면에 어떤 개별적인 요구사항들이
… '이행'되지 않는다고 하는 반대 의견의 힘을 무디게 만들어 버리
기 위해 애매모호한 용어를 사용하고 있다."[115]

    우리는 이 구절들에 대한 결론을 다음과 같이 요약할 수 있다.
5:14과 6:2에 나오는 νόμος는 모세 율법을 가리키는 것이며, 이 두
구절에서 바울은 율법과 관련해서 "성취하다"라고 하는 특화된 그리
고 다소 예외적인 동사를 사용하고 있다. 이 두 구절에서 바울은 이
런 성취가 사랑 또는 상호 간의 섬김을 통해서 이루어진다고 보고 있
으며, (단순히 "사족"[蛇足]이 아닌) 6:2에서[116] 바울은 이런 율법의 성취를
τοῦ Χριστοῦ라는 속격으로 한정하고 있는데, 이는 "그리스도를 통해
재규정된 율법"이라는 의미다.

    그러한 진술들은 바울의 논증 속에서 어떤 역할을 하는 것일까?
이 진술들은, "율법에 대해 죽었다"고 말하고 있음에도 불구하고, 율
법의 윤리적인 기준들이 어떻게 영을 따르는 삶에 적용되고 온전하
게 실현되는지를 보여주고자 하는 바울의 지속적인 관심을 나타내
는 것 같다. 이런 의미에서 이 진술들은, 샌더스가 언급하고 있듯이,
자신의 윤리적인 방침이 율법을 성취하는 참된 길이라고 주장함으

---

115. "On Fulfilling the Whole Law", 235.
116. 반대의견으로, Räisänen, *Paul and the Law*, 79: "νόμος τοῦ Χριστοῦ라는 사상
     은 바울이 토라의 문제에 대해 더 이상 전혀 논의하지 않는 부분에서 거의
     사족(蛇足)처럼 소개되고 있다."

로써, 바울이 그의 대적자들을 우회적으로 공격하는 "논쟁 전략"이
다.[117] 갈라디아인들이 율법에 끌렸다는 것을 생각해볼 때, 전적으로
율법의 의미를 무시하는 것은 위험한 일이었을 것이다. 그러나 율법
을 복귀시킨다는 인상을 주지 않기 위해, 여기에서 바울은 율법에 대
한 긍정적인 진술들에 상당히 애매모호한 표현으로 보호막을 치고
있다(참조, 2:18). 즉, 그리스도인들은 율법을 '준수'하지 않는다. 그들은
율법을 '성취'한다. 그리고 그들은 한 가지 사랑 명령을 통해 율법을
성취하며, "그리스도의 법"으로 재규정된 그 율법을 성취한다. 이 '애
매모호한 진술'은 바울이 다른 곳에서 율법의 때가 지나갔다고 말한
것을 전체적으로 손상시키지 않고도, 자신의 입장을 확증할 수 있는
유일한 방법일 수도 있다. 이 경우에, **율법과 관련해서도** "새로운 피조
물"이라고 하는 뚜렷한 불연속성과 더불어 "연속성"의 요소들이 있
다.

마지막으로 우리는 "율법을 성취함"에 대한 이 두 언급들이 명령
으로 하달되는 것이 아니라 직설법적인 진술로 제시된다는 것에 주
목해야 한다.[118] 바울은 갈라디아인들에게 율법을 성취하라고 교훈하
는 것이 아니다. 그들이 만약 사랑한다면 (또는 서로 짐을 진다면) 사실상
(그리스도의) 율법을 성취하게 될 것이라고 확신을 심어주고 있는 것이

---

117. *Paul, The Law and the Jewish People*, 97; 이런 입장은 고전 1-3장에 나오는 지
혜에 관한 주장과의 비교를 통해 더욱 견고해진다.

118. 6:2의 경우에 있어서 이것은 취사선택된 본문 읽기에 의존하고 있다; 위의
각주 83을 보라.

다.[119] 이런 방식으로 바울은 율법을 사랑의 근거나 동기로 드러나지 않게 하려고 조심한다. 다른 곳에서 그는 사랑이 믿음에서(5:6) 또는 영에서(5:22) 오는 것임을 보여줄 것이다. 따라서 율법에 대한 이런 진술들은 율법에 대한 새로운 형태의 속박을 나타내는 것이 아니라, 영의 인도하시는 능력에 속한 사람이 율법의 요구를 충족할 수 있다는 것으로 해석해야 한다.[120]

결론

우리는 지금까지 바울이 생각하는 윤리에 대한 설명을 보여주는 여러 핵심적인 구절들을 살펴보았다. 이 설명은 자신이 그리스도인의 도덕에 관해 생각하는 것을 갈라디아인들에게 권장하기 위해 채택하는 방어 전략을 보여준다. 우리는 바울이 그리스도인의 자유에 대해 거듭 단언하고 있지만(5:13a), 그럼에도 불구하고 그것을 사랑의 종노릇이라는 용어로 규정하고 있으며(5:13b), 그것이 절대적인 자유

---

119. 비록 5:14이 γάρ(왜냐하면)로 시작되기는 하지만, 그것이 사랑의 동기를 제시하고 있는 것은 아니고, 그 효과에 대해 설명하고 있는 것이다; 참조, Betz, *Galatians*, 275: "사랑 속에서, 토라는 또한 항상 성취된다. 그러나 그와 같은 진술은 지나온 길을 돌이켜 봤을 때에 할 수 있는 말이다."

120. Westerholm, "On Fulfilling the Whole Law", 235: "율법을 '성취'하는 것은, 바울에게 있어서, 그리스도인의 삶의 결과인데, 그 기준이 전혀 다른 용어로 진술되어 있다." 그는 롬 8:4과 13:8-10이 평행된다는 것을 제대로 지적한 다음에 "바울은 결코 그리스도인의 행동에 대해 규정할 때가 아니라, 오직 그 결과를 설명할 때에만 율법의 성취에 대해 언급한다"고 결론 내린다(237).

가 아니라는 것을 육체와 영의 싸움이 어떻게 확증하고 있는지를 살펴보았다(5:17b). 우리는 바울이 윤리적인 위협을 ("죄"가 아니라) "육체"로 규정하며, 또한 어떻게 이런 위협이 "십자가에 못박힘"을 통해서 (5:24) 극복될 수 있고, 영의 능력을 통해 지속적으로 물리칠 수 있는지(5:16-17)를 설명하는 근거가 되는 영-육체 이원론의 중요성에 대해 주목했다. 이것은 영이 윤리적인 보호막과 지침을 제공해 줄 것이기 때문에 율법이 필요 없게 된다고 말하는 것과 같은 것이다(5:18). 그러나 영 안에서 사는 것은 단순히 율법에 대한 적당한 대용품 이상의 것이다. 그것은 더 나아가서 하나님께서 그의 백성에게 원하시는, 그리고 전적으로 율법의 가치에 부합하는 바로 그러한 종류의 행위("열매")로 이끌어준다(5:22-3). 바로 이 점이 (그리스도의) 율법을 성취한다는 바울의 주장 속에서 가장 명백하게 드러나는 부분이기도 하다. 이 점에 대해 바울은 사랑(5:14) 또는 서로 짐을 지는 것(6:2)을 통해서 그들이 모든 모세 율법이 요구하는 바를 실제로 충족시킬 것이며, 그 성취되는 율법이 바로 그리스도를 통해서 재규정되고 재조정된 것임을 주장하고 있다.

이 모든 것들을 바울이 갈라디아인들과 논쟁하는 상황에 비추어 보지 않는다면, 우리는 바울이 자신의 윤리적인 교훈들을 표현하는 방법의 의미를 이해하지 못하게 될 것이다. 이 구절들은 논쟁적인 서신의 끝에 붙어 있는 기독교 윤리에 대한 독립적이거나 냉정한 진술이 아니라, 논쟁의 연속이자 완결이다. 바울은 윤리에 대한 자신의 견해를 권장할 뿐만 아니라, 자신의 권면이 그들이 무법한 자라든지 또는 자격이 없는 자라는 비난으로부터 그들을 변호하는 것으로 받아들여지기를 바라고 있다. 모든 선의의 경쟁을 하는 판매원들이 그러하듯이, 바울은 자신의 정책을 그의 대적자들의 것과 구분 짓는다 (위협이 되는 것은 '육체'이지 죄가 아니다; 영의 인도하심을 받는 너희들은 율법 아래 있지 않다). 그러면서도 동시에 더 나은 방법으로 (열매를 맺고, 율법을 성취하는) 동일한 목표에 다다른다고 주장한다. 다소간 이 마지막 부분은 약간 애매모호한 기준을 통해서만 성립될 수 있다. 즉, 영 안에 있는 삶에 대해서는 이의를 제기할 수 없는 특징들을 선별하고(5:22-23), 율법과 관련해서는 ("준수하다"나 "행하다" 보다 덜 정확한) "성취하다"라는 애매모호한 동사를 사용하고, 그리고 "그리스도의"(of Christ)라는 속격으로 율법의 기독교적 재규정을 제안하는 식이다(6:2). 그러나 이 애매모호함은 바울이 그리스도인의 윤리성에 대한 자신의 제안들을 율법이 뒷받침한다고 주장하기 위해 치러야만 하는 대가다.

이 단락에 나오는 율법에 대한 여러 가지 언급들을 주의 깊게 살피면서, 우리는 바울이 비록 율법에 대한 자신의 입장에 내포된 다소간의 긴장을 무마하기 위해 애매모호함에 의존하고 있지만, 율법에 대해 경솔한 자기모순에 빠지지 않았음을 알 수 있었다. 이런 긴장에는 우리가 살펴보았듯이 이 서신에 나타난 바울의 전체적인 신학과 관련된 유대교 전통과의 연속성과 불연속성이 동일하게 뒤섞여 있는 것도 포함된다. 바울의 묵시적인 관점의 연속선상에서 볼 때, 그리스도인의 삶이 영 안에 있고, (지나간 시대에 해당하는) 율법 아래 있지 않지만, 그럼에도 불구하고 구속사적 관점과 그리스도 안에서 하나님의 목적들이 "성취"되었다는 관점에서 볼 때는, 그리스도인의 사랑이 모든 율법을 "성취"한다고 말할 수 있다. 따라서 5:13 이하에 나오는 율법에 대한 바울의 보다 긍정적인 언급들이 서신의 앞부분들과 완전히 모순되는 것은 아니다. 특히, 그 구절들이 율법을 준수해야 하는 규범으로 보는 "세 번째 용법"으로 복귀시키기 때문이 아니라, 단지 갈라디아인들이 사랑을 통해서 영 안에서 행하면 율법의 요구를 사실상 성취하게 될 것이라고 말하고 있기 때문이다.

만약 충분한 공간만 주어진다면(즉, 또 한 권의 책!), 이런 주제들을 로마서에 나타난 율법에 대한 바울의 다른 중요한 논의들과의 관계 속에서 살펴볼 수 있을 것이다. 이 두 서신 사이의 많은 차이점들에도 불구하고, 우리는 로마서에서도 율법에 대한 죽음(7:1-6)과 율법의 성취(8:4; 13:8-10; 참조, 3:31)에 대한 진술들이 결합되어 있는 것을 발견하게 된다. 그리고 (예를 들면, 4:1-6에 있는) 몇 가지 바울 특유의 권면들이 사실상 율법 조항들과 충돌하기 때문에, 성취 관련 용어들은 율법의 명령들을 세밀하게 준수해야 하는 것이 아니냐는 생각으로부터 바울을 지켜주고 있다. 바울은 그리스도를 τέλος νομοῦ("율법의 끝마침", 10:4)라고 묘사하면서, 또다시 용어의 애매모호한 점을 활용하고 있는 것으로 보인다. 왜냐하면 τέλος는 "종결"과 "목표", 둘 다 의미할 수 있기 때문이다.[121] 갈라디아서에서와 마찬가지로, 이런 애매모호함은 아담-그리스도 모형론(롬 5:12-21)의 묵시적 이원론과 이스라엘에게 언약하신 하나님의 약속들이 파기될 수 없다는 확신(롬 9-11장)이 결합된, 바울의 신학적 관점 속에 깊숙이 자리 잡은 긴장에서 기인하는 것이

---

121. 최근에 나온 책인 R. Badenas, *Christ, the End of the Law. Romans 10:4 in Pauline Perspective*, Sheffield 1985과 *JTS* 38 (1987) 170-73에 실린 나의 논평을 보라.

다. 우리는 각각의 서신에서 바울이 어려운 논증을 입증하기 위해 분투하고 있을 뿐만 아니라, 그 스스로도 하나님의 변치 않으심과 부활이라고 하는 완전히 새로운 사건 및 믿음을 통한 이방인의 가입이라는 관점에 입각해 하나님 백성의 의무에 대해 재고하고(rethink) 다시 표현(re-express)하려 애쓰고 있다고 결론 내릴 수 있을 것이다.[122]

---

122. 마지막 장에서 나는 이런 점이 의미하는 바를 바울과 율법에 대한 최근의 연구들과 비교하면서 보다 자세하게 설명할 것이다.

제5장
영의 실천적 가치

　　지금까지 연구한 구절들은 주로 5:13-25에 있는, 이제까지 연구해온 구절들에서, 우리는 바울의 말 속에 있는 변증적이고 논쟁적인 목적에 주목했다. 즉, 바울은 영이 윤리적인 방향을 제시하며, 윤리적인 위험들("육체")을 이겨내고, 모든 율법의 요구를 성취하는 일련의 행위들을 실천할 수 있게 한다는 것을 보여주려 했다. 만약 바울이 갈라디아인들에게 율법의 "멍에"를 지지 않고도, "하나님을 위하여 살" 수 있다는 것을 납득시키려면, 이 모든 내용들은 두말할 나위 없이 필수적이다. 그러나 이 구절들은 대부분 실제적인 윤리적 지침으로 주어진 것이 아니다. 갈라디아인들이 율법에 매혹된 이유가 부분적으로는 율법이 포괄적인 행동 규범을 제공해주기 때문이라는 것을 위에서 살펴보았다(제2장). 갈라디아서의 본론에 나타난 주요한 논제들을 간략하게 살펴보면서, 우리는 바울의 목적이 정체성과 행동을 연결시키고, 복음의 진리에 대해 설명하고, 그리고 갈라디아인들에게 그 복음의 진리에 복종하라고 주장하는 것임을 지적했었다. 그러나 믿음으로 살고, 계속해서 영 안에 있으며, 사랑을 통한 믿음의 수고를 하는, 그리스도인의 삶에 대한 대략적인 설명들은 지극히 일반적인 수준에 머무르고 있었다. 그리고 5:13-25에서도, 바울이 제시하는 유일하게 구체적인 교훈들이라고 해봐야 "육체의 행위"와 "영의 열매"에 대한 목록이 고작이었다. 5:21에 있는 바울의 말("내가 전에도 여러분에게 경고하였지만, 이제 또다시 경고합니다. 이런 짓을 하는 사람들은 하나님의 나라를 상속받지 못할 것입니다")은 갈라디아인들이 이미 최소한 이 목록 중의 일부에 대해 잘 알고 있었음을 보여준다. 그러나 갈라디아인들이 "화평"과 "선함" 같은 추상적인 자질들이 실제로 어떻게 활용될 수 있는지 알고 싶어 했다면, 우리는 이 상황을 충분히 이해할 수 있다. 그렇기 때문에 바울의 나머지 권면(5:26-6:10)이 어쨌든 갈라디아인들에게 "영으로 행하는 것"이 무엇을 의미하는지에 대해서 보다 분명한 개념을 제공하고 있는지 살펴볼 필요가 있을 것 같다.

흥미롭게도 갈라디아서 5:26-6:10은 이 서신에 대한 논의에서 거의 혹은 완전히 무시되곤 하는 구절들이다. 물론 몇 가지 특별하게 눈길을 끄는 언급들("그리스도의 법", 6:2; '영 혹은 육체를 위하여 심음', 6:7-8)은 주목을 받는다. 이런 일이 벌어지는 이유 중의 하나는 이런 다양한 경구들이 위기에 처한 갈라디아 교회에게 적절한 것인지 여전히 불확실하다는 것이다. 혹시 이 단락은 독립적인 교훈들을 대충 끌어 모은 수집물로서, 일반적인 그리스도인의 윤리 문제를 다루고 있는 것일까? 아니면 갈라디아 교회의 특별한 필요에 부응해서 신중하게 구성된 것일까? 그도 아니면 이 두 가지 극단 사이 어딘가에 진짜 특징이 있는 것일까? 여기에 **구조**와 **타당성**이라는 두 가지 문제가 서로 꼬여있다. 그렇기 때문에 차례대로 살펴보는 것이 최선일 것이다.

바울의 경구 선집의 문제들

a) 갈라디아서 내 이 부분의 내적 **구조**에 대한 첫 번째 문제는 이 문제에 대해 그동안 전반적인 연구가 거의 없었다는 것이다. 많은 학자들은 이 부분을 도덕적 권면의 토막들을 대충 모아놓은 것으로 간주한다. 우리가 1장에서 살펴본 오닐은 전체 단락(5:13-6:10)을 삽입된 것으로 간주하는데, 심지어 "가끔 주제나 표어가 비슷한 것을 빼고 나면 한 권면에서 다음 권면 사이에는 어떠한 연관성도 없다. 수집한 사람은 일관된 주장을 하려고 하지 않는다"고 말하기도 한다. 그래서 그는 5:13-6:10을 "각각의 문체가 다르고, 사상이 다르고, 인근 문맥과 다른, 15개의 독립된 권면 조각들"로 나눈다.[1] 1장에서 살펴본 바와 같이, 디벨리우스는 "교훈"(paraenesis)에 대한 포괄적인 분석에 근거해서 비슷한 결론에 도달하는데, 당연히 "일군의 말씀들이 내용상 아주 다양하고, 아무런 특별한 체계가 없다"고 말한다.[2] 실제로 그는 갈라디아서 6:1-10을 단지 인위적인 표제어들(Stichwörter)로 서로 묶어 놓은 "교훈"의 본보기라고 주장한다. 즉 그는 βαστάζετε ...

1.　O'Neil, *Recovery*, 67; 참조, 71: "비록 각각의 말씀들이 가족 유사성을 공유하고 있기는 하지만, 선집을 관통하는 감추어진 사상은 없다."

2.　Dibelius, *James*, 3.

βαστάσει("짐을 지라. … 짐을 져야 한다", 6:2-5), θερίσει … θερίσομεν("거두다. …
거두게 될 것이다", 6:8-9) 그리고 καιρῷ … καιρόν("때 … 기회", 6:9-10)을 인용
한다. 디벨리우스가 보기에 "하나의 경구(saying)가 또 다른 경구에 붙
어 있는 이유는 단순히 어떤 단어 혹은 그 동일한 어근이 두 경구 모
두에 나타나기 때문이다."[3]

비록 대부분의 주석가들이 디벨리우스의 포괄적인 분석을 지지
하지는 않지만, 슐리어(H. Schlier)가 이 구절들을 "단지 느슨하게 서로
결합되어 있는 예들의 나열"이라고 묘사했던 것은 많은 사람들의 생
각을 대변한다.[4] 슐리어 외에도 5:25-6:10을 부분별로 세분하기를 자
제했던 학자들이 있었다.[5] 반면에 다른 주석가들은 6:1-10에 있는 자
료들을 두 부분으로 나누는데, 어떤 이들은 5절과 6절 사이를 나누
기도 하고,[6] 또 어떤 이들은 6절과 7절 사이를 나누기도 한다.[7] 또한
이 교훈 단락이 어디에서 시작되는지에 대해서도 다양한 의견들이
있는데, 5:25, 5:26, 그리고 6:1이 모두 유력한 후보들이다.[8] 이런 판
단들은 대부분 논증 없이 그저 주장될 뿐이다. 이 단락에 대한 가장

---

3. *James*, 6. 강조는 내가 한 것이다.

4. Schlier, *Galater*, 269: "*eine Reihe von Beispielen, die nur lose miteinander zusammenhängen.*"

5. 참조, Duncan, *Galatians*, 178; Bruce, *Galatians*, 58.

6. 예, Lightfoot, *Galatians*, 67; Burton, *Galatians*, 325, 334; Meyer, *Galatians*, 320; Ridderbos, *Galatians*, 10, 216-17.

7. 예, Lagrange, *Galates*, 155, 159; Oepke, *Galater*, 166. Mussner, *Galaterbrief*, 10, 402-3는 이 단락을 세 부분으로 나눈다: 5:26-6:5; 6:6; 6:7-10.

8. 5:25은 Duncan, Oepke, Schlier, Lührmann, Becker, Betz; 5:26은 Ridderbos, Bonnard, Mussner; 6:1은 Lightfoot, Ellicott, Lagrange, Bruce가 지지한다.

철저하고 자신만만한 구조분석은 베츠의 주석에서 볼 수 있다. 하지
만 베츠는 5:25-6:10을 11개의 세부 단락으로 구분한 기준에 대해 전
혀 설명하지 않는다.[9] 이 구절들을 주석하면서 그는 이 구절들이 "순
차적으로" 배열된 "격언" 모음집이기는 하지만 "체계나 짜임새가 전
혀 없는 것은 아니"라고 본다. 즉, "순서는 전혀 조정되지 않은 것도
아니고, 그렇다고 해서 지나치게 체계화된 것도 아니다. 언어와 내적
논리가 주는 약간의 연관성도 있다"[10]는 것이다. 안타깝게도 베츠는
자신이 여기에서 찾아낸 "내적 논리"가 무엇인지 전혀 설명하지 않
는다.

물론, 갈라디아서를 깔끔하게 구획된 단락으로 나누려는 시도가
다소 인위적인 방법이라는 것은 인정할 수밖에 없다. 바울 자신은 표
제나 (장이나 절은 더군다나 아니다!) 세분화된 구분을 제시하지 않는다. 그
리고 우리에게는 그의 사상이 독립적인 단위별로 깔끔하게 묶여 있
어야 한다고 바랄 권리가 없다. 사실상 점진적인 변환, 이탈 그리고
반복들이 바울서신이 갖고 있는 전체적인 특징이다.[11] 그러나 이것은
우리가 분명한 논리적인 순서가 없는 바울서신의 어떤 부분을 만난

9. Betz, *Galatians*, 23; 이 "단락들" 중의 어떤 것은 단순히 "형제들"에게 말을
    걸고 있는 것으로 보이는데, Betz가 "6:1b"을 목록에 포함시킨 것은 잘못이
    다.

10. *Galatians*, 291-92.

11. N. A. Dahl, "The Missionary Theology in the Epistle to the Rome", in *Studies
    in Paul*, Minneapolis 1977, 70-94를 보라: "바울서신에 나타난 사상의 흐름을
    뒤좇아 가려면, 장과 절에 대한 구분이나 현대의 번역가들과 주석가들이 제
    시하는 표제나 체계화된 개요보다는 주제 진술들, 점진적인 변화 그리고 '반
    지 구조'에 더 집중해야 한다"(79).

다고 하더라도, 바울의 다양한 진술들이 전적으로 두서없는 것이라고 결론 내릴 필요는 없음을 의미한다. 어쨌든지 간에, 오직 그 내용에 대한 연구만이 내적인 연관성이 실재하는지를 밝혀줄 것이다.

앞으로 주석을 통해서 보다 충분한 이유가 제시되겠지만, 여기에서는 이 구절들에 대한 나의 구조분석을 제시하는 것이 가장 쉽겠다는 생각이 든다. 나는 5:25-26을 그 다음에 이어질 교훈의 "표제"로 보는데, "영으로 행하는 것"에 대해 언급함으로써 앞에 나오는 육체와 영에 대한 논의를 마무리 짓고, 새로운 교훈 선집을 이끌고 있기 때문이다.[12] 이 선집 안에서 우리는 주제의 근거가 될 만한 여러 가지 교훈들을 찾아낼 수 있다. 어떤 부분은 갈라디아인들이 서로에게 협력해야 할 의무를 강조하고(A), 반면에 다른 부분은 하나님 앞에서의 개개인의 책임을 중요하게 다룬다(B). 그렇다면 이 '선집'의 구조는 이 두 가지 주제들이 느슨하게 서로 얽혀있는 것으로 볼 수 있다:

5:25-26　　머리말—호소와 금지

6:1a　　의무—죄지은 성도에 대한 의무(A)

6:1b　　책임—"자신을 돌아보라"(B)

6:2　　의무—서로의 짐을 져주어야 하는 의무(A)

6:3-5　　책임—"자기의 일을 살피고, 자기의 짐을 지라"(B)

6:6　　의무—가르치는 자들을 후원해야 할 의무(A)

6:7-8　　책임—"무엇으로 심든지 그대로 거두리라"(B)

---

12. 참조, Eckert, *Verkündigung*, 142 on 5:25: "이 구절은 앞의 토론을 요약하는 것으로 볼 수도 있지만, 뒤에 나오는 권면의 주제로 볼 수도 있다."

6:9-10   의무―모든 이에게, 특히 그리스도인에게 선을 행할 의무(A)

이후에 이어질 주석은 이 주제 분석에 근거해서 진행될 것이다. 그러나 이것이 본문을 이해하는 유일한 방법이라고 말하는 것은 아니다. 주석은 비록 8개의 부분으로 나눈 것을 기반으로 하고 있지만, 이러한 분석은 본문을 별개의 독립된 개체로 구성된 것으로 이해한다는 뜻이 아님을 분명하게 드러낼 것이다. 오히려 서로 얽혀있는 두 가지 상호보완적인 주제들 속에 있는 내적 연관성을 부각시키는 것이 목적이다.[13]

b) 두 번째 문제는 이렇게 다양한 경구들이 갈라디아 교회의 상황에 적합한지 하는 것이다.[14] 이 문제에 대한 아주 다양한 의견들을 이 서신의 모든 "교훈" 단락과 관련해서 이미 살펴보았다(1장을 보라).

우선 디벨리우스는 이 윤리적인 경구들이 갈라디아 교회의 구체적인 문제들 때문에 기획되고 수집되었다는 것을 받아들이지 않는다. 많은 주석가들이, 최소한 6:1-10에 나오는 일부 경구들과 관련해서 그의 판단에 동의한다.[15] 보나르(P. Bonnard)는 그 교훈들을 "1세기 교회에 공통적으로 나타나는 불가분의 도덕적 교훈 집합"으로 묘사

---

13. Ebeling, *Truth of the Gospel*, 260은 "본문은 반복해서 그들이 서로 밀접한 관계에 있다는 관점에 입각해서 개개인의 그 자신에 대해 그리고 다른 사람들과의 관계에 대해 말한다."

14. Eckert, *Verkündigung*, 132는 "갈라디아서의 교훈에 있는 주된 문제"는 "그 상황에 어느 정도나 적합한가의 문제"라고 생각한다.

15. 위의 제1장 각주 31을 보라.

하기도 한다.[16]

반면에 몇몇 학자들은, "서신에 기록된 다른 모든 내용들은 직접적으로 갈라디아에 있었던 특정한 혼란 때문에 기록된 것으로 보이는데, 이 격렬한 서신에 왜 합당한 이유가 없어 보이는 권면이 등장하는지를 설명할 수 없다"고 주장한다.[17] 이런 상황으로 인해 이 경구들의 일부 혹은 전부를 갈라디아 위기의 세부적인 특징에 연결시키려는 수많은 시도들이 있었다. 뤼트게르트와 롭스는 바로 이 부분에서 그들이 주장하는 "두 번째 전선"에 대한 가장 중요한 증거—즉, 영을 받았다고(6:3-5) 스스로 자부하는 자칭 영적인 사람들(οἱ πνευματικοί, 6:1)로서, 지역에 있는 교사들을 경멸했으며(6:6), 거만하여서 다른 그리스도인들을 화나게 했고(5:26), 갈라디아 교회 안에 있던 "율법주의자들"과 격렬한 적대관계에 있었던 사람들(5:15, 26)—를 발견했다.[18] 슈미탈스는 그 동일한 본문들의 대부분이 영지주의에 대한 증거라고 생각했다. 즉 "영적인 사람들"의 "강한 자기주장"이 6:1에서 분명하게 나타나 있고, 그 반면에 5:25은 그들이 영 받음을 영적인 행동으로 연결시키지 못했다는 증언을 담고 있다는 것이다. 슈미탈스는 "육체의 행위들"을 "전형적인 영지주의의 행동 방식"이라고 묘사하

16. Bonnard, *Galates*, 126; 참조, Burton, *Galatians*, 334은 6:6-10에 대해 이렇게 말한다: "사도는 … 일반적인 윤리에 교회의 신앙생활과 관련 있는 교훈들을 덧붙인다."

17. L. W. Hurtado, "The Jerusalem Collection and the Book of Galatians", *JSNT* 5 (1979) 46-62 at 54; 참조, Ropes, *Singular Problem*, 22: "이 서신에서는, 목적이 분명하게 정의되는, 단순한 일반적인 권면을 기대할 수 없다."

18. Lütgert, *Gesetz und Geist*, 9-21; Ropes, *Singular Problem*, 25, 42.

기도 했으며, "영지주의적인 영적인 사람들에 대해서는 갈라디아서 5:26에서 그 특징이 아주 잘 묘사되어 있다"고 생각하기도 했다.[19] 쥬윗은 이와 동일한 입장의 수정된 견해를 가지고 있었는데, 그는 5:25-6:10에서 갈라디아인들의 "영에 대한 전형적인 헬레니즘적 오해"의 증거를 찾아낸다. 즉, 갈라디아 교회 안에서 열광주의가 윤리적으로 훌륭한 면들을 더럽혔고, "임박한 장래의 심판을 조롱하면서 배척"하게 했으며(6:5-10), 오만한 이기심(5:26; 6:3-4)이 교사들을 필요 없는 존재로 만들어버렸다(6:6)는 것이다.[20] 다른 주석가들은 6:1의 증언을 은사를 부여받은 "영적인" 엘리트(바레트)나[21] 갈라디아인들이 범죄를 처벌할 방법을 찾을 정도로 격분케 한 일종의 "극악한 범죄 행위"(베츠)와[22] 관련된 것으로 본다. 아주 소수의 주석가들은 6:6-10을 갈라디아인들에게 예루살렘을 위한 바울의 모금활동에 마지못해 참여하는 태도를 바꾸라고 하는 암시적인 당부라고 생각한다.[23]

이 경구들의 '타당성'을 찾기 위한 이 같은 시도들 중의 일부는 열정이 지나친 나머지 '거울 읽기'를 오용한 것으로 판단할 수밖에 없다(위의 제2장을 보라). 예를 들면, 어떤 연구들은, 바울이 ὑμεῖς οἱ πνευματικοί("영적인 여러분은", 6:1)라고 말한 것을 갈라디아인들이 스스로를 일컫던 표현을 반어적으로 사용했다면서, 이런 판단을 중심으로 모

---

19. Schmithals, *Gnostics*, 46-49, 52-53.
20. Jewett, "Agitators", 209-12.
21. Barrett, *Freedom and Obligation*, 78-79.
22. Betz, *Galatians*, 295-96.
23. Lightfoot, *Galatians*, 55, 216; Hurtado, "Jerusalem Collection"; Borse, *Standort*, 37-38, 145.

든 것을 결정한다. 그런 표현은 고린도전서에 있는 아이러니(2:13; 3:1; 12:1; 14:37 등)와 같은 종류의 것으로 볼만한 충분한 이유가 있다. 그러나 갈라디아서에 있는 증거는 바울이 여기에서 고의적인 아이러니를 전혀 사용하지 않으면서, 그의 모든 개종자들을 "영적"이라고 묘사하고 있음을 보여준다(3:2-5; 5:25).[24] 또한 우리는 서로를 노엽게 하거나 질투하는 것은 영지주의를 가리키는 것이 분명하다고 하는 주장에 신중할 필요가 있다(5:26). 즉, 그들만이 이런 악행을 독점하지 않는다는 것은 경험이 증명한다! 또한 바울이 미래의 심판에 대해 언급했다고 해서 갈라디아인들이 그 개념을 의도적으로 비웃으면서 배척하고 있다고 볼 필요도 없다. 설교가들은 언제나 이 주제가 그 심각성을 이미 인식하고 있는 사람에게도 (혹은 특히?) 유익한 구속력이 있다고 생각한다.

따라서 유일하게 안전한 방법은, 본문의 내용과 강조점에 대해 꼼꼼하게 집중하면서, 2장에서 개략적으로 살펴본 거울 읽기의 기준들을 조심스럽게 사용하는 것이다. 우리가 이미 살펴본 바와 같이, 많은 경구들이 공동체의 생활에 대한 것이다. 그리고 이 단락의 두 곳에서 바울은 공동체의 논란에 대해 신랄하게 지적한다. 이 중에서도 가장 강력한 것이 5:15에 나온다. 바울은 갈라디아인들에게 경고한다. "여러분이 서로 물어뜯고 잡아먹고 하면, 피차 멸망하고 말 터이니, 조심하십시오." 이런 경고는 5:13-14에 있는 사랑하고 서로 섬기라는 말과 대립되는 말인데, 이런 말을 단순히 가상적으로 해보는

---

24. Betz, *Galatians*, 296-97; Bruce, *Galatians*, 327; Mussner, *Galaterbrief*, 398.

것이라고 볼 수 없을 뿐만 아니라,[25] 5:26에서 이어지는 허영심, 상호 격동케 하는 것과 질투에 대한 경고를 보면 그 심각성을 분명하게 알 수 있다. 이 두 구절 사이에 바울이 제시하는 "육체의 행위들"에 대한 목록이 나온다. 그 같은 악행 목록에 대한 폭넓은 연구들은 그 목록이 단순하게 서신 수신자나 공동체의 죄를 직접적으로 반영한 결과라고 보는 것은 무모한 판단임을 보여준다.[26] 형식과 내용의 많은 부분들이 순수하게 전승된 것이며, 바울 스스로도 이 부분에서 초기의 (침례식을 위한?) 목록을 반영한다는 것을 인정한다.[27] 그럼에도 불구하고 열거된 악행들의 비중에 어떤 의미가 있을 수도 있다. 따라서 목록이 이방인들을 상대로 하는 유대인의 논쟁에 전형적으로 등장하는 악행들로 시작하고 끝을 맺고 있더라도,[28] 그 중심부가 공동체

---

25. εἰ + 직설법 현재 구문은 실제이자 현재 상태임을 나타낸다; *BDF*, section 372 와 Schlier, *Galater*, 246을 보라: "이것은 갈라디아 공동체에서 실제로 있었던 사건들이다." Betz가 이 부분에서 바울이 과장법을 사용하고 있다고 본다고 해서, 그 구절을 가설적인 것으로 보는 그의 해석에 정당성이 부여되는 것은 아니다. *Galatians*, 277.

26. 특히 Vögtle, *Tugend-und Lasterkataloge*와 Wibbing, *Tugend-und Lasterkataloge* 을 보라; 또한 B. S. Easton, "New Testament Ethical Lists", *JBL* 51 (1932) 1-12 와 E. Schweizer, "Gottesgerechtigketi und Lasterkatalolge bei Paulus(inkl. Kol und Eph)", in *Rechtfertigung*, ed. J. Friedrich et al., Tübingen 1976, 461-77을 보라. 이것은 이 모든 악행들이 갈라디아 영지주의를 반영하는 것으로 보려는 Schmithals의 시도에 반대하는 셈이 된다. *Gnostics*, 52-53.

27. Betz, *Galatians*, 281, 284-85를 보라. 그는 바울 이전의 교리문답 전승을 나타내는 것일 수도 있는 "하나님 나라를 상속받는다"는 문구에 주목한다(참조, 고전 6:9-11); 참조, G. E. Cannon, *The Use of Traditional Materials in Colossians*, Macon, Georgia 1983, 51-94.

28. Wibbing, *Tugend-und Lasterkataloge*, 86-88을 보라. 이 악행들을 특별히 영

를 불화하게 하는 문제들과 관련이 있는 여덟 가지 악행들(ἔχθραι, ἔρις, ζῆλος, θυμοί, ἐριθεῖαι, διχοστασίαι, αἱρέσεις, φθόνοι, "원수 맺음, 다툼, 시기, 분냄, 분쟁, 분열, 파당, 질투")로 구성되어 있다는 것에 주목하는 것이 중요하다.[29] 이 용어들 중의 일부는 바울의 다른 악행 목록들과 평행을 이루지만 나머지 것들은 이 단락에만 나온다. 그리고 이 용어들이 대거 집중되어 있다는 것은 바울이 이러한 육체 행위의 특성들을 의도적으로 강조했다는 것을 보여준다.[30] 이런 증거를 5:15과 5:26(여기에 있는 φθονοῦν-τες[질투하다]는 악행 목록에 있는 φθόνοι[질투]의 영향을 받은 것이다)에 나오는 적대 행위와 질투에 대한 직접적인 경고와 함께 고찰해볼 때, 관련된 모든 거울 읽기의 기준들(어조, 빈도수, 명료성, 생소함)이 갈라디아 교회의 갈등 상황을 가리키는 것으로 볼 수 있다.

광범위한 학자들 사이에서 주장되는 이러한 결론은,[31] 여전히 선

지주의적이라거나(Schmithals, *Gnostics*, 52), 켈트족의 것이라든지(Lightfoot, *Galatians*, 13) 혹은 "남부 갈라디아"의 것(Ramsay, *Galatians*, 446-454)이라고 볼 아무런 이유도 없다!

29. 일부 MSS가 φθόνοι(질투) 뒤에 φόνοι(살인)를 덧붙이고 있지만(A C D F G 등; 참조, 롬 1:29), 생략하는 것이 가장 낫다(*pace* Borse, *Galater*, 200-201); Metzger, *Textual Commentary*, 597-98을 보라.

30. ἔρις(다툼)와 ζῆλος(시기)는 고전 3:3과 롬 13:13에도 나오며 고후 12:20에서는 θυμοί(분냄)와 ἐριθεῖαι(분쟁)가 함께 묶여서 나온다. ἔχθραι(원수 맺음), διχοστασίαι(분열) 그리고 αἱρέσεις(파당)는 악행 목록과 관련해서는 어디에서도 사용되지 않는다. 따라서 일상적인 바울의 용어는 아닌 것이다. 공동체의 다툼에 대해 비슷한 집중화를 보이는 고후 12:20에 나오는 목록은 분명히 고린도 교회의 특정한 문제들을 반영하고 있다.

31. 악행 목록의 중심부분과 갈라디아 교회의 갈등 사이의 특별한 연관성에 대해서는 예, Vögtle, *Tugend-und Lasterkataloge*, 30; Easton, "Ethical Lists", 5-6; Wibbing, *Tugend-und Lasterkataloge*, 91, 95-97; Schweitzer,

동가들의 활동과 갈라디아 교회의 갈등 사이의 관련성 문제를 해결하지 않은 채로 남겨둔다. 선동가들이 갈라디아 교회에 남아있었기 때문에, 그들의 메시지에 설득된 사람들과 그렇지 않은 사람들 사이에 갈등이 있었다고 종종 추측하곤 한다. 그리고 이런 추측은 바울이 선동가들을 "여러분을 선동하는 사람들"(οἱ ἀναστατοῦντες ὑμᾶς, 5:12)이라고 묘사하는 것을 보면 어느 정도 근거가 있어 보인다.[32] 그러나 한편으로는, 2장에서 제안했듯이, 갈라디아 교회의 분열이 선동가들의 성공에 기여한 원인들 중 하나일 수도 있다. 분열된 교회는 새로운 정체성과 새로운 행동지침의 제안에 대해 보다 민감하게 반응하기 때문이다. 물론 이 두 가지 가능성은 상호 배타적이지 않다. 그리고 공동체의 분열과 개종자가 되고자 하는 욕망 사이의 연관성은 훨씬 복잡할 수도 있다. 고린도 교회의 당파성과 지혜의 관계와 마찬가지로(고전 1-4장), 원인과 결과를 구분하는 것은 어려운 일이다.

지금 이 상황에서 우리의 목적을 위해서는, 갈라디아 교회에 상호 간에 다툼이 존재했다는 충분한 증거가 있다는 것과 이런 상황이

"Gottesgerechtigkeit", 466-67; Furnish, *Theology and Ethics*, 84-6; Ebeling, *Truth of the Gospel*, 113; 그리고 주석가들 중에서는, Bruce, *Galatians*, 250; Bonnard, *Galates*, 113; Lagrange, *Galates*, 149; Mussner, *Galaterbrief*, 383을 보라. 반대 의견에 대해서는, Becker, *Galater*, 73과 Borse, *Galater*, 193, 207을 보라.

32. Burton, *Galatians*, 297; Mussner, *Galaterbrief*, 373-74; Bornkamm, "Freiheit", 134-35. 그러한 다툼의 성격에 대해 보다 정확하게 지적하는 것은 아마도 불가능할 것이다(Oepke, *Galater*, 186을 보라). 그리고 두 개의 명확하게 구분되는 적대적인 집단들(율법주의자와 "영적인 사람들", Lütgert, *Gesetz und Geist*, 9-21)이 있었다고 결론을 내리는 것은 분명코 도움이 되지 않는다.

5:25-6:10에 집중된 다양한 경구들을 이해하기 위한 가장 최선의 배경이라는 것을 언급하는 것으로 족하다. 우리는 그 표현 양식에서 지나치게 성급한 결론을 이끌어내지 않도록 조심할 필요가 있다. 일부 학자들은 그 경구들이 대부분 일반적인 용어들이라는 이유로, 이 경구들이 보편적으로 적용되는 것(즉 갈라디아 교회만을 위한 특별한 것이 아니라는 것)이라는 성급한 결론을 내린다.[33] 사실상 일반적인 권면들과 특별한 교훈들이 섞여 있는 경우에는 그것을 깔끔하게 범주화할 수 없다. 다만 신중한 주석을 통해서 이 다양한 경구들에 부여된 역할을 결정할 수 있을 뿐이다.

5:25-6:10의 경구들

i) 5:25-26 머리말—호소와 금지

5:25은 바울이 자주 사용하는 직설법과 명령법의 조합을 선명하게 보여주는데, 교차대칭구조를 통해서 영의 중심됨을 강조한다: εἰ ζῶμεν πνεύματι, πνεύματι καὶ στοιχῶμεν(우리가 영으로 삶을 얻었으니, 우리는 영이 인도해 주심을 따라 살아갑시다). 그리스도 안에 있는 갈라디아인들의 삶의 근원이신 영(3:1-5; 4:4-6)은 또한 그들의 행동 기준이 되어야만 한

---

33. Mussner, *Galaterbrief*, 396, n.1는 이 단락을 평가하면서 Dibelius를 따르는데, 5:26-6:6은 "1인칭 복수형에서 볼 수 있는 일반적인 교훈"이라고 말한다. Meyer, *Galatians*, 320와 Guthrie, *Galatians*, 154는 6:6-10을 "일반적인 권면"으로 본다.

다. 바울은 여기에서 περιπατεῖν("걷다", 5:16) 대신에 흔치 않은 용어인 στοιχεῖν을 사용하는데, 이 용어의 독특하고 미묘한 의미—"선을 따라 걷는 것"—는 영이 갈라디아인들이 따라야 할 명령 혹은 법칙이라는 것을 나타내는 것으로 보인다.[34] 이것은 바울에게는 영이 구체적인 윤리적 행동에도 적합하다는 것과, 이 구절이, 5:13-24에 나오는 육체와 영에 대한 논의를 마무리할 뿐만 아니라, 보다 구체적인 윤리적 교훈에 대해서 말하는 새로운 단락을 연다는 것을 보여준다. 베츠가 지적했듯이, 이 장에 나타난 바울의 직설법-명령법 진술들은 교훈의 새로운 국면을 열기 위해 전략적으로 배치된 것일 수도 있다(5:1, 13, 25).[35] 이런 요인들을 고려한다면, 5:25을 이후에 나오는 발언들의 목적을 설정하기 위한 "서론" 혹은 "머리말"로 보는 것은 타당하다. 즉, 이후에 나오는 발언들은 "영으로 행하는 것"이 무엇을 의미하는지에 대해 보다 정확하게 말하고 있는데, 우리가 앞으로 살펴보겠지만, "영의 열매"라고 하는 덕행 목록에 직접적으로 의존함으로써 그렇게 하곤 한다.

(가정)법으로 5:25과 밀접하게 연결되어 있지만, 25절의 긍정적인 권면을 돋보이게 하는 부정적인 들러리, 곧 다음 구절은 하지 말아야 할 것에 대해 말한다: μὴ γινώμεθα κενόδοξοι, ἀλλήλους προκαλ-ούμενοι, ἀλλήλοις φθονοῦντες(우리는 잘난 체하거나 서로 노엽게 하거나 질투하

---

34. (지시받은 줄을 따라서 행진하는) 군사적 용법에 근거해서 Oepke, *Galater*, 186은 이 부분에서의 의미를 "영의 행군 명령에 따르다"라고 해석한다. 이 용어는 이 서신의 6:16에서 다시 사용된다.

35. Betz, *Galatians*, 254-55, 294; 참조, Ebeling, *Truth of the Gospel*, 241-42.

거나 하지 않도록 합시다). 우리가 언급했던 대로, 이 구절은 5:15과 더불어서 "육체의 행위들"에 포함된 사회적인 범죄들에 대해서 강조하고 있는데, 이는 갈라디아 교회를 위협하는 사회적 분열을 가리키는 것이 분명하다. 그것은 다름 아닌 갈라디아 교회들의 공동체 생활의 와해를 나타내는 자만심, 노엽게 하는 것 그리고 질투하는 것이다. 바울이 좀 더 자세한 정보를 주지 않기 때문에, 누가 누구를 노엽게 했고 질투했는지 정확하게 재구성하기에는 근거가 부족하다.[36] 그렇지만, 바울이 특별히 그 같은 노엽게 함과 질투가 주는 파괴적인 결과에 더욱 관심을 두었다는 것은 아주 분명한데, 왜냐하면 바울은 그 근원이 자만심 혹은 거만함, 곧 κενοδοξία라고 보았기 때문이다.[37] 그와 같은 행동은 영의 열매 목록에 나오는 "화평" 그리고 "절제"와 가장 뚜렷한 반대의 입장에 서는 것이며, 분명히 영으로 행하는 것과 양립할 수 없는 것이다.

ii) 6:1a 죄 지은 성도를 바로잡아 줄 의무

자만심과 격동케 함에 대해 경고한 다음에, 바울은 곧바로 가장 자연스럽게 이런 잘못들의 원인이 되는 교회 생활 속에서의 사례, 즉

---

36. Duncan, *Galatians*, 179은 유대 그리스도인들이 그들이 시기하는 이방 형제들을 노엽게 했을 것이라고 생각한다. 반면에 Burton, *Galatians*, 323은 율법에 충실한 갈라디아인들이 훨씬 자유분방한 갈라디아인들의 자유를 시기했을 것이라고 제안한다.

37. κενόδοξος에 대해서는 Oepke, *TDNT* III 662: "근거 없는 견해(κενὴ δόξα)를 제시할 수 있거나 제시하려는 사람은 허풍을 떠는 사람이며, 거만하고 자만심이 강한 사람이다"를 보라.

동료 그리스도인이 실수로 죄에 빠진 경우에 대한 특별한 교훈들을

준다:[38] ἐὰν καὶ προλημφθῇ ἄνθρωπος ἔν τινι παραπτώματι(어떤 사람이

어떤 잘못에 빠진 일이 드러나면)라는 구절에 있는 προλημφθῇ의 의미가 다

소 불분명하다. 이 말은 예기치 않게 죄에(by sin) 압도되었거나, 혹은

죄를 짓고 있는(in sin) 것을 다른 그리스도인에게 들킨 것을 의미했을

수 있다.[39] 어떤 경우든지 바울은 παράπτωμα(잘못) 자체보다는 그 문

제를 어떻게 처리할 것인가에 더 관심을 둔다.[40] 그 사건이 죄인을 교

만한 자세로 비난하는 기회가 되어서는 안 되는 것은, 그것이 다만

그를 화나게 하거나 망가뜨릴 뿐이기 때문이다. 오히려, 이것은 영적

인 사람에게는 영의 열매를 드러낼 기회인 것이다: ὑμεῖς οἱ πνευμα-

τικοὶ καταρτίζετε τὸν τοιοῦτον ἐν πνεύνατι πραΰτητος(영의 인도하심을

따라 사는 사람인 너희들은 온유한 영으로 그런 사람을 바로잡아 주라). 바울은 갈라디

---

38. 비록 바울이 일반적인 용어인 ἄνθρωπος(사람)를 사용하고 있기는 하지만,
    그는 기독교 공동체의 구성원을 언급하고 있는 것으로 보인다. 일부에서
    는 ἀδελφοί(형제들)라고 하는 직접적인 인사말 때문에 6:1이 새로운 단락을
    열고 있는 것이라고 주장한다. 그러나 이것만으로는 단정할 수 없다: 갈라
    디아서의 다른 곳에서 ἀδελφοί가 종종 한 단락의 서두에 오기도 한다(1:11;
    3:15; 4:12; 5:13). 그러나 때로는 논증의 한 중간에 들어가기도 한다(4:28, 31;
    5:11). 여기에서는 이 단어가 5:25-26에 있는 명령의 중요성에 대해서 설명하
    면서 구체적인 위험에 대해 주의를 집중시키고 있는 것으로 보인다.
39. 전자는 G. Delling, art. λαμβάνω κτλ, in *TDNT* IV, 14-15가 지지한다; 후자는
    Schlier, *Galater*, 270과 대부분의 주석가들이 지지한다. ἐν이 도구나 지역을
    의미할 수 있기 때문에, 두 가지 해석이 모두 동일하게 가능한 것으로 보인
    다.
40. Betz, *Galatians*, 296는 이것을 인정한다. 따라서 그는 바울이 "갈라디아 교회
    들에 있는 극악무도한 악행"에 관심을 쏟고 있다고 하는, 이 구절에 근거를
    둔 자신의 논지를 손상시키고 만다.

아인들을 πνευματικοί(영을 따라 사는 사람들)라고 부르는데, 그것은 모든
사람들이 영을 받았기 때문이다(3:2, 5).[41] 그렇기 때문에 바울은 그들
에게 지속적으로 "영적인" 태도를 보이라고 호소할 수 있는 것이다.
따라서 καταρτίζετε τὸν τοιοῦτον ἐν πνεύνατι πραΰτητος("온유한 영으로
그런 사람을 바로잡아 주라", 6:1; 참조, πνεύματι στοιχῶμεν, "영으로 행해야 한다", 5:25)라
는 명령법의 근거가 되는 πνευματικοί(영을 따라 사는 사람들)이라는 말은
필연적으로 명령법을 수반하는 직설법적인 표현(참조, εἰ ζῶμεν πνεύματι,
"영으로 살면", 5:25)이다. 바울은 분명하게 5:25의 기본 원칙을 적용한다.
그리고 영의 열매의 특징 중의 하나인 온유-관용(πραΰτης)을 실천하라
고 호소한다(5:23). 갈라디아인들이 공동체 안에서 살아가는 방법은,
범죄한 사람을 다루는 방법을 포함해서, 영에 대한 복종을 실천하는
것이어야 한다.

iii) 6:1b 책임—"자신을 돌아보라"

이 전체 단락에 나타난 공적인 의무와 개인적인 책임 사이의 주
제상의 균형은, 바울이 갑작스럽게 다른 사람을 교정해주는 이인칭
복수 명령(καταρτίζετε τὸν τοιοῦτον, "너희들은 그런 사람을 바로잡아 주라")에서 자
기 자신을 돌아보는 이인칭 단수 명령(σκοπῶν σεαυτόν, "자기 스스로를 살피
라")으로 전환되는 방식에 잘 드러나고 있다.[42] 특히, 바울은 개개인,

---

41. 여기서 분명하게 아이러니가 없는 것에 대해서는 위 266-67쪽을 보라.
42. Burton은 이런 이인칭 단수의 사용이 "권면을 보다 강력하게 만들어 준다"
    고 올바르게 지적한다. *Galatians*, 328; 그렇기 때문에 아주 정확하게 그것이
    각각의 개인에게 적용되는 것이다.

짐작컨대, 바로잡아 주는 일에 가장 많이 연루된 사람들이 그의 감독 하에 있어야 한다고 강조한다. 자기 성찰은 μὴ καὶ σὺ πειρασθῇς(네가 유혹에 빠지지 않도록) 하기 위해 필요한 것이다. 이것은 누구든지 형제가 실수로 범한 죄에 대해 자신도 마찬가지로 연약하다고 하는 겸허한 인식에서 기인한다. 그렇기 때문에 바울은 곧바로 공동체 안에 있는 오만한 윤리적인 감시자가 자신의 가르침을 사용할지도 모르는 위험에 대처한다. 오히려, 자기 자신의 연약함을 인정하는 것은 모든 κενόδοξοι(자만심)를 배척한다(5:26). 6:1의 두 부분은 서로 묶여 있는데, 서로 간에 긴밀한 균형을 이루는 것을 통해서 만이 아니라, ἐν πνεύματι πραῦτητος(온유한 영으로) 행동한다는 의미에 있어서도 그러하다. 왜냐하면 πραῦτητος가 다른 사람에 대해 온유한 것(1a절)과 하나님 앞에서 자기 자신의 연약함을 인식하는 겸손(1b절)을 모두 나타내기 때문이다.[43] 따라서 바울은 두 가지 측면에서 πραῦτης의 적용을 자세하게 설명하고, 공동체 안에서 사랑의 관계를 유지하기 위해 그것이 얼마나 중요한지 설명한다.

iv) 6:2 서로의 짐을 져주어야 하는 의무
모든 구성원들이 다른 사람과 마찬가지로 죄에 빠질 수 있다는

---

43. F. Hauck and S. Schulz, art. πραῦς, in *TDNT* VI, 645-51과 C. Spicq, "Benignité, Mansuétude, Douceur, Clémence", *RB* 54 (1947) 321-39를 보라. 세속 그리스어에서는 명사가 일반적으로 "온유함"을 의미하는 반면에, 칠십인역에서 종종 עָנָו를 번역하는 곳에서는 하나님 앞에서의 겸손이라는 개념을 포함한다; 그러나 여기에서는 두 가지 의미가 다 분명하지 않다.

것을 인정하기 때문에, 바울은 서로 짐을 지는 것을 강조한다(ἀλλήλων [서로]이 첫 번째 단어인데, 강조의 역할을 하고 있다). 그는 여기에서, 동료 그리스도인을 돕는다고 하는 1a절의 주제를 다시 시작하는데, 모든 종류의 육체적, 윤리적 혹은 영적인 짐(βάρη)을 포함하기 위해 오히려 초점이 확대된 것으로 보인다.[44] 지난 장에서 보았듯이, 이 구절은 5:13-14에 있는 율법을 성취하는 이웃 사랑으로 서로 섬기라는 바울의 명령과 맥을 같이 한다. 달리 표현하자면, 짐을 지는 것은 그리스도인 공동체의 주된 특징이어야 하는 사랑(ἀγάπη)에 달려 있다는 것이다(참조, 5:6). 따라서, 최소한 암시적으로라도, 바울은 다시 한번 5:22-23에 있는 영의 열매에 나열되어 있는 자질들에 의존한다. 여기에서 그는 가장 첫째 되는 덕목인 ἀγάπη(사랑)가 서로 돕는 일에 어떻게 작용하는지 보여준다. 5:26과의 차이는 ἀλλήλων(서로)이 5:26의 ἀλλή-λους(서로를) ... ἀλλήλοις(서로에게)를 반영하는 방법을 통해서 드러난다. 즉 영을 따라 행함으로써 갈라디아인들은 그리스도의 법을 이루게 되고, 그들이 지금은 서로 노엽게 하는 것을 서로 사랑하면서 돕는 것으로 변화시키게 된다는 것이다.

v) 6:3-5 책임—"자기의 일을 살피고, 자기의 짐을 지라"

이 단락에서 바울의 초점은 공동체 각각의 구성원과 그 구성원의 자기이해로 되돌아간다(εἰ δοκεῖ τις ... δοκιμαζέτω ἕκαστος ... ἕκαστος ... βαστάδει, 3-5절). 그 내용들을 정리하자면, 자기기만(3절), 자기평가(4절)

---

44. 위의 제4장 각주 82를 보라.

그리고 개인적인 책임(5절)이 될 것이다. 이것들은 서로 밀접하게 연결된 주제들이다.[45] 아무것도 되지 못하고 된 줄로 생각하는 것은(3절) 바울이 서두에서 경고한 바 있는 자만심에 빠지는 잘못과 정확하게 일치한다(κενόδοξοι, 5:26; 참조, δοκεῖ, 6:3). 바울이 말하고자 하는 것이 모든 사람이 무가치하기 때문에, 모든 자기주장이 잘못이라는 뜻은 아닐 것이다.[46] 오히려, 그는 (아마도 예루살렘 사도들을 간접적으로 언급하는 것 같은데 [2:6, 9]) 자신의 중요성을 과대평가하고, 그로 인해서 자기 자신을 기만하게 되는 것이 위험할 정도로 쉽다고 갈라디아인들에게 경고한다.[47]

따라서 4절은 자연스럽게 순서에 따라 각 사람이 자신의 일을 살피라고 강조한다. ἕκαστος(각자)와 ἑαυτοῦ(자기)는 이 점에 대한 개인적인 책임을 강조한다. 그와 같은 자기성찰은 바울이 그가 세운 교회들에게 당부할 때 선호하던 주제다.[48] 이 절의 두 번째 부분—καὶ τότε εἰς ἑαυτὸν μόνον τὸ καύχημα ἕξει καὶ οὐκ εἰς τὸν ἕτερον—은 해석하

---

45. 또한 여러 언어적인 연결도 있다(예, ἑαυτοῦ와 ἕκαστος의 사용).
46. *Pace*, 예, Oepke, *Galater*, 189; Schlier, *Galater*, 273; Mussner, *Galaterbrief*, 400. Hüner, *Law in Paul's Thought*, 103ff.는 6:4에 의하면 어느 정도는 자기주장이 정당화된다고 올바르게 주장한다.
47. φρεναπατᾶν(속이다)은 바울이 여기에서 만들어낸 동사임이 분명하다. Lightfoot는 다음과 같이 말한다: "그 말은 주관적인 생각이라는 개념을 나타낸다. 따라서 앞에 나오는 δοκεῖ를 강화시켜준다." *Galatians*, 213. οἱ δοκοῦντες εἶναί τι("유명하다는 사람들", 2:6)에 대한 바울의 반어적인 언급들과의 연관 가능성에 대해서는, Barrett, *Freedom and Obligation*, 80-81을 보라.
48. 롬 14:22 고전 3:10-15; 11:28; 고후 13:5; 살전 5:21 등.

기가 쉽지 않다. 이 구절은 일반적으로 "그러면 자랑할 이유가 자기에게만 있고, 이웃에게는 없을 것입니다"라는 식으로 번역된다.[49] 이런 번역은 εἰς가 "~에 대하여"나 혹은 "~과 관련해서"를 의미하는 것으로 본다. 그리고 대부분의 주석가들이 제시하는 표준적인 해석은 바울이 자기 자신의 행위에 근거한 자랑은 허용하지만, 다른 사람과의 비교를 통한 자랑은 허용하지 않는다는 것이다. 이런 해석이 문맥상 의미가 통하고, καύχημα를 "자랑의 근거"라고 일반적인 의미로 해석하기는 하지만 문제가 없는 것은 아니다. 왜냐하면 두 개의 εἰς-절을 서로 연결시키는 것이 쉽지 않기 때문이다.[50] 실제로, εἰς를 "방향"의 의미로 이해하고, 그 구(phrase)를 "그러면 그는 그의 자랑을 이웃이 아니라 오직 그에게만 향하게 할 것이다"로 번역하는 것의 적합성이 강하게 주장될 수 있다.[51] 만일 이것이 정확하다면, 바울의 명

---

49. RSV; AV, NIV, Moffatt도 비슷하다.

50. 만약 첫 번째 절(εἰς ἑαυτὸν)을 "자기 자신에 대해서" (자랑하는) 으로 본다면, "다른 사람에 대해서"(εἰς τὸν ἕτερον) 자랑하는 것은 무슨 뜻인가? 그 대신에, 만약 두 번째 절을 "다른 사람과 비교해서"로 본다면, "자기 자신과 비교해서" 자랑하는 것은 무슨 의미인가? NEB 번역인 "그러면 그는 다른 어느 누가 아니라 자기 자신과 비교해서 자신이 한 일을 평가할 수 있다"가 이 절에 대한 가장 좋은 번역이긴 하지만, εἰς ἑαυτὸν에서 많은 것을 읽어내야 한다. 이 문제를 해결하기 위한 Hübner의 시도는(Law in Paul's Thought, 107: 자기 자신의 일을 그리스도인에게 요구되는 것과 비교하는[5:14]) 더 복잡하다.

51. 비록 내가 이런 해석을 H. Lietzmann, Die Briefe des Apostels Paulus. 1. Die Vier Hauptbriefe, Tübingen 1910, 260("그래서 그는 자기에게만 영광을 돌리고, 다른 사람과는 상대하지 않는다.")와 Borse, Galater, 211에서 보기는 했지만, 이런 해석이 주요 주석들 속에서 자세하게 검토되는 경우는 거의 없다. Bruce, Galatians, 259는 비슷한 번역을 제시하기는 하지만, 6:4을 주석하면서 아무

령의 목적은 경쟁을 최소화하고(5:26), 절제를 장려하는 것이다(다시 한 번 5:23의 ἐγκράτεια[절제]를 보라). 즉, 자기 자신의 일을 살핀 이후에는 그것을 남들 앞에서 과시해서는 안 되고, 스스로 자랑스러워하는 것으로 그쳐야 한다는 것이다.

흥미롭게도 바울은 행위(ἔργον)가 반드시 평가되어야 하지만, 행위에 대해 전적으로 긍정적이며 또한 적당한 한도 내에서 자신의 행위를 자랑스러워하는 것을 옳다고 인정한다.[52] 비록 바울이 ἔργα νόμου(율법의 행위들)에 반대하는 주장을 하지만, 그들이 어떤 일을 "행했기" 때문에 그러는 것은 결코 아니다. 오히려 믿음도 사랑을 통해서 일한다(5:6, πίστις δι' ἀγάπης ἐνεργουμένη)고 말한다. 단수인 ἔργον(행위)이

런 설명이 없다. 행적이나 사람"에 대한" 자랑을 말할 때, 바울은 전치사 ἐν, ἐπεί 그리고 ὑπέρ를 사용한다. 바울이 εἰς를 사용하는 경우 중에서(참조, 고후 10:13, 15, 16; 11:10), "누군가에 대해 자랑하다"라는 의미로는 기껏해야 한 번 정도 예외적으로 사용되는 것으로 보인다: 고후 8:24 τὴν οὖν ἔνδειξιν τῆς ἀγάπης ὑμῶν καὶ ἡμῶν καυχήσεως ὑπὲρ ὑμῶν εἰς αὐτοὺς ἐνδεικνύμενοι εἰς πρόσωπον τῶν ἐκκλησιῶν(C. K. Barrett, *The Second Epistle to the Corinthians*, London 1973, 230을 보라). 참조, 롬 4:2 ἔχει καύχημα ἀλλ' οὐ πρὸς θεόν.

52. 이 구절들에 대해 "행위를 자랑하는 것"은 바울 신학과 양립할 수 없다고 하는 기존의 전제를 가지고 접근하는 대부분의 주석가들이 겪는 어려움은 Schlier, *Galater*, 274, Mussner, *Galaterbrief*, 401 그리고 E. Synofzik, *Die Gerichts—und Vergeltungsaussagen bei Paulus*, Göttingen 1977, 44에 잘 드러나 있다. Hübner, *Law in Paul's Thought*, 105-8은 이 부분에서 바울의 긍정적인 견해를 올바르게 강조한다. G. Klein, "Werkruhm und Christusruhm im Galaterbrief und die Frage nach einer Entwicklung des Paulus", in *Studien zum Text und zur Ethik des Neuen Testaments*, ed. W. Schrage, Berlin 1986, 196-211의 Hübner에 대한 답변은, εἰς ἑαυτὸν . . . εἰς τὸν ἕτερόν에 대한 그의 해석이 (208-9, 빌 2:16을 근거로 들고 있다) 여기에서 주장되는 것과 상당히 비슷한데도 불구하고 아주 설득력 있는 것은 아니다.

(복수인 ἔργα νόμου[율법의 행위들]와는 구별되는) 중요한 의미가 있는지에 대해
서는 윤리적인 교훈들의 전체적인 관점에 입각해서 적절한 때에 살
펴보도록 하겠다. 여기에서 τὸ ἔργον ἑαυτοῦ(자기의 행위)는 인간 존재
의 기본적인 특성을 가리키는 것으로 보인다.[53] 그리고 바울이 갈라
디아인들에게 ἕκαστος γὰρ τὸ ἴδιον φορτίον βαστάσει("사람은 각각 자기
몫의 짐을 져야 합니다", 6:5)라고 훈계할 때 이런 개인적인 성취를 염두에
둔 것이 거의 확실해 보인다. 이 구절은 바울이 개인적인 책임에 대
해 말했던 것을 간결하게 요약해준다.[54] 감당해야 할 짐(φορτίον)은 고
통이나 죄의 부담이 아니라, 하나님 앞에서의 책임을 나타내는 것으
로 보인다.[55] 이 구절의 분위기가 언뜻 보기에는 이 구절과 상응하는
6:2과 대립하는 것처럼 보인다(βαστάζετε … βαστάσει, "여러분이 … 져 주십시오
… 자기가 … 질 것입니다"). 그러나 두 구절은 서로 아주 잘 부합한다. 왜냐
하면, 우리가 이미 설명하기 시작한 바와 같이, 상호 의무와 개인적
인 책임이라는 두 개의 상호보완적인 주제들이 섞여서 이 전체 단락
을 구성하기 때문이다.[56] 비록 다른 동료를 도와주고 교정해주기는

---

53. Hübner, *Law in Paul's Thought*, 104: "그의 실존의 근본적인 '성향'이기 때문
에 행동으로 표현될 수밖에 없는 것이다."
54. γάρ는 앞에 있는 구절들에 대한 근거를 가리킨다. 그러나 Betz, *Galatians*,
303의 견해와는 반대로, "단순히 비슷한 진술을 덧붙이고 있다는 표시"는
아니다.
55. 대부분의 주석가들이 그렇게 해석한다(Mussner, *Galaterbrief*, 401-2는 예외).
참조, φορτίον이 Epictetus, *Diss* 2.9.22(Betz가 바로 이 구절에서 인용함)에서
의무/책임성이라는 의미로 나온다.
56. Burton은 다음과 같이 말한다: "2a절에 대한 역설적인 대립은 의심의 여지없
이 인식하고 있는 것이며 의도적인 것이다 . . . 그는 동료의 짐을 기꺼이 져

하지만, 개개인의 신자들은 그 자신을 돌아보아야만 하고, 자신을 살피고 자신의 의무를 감당해야 한다. 분명치는 않지만, 미래시제 (βαστάσει)가 특별히 마지막 심판을 예상하는 것일 수도 있다.[57]

vi) 6:6 가르치는 자들을 후원해야 할 의무

많은 주석가들이 이 구절 때문에 혼란스러워 한다. 말씀을 가르치는 자들과 가르침을 받는 자들에 대한 언급이 아무런 문맥적인 연관성 없이 갑자기 등장한다. 그리고 아무런 뚜렷한 이유 없이 공동체 생활의 구체적인 세부사항을 언급하는 것처럼 보인다. 버튼은 "주제가 새로우며, 전체 서신의 주제와 아무런 연관이 없다"고 선언하는데, 반면에 무스너(F. Mussner)는 바울이 "놀랍게도 6절에서 이상한 경고를 … 던지고 있다"고 말한다.[58] 그럼에도 불구하고, 개인적인 의무와 공동체적인 의무라고 하는 두 가지 주제가 이 구절을 통해서 어떤 방식으로 서로 섞여 있는지를 알게 되면, 최소한 그 난점의 한 부분은 해결된다. 다른 사람을 바르게 잡아주라는 명령이 자기 자신을 돌아볼 필요를 통해서 균형이 잡히는 것과 마찬가지로(1절), 자기 자신

야 한다는 것이 자신의 짐이라는 것을 알고 있다." *Galatians*, 334.

57. 참조, 5:10 ὁ δὲ ταράσσων ὑμᾶς βαστάσει τὸ κρίμα(여러분을 교란시키는 사람은 심판을 받을 것입니다). Mussner, Bonnard, Bruce 그리고 Schlier는 종말론적인 언급이라는 것을 지지한다. 그러나 Betz는 부정한다("미래시제는 경구적인 것이지 … 종말론적인 것이 아니다." *Galatians*, 304). 에스라4서 7:104-105에 흥미로운 평행이 있다.

58. Burton, *Galatians*, 335; Mussner, *Galaterbrief*, 402. Bonnard, *Galates*, 125는 이 말을 문맥에 결합시키려는 모든 시도들이 "이제는 외면당하고 있다"고 생각한다.

의 짐을 지라고 강조하는 것(5절)은 회중 안에는 특별한 도움이 필요
한 사람들이 있다는 것을 받아들임으로써 균형이 잡혀야 하는 것이
다(6절). 이런 방식으로 δέ(그러나)는 앞의 구절에 대한 온건한 대조를
나타내는 표시가 될 수 있다. 반면에 실제 내포한 의미는 6:2의 것을
반영함과 동시에 증폭시키고 있다. 즉, 그리스도인의 모임 안에 충만
해야 하는 (바울과 예루살렘의 사도들 사이에서 있었던 것과 같은[2:9]) κοινωνία(친
교)는 서로의 짐을 져준다는 표현이라는 것이다. 바울이 "말씀을 가
르치는" 자들을 별도로 언급한다고 해서, 갈라디아의 교사들의 어떤
특별한 불명예스러운 폐단을 암시하는 것은 아니다.[59] 회중의 영적인
행복에 가장 책임이 있고, 분명히 회중의 도움이 필요한 사람들이기
때문에, 기독교 공동체에 대해 논하는 다른 곳에서와 마찬가지로, 여
기에서도 바울의 관심이 가르치는 자들에게 집중되는 것은 당연하
다.[60] 또한 가르침을 받는 자가 자신의 소유물을 교사와 함께 나누어
야 하는 것(κοινωνείτω ... ἐν πᾶσιν ἀγαθοῖς, "모든 좋은 것을 ⋯ 나누어야 합니다")도

---

59. 위의 263-66쪽을 보라. Eckert, *Verkündigung*, 146-47는 선동가들이 여전히
    가장 바울에게 충성스러웠던 교사들에게 특별히 적대적이었을 것이라고 주
    장한다. ὁ κατηχῶν τὸν λόγον(말씀을 가르치는 자)이 예루살렘 교회를 언급
    하는 것이라는 Hurtado "Jerusalem Collection", 54-5의 제안은 아무 근거가
    없다.
60. 참조, 고전 9장; 고후 11:7-11; 살전 2:7-10; 빌 4:10-11에 있는 사역자들을 후
    원하는 것에 대한 바울의 논의, 그리고 마 10:10; 눅 10:7; 고전 9:14; 딤전
    5:18이 반영하고 있는 그리스도의 말씀. 이 구절을 특별하게 만드는 것은, 교
    사들이 최소한 생계의 일부를 교회에서 후원받으면서, 갈라디아 교인들 가
    운데 거주하는 것으로 보인다는 것이다. 안타깝게도 우리는 이 범주에 얼마
    나 많은 사람이 속해 있었는지, 혹은 이런 관습이 얼마나 폭넓게 행해지고
    있었는지에 대해서는 말할 수 없다.

영의 열매의 실천적 적용이다. 즉, 갈라디아인들은 ἀγαθωσύνη(선함)의 실천을 통해서 영 안에서 행해야 한다(참조, 5:22).[61] 영 안에 있는 삶의 사랑과 선함은 "모든 좋은 것들"로 교사들을 후원하는 데서 최고의 실천적인 표현을 보여준다.

vii) 6:7-8 책임—"무엇으로 심든지 그대로 거두리라"

바울은 이제 각 사람(ἄνθρωπος, 7절)이 하나님 앞에서 감당해야 할 개인적인 책임에 대해 마지막 설명을 한다. 그 설명은 갈라디아인들에게 스스로 속이지 말라(μὴ πλανᾶσθε)는 호소로 시작한다. 그들은 사실을 직시해야 한다. 왜냐하면 맹세를 감찰하시며(1:20), 불편부당하신(2:6) 하나님은 조롱받는 분이 아니시기 때문이다(οὐ μυκτερίζεται).[62] 바울은 사람을 대하는 하나님의 공의로우심을 잘 알려진 사례를 들어서 설명한다. "사람이 무엇으로 심든지, 그대로 거둘 것이다." 이 농사와 관련된 격언은 대부분의 고대 문화에서 친숙한 것이었음이 분명하고, 유대인과 초기 그리스도인의 저술에서도 모두 공통적으로

---

61. 대부분의 주석가들은 τὰ ἀγαθά(좋은 것)를 물질적인 재화로 본다. 그러나 κοινωνείτω(나누라)를 "회원으로 받아주도록 하라"는 의미로 보는, Oepke는, *Galater*, 192-93, 이것을 영적인 축복으로 해석한다(일반적으로 배우는 자들은 그들의 교사들에게서 **물질적인 이익**을 받지는 않는다!). 그러나 Oepke의 해석이 바울의 명령을 대체적으로 무의미하게 만드는 반면에, 다른 구절에서는 κοινωνεῖν이 분명히 나누어주는 관계를 의미한다(롬 12:13; 참조, Barn 19.8).

62. 여기에서 사용되는 표현이 강하기는 하지만, 갈라디아인들이 일부러 혹은 의식적으로 하나님의 심판이라는 개념을 거부했다는 암시는 없다(*pace* Jewett, "Agitators", 211-12).

나타난다.[63] 여기에서 바울은 이 격언을 자신의 목적에 맞게 수정한
다. 즉, 8절에서 그는 뿌려진 씨(ὃ ἐὰν σπείρῃ)를 씨가 뿌려진 토양(ὁ
σπείρων εἰς τὴν σάρκα … εἰς τὸ πνεῦμα, "육체에 심는 자 … 영에 심는 자")으로 표현을
살짝 바꾸고 그것을 이 서신 전체에 걸쳐서 사용한 육체와 영의 대립
에 적용시킨다(참조, 3:3; 4:29; 5:13ff.).

육체/영에 대한 이 마지막 언급은 바울의 권면을 요약할 뿐 아니
라, 실제로 전체 서신의 메시지를 요약한다. 자기 자신의 육체를 위
해(εἰς τὴν σάρκα ἑαυτοῦ) 심는 것은 바울이 강조했던 자만심, 질투 그리고
다른 "육체의 행위들"에 빠지는 것이다. 그리고 보다 넓은 범주에서
보자면, 순전히 인간적인 생활 방식에 여전히 얽매여 있는 모든 행동
들이 여기에 포함된다(아래의 6장을 보라).[64] 그 같은 생활 방식에서 유일
하게 거둘 수 있는 것은 "멸망"(φθορά) 뿐이다.[65] 그러나 영을 위해 심

---

63. 헬레니즘과 라틴 문헌에 대해서는, 예, Plato, *Phdr* 260d; Demosthenes, *Cor*
159; Cicero, *Orat*, 2.65; Plautus, *Mer* 71을 보라. 구약에서는 욥 4:8; 시 126:5;
잠 22:8; 호 8:7 등. Philo에서는, *Conf* 21, 152; *Mut* 268-69; *Som* 2:76 등; 참
조, 레위의 유언 13:6; 에스라4서 4:28ff.; 신약에서는 눅 19:21-22; 요 4:35-
36; 고전 9:11; 고후 9:6.

64. Oepke, *Galater*, 195는 여기에서의 ἑαυτοῦ가 사용된 것을 "사람과 육체의 밀
접하고도 자기중심적인 관계를 표현"하고 있다고 설명한다; 그러나 아래의
제6장을 보라. 고후 9:6에서 관대함과 관련해서 파종-추수 주제를 사용한 유
비에 대해서, Lightfoot, *Galatians*, 13-14, 55, 216, Burton, *Galatians*, 339-40
그리고 Borse, *Galater*, 214-16은 이 구절들이 특별히 6:6에서 그리고 있는 관
대함에 힘을 실어주고 있다고 생각한다. 그러나 그 격언은 이런 방식으로 의
미가 제한되기에는 너무 일반적이고, "육체"와 "영"이라는 범주도 지나치게
광범위하다.

65. 참조, 롬 8:6, 13에 나오는 σάρξ(육체)와 θάνατος(사망)의 연결. 추수 은유와
미래시제는 최후의 심판을 암시 한다(호 6:11; 욜 4:13; 에스라4서 4:26-32;

는 것은 영의 지시를 따라서 행하는 것이다. 즉, 그것은 "영의 열매"를 실천에 옮기는 것이며(한 가지 농사 은유가 다른 농사 은유를 이끌어낸다), 바울이 강조해온 방식으로 공동체에 적용하는 것이다. 영으로부터 거둘 수 있는 결과물은 "영생"(ζωὴ αἰώνιος; 참조, 5:25, εἰ ζῶμεν πνεύματι ..., "영으로 살면")이다. 영을 위해 심을 것인가, 육체를 위해 심을 것인가라는 선택은 기본적인 삶의 방향에 대한 선택이다. 바울은 오직 이 두 가지 가능성만을 용납하는데, 바울에게 그것은 진리에 대한 복종과 불복종 사이에서 선택하는 것을 의미한다.

viii) 6:9-10 끊임없이 선을 행해야 하는 의무

이 마지막 두 구절은 상호 간의 의무라는 주제에 대해 대답하는데, 두 개의 동일한 의미의 절(synonymous clause)로 표현된다: τὸ καλὸν ποιοῦντες ... ἐργαξώμεθα τὸ ἀγαθόν(선한 일을 하다가 … 선한 일을 합시다). 이 가정법 권면이 동일한 법(mood)으로 시작했던 단락을 매듭 짓는 반면(5:25-26), 언어적인 연관성은 이 두 구절을 앞의 구절과 묶어주고(θερίσει, "거둘 것이다", 8절; θερίσομεν, "거둘 것이다", 9절) 또 서로를 묶어준다(καιρῷ, "때", 9절; καιρόν, "기회", 10절). 사실상 이 구절들은 전반적으로 암시되었던 것을 분명하게 표현한다. 즉, 어떤 사람의 개인적인 책임이 다른 사람에 대한 의무를 성취하는 것과 부분적으로 관련이 있다는 것이다. 다시 말해, 영을 위해 심는 (그리고 행복한 결과를 거두는) 사람은 모든 사람에게 선을 행하는 것이 된다는 것이다. 따라서 이 두 가지 주

마 13:39; 계 14:14-20 등).

제는, 비록 구분되기는 하지만, 상호 배타적이지 않고 오히려 서로를
보완해주며 해명해준다. 그리고 바울이 여기에서 연결어들을 사용하
는 것은 결코 인위적인 것이 아닐 뿐만 아니라, 사상이 근본적으로
연결되어 있음을 보여준다. 바울은 갈라디아인들에게, 선을 행하더
라도 그들이 속을 수 있을 뿐만 아니라(3, 7절) 낙심할 수도 있고(ἐγκα-
κεῖν), 지칠 수도 있음을(ἐκλύειν) 의식하고 있어야 한다고 강조한다.[66] 바
울은 그들에게 인내하라고 격려한다. 왜냐하면 그렇게 하는 자들만
이 "때가 되면" 보상을 받게 되기 때문이다(καιρῷ ... ἰδίῳ, 9절).[67] 갈라디
아인들이 "정해진 때"를 기다리면서, 견뎌내기 위해서는 영의 열매
(μακροθυμία, 5:22)로 맺히는 모든 인내가 있어야 한다. 이런 종말론적인
전망은 "기회가 있는 대로"(ὡς καιρὸν ἔχομεν) 모든 사람에게 선을 행하
라고 하는 결론적인 호소(ἄρα οὖν)에 이르게 된다. 다시 한번 영의 열
매인 "선함"(ἀγαθωσύνη)은 모든 이들에게 선(τὸ ἀγαθόν)을 행하는 일에
적용된다. 여기에서 사용된 동사는 그와 같은 열매가 그저 맺히는 것
이 아니라, 오히려 평가받아야 하는 ἔργον("행위", 4절)에 상응하는 행
함과 활동(ποιοῦντες, 9절; ἐργαζώμεθα, 10절)을 포함한다는 것을 분명하게
해준다. 이런 선행의 영역은 보편적—"모든 이들에게"—이지만 마지

---

66. 두 동사는 거의 동의어이다. 그러나 아마도, 마음을 잃어버리는 것(ἐγκακεῖν)
과 힘을 잃어버리는 것(ἐκλύειν)으로 구분할 수도 있을 것이다. Lightfoot,
Galatians, 217. 6:9-10의 이문들에 대해서는 Barrett, *Freedom and Obligation*,
117 n.66을 보라.

67. καιρός는 역사의 종말(막 13:33; 살전 5:1; 고전 4:5; 7:29; 계 1:3 등)만이 아
니라 추수(마 13:30; 막 11:13; 행 14:17)의 때에도 자주 사용되기 때문에 특히
적합할 수 있다.

막 절(μάλιστα δέ πρὸς τοὺς οἰκείους τῆς πίστεως, "특히 믿음의 식구들에게")은 기독
교 공동체가 우선이라고 말한다. 마지막 절로 인해 보편주의에 관한
최초의 진술이 무효화되지는 않더라도,[68] 이는 바울의 권면의 제한
범위를 드러내는 표시가 된다. 이 구절 전체를 통해서 그의 일차적인
관심은 그리스도에 대한 믿음으로 함께 묶인 가정들(οἱ οἰκεῖοι τῆς
πίστεως)인 교회 안에서의 관계와 의무들이다.[69] 이 부분에서 특별한
문제들이 제기되었던 것 같다. 따라서 이것은 갈라디아인들이 계속
해서 영으로 행할 것인지를 판가름하는 중요한 시험인 것이다.

이 경구들의 목적

이 구절들에 대한 분석은 필연적으로 그것들이 상투적인 윤리적
충고의 일환으로 단순히 서신에 부록으로 덧붙여진 것이 아니라는
결론에 이르게 된다. 오히려, 그것들은 갈라디아인들에게 구체적인
지침을 주고, "영으로 행하는" 것이 무엇을 의미하는지에 대해 구체
적인 용어로 설명하려고 하는 바울의 의지를 보여준다. 이 경구들 가

---

68. Betz, *Galatians*, 311: "그것은 앞에 나오는 야심찬 보편주의를 취소하려는 것
　　이 아니라, 독자들로 하여금 기독교 공동체의 구체적인 역사적 현실에 주목
　　하게 하려는 것이다." Montefiore, "Thou Shalt Love", 161-13은 이에 반대한다.
69. 가정으로서의 교회에 대해서는 참조, 고전 3:9-17; 고후 6:14-16; 엡 2:19-22.
　　이 은유가 빈번하게 사용되는 것은 οἰκεῖοι τῆς πίστεως를 예루살렘 교회에 대
　　한 특별한 언급으로 해석하려고 하는 Hurtado, "Jerusalem Collection", 53-57
　　의 시도를 손상시킨다.

운데서 많은 것들이 "영의 열매"의 구성요소들—πραΰτης("온유", 6:1), ἀγάπη("사랑", 6:2), ἐγκράτεια("절제", 5:26; 6:4), μακροθυμία("인내", 6:9-10), ἀγαθωσύνη("선함", 6:6, 10)—에 대한 실제적인 설명의 기능을 하고 있으며, 따라서 이런 추상적인 특성들이 구체적인 윤리 지침으로 "현실화"될 수 있도록 해준다.[70] 시종일관 바울은 갈라디아인들에게 그들이 하나님께 대하여 책임이 있다는 것과 서로에 대해 의무가 있다는 것을 되새겨 주려고 애를 쓴다. 특별히 그는 서로를 파괴할 위험이 있는 갈라디아 교회의 자만심과 불화의 문제에 관심을 둔다. 바울은 그들에게 영의 열매만이 그들 가운데 있는 이런 문제들에 대항하고 극복할 수 있다고 설명하면서 영을 위해 심으라고 호소한다.

방금 제시한 주석이 위에서 언급한 구조와 적합성 문제에 대한 해결책을 입증하는 데 도움이 된다. 이 구절들은 논리적인 순서에 따라서 구성되지 않았을 뿐만 아니라, 그렇다고 해서 완전히 임의대로 수집해 놓은 말들도 아니다. 이 구절들은, 5:25-26에 나오는 서론적인 권면과 경고에 이어서, 이 단락 전체에 걸쳐서 서로 간에 지속적인 균형을 유지하고 있는 개인적인 책임과 공동체적인 의무라는 두 가지 주요 주제를 전개시킨다. 이 구절들은 연결어들 이상으로 서로 결합되어 있었으며, 심지어는 6:6 같은 구절은 전체 방향과 일치하는 것으로 볼 수 있다. 또한 우리는 이런 다양한 경구들이 결코 갈라디아 교회와 무관한 것이 아니며, 다툼과 분열 같은 일반적인 문제들

---

70. 자기가 말한 일반적인 윤리 권면에 구체적인 적용을 제공하는 바울의 능력에 대해서는 Schrage, *Einzelgebote*, 61-64를 보라.

을 해결하기 위해 의도된 것이 아니라고 넉넉히 결론 내릴 수 있다. 악행 목록에 나온 **각각의** 세부사항들이 갈라디아의 악명 높은 잘못들을 반영하는 것으로 본다거나, 혹은 **모든** 언급들을 구체적/직접적인 위기와 연결시킬 수는 없다. 그렇기에 갈라디아의 그리스도인들 중에 "영지주의", "자유방임주의" 또는 "헬레니즘적" 경향들이 있었다는 구체적인 증거는 없다. 그보다도 바울이 끄집어내는 **주제들**—죄지은 형제를 돌이키게 해주는 것, 자만의 위험, 가르치는 자들을 도와 줄 필요—은 서로 간에 다툼이 발생할 수 있는 상황에 해당하는 주요한 사례들이다. 일부 경구들이 일반적인 형식(5:26; 6:2; 6:5; 6:7-10)으로 표현되었다고 해서 갈라디아 교회의 특별한 상황에 적용할 수 없는 것은 아니다. 반면에 다른 경구들의 특수한 양식(6:1; 6:3-4; 6:6)이 반드시 직접적으로 문제가 되는 사건을 암시하는 것은 아니다.[71] 바울이 강조—그가 대답하면서 가장 강조하는 부분들—하고 있는 것을 꼼꼼하게 살펴보아야 이런 경구들 이면에 있는 주제들, 즉 가장 심각한 위협에 처했다고 생각하는 갈라디아 교회의 일치와 조화에 바울이 최우선적인 관심을 두고 있음을 볼 수 있다. 이런 문제들을 "영으로 행함"이라는 주제하에 논함으로써, 바울은 서신 전체를 통해서 그들에게 강조하고 있는 바로 그 육체냐 영이냐의 선택을 갈라디아인들에게 제시할 수 있는 것이다.

---

71. 특정한 윤리적 진술에 있어서 **대상 청중**(*Audience in View*)의 "보편"/"부분" 그리고 **표현 방법**에 있어서의 "일반"/"특수" 사이의 구분에 대해서는 O. M. T. O'Donovan, "The Possibility of a Biblical Ethic", *TSF Bulletin* 67(1973) 15-23을 보라.

또한 이런 권면들이 서신의 나머지 부분과 잘 부합하는 또 다른 측면이 있다. 3장에서 살펴본 바와 같이, "율법의 행위들"에 대한 바울의 반대는 이런 것들이 전형적으로 이방인 신자들에게 유대교의 문화적 기준들을 부과하는 것에 근거하고 있었다. 기독교 공동체에 대한 바울의 이상은 "유대인"도 없고 "이방인"도 없는 하나 됨이다. 그리스도 안에서는 모두가 하나이기 때문이다(3:28). 바울은 베드로가 식탁교제에서 물러난 것(2:12)과 선동가들이 갈라디아인들을 바울에게서 떼어놓으려 한 것(4:17)을 비난했다. 둘 다 그리스도인 공동체 안에서 갈등과 분열의 원인이 되기 때문이다. 그래서 바울은 새로운 공동체에게 이전의 사회적·문화적 장벽들이 극복되는 교훈들을 제시하면서, 자연스럽게 그들을 서로 묶을 수 있는 사랑과 교제의 연대를 강조한다. 만약 복음의 진리가 그리스도 안에서의 하나 됨과 관련이 있다면, 서로 짐을 지는 것과 사랑으로 서로를 섬기는 책임에 반드시 복종해야만 한다. 로마서의 교훈이 "그리스도께서 여러분을 받아들이신 것과 같이, 여러분도 서로 받아들이십시오"(롬 15:7)라는 호소에서 절정에 이르는 것과 똑같이, 바울도 갈라디아서에서 이신칭의에 대한 논증을 "믿음의 가정"이 모든 이들에게 선을 행하는 일에 헌신하는 상상으로 마무리 짓는다(6:10).

이런 관찰은, 그럼에도 불구하고, 또 다른 중요한 질문을 제기한다. 이런 경구들이 갈라디아인들에게 윤리적인 교훈을 얼마나 충분하게 제공해주고 있는가? 최소한 바울의 교훈의 범위(scope)와 그 형식(style)이라는 두 가지 요소들이 '충분함'을 묻는 질문에 포함된다.

범위와 관련해서, 바울이 윤리적인 문제들 중 일부만 다루는 것

은 분명하다. 갈라디아인들은 명확한 가르침을 원했겠지만, 이런 간
략한 권면에는 끄집어내지도 못한 다른 많은 주제가 있다. 만약 갈라
디아인들이 포괄적인 행동규범을 원했다면, 그들은 분명히 간략한
권면에 실망했을 것이다! 바울은 갈라디아 교회에서 문제시되고 있
는 주제들—그들 서로를 무너뜨릴 위험이 있는 내분(5:15)—에 대해서
만 자세하게 논하는 것이 낫겠다고 생각한 것으로 보인다. 아마도 바
울은 교회가 회복되어서 하나가 되면 그들이 영의 인도하심을 통해
서 하나님의 뜻을 함께 깨닫게 될 수 있음을 바랐을 수도 있다(참조, 빌
2:1-5; 살전 5:12-22). 혹은 "교사들"(6:6)이 더 상세한 윤리적인 지도를 해
줄 수 있을 것이라고 확신하는 것일 수도 있다.

우리가 살펴본 바와 같이, 바울의 교훈의 형식은 악행과 덕행의
목록, 일반적인 권면과 특별한 사례들이 뒤섞여 있다. 다시 말해서,
갈라디아인들이 성문화된 법규와 규정을 원했다면, 바울이 제공한
것에는 만족하지 못했을 것이다. 분명히, 바울은 6:1과 6:6의 경우에
서처럼, 몇 가지 상세한 명령을 주기도 한다.[72] 그러나 이런 공동체
규율들을 결의론적으로 적용할 수는 없는 것인데, 왜냐하면 "온유한
심령(spirit)"이나 "모든 좋은 것들" 같은 문구에는 해석의 여지가 여전
히 상당히 남아있기 때문이다.

따라서 만약, 우리가 제안했듯이, 5:13-6:10에 있는 권면의 유일
한 목적이 영의 인도함에 따른 도덕성을 분명하게 설명하는 것이라

---

72. Drane은 "그 같은 권면은 어떤 의미에서든지 간에 윤리적인 법규의 역할을
    하지 않는다"고 말하는데(위의 제1장을 보라), 다소 과장된 듯하다.

면, 그것은 갈라디아인들이 모세 율법에서 바라던 것에 여전히 미치지 못한다는 결론을 내릴 수밖에 없다. 이것은 실제로 윤리에 관한 바울의 입장이 취약하다는 것을 드러낸다. 즉, 바울은 이방인 개종자들이 자주 요구하던 상세한 윤리적인 충고 제시가 내키지 않는 (혹은 할 수 없는) 것처럼 보인다. 마지막 장에서 우리는 이 문제에 대해 좀 더 자세하게 살펴 볼 것이다.

"평행구들"의 의미

우리가 이 장에서 연구한 갈라디아서 5-6장에 나오는 구절들은 바울의 윤리와 관련된 또 다른 중요한 측면에 대한 귀중한 "시험사례"가 된다. 그것은 바울이 당시의 유대 혹은 헬레니즘 윤리 전통에서 "차용한" 자료들의 범위에 관한 것이다. 베츠가 이 구절들을 주석하면서, 이 질문에 대해 특별한 관심을 보인 일이 있는데, 거기에서 그는 헬레니즘의 윤리와 철학 문헌들에 대한 폭넓은 지식을 활용했었다. 따라서 편의상 이 문제에 대해 논하면서, 베츠의 철저한 연구를 주로 참고하고자 한다.

베츠는 이 구절들에 나타난 바울의 교훈들이 당시의 대중적인 철학과 상당한 정도로 잘 부합하며, 또 그것을 인용하고 있다고 확신한다. 5:19-23에 있는 목록에 대해 주석하면서, 그는 ἀγάπη(사랑)를 제외하고는, "모든 개념들이 헬레니즘 철학에 공통적으로 나오는 것들"(281)이라고 언급한다. "각각의 개념들은 '기독교'에만 특별하게

있는 것이 전혀 아니고, 오히려 그 시대의 전통적인 윤리를 나타낸
다"는 것이다(282). 그리고 대부분의 경우 5:25-6:10에 있는 경구들이
나 "격언"에 대해서도 동일한 설명이 가능하다고 말한다. "격언의 내
용이 특별히 그리스도인에게만 해당되는 것은 거의 없다 … 그리스
도인은 교육받은 책임 있는 사람으로 언급된다. 당시의 헬레니즘 문
화권의 다른 교양인에게 기대하는 수준 그 이상의 것을 그리스도인
에게 기대한다. 바울은 아주 분명한 방식으로 당시의 윤리 사상을 따
른다."(292)

그와 같은 일반적인 진술들은 실제적으로 이 구절들의 모든 절
(clause)과 연관된 상세한 증거를 통해서 뒷받침된다. 비록 "광범위한
연구를 통해 자구적인 평행들을 찾아내지는 못했지만"(291), 베츠는
바울의 경구들과 비슷하다고 생각하는 많은 인용과 자료를 제시한
다. 예를 들어, 바울이 사용하는 용어들 중에서 상당수가 헬레니즘
철학이나 논쟁 문헌(diatribe literature)에서 가져온 것이라고 말한다.
ἐγκράτεια("절제", 5:23)은 "헬레니즘의 윤리학에서 중심 개념"(288)이었
으며, κενόδοξος("자만심", 5:26)은 "헬레니즘 철학에서 잘 알려진 것"이
었다(294). καταρτίζειν("바로 잡는 것", 6:1)은 "헬레니즘 철학에서 또 하나
의 아주 중요한 개념"(297)이며, σκοπῶν("살피다", 6:1)과 τὸ καλὸν
ποιεῖν("선을 행하다", 6:9)은 동일한 자료에서 가져 온 것이다(298, 309). 그
러나 평행은 단순히 어휘 수준에 그치지 않는다. 그 이상이다. 베츠
는 바울의 경구와 유사한 사상을 당시의 헬레니즘 문헌에서 여러 차
례 찾아낸다. 그래서 바울의 교훈의 내용은 "헬레니즘 문헌에 나오
는 유사한 경구들을 넘어서지 않는다"(298, 6:1에 대해서)고 말한다. 베츠

는, "바울이 서 있는 인간론 전통은 초기 헬레니즘 사상에까지 거슬러 올라"가거나(301, 6:3에 대해서), (6:4에 나오는) 바울의 경구는 "헬레니즘 철학자들과 바울이 공유하던 수많은 윤리적인 원칙들을 암시적으로나 명시적으로 담고 있다"(302)고 생각한다.

아주 드문 경우에만 베츠는 이 경구들의 언어가 "바울신학의 문맥 속에서 이해되어야 … 한다"(297, 참조, 302)고 말한다. 그리고 그는 바울과 헬레니즘 철학의 몇 가지 근본적인 차이에 대해 언급한다. 즉 바울에게 있어서 자랑의 근거는(6:3) "철학자들의 경우처럼 이성이 아니라, 하나님의 은혜"(303)이며, 자족(6:5)은 철학을 통해서 오는 것이 아니라 "그리스도인의 믿음과 영의 인도하심"(304)을 통해서 온다는 것이다. 그러나 이 경우에도 베츠는 여전히 바울이 "'자족'에 대한 헬레니즘적 개념"을 공유한다고 본다(304). 이렇게 6:6에 대한 베츠의 견해는 그의 모든 접근방법의 전형을 보여준다. "내용이 특별히 기독교적인 것은 아니다. 오히려 헬레니즘의 논쟁 문헌에 나오는 평행 본문들에 근거해서 이해할 수 있다. 따라서 기독교적 의미는 이차적인 것이며, 현재의 문맥에 근거해서 결론을 내려야 한다"(305).

언뜻 보기에 베츠의 주장은 설득력 있어 보이고, 방대한 각주에 기록된 증거는 절대적으로 압도적인 것처럼 보인다. 그는 현존하는 탁월한 신약성서 학자 중 어느 누구 못지않게 이 분야에 전문성을 갖고 있다. 그럼에도 불구하고, 좀 더 자세하게 검토해보면, 그의 주장 중에서 많은 부분이 그가 제시하는 증거를 통해 충분하게 뒷받침되지 못한다는 것이 드러난다. 그의 논증은 종종 "용어"와 "개념"이 동일하다는 부당한 가정에 기초하고 있다. 즉, 개념들이 특정한 어휘군을 통해서 표현되고 있을 뿐만 아니라 그 어휘군과 동일시되고 있다. 특히 그와 같은 어휘군이 그것들이 등장하는 문장의 관계망에서 분리되어 논의될 때 오류가 발생한다. 이런 식의 분석을 통해서, 베츠는 "'선함'(ἀγαθωσύνη)이라는 개념이 그리스어의 후기 발전단계를 나타내기 때문에, 그것은 아마도 헬레니즘적 유대교에서 유래한 것으로 보인다"는 당혹스러운 진술을 하기에 이른다(288; 각주에서는 그 용어가 칠십인역에서 처음으로 사용되었다고 언급한다).[73] 비슷한 혼란이 6:9에 나오는 τὸ καλὸν ποιεῖν(선을 행하다)에 대한 베츠의 이상한 언급의 이면에도 깔려 있음이 분명하다. "그 언어는 헬레니즘 철학에서 나온 것이다"(309), 그러나 이 어휘는 분명히 모든 종류의 헬레니즘 문헌에서 가장 흔하게 나온다! 그리고 베츠의 이런 언급은 그의 논증에 있는 또 다른 중요한 문제를 드러낸다. 그는 계속해서 바울을 "논쟁 문헌" 혹은 "헬레니즘 철학"이라고 하는 극단적으로 일반화된 실체들과 비교한다. 이것은 분명히 플라톤에서 마르쿠스 아우렐리우스에 이르기까지 모든 것을 포괄하는 것이며, 에피쿠로스, 아리스토텔레스 그리고 필론을 적과의 동침에 참여시키는 것이다! 베츠가 다른 곳에서는 바울 서신들 사이에서도 (아주 올바르게) 세밀한 차이를 끄집어내면서, 바울을 평가하기 위해 이 모든 가지각색의 자료들을 동일한 판단의 척도로 뭉뚱그려 넣는 것을 보면 아주 당혹스럽다![74]

---

73. TDNT에 나오는 "용어"와 "개념" 간의 끊임없는 혼란에 대한 통렬한 비판으로는 J. Barr, *The Semantics of Biblical Language*, Oxford 1961, 8장을 보라.

74. 예, *Galatians*, 141(3:7에 대해서), 165(3:19에 대해서) 그리고 176를 보라: "우리는 갈라디아서를 로마서와 단순하게 조화시키지 않기 위해 아주 신중해야

그럼에도 불구하고, 베츠의 상세한 주석의 효용성은 오직 개별적인 사례를 통해서만 공정하게 평가될 수 있다. 거의 무작위로 한 가지 사례를 택해본다면, 갈라디아서 6:1b, ὑμεῖς οἱ πνευματικοὶ καταρτίζετε τὸν τοιοῦτον ἐν πνεύματι πραΰτητος, σκοπῶν σεαυτὸν μὴ καὶ σὺ πειρασθῇς(영의 인도하심을 따라 사는 사람인 여러분은 온유한 마음으로 그런 사람을 바로잡아 주고, 자기 스스로를 살펴서, 유혹에 빠지지 않도록 조심하십시오)에 대한 설명을 살펴볼 수 있다. 베츠는 καταρτίζειν(바로 잡는 것)을 "헬레니즘 철학에 있어서 또 하나의 아주 중요한 개념인데, '심리 치료사'이자 교육가로서의 철학자의 일을 묘사"하는 것으로 설명한다(297). 그는 그 근거로 플루타르크가 쓴 『소-카토』(Cato Minor, 65.5)에 나오는 한 구절을 인용한다. 그 구절에서 철학자들은 어떤 고집이 센 사람에게 자신의 목숨을 보전하라고 설득하고, 그럼으로써 그가 가장 좋은 것을 되찾을 수 있게 해주라(καταρτίσαι πρὸς τὸ συμφέρον)는 부탁을 받는다. 이 것은 καταρτίζειν(바로 잡는 것)이 비슷하게 사용된 독립적인 사례로서 아주 좋은 경우이다(비록 플루타르크의 경우는 바울의 경우에서처럼 "범죄"에서가 아니라 어리석음에서 한 사람을 회복시키는 것이기는 하지만 말이다). 그러나 이것이 "헬레니즘 철학에 있어서 또 하나의 아주 중요한 개념"이라고 주장하기 위해서는 이것보다 더 의미 있는 입증이 필요하다. 각주(43)에서 베츠는 플루타르크(Plutarch), 에픽테토스(Epictetus), 필론, 아리스테아스의 서신, 루키아노스(Lucian) 그리고 플리니우스(Pliny)의 저술에서 많은 본문을 인용한다. 이 다양한 저자들이 동일한 철학적 관점을 나타내

만 한다."

는 것은 거의 불가능하다. 그리고 여기에서 인용된 본문들은 사실상 놀라운 잡탕찌개에 불과하다. 몇 군데에서 καταρτίζειν(바로 잡는 것)의 어근에서 나온 용어를 사용하는데, 이 가운데 두 번(Plutarch, *Alex* 7.1; *Them* 2.5-6)은 "회복"이 아니라 "훈련"이라는 뜻으로 사용되고, 한 번 은 "몸을 안마해준다는 의미"로 사용된다(Epictetus, *Diss* 3:20.10—대적자에 게 욕을 먹어서 생기는 좋은 효과와 비교하고 있다). καταρτίζειν(바로 잡는 것)이나 동족어를 사용하는 다른 본문은 없다. 베츠가 이 용어의 중요성에 대 한 인상을 주지 않았다면, 이 자체는 문제가 되지 않았을 것이다. 실 제로 그가 "회복"이라는 개념을 중요하게 생각했다면, καταρτίζειν(바 로 잡는 것)을 사용하는 본문들을 언급하지 않았어도 되었을 것이며(우 리가 이미 살펴본 바와 같이 적합한 것이 거의 없다), "헬레니즘 철학"에 나오는, 동료들을 회복시키는 것과 관련된 언급들에 집중하는 것이 좋았을 것이다. 실제로 그는 이것과 관련된 좋은 사례를 언급한다(Lucian, *Demonax* 7). 그러나 다른 언급들은 다른 사람을 너그럽게 판단하는 것 과 관련된 것들이라서 회복과 동일한 것이라고는 보기 어렵다(Pliny, *Ep* 8.22:1; *Ep Arist* 191). 게다가 인용된 두 개의 또 다른 본문은 바울의 진 술과 전혀 비슷하지도 않다("만약 네가 그렇게 한다면, 너 자신을 개혁할 수 있을 것이다." Epictetus, *Diss* 4.9.16; "훌륭한 장군은 병사들의 목숨을 구한다." *Ep Arist* 281)! 달 리 표현하자면, 이렇게 장황하고 처음부터 강렬한 인상을 주는 주석 에 바울의 윤리학이 헬레니즘적인 특징을 보인다고 하는 베츠의 압 도적인 주장을 뒷받침해주는 것이 거의 없다는 것이다.

갈라디아서 6:1에 대한 추가적인 언급에서, 베츠는 바울의 언어 와 신학적인 맥락을 쿰란에 있는 "비슷한 규정"(297)과 비교한다. 이 부분에 대한 각주(45)는 이상하게도 아보트(Aboth)에 나오는 언급들(쿰란과는 전혀 상관이 없다!)로 시작한다. 그리고 그런 다음에 사해사본에 있는 여러 구절들의 목록을 나열하는데, 실제로 그중 하나는 베츠가 인용한 어느 "헬레니즘 철학"보다 더 바울과 유사하다. 공동체 규칙(The Community's regulation)은 "사람들은 진리, 겸손, 그리고 자비로 서로를 비판해야 한다 ⋯ 어느 누구도 먼저 증인 앞에서 그에게 권면하기 전에, 회중 앞에서 그의 동료를 고소할 수 없다"(1QS 5:24-6:1)고 말한다. 갈라디아서 6장과 마찬가지로, 이것은 공동체의 맥락에서 제정된 것이며(이웃과 관련해서 철학자는 아무 상관이 없다), ἐν πνεύματι πραΰτητος(온유한 영으로)가 갈라디아서 5:23에 나오는 πραΰτης(온유)를 반영하는 것과 마찬가지로, 그 규칙이 1QS 4에 나오는 덕행 목록을 반영하고 있기 때문에, 이것은 실제로 바울의 교훈과 아주 가까운 평행이며, 아마도 그 어떤 철학적 본문들 보다 훨씬 중요할 것이다.

마지막으로, 6:1의 마지막 부분에 대한 주석에서, 베츠는 "σκο-πέω(살피다)라는 용어는 ⋯ 헬레니즘 철학에서 그 배경을 찾아 볼 수 있다"고 쓴다(298). 고백건대 나는 이 진술이 정말로 당혹스럽다는 생각이 든다. σκοπέω(살피다)는 주전 5세기 이래로 흔한 그리스어이며(비극작가 핀다루스[Pindar] 등), 베츠가 각주(52)에서 인용하는 에픽테토스와 필론의 본문들은 어떤 전문적인 철학적 의미가 없는, 그 동사의 완전히 일상적인 용례("주의하다" 혹은 "고찰하다"를 의미)를 담고 있다. 게다가, 그것들 중에서 바울이 사용한 문구인 σκοπῶν σεαυτόν(스스로를 살피다)을 반영한 것은 아무 것도 없다. 베츠는 이 문구가 "소크라테스 전승에서 유래한" 것이며, 유명한 델피의 경구인 γνῶθι σεαυτόν("너 자신을 알라")을 인용하는 것이라고 생각한다. 그는 "바울이 대중적인 철학 전통에서 경구를 취했음이 분명하다"고 결론 내린다(298). 베츠가 주장하는 (각주 54-55에 있는) "평행들"을 검토해보면 그가 제시하는 증거가 허약하다는 것이 다시 한번 드러난다.

따라서 이 구절을 (그리고, 아마도, 다른 많은 구절들을) 논하는 베츠의 방법은 샌드멜(Sandmel)이 주목한 "평행광"(parallelomania)에 가깝다.[75] 이것은 우리가 바울의 진술들과 훨씬 이전의 혹은 그 당시의 다른 저자들 사이에서 "평행들"을 찾으려 해서는 안 된다는 말이 아니다. 오히려 우리가 아무 것도 없는 곳에서 평행을 찾으려 하거나, 전혀 중요하지 않은 평행들을 중요하게 생각하거나, 또는 명백하게 유사한 진술이 나오는 폭넓은 문맥을 고려하지 못하는 그러한 방종에 대해 방심하지 말아야 한다는 것을 의미한다.[76] 이 마지막 부분과 관련해서, 베츠의 책은 특히 실망스러운데, 왜냐하면 바울의 "상황"에 대해서는 자주 따지는 반면에, 예를 들면, 바울과 스토아학파(물론 그들 중에서도 세네카, 에픽테토스, 마르쿠스 아우렐리우스 등을 구분할 수 있겠지만) 사이의 신학적이며 인간론적인 관점의 차이를 분명하게 설명하지 못하기 때문이다. "자기성찰"(6:4)에 대한 바울의 진술과 관련해서, 베츠는 바울이 "헬

---

75. S. Sandmel, "Parallelomania", *JBL* 81(1962) 1-13; Sandmel은 그가 사용하는 용어를 "먼저 구절들 속에서 과도하게 유사성을 가정하고, 그런 다음에 마치 필연적인 혹은 예정된 방향으로 흘러들어 가는 암시된 문헌적인 연관성이 있는 것처럼, 자료와 기원에 대해 설명하는 순서로 진행하는 학자들의 방종"으로 정의한다(1).

76. Sandmel, "Parallelomania", 1-7; 참조, T. L. Donaldson, "Parallels: Use, Misuse and Limitations", *EQ* 55 (1983) 193-210.

레니즘 철학자들"과 공유하는 많은 "윤리적인 원칙"(sic, 302)의 목록을 열거한다. 그러나 이 모든 것들은 결국 사람은 자기 자신, 자기의 삶과 일을 반성해야 하며, 스스로를 다른 사람과 비교해서는 안 된다는 것을 가리킨다(그러나 갈 6:4의 마지막 부분에 대한 다른 번역에 대해서는 위의 276-81쪽을 보라). "헬레니즘 철학" 못지않게 유대교의 지혜 문헌에서도 친숙하게 등장하는 이 상식적인 개념에 어떤 의미가 있다는 건지 알수가 없다.[77] 그럼에도 불구하고, 중요한 것은 에픽테토스의 입술에서 나오는 그 같은 교훈이, 이 문맥에서 바울이 의미하는 것과는 어딘가 상당히 다른 것을 의미할 수도 있다는 점이다. 스토아 철학자인 에픽테토스는 자신의 본질적인 이성적 성품을 발견하고, 그것을 통해서 자신의 행동을 평가하기 위해 스스로를 돌아본다(베츠는 심지어 이것을 설명하는 본문도 인용한다).[78] 반면에 바울은 자신의 행위가 하나님 앞에서 가치 있는지, 그리고 심판 때에 하나님의 검증을 견딜 수 있을지 알아보기 위해 자신의 일을 검토한다.[79] 더 나아가서 스토아 철학에서의 자기성찰은 그 철학의 핵심에 해당하는 것인데, 왜냐하면 스토아 철학은 "선"을 개인주의적인 용어로, 즉 스스로의 통제하에 있는 것으로 규정하기 때문이다.[80] 반면에 바울은 각각의 구성원들의

---

77. 예, 잠 4:26; Sir 10:28; 18:20; 37:27을 보라.

78. *Diss* 4.7.40을 Betz가 302 n.91에서 인용하는데, 여기에서 Betz는 Epictetus가 철저하게 살펴봐야 한다고 말한 것이 τὸ ἡγεμονικόν, 즉 이성(λόγος)이라고 올바르게 언급한다; 참조, *Diss* 2.8.1-8; 2.11.1ff. 그리고 많은 다른 구절들.

79. 6:3-5에 대해서는 위의 276-81쪽을 보라; 참조, 고전 3:10-15; 9:24-27; 11:27-32.

80. Epictetus, *Diss* 1:1; 1:12; 1.22:9ff. 등.

"행동"이 동료 신앙인들을 돕기 위한 것이며, 심지어는 함께 고통받기 위한 것이라는 공동체의 맥락에서 이런 자기성찰을 권장한다.[81] 바꾸어 말하자면, 이 경구를 스토아 철학에서 가져왔든 그렇지 않든 간에, 바울이 그 경구를 사용해서 보여주는 정말로 중요한 특징들은 에픽테토스 같은 헬레니즘 철학자의 "윤리적인 원칙"과는 차원이 다르다.[82]

그렇기 때문에 바울의 윤리와 동시대의 유대교나 헬레니즘 문헌 사이의 의미 있는 "평행들"을 찾아내고 평가하는 일은, 베츠의 처리 방법이 제시하는 것보다 훨씬 더 복잡한 것처럼 보인다. 물론 바울이 진공상태에서 일했다고, 즉 바울이 성장한 유대교나 그의 사회적 환경인 유대교 디아스포라와 그레코-로마 세계의 영향을 전혀 받지 않았다고 주장하는 것은 어리석은 짓이다. 그는 당연히 많은 윤리적 전통들을 (신학적 전통들과 마찬가지로) 차용했다. 실제로 몇 가지 사항에 있어서는 완전히 새롭다고 말하는 것이 거의 불가능할 것이다! 정말로 흥미로운 질문들은 누가 또 바울과 같은 것을 말했느냐가 아니라, 전해 받은 전통들을 바울이 어떻게 사용하고, 바울의 사회적이며 신학적인 맥락 속에서 그것들이 어떤 의미를 갖게 되었느냐에 대한 것이다.[83] 물론, 여기에는 신학적인 평가가 판단에 영향을 끼칠 위험이 있

---

81. 개인적인 책임과 그들의 짐을 져주기까지 하는, 다른 사람에 대한 의무(6:2) 사이의 균형에 대해서는 위의 273-76쪽을 보라.

82. Hays, "Christology and Ethics", 283-88은 6:2과 관련해서 바울과 스토아학파 사이에서 유사한 차이점을 찾아낸다.

83. 이 부분에 대한 방법론적인 문제들에 대해서는 J. K. Riches and A. Millar, "Conceptual Change in the Synoptic Tradition", in *Alternative Approaches to*

다. 즉 그의 주변 문화와의 관계 속에서 바울의 독특성이나 윤리적인
우월성을 입증하려고 하는 부적절한 관심을 보일 수도 있다는 것이
다.[84] 베츠가 바울의 윤리에는 새로운 기독교적 내용이 없지만 윤리
에 대한 바울의 일반적인 개념은 유대교의 "율법주의"와 윤리적 이상
에 대한 헬레니즘적 관심과 달리 완전히 기독교적이라는 주장을 동
시에 하는 것을 보면, 누구라도 불트만 신학의 영향을 짐작할 수 있
을 것이다.[85] 아마도 모든 학자들은 이 문제에 관한 한 그 자신만의
신학적인 편견을 가지고 있을 것이다. 그러나 바울과 그의 동시대인
들이 살았던 사회적인 상황이 다르다는 것을 깨닫게 되면, 그 문제에
보다 공정한 견해를 갖는 데 도움이 될 것이다. 예를 들어, 바울의 공
동체의 상황이 바울이 사랑을 강조하는 이유를 설명하는 데 도움이
된다면, 바울의 교회의 "분파적인" 상황에서 "믿음의 가정"에게 사
랑의 우선권을 준 이유 역시 설명된다(갈 6:10). 바울의 윤리가 스토아
철학의 개인주의보다 "더 좋은" 또는 "더 나쁜" 윤리였다고 선언하
는 것은 아주 복잡할 뿐만 아니라 필연적으로 주관적인 판단이 될 수

New Testament Study, ed. A. E. Harvey, London 1985, 37-60가 논의했다; 그
들은 "하나님의 나라"와 관련해서 예수님이 이 표현을 사용하신 의미는, 그
표현의 선례들이나 동시대의 유사한 표현들을 통해서가 아니라 연관된 사상
들과 그 표현과 관련된 활동들을 통해서 결정되어야 한다는 것을 효과적으
로 논증한다.

84. 이런 변증적인 관심이 종종, 예를 들어, W. Barclay, *Flesh and Spirit*, London
1962(예, 사랑에 대해서, 66-68)에서 나타나며, J. N. Sevenster, *Paul and
Seneca*, Leiden 1961에서는 훨씬 두드러지게 나타난다.

85. Betz, *Galatians*, 286, 292-93; Bultmann, "Das Problem der Ethik", 138-39;
Theology I, 314-17을 보라; 참조, Hays, "Christology and Ethics", 270.

밖에 없다. 왜냐하면 스토아 철학은 종종 이성적인 존재이면서 "신의 자녀"인 모든 동료 인간에 대해 관심을 보였기 때문이다.[86] 어쨌든, 그와 같은 가치 판단으로 인해 바울의 윤리가 그의 사회적인 상황과 종교적/철학적 환경 속에서 어떻게 그 특유의 모습을 갖게 되었는지를 이해하고자 하는 우리의 주 목적이 길을 잃어서는 안 된다.

86. 예, Epictetus, *Diss* 1.3.1; 1.9.1-9; 1.13(노예에 대한 태도); 1.18(죄 많은 인류에 대한 동정)을 보라. 이런 것에 대한 강조는 특히 Marcus Aurelius, *Meditations*에서 두드러진다.

제6장
육체와 영

우리는 지금까지 갈라디아서 5:13-6:10에 있는 모든 내용들에 대해 자세하게 연구했고, 바울의 전체적인 논증 속에 있는 다양한 진술의 목적을 설명하기 위해 여러 제안들을 제시했다. 그럼에도 불구하고 한 가지 중요한 문제가 아직 남아있다. 우리는 아직 이 단락을 지배하고 있는 영-육체 이원론의 의미에 대해 살펴보지 않았다. 관심을 기울여야 하는 부분들이 많은데, 그중 일부는 이미 우리가 잠깐 언급한 바 있는 것들이다.

i) 바울은 영-육체 이원론을 자신의 윤리적 교훈을 제시하는 틀로 사용한다. 그는 '육체의 욕망'을 '영의 인도하심'과 대비시킨다. 그리고 "육체의 일"과 "영의 일"이라는, 상응하는 악행과 덕행의 목록을 작성한다. "육체"와 "영"은 두 가지 선택적인 삶의 방법을 나타내며, 서로 다른 윤리적 실천을 암시한다. 이 이원론을 그런 방식으로 사용하는 것은 바울서신에서만 볼 수 있다. 비록 σάρξ(육체)와 πνεῦμα(영)가 다른 곳에서는 **인간론적인** 용어들로, 또는 사람("모든 육체")과 하나님의 영과 관련해서 사용되기는 하지만, 윤리적인 맥락에서는 영-육체 이원론이 현저하게 드물게 나타난다. 이 이원론은 세 번은 인간론적인 구분 때문에 등장하고(고전 5:5; 고후 7:1; 골 2:5), 그리고 두 번은 그리스도에 대한 (바울 이전의?) 신앙고백문 속에서 등장한다(롬 1:3-4; 딤전 3:16). 또 다른 두 번은 유대인의 특권(특별히 할례)과 "영 안에 있는" 그리스도인의 삶을 대비시키기 위해 사용된다(롬 2:28-29; 빌 3:3-4). 그러나 이것은, 갈라디아서 5-6장을 제외하고는, 바울이 구체적인 윤리를 다루는 어떤 단락에도 전혀 나타나지 않는다. 그리고 이런 이원론의 윤리적인 차원이 나타나는 유일한 다른 단락은 로마서 7-8장이다. 그곳에서 우리는 κατὰ σάρκα(육체를 따라) 행하는 사람들과 κατὰ πνεῦμα(영을 따라) 행하는 사람들 사이의 대비를 보게 되는데(롬 8:4-14; 참조, 7:5-6), 그렇지만 이 두 가지 삶의 방식의 윤리적인 특성들에 대해서는 자세하게 설명되지 않는다(롬 12-15장에서는 이원론이 사용되지도 않았다). 따라서 한 가지 질문이 우리의 관심을 끌게 된다. 바울이 갈라디아서에서 자신의 **윤리적 교훈**에 왜 이런 다변적인 의미가 있는 이원론을 적용하느냐 하는 것이다.

ii) 우리는 이미 영-육체 이원론이 갈라디아서 5:13-6:10에서 처음으로 나타나는 것이 아님을 살펴보았다. 그 이전에 3:3과 4:29에서 두 번 등장하는데, 이는 서신의 다양한 단락들을 서로 묶어주는 역할을 할 뿐만 아니라, 영-육체 이원론이 윤리를 비롯하여 믿음과 율법 사이의 대비에도 적용될 수 있음을 보여준다. 3:3에서 바울은 갈라디아인들에게 ἐναρξάμενοι πνεύματι νῦν σαρκὶ ἐπιτελεῖσθε(영으로

시작하였다가, 이제 와서는 육체로 끝마치려고 합니까?)라는 반어적인 질문을 던
진다. 그 문맥은 σάρξ(육체)가 "율법의 행위들"이라는 말을 포괄한다
는 것을 보여준다.[1] 이와 비슷하게, 4:21-31에 나오는 알레고리에서,
바울은 κατὰ σάρκα(육체를 따라) 태어난 이스마엘과(4:23, 29) κατὰ
πνεῦμα(영을 따라) 태어난 이삭(4:29; 참조, δι ἐπαγγελίας, "약속을 따라", 4:23)을
대비시킨다. 비록 그 대비가 이삭의 탄생이라는 초자연적인 사건 때
문에 생긴 것일 수도 있지만,[2] 그 알레고리는 훨씬 광범위한 것을 그
사건에 적용한다. 즉, (ὁ κατὰ πνεῦμα, "영을 따라 태어난") 이삭이 그리스도
안에서 자유를 누리는 자들을 나타내는 것과 마찬가지로, (ὁ κατὰ σάρκα
γεννηθείς, "육체를 따라 태어난") 이스마엘은 그때와 마찬가지로 지금도
(οὕτως καὶ νῦν, 4:29) 아브라함의 참된 자녀들을 "핍박"(참조, 5:11; 6:12)하는,
율법의 노예 상태에 있는 믿지 않는 유대인을 나타낸다는 것이다. 따
라서 율법의 노예 됨은, 3:3에서 율법의 행위들이 σάρξ(육체)에 포함
되는 것과 마찬가지로, 여기에서는 어떻든지 간에 κατὰ σάρκα(육체를
따라)라는 범주에 포함되는 것이다. 한편, 서신의 마지막 부분은 할례
를 통해서, 율법과 육체 사이의 연관성을 좀 더 분명하게 보여준다.
바울은 6:12에서 그의 대적자들을 εὐπροσωπῆσαι ἐν σαρκί(육체의 겉모
양을 꾸미기를 좋아하는) 자들이라고 고발한다. 이 문구의 의미는 그 다음
구절에서 분명해지는데, 그곳에서는 갈라디아인들로 하여금 할례받
게 하려는 것이 ἵνα ἐν τῇ ὑμετέρᾳ σαρκὶ καυχήσωνται("여러분의 육체를 이

1.   위의 3장 각주 26을 보라.
2.   Schlier, *Galater*, 217; Bruce, *Galatians*, 217.

용하여 자랑하려는 것", 6:13)으로 설명된다. 따라서 갈라디아 "개종자들"의
할례받은 육체는 율법과 육체 사이의 명백한 연결고리인 것이다.

그렇기 때문에 이런 사실들을 다른 바울서신과 비교하는 것은
가치 있는 일이다. 우리가 이미 살펴보았듯이, 영-육체 이원론이 다
른 곳에서는 "유대인"과 (참된 유대인으로 간주되는) "그리스도인"을 대비
시키기 위해 두 번 사용된다. 빌립보서 3:3 이하에서, πνεύματι θεοῦ
(하나님의 영)로 봉사하고 그리스도 예수 안에서 자랑하는 자들은 ἐν
σαρκί(육체를) 신뢰하는 자들과 대비되는데, 이에 대한 좋은 사례가 되
는 것은 바울 자신과 같이 할례, 유대인 조상 그리고 율법 준수를 내
세울 수 있는 유대인일 것이다. 로마서 2:28-29에서, περιτομὴ ἐν
σαρκί(육체의 할례)는 ἐν πνεύματι οὐ γράμματι(영에 있고 율법 조문에 있지 아니
하다)라는 설명이 붙어있는 περιτομὴ καρδίας(마음의 할례)와 대비된다.[3]
이것은 다시 한번 할례와 육체의 관계를 묘사하는데(참조, 골 2:11, 13; 엡
2:11), 그 관계는 창세기 17장에 나오는 "너희 살에 있는 내 언약"이라
는 표현에서 이끌어낸 것이다.[4] 그러나, 로마서 7-8장에 이르러서, 바
울은 "육체"와 율법을 분리하는 일에 좀 더 신중해진다. 비록 ἐν τῇ
σαρκί(육체 안에 있는) 삶이 율법으로 말미암아 "죄의 욕정"이 일어나는

---

3. 7:5-6에 나오는, πνεῦνα-γράμμα(영-문자)의 대비는 πνεῦνα-σάρξ(영-육체)의
   이원론으로 흡수된다. 이와는 대조적으로, 고후 3:3-6에서 영의 유익은 영이
   ἐν πλαξὶν καρδίαις σαρκίναις(육의 마음판)에 문자를 쓰신다는 것이다!
4. 창 17:11, 13, 14, 23-25; 참조, 겔 44:7, 9; 레 12:3. 칠십인역은 창 34:24; 렘
   9:25의 할례 문맥에서 σάρξ(육체)에 대한 언급을 첨가한다. 일부 랍비 본문
   들에서—바벨론 쉐부오트 13a; 바벨론 싼헤드린 99a—할례는 "육체의 언약"
   으로 언급된다.

것과 관계가 있고(7:5), 율법이 "육신으로 말미암아 미약해졌다"(8:3)고 묘사되기는 하지만, 바울은 명확하게 율법 그 자체를 신령한 것(πνευματικός)이라고 부른다(7:14, ἐγὼ σάρκινος, "나는 육정에 매인 존재"와 대비된다). 따라서 "육신에 속한 생각"의 하나님께 대한 적대적인 성향은 그것이 하나님의 법에 복종하기를 거부하는 것에서 드러난다(8:7).

로마서 7-8장에서 육체와 율법을 분리시키려는 이 같은 시도는 (최소한 원칙상) 율법의 위상을 주장하기 위한 한 방편인 것이다. 즉, 율법은 참되고 거룩하고 의롭다는 것이다(롬 7:12, 16). 이와는 반대로, 갈라디아서에서 율법을 신령한 것(πνευματικός)이라고 인정했다면 바울의 모든 논증은 완전히 무너지고 말았을 것이다(특히 3:2-5을 보라)! (빌 3장에서도 마찬가지로) 갈라디아서에서 바울이 율법과 육체를 느슨하게 연결시킨 것이 이런 논쟁적인 이유 때문일 수도 있다. 이와 동시에 바울이 특이하게도 영-육체 이원론을 두 가지 용도로 사용한 것은 갈라디아서가 유일하다는 것에 주목해야 한다. 빌립보서 3장에서 그것은 믿음과 율법 사이의 신학적인 대비를 위해 사용되지만, 윤리적인 이원론으로는 사용되지 않는다. 반면에 로마서 7-8장에서는 그것의 윤리적인 차원은 분명하게 나타나지만, 오히려 이원론에서 말하는 육체와 율법은 구별된다. 오직 갈라디아서에서만 우리는 πνεῦμα-σάρξ(영-육체)가 "그리스도에 대한 믿음"과 "율법에의 종속" 사이의 신학적인 구분(3:3; 4:29)에 대해 그리고 "영의 열매"와 "육체의 일" 사이의 윤리적인 구분(5:13-6:10) 모두에 대해 적용되는 것을 볼 수 있다. 따라서 우리는 바울이 어떻게 그것을 두 가지 의미로 사용할 수 있는지, 그리고 "육체에게 기회를 주다"(5:13)라는 문구를 이해함에 있어서 이런 두 가지 용법의 가능성이 암시하는 것은 무엇인지에 대해 탐구해야만 한다.

iii) 갈라디아서에 나타난 이러한 이원론의 두 가지 용법에 있어서 육체는 분명히 부정적인 범주이다. "육체를 따라 태어난" 이스마엘 같은 자들이 아브라함의 참된 자녀를 핍박함에도 불구하고, "육체적으로 완전케 되려는" 것이거나 "육체를 위하여 심으려는" 것은 잘못된 행위라는 것이다. 그와 같이 부정적인 의미를 갖고 있는 σάρξ(육체) 같은 용어가 전혀 악의가 없어 보이는 의미로 여러 가지 표현 속에서 사용될 수 있다는 것은 갈라디아서뿐만 아니라, 실로 모든 바울서신의 난제 중 하나다. 육체에 대한 바울의 모든 경멸적인 언급들에도 불구하고, 바울은 갈라디아서 2:20에서 "믿음으로" 사는 것과 ἐν σαρκί(육체 안에서) 사는 것 사이에서 어떠한 모순도 느끼지 않는다(참조, 빌 3:3-4과 대비되는 몬 16절 그리고 빌 1:22, 24). 고린도후서 10:2-4은 (허용 가능한, 혹은 최소한 불가피한) ἐν σαρκί(육체 안에서) 사는 것과 (받아들일 수 없는) κατὰ σάρκα(육체를 따라) 사는 것 사이의 구분을 암시한다. 그러나 로마서 8:4-9에서는 두 개의 전치사구가 동일한 것으로 그리고 똑같이 부정적인 것으로 등장한다. 이렇게 당혹스러울 정도로 다양한 용법 때문에, 우리는 바울이 정확하게 σάρξ(육체)를 통해 의미하는 것이 무엇인지, 그리고 최소한 일부 문맥에서는 왜 그런 부정적인 의미를 갖게 되었는지 탐구하지 않을 수 없다.

iv) 마지막으로, 신자들이 "육체"/"영"과 관련하여 어떤 관계에 있는지에 대한 서로 연결된 질문들이 많다. 그리스도 예수에게 속한 자들이 육체를 십자가에 못박았다고 말하는 것(5:24)은, 그리스도인들

이 더 이상 육체와 아무런 관계도 없음을 암시하는 것으로 보일 수도
있다. 그러나 이보다 앞에서 바울은 갈라디아인들에게 그들이 육체
의 욕망에 질 수도 있음을 경고했으며(5:13, 16), 그리고 이보다 뒤에서
는 갈라디아인들이 육체를 위해 심는 것의 위험에 대해 말한다(6:8).
마찬가지로, 영을 받고 영의 인도하심을 받는 것에 대한 바울의 설명
(4:2-5; 4:6; 5:18)은 영과 그리스도인의 관계를 완전히 수동적인 것으로
보이게 할 수도 있다. 그러나 바울은 여전히 갈라디아인들에게 영을
따라 행하고, 영을 위해 심으라고 강하게 권면한다(5:25; 6:8). 이런 것
들은 사실상 바울의 윤리에 나타나는 직설법과 명령법의 상호 작용
을 나타내는 익숙한 현상이다. 갈라디아인들은 육체를 십자가에 못
박았다(직설법). 그러나 그들은 여전히 육체와 싸우라는 권면을 받는
다(명령법). 그들은 영을 선물로 받고 그 열매를 맺어왔다. 그러나 여전
히 그들은 삶 속에서 영이 주시는 유익을 누리기 위해 노력해야 한
다. 오직 "육체"와 "영"에 대해 그리고 사람과 그것들의 관계에 대해
분명하게 이해해야 이런 직설법-명령법 조합의 놀라운 의미를 확실
하게 이해할 수 있다.

　바울이 사용하는 σάρξ(육체)라는 용어와 πνεῦμα-σάρξ(영-육체) 이원
론의 의미에 대해 바울학계는 지난 100년 동안 진지하게 논의해 왔
다. 그래서 여기에서 그 문제에 대해 충분하게 검토하거나, 정확한
연구사 같은 것을 제시하는 것은 분명히 불가능한 일이다.[5] 그럼에도

5.　특히 "육체"에 대한 많은 논문들이 저술되어 왔는데, 가장 최근의 것으로는
　　A. Sand, *Der Begriff "Fleisch" in den paulinischen Hauptbriefen*, Regensburg 1967
　　과 E. Brandenburger, *Fleisch und Geist*, Neukirchen-Vluyn 1968이 있다. 가장

불구하고, 몇 가지 일반적인 해석의 경향을 개략적으로 살펴보는 것
과 현재의 다양한 견해들의 강점과 약점을 평가해보는 것은 도움이
될 것이다. 이 주제에 대한 토론에서는 두 가지 주요 관심사항이 중
요하다. i) 바울의 인간학과 유대/헬레니즘 사상의 비교, 그리고 ii)
바울 자신의 진술에 대한 신학적인 분석. 우리는 각각에 대해 순서대
로 살펴보게 될 것이다.

비교 연구

19세기의 신약신학은 바우르(F. C. Baur)와 그의 동료들의 연구를
통해서 관념론적 전통의 영향을 강하게 받았다. 그 전통은 바울이 말
하는 πνεῦμα(영)를, "단순히 외적이고, 감각적이며 물질적인 것에 불
과한" "육체"와는 반대로, 인간과 하나님 사이의 연결고리를 형성하
는 "의식의 원리"로 해석을 하는 경향이 있었다.[6] 그렇지만, 이런 전

훌륭한 연구사는 Jewett, *Paul's Anthropological Terms*, 49-95이다; 참조, 또한
Sand, *Fleisch*, 3-121 그리고 O. Kuss, *Der Römerbrief*, Regensburg 1963, 521-
529.

6.   Baur, *Paul* II, 126-28. 참조, 율법과 육체의 연결에 대해서는 Lightfoot,
Galatians, 206: "그것들은 둘 다 외부와 물질의 영역에서, 동일한 원리하에
작동한다." Bultmann에게 (아래를 보라) 이런 전통의 흔적이 여전히 남아 있
다. 그리고 Ridderbos의 주석 같은 곳에서도 마찬가지이다: "바울은 여기에
서[갈3:3] 율법과 육체를 서로 연결시키는데, 왜냐하면 율법은 모든 종류의
육체적 조건과 활동들과 관계가 있기 때문이다." *Galatians*, 114. 이런 분석은
가시적인 것/비가시적인 것의 대조가 중요한 요소인 히브리서(7:16 ἐντολὴ

통은 19세기 말의 '종교사'학파로 흡수되고, 최종적으로는 '종교사'
학파에 의해서 폐기되었다.[7] 이 학파의 노력—신약성서를 동시대의
유대교와 헬레니즘 사상 세계와 비교하려는—은 아직도 오늘날의 신
약성서 연구에서 필수적인 재료가 되고 있다. 뤼데만(H. Lüdemann)은
"육체"에 대한 바울의 "유대적" 개념(총체적으로 연약한 인간)과, 육체를
물질적인 실체로 평가절하하는 (이후에 보다 우위를 점하게 되는) "헬레니즘
적" 개념 사이의 대립을 예리하게 규정함으로써 바울의 인간학에 대
해 수십 년간 토론할 논제를 제기했다.[8] 비록 소수의 사람들은 바울
이 정신분열증 환자였다는 뤼데만의 주장을 받아들였지만, 많은 후
속 연구들은 '육체'에 대한 '유대적' 그리고 '헬레니즘적' 관점 간에
는 근본적인 차이가 있다고 보았고, 바울이 이 문제에 있어서 헬레니
즘적인 환경의 영향을 강하게 받았다고 주장하거나, 혹은 바울이
σάρξ(육체)를 사용함에 있어서, 헬레니즘적인 인간론적 이원론의 오
염에서 벗어나 있고, 여전히 철저하게 히브리적이라고 주장한다.[9]

σαρκίνη[육체에 속한 계명] 그리고 9:10 δικαιώματα σαρκός[육체의 예법]를
보라)에 적용될 수도 있다.

7.　Jewett, *Paul's Anthropological Terms,* 61-62는 πνεῦμα에 대한 관념론적 개념을
뒤집는데 있어서 H. Gunkel과 다른 사람들의 연구의 영향에 대해 올바르게
언급한다.

8.　H. Lüdemann, *Die Anthropologie des Apostels Paulus und ihre Stellung innerhalb
seiner Heilslehre,* Kiel 1872. 로마서에서 바울의 논증은 유대(롬 1-4장)와 헬라
(롬 5-8장) 부분으로 나뉜다.

9.　예, O. Pfleiderer, *Paulinism. A Contribution to the History of Primitive Christian
Theology,* E. T. London 1877; W. Morgan, *The Religion and Theology of Paul,*
Edinburgh 1917은 바울이 인간론에 있어서 결정적으로 헬레니즘의 영향
을 받았다고 주장했다. A. Schweitzer, *Paul and His Interpreters,* E. T. London

　최근 수십 년간 우리는 '유대교'와 '헬레니즘'의 사상 세계를 일 반화시켜서 대비시킬 때는 좀 더 신중해야 한다는 것을 배웠다. 주후 1세기의 사회 정치적 사건들로 인해서, 일부 지역들에서 그리고 특 정 문학 양식을 통해서, 이 두 가지 문화에 대한 풍성한 해석이 생겨 났다.[10] 어떤 유형의 '유대교'는 다른 것들에 비해서 훨씬 더 "헬레니 즘화"되었었다. 그렇기 때문에 우리는 몇 가지 형태의 "유대적" 인간 론을 구분해야 하는데, 어떤 것들은 다른 것들에 비해서 훨씬 "이원 론적"이기 때문이다.[11] 또한 "평행"을 찾는 과정 자체에 많은 함정들 이 있다. 즉, σάρξ 같은 용어의 용법에 있어서 피상적인 유사성들 때 문에 본질적인 강조점의 차이가 은폐되거나, 신학적이며 철학적인

　　1912, 66-77의 비판을 보라. 바울이 완전히 "히브리적" 이라고 주장하는 사 람들 중에는 H. W. Robinson, *The Christian Doctrine of Man*, Edinburgh 1911 그리고 J. A. T. Robinson, *The Body. A Study in Pauline Theology*, London 1952 와 W. D. Stacey, *The Pauline View of Man in relation to its Judaic and Hellenistic Background*, London 1956처럼 성서신학운동의 영향을 받은 사람들이 많다. 참조, Davies, *Paul and Rabbinic Judaism*, 17ff. Sand, *Fleisch*는 동일한 전통을 이어간다.

10. M. Hengel, *Judaism and Hellenism. Studies in their Encounter in Palestine during the Early Hellenistic Period*, E. T. London 1974 (= 『유대교와 헬레니즘 1-3』, 나 남출판사, 2012)의 고전적인 연구를 보라.

11. 예를 들어, 유대 문헌 중에서, 우리는 분명히, 묵시문학, 랍비문학 그리고 헬 레니즘화된 지혜 문헌은 물론이려니와, 구약 성서에 있는 다양한 경향들 을 구분해야 할 필요가 있다. 이것이 R. Gundry의 저서인 *"Soma" in Biblical Theology with Emphasis on Pauline Anthropology*, Cambridge 1976의 약점이다. 그는 그가 논하고 있는 다양한 "인간학적 이원성"(anthropological duality) 을 충분하게 구분하지 않는다. 바울과 관련해서, S. Laeuchli, "Monism and Dualism in the Pauline Anthropology", *Biblical Research* 3 (1958) 15-27을 보라.

관점상의 큰 차이들을 간과할 수도 있다. 앞 장의 마지막 부분에서 살펴보았듯이, "평행"을 찾아내는 것과 평가하는 것은 그 일에 열정적으로 참여하는 많은 사람들이 생각하는 것보다 훨씬 더 복잡한 일이다![12]

아마도 바울이 사용하는 "육체"의 용법과 영-육체 이원론에 대한 가장 중요한 두 가지 평행 자료는 필론의 책들과 쿰란 문헌일 것이다. 이것들을 간략하게 살펴보면, 그 같은 비교 연구의 문제점과 장점이 드러나게 될 것이다.

a) **필론.** πνεῦμα와 σάρξ에 대한 필론의 용법에 대해서는 바울과 비교해서 종종 언급되기는 했지만,[13] 이 둘 간의 평행에 대해 가장 폭넓게 연구한 사람은 브란덴부르거(E. Brandenburger)이다. 그는 두 저술가가 모두 헬레니즘적 유대교를 대표하고 있고, 확연하게 유사한 관점들을 공유하고 있다고 주장한다.[14] 필론과 바울의 매우 다양한 본문들에 대해 자세하게 논의하면서, 브란덴부르거는 두 저술가 모두에게 σάρξ와 πνεῦμα(또는 νοῦς/ψυχή/σοφία, "마음/영혼/지혜") 사이의 대조가 근본적으로 중요하며, 육체가 사악한 행위(잘못된 쾌락과 정욕)와 연결되고, 마음/정신(spirit)에 대적하고 왜곡하는 일종의 세력으로 나타난다고 주장한다.[15] 브란덴부르거의 논거 중에서 특히 중요한 것은 필론

---

12. 위의 292-303쪽을 보라.

13. 예, H. Lietzmann, *Die Briefe der Apostle Paulus*, 36-37; E. R. Goodenough and A. T. Kraabel, "Paul and the Hellenization of Christianity", in *Religions in Antiquity*, ed. J. Neusner, Leiden 1968, 23-68을 보라.

14. *Fleisch und Geist*, 114-221.

15. 특히 *Fleisch und Geist*, 114-18, 140-54, 177-88을 보라.

의 『신이 불변한다는 것』(*Quod Deus* 140-144: "육체와 지혜의 길 사이의 대립")과 『거인들에 대하여』(*Gig* 29ff.: "육체와 그 즐거움에 매혹당할 위험")이다.

그럼에도 불구하고, 바울과 필론 당시의 사상 세계의 차이점을 찾아내기 위해 바울과 필론을 무리하게 해석하면 안 된다는 것을 언급해두어야겠다. 바울이 의심의 여지없이 어느 정도는 다양한 형태의 대중적인 헬레니즘 철학의 영향을 받았지만, 그는 여전히 몸(body)의 부활이라는 개념을 확고하게 붙들고 있다. 물론 그렇다고 해서 "육체"와 "우리의 천한 몸"이라고 하는 비하하는 듯한 그의 모든 발언들이 결과적으로 물질적인 영역에 대한 부정적인 판단으로 귀결되는 것은 아니다. 또한 그가 몸에서 정신/영혼이 해방되기를 바라는 것도 아니다. 사실은 대부분의 경우에 바울서신에서 "육체"와 "몸"은 독특한 용어들이다. 후자에게는 현재에도 그리고 미래에도 특별한 의미가 부여된다.[16] 반면에, 필론은 구약성서 본문을 주석하면서, 몸의 정욕과 감각(αἰσθήσεις)이 영혼을 덫에 걸리게 하고 방해한다고 하는 플라톤적 전통의 입장을 확고하게 취하고 있다. 필론에게 있어서 이상적인 것은 ἄσαρκοι καὶ ἀσώματοι ψυχαί("육체도 없고, 몸도 없는 영혼"; 여기서 두 개의 형용사가 동의어라는 것에 주목하라)가 완전히 자유롭게 돌아다니는 것이다(*Gig* 31; 참조, *Leg All* 2.54ff.; *Ebr* 71 등). 필론의 가장 일반적인 이원론 인간학(σῶμα[몸] 대[vs.] ψυχή/νοῦς[영혼/마음])은 플라톤과 스토아

---

16. 아주 드문 경우에만 σάρξ(육체)와 σῶμα(몸)가 상호 호환된다(예, 고후 4:10-11). 전체적으로 σῶμα가 "주님을 위한" 것이고, 부활될 것인 반면에(고전 6:13-14, 18-20; 15:35ff.; 롬 8:11; 12:1-2), "육체" 또는 "육체와 피"는 썩어질 것이다(고전 15:50; 롬 8:6-9).

철학에서 가져온 것이다. 즉, 필론은 σάρξ를 비교적 드물게 사용하는데, 이때 이 단어는 많은 경우 자신이 주석하고 있는 칠십인역 본문에서 유래했다(예, 창 2:24 in *Leg All* 2.49-50; 레 17:11 in *Det* 84; 창 6:3과 레 18:6 in *Gig* 29ff.; 창 6:12 in *Qudo Deus* 140-144 등). 이 구절들과 다른 곳에서 σάρξ(육체)는 σῶμα(몸)와 동의어로 나타나며, πνεῦμα-σάρξ 대조가 드물게 나타나긴 하지만(예, *Quod Deus* 2; *Quis Heres* 57), 이 사례들에는 바울이 이 용어들에 부여하고 있는 신학적인 의미가 나타나지 않는다. 또한 필론이 σάρξ를 어떤 의미에서 "우주적인 힘"이라고 보는지도 전혀 분명하지가 않다.[17] 단 하나의 본문에서만 그것이 능동적인 역할을 하는데(*Quod Deus* 140-144), 여기에서는 σάρξ의 파괴적인 행위(φθείρειν)에 대해 언급하고 있다. 이는 칠십인역 본문에서 유래한 것인데(창 6:12, κατέφθειρε πᾶσα σὰρξ τὴν ὁδὸν αὐτοῦ, "모든 육체가 그의 길을 부패시켰다"), 그 행위의 주체는 πᾶς ὁ σαρκῶν ἑταῖ-ρος(즉, 인간 능동자)다.

따라서 브란덴부르거가 주장했던 필론과 바울 사이의 유비들 중에서 많은 부분이 인상적이지 않은 것으로 보인다. 그렇지만 그가 필론의 σάρξ가 두드러지게 부정적인 의미를 갖고 있다고 주장한 것은 옳다. 육체의 정욕/쾌락은 늘 악하다고 하는 언급들이 자주 등장한다(*Leg All* 3:158; *Gig* 32-40; *Abr* 164; *Quod Deus* 143; *Agric* 97; *Quis Heres* 267-68 등). 이것은 부분적으로는 필론의 사상에서 σάρξ와 σῶμα가 같은 의미로 사용되고 있다는 것(그리고 육체의 정욕이 영혼에 해롭다는 것, *Quis Heres* 267-8)을 통해, 그리고 부분적으로는 에피쿠로스가 σάρξ를 최고선(highest good)

17.　*Fleisch und Geist*, 117.

인 ἡδονή(쾌락)의 거처로 묘사하고 있다는 사실에 의해서 설명될 수
있다(Epictetus, *Diss* 1:10.17; Plutarch, *Moralia* 1089d를 보라). 슈바이처(E. Schweitzer)
가 언급했듯이, 에피쿠로스가 이 어휘들을 선택했기 때문에 대중적
인 에피쿠로스 학파의 사상에 반대하던 작가들이 ἡδοναι σαρκός(육체
의 쾌락)나 πάθη(고통)의 위험성을 강조했던 것이다. 이것은 위에서 나
열한 필론의 문헌 목록에서만이 아니라, 에픽테토스(Diss 2:24:20-22;
3.7.2-11; 4:1:104), 플루타르크(Moralia 101b; 107f; 672d-e; 그리고 1086c 이하 모든 단
락)와 다른 문헌에서도 볼 수 있다.[18] 이 문제는 아래에서 바울의 용법
에 대해 논하면서 다시 다루게 될 것이다.

  b) 쿰란. 사해사본의 출판 직후에 사해사본과 바울 신학을 비교하
는 엄청나게 많은 연구들이 줄을 이었다. 그 중에서도 육체와 죄의
연관성에 상당한 관심이 집중되었다.[19] 1QS의 마지막 부분에 있는 시
편의 저자는 자신이 "악한 육체의 무리"(לסוד בשר עול, 1QS 11.9)에 속해
있다는 것과 자신이 "육체의 죄로 인해서"(בעוון בשר, 11.12) 자칫하면

---

18. E. Schweitzer, "Die hellenistische Komponente im neutestamentlichen σάρξ-
    Begriff", *ZNW* 48 (1957) 237-53; 참조, E. de W. Burton, *Spirit, Soul and Flesh*,
    Chicago 1918, 90, 135-136.

19. K. G. Kuhn, "New Light on Temptation, Sin and Flesh in the New Testament",
    in *The Scrolls and the New Testament*, ed. K. Stendahl, London 1958, 94-113;
    W. D. Davies, "Paul and the Dead Sea Scrolls: Flesh and Spirit", in the same
    volume, 157-82; D. Flusser, "The Dead Sea Sect and Pre-Pauline Christianity",
    Aspects of the Dead Sea Scrolls, ed. C. Rabin and Y. Yadin, Jerusalem 1958, 215-
    266; 그리고 J. Pryke, "'Spirit' and 'Flesh' in the Qumran Documents and
    some New Testament Texts", *RQ* 5 (1964-66), 345-60에 풍부한 문헌 목록이
    들어있다. Sand, *Fleisch*, 253-73은 출판 당시(1967)까지 발견된 쿰란 두루마
    리에 나오는 모든 בשר(육체)의 용법에 대해 자세하게 논의했다.

비틀거리며 흔들리기 쉽다는 것을 인정한다. 전쟁규율(War Rule)에 나타나는 기치들 중 하나는 "모든 사악한 육체에 대한 전쟁의 능력"(יד מלחמה בכול בשר עול, 1QM 4.3)을 선언하며 "영웅"에게는 "사악한 육체를 멸망"(תואכל בשר אשמה, 1QM 12.12)시키라는 권면이다. 1QH에 나오는 찬송시에서는 진흙으로 만든 피조물이며, 육체인 인간이라는 존재와 밀접하게 연관된 것처럼 보이는, 인간의 연약함과 죄악에 대한 고백을 곳곳에서 볼 수 있다(1QH 4.29; 15.12; 15.21; 18.21을 보라). 육체의 죄성에 대한 이러한 유대교의 놀라운 비관론 때문에 바울과 비교하지 않을 수 없는데, 이것은 쿰란 문헌의 두 가지 주목할 만한 특징 때문에 더 힘을 받았다. 첫째로 많은 본문들이 우주적이며 윤리적인 차원인 것으로 보이는 이원론을 보여준다.[20] 이런 것은 1QS 3.13-4.26에서 가장 분명하게 볼 수 있는데, 이 본문에서 "진리의 영"과 "거짓의 영" 사이의 "우주적" 전투는 "세상을 살아가는 방법"을 상징하는 덕과 악행의 목록과 연결된다(4.2-6, 9-11). 비록 의존관계나 직접적인 영향을 분명하게 확신할 수는 없지만, 이 단락에 있는 수많은 특징들이 갈라디아서 5-6장에 있는 육체와 영에 대한 바울의 논의와 유사한 점들을 담고 있다.[21] 둘째로 쿰란 두루마리에는 영의 역할에 대한 두드러진 강조가 있다. רוח(영)라는 단어의 애매모호함 때문에 영이 인간 활동의 어떤 모습을 나타내는 것인지, 아니면 하나님의 활동을

---

20. 이와 같은 이원론적 사상의 내용과 기원에 대한 논의는, 예, P. von der Osten-Sacken, *Gott und Belial: Traditionsgeschichtliche Untersuchungen zum Dualismus in den Texten aus Qumran*, Göttingen 1969를 보라.

21. 자세한 논의를 위해서는 Wibbing, *Tugend-und Lasterkataloge*, 86-106을 보라.

나타내는 것인지 분명하지 않지만, 1QS 3-4와 1QH의 많은 부분들은 특별히 종말론적인 맥락에서 하나님의 영이 공동체와 그 지도자들에게 주어진다는 것을 분명하게 알고 있었다는 것을 보여준다.[22]

그렇지만 이런 증거 본문들은 신중하게, 그리고 쿰란 신학이라는 맥락에 비추어서 다루어야만 한다. 바울신학에서 평행구를 찾아내려고 노력하는 와중에 엄청나게 많은 오류들이 나타났다. 특히 다음과 같은 것들이 그렇다.

i) 쿤(Kuhn)과 일부 학자들은 בשר(육체)라는 단어가 분파주의적 사상에서 핵심적인 역할을 하며, 악의 근원 혹은 악의 보좌를 묘사하기 위해 사용된다고 주장했다.[23] 그러나 실제로 그 단어가 부정적인 것과 관련된 것으로 보이는 경우는 항상 인류를 전체적으로 고발하는 문맥에서 나타난다. 특별하게 두드러지게 사용되는 단어는 없고, "육체"의 죄성(sinfulness)은 단순히 인류의 보편적인 반역의 기능만 수행할 뿐이다.[24] 그러므로 마이어(Meyer)가 쿤에게 답변하면서 "육체의 죄

---

22. 예, 1QS 4.2-6.21; 1QH 7.6-7; 9.32; 12.11-12; 13.18-19; 17.26. 두루마리에 나타난 רוח의 용법에 대해서는, Davies, "Paul and the Dead Sea Scrolls", 171-182를 보라.

23. Kuhn, "New Light on Temptation": 육체는 "거의 악과 동의어다."(101) 그리고 "불경함과 죄가 실제적인 힘을 발휘하는 공간이자 영역이다."(107) Flusser, "The Dead Sea Sect", 255와 J. Becker, *Das Heil Gottes. Heils- und Sündenbegriffe in den Qumrantexten und im Neuen Testament*, Göttingen 1964, 111-112도 비슷한 표현을 했다.

24. 위에서 언급된 "사악한 육체"가 등장하는 각각의 문맥을 보라; 1QS 11.9가 전형적인 경우인데, 그곳에서 לסור בשר עול(악한 육체의 무리)가 רשעה לאדם(사악한 인류)와 평행구로 나타난다. 일부 학자들은 1QH 10.23에 있는 "육체의 욕망"(바울이 말하는 ἐπιθυμία σαρκός에 해당한다)이라고 번역

성은 단지 인간의 죄성일 뿐이다"라고 주장한 것은 옳았다.[25]

ii) 브란덴부르거, 건드리 그리고 일부 학자들은 쿰란 본문들이 인간의 본성 중에서 구별이 가능한 부분들인 "영"(spirit)과 "육체" 사이의 인간론적인 이원론이나, 인간의 육체와 하나님의 영 사이의 현저한 대조를 분명하게 보여준다고 주장했다. 이 주장을 뒷받침하기 위해 1QH 15.21-2와 4.29-33을 인용했다.[26] 그러나 이 본문들을 다시 한번 조금 더 신중하게 검토해보면 이런 분석이 의심스러워진다. 1QS 3-4의 이원론이 (영[spirit]과 육체가 아닌) 영(spirit)과 영(spirit) 사이에 대한 것이듯, 따라서 찬송시들(1QH)에서는 "육체"와 "타락한 영(spirit)"이 동의어로 나타난다.[27] 하나님의 영이 인간의 연약함 그리고 죄

되는 רצי רשב에 관심을 기울인다. Markus, "Evil Inclination", 9; Jewett, *Paul's Anthropological Terms*, 93. 그러나 문맥은 그 문구가 "육체적인 위안"(G. Vermes, *The Dead Sea Scrolls in English*, Harmondsworth 1975, 184)이나 "육체의 산물"(R. E. Murphy, "'Yeser' in the Qumran Literature", *Biblica* 39(1958) 334-344, at 341)이 더 나은 번역이라는 것을 보여준다.

25. R. Meyer, art. σάρξ, in *TDNT* VII, 113. J. Licht, "The Doctrine of the Thanksgiving Scroll", *IEJ* 6(1956) 1-13과 F. Nötscher, *Zur theologischen Terminologie der Qumran-Texte*, Bonn 1956, 85-86도 비슷한 판단에 도달한다.

26. Brandenburger, *Fleisch und Geist*, 86-106; Gundry, *Soma*, 96-107. O. Betz, *Offenbarung und Schriftforschung in der Qumransekte*, Tübingen 1960, 119-26 은 쿰란의 인간론을 설명하기 위해 육체로 말미암은(κατὰ σάρκα) 사람과 영으로 말미암은(κατὰ πνεῦμα) 사람이라는 바울의 용어를 사용하기도 했다.

27. "타락한 영"에 대해서는 1QH 1.21-3; 4.21; 11.12 등에서 묘사되어 있다. חור는 1QH 9.16; 15.12-13에서 רשב와 나란히 사용되고 있으며, 1QH 13.13; 17.25에서는 חור רשב라는 표현이 발견된다. 바울이 τὸ πνεῦμα τοῦ κόσμου(세상의 영)에 대해 언급하고 있지만(고전 2:12; 참조, 엡 2:2), 그렇다고 해서 그가 τὸ πνεῦμα τῆς σαρκός(육체의 영)에 대해 말하고 있다고 볼 수는 없다!

성과 대립되기는 하지만, "육체"와의 두드러진 혹은 반복적인 대조
는 나타나지 않는다.[28]

iii) 위에서 언급한 학자들은 쿰란 문헌들이 생각하는 구원이 육
체의 "수준"에서 영(spirit)의 수준으로 올라간다는 뜻이라고 주장하는
데, 이런 주장은 최소한 일정 부분 바울의 진술과 일치한다(갈 5:24-5;
롬 8:4-11). 1QH 15.16-17은 분명히 의로운 사람의 영광이 "육체로부
터"(מבשר; 참조, 1QH 3.19-23) 올라갈 것이라고 언급한다.[29] 그러나 여기에
서도, 좀 더 넓은 문맥은 육체의 죄성에서 결정적으로 해방되는 것에
대해 말한다. 1QS 10-11과 1QH 전반에 걸쳐서 나타나는 무가치함과
죄성에 대한 고백들은 주로 저자의 현재 상태를 반영한다. 물론 그는
하나님의 의가 "진흙으로 만든 피조물"과 "죄 많은 육체" 중의 하나
인 그의 존재를 없애버리지 않을 것이라고 하는 하나님의 은혜를 알
고 있다.[30]

만약 이상에서 살펴본 바와 같이 여전히 쿰란에서 그리고 바울

---

28. H. Hübner, "Anthrophologischer Dualismus in den Hodayoth?", *NTS* 18(1971-
2) 268-84에 Brandenburger의 주장에 대한 효과적인 비판이 실려 있다. H.
Braun, "Römer 7, 7-25 und das Selbstverständnis des Qumran-Frommen",
ZTK 56 (1959) 1-18가 "육체는 쿰란에서 말하는 많은 인간론적인 부정적인
것들 중의 하나이다. 바울도 바로 그렇게 말하고 있다"(16)고 주장하는 것은
옳다.

29. Brandenburger, *Fleisch und Geist*, 102-105; Gundry, *Soma*, 100-103. Flusser,
"Dead Sea Sect", 256는 "육체의 부정함에서 올라가는 것"을 "택함 받은 자가
영을 통해서 그의 타고난 육체의 오염에서 정화되는 것"으로 설명한다.

30. 1QH 15:16-17은 철저하게 미래를 언급하는 것일 수 있다. 1QS 3-4에서는 두
영들이 계속해서 구성원들 안에서와 위에서 싸우고 있다. Sanders, *Paul and
Palestinian Judaism*, 272-84를 보라.

에게서 발견되는 "육체"에 대한 입장 사이에 구분해야 하는 중요한
차이가 있더라도, 바울의 입장을 더 잘 이해하는 데 도움이 되는 중
요한 유사점들은 여전히 존재한다.[31] 우리는 이미 쿰란이 육체의 죄
성을 유별나게 강조하는 이유가 인류의 악함과 약함을 강조하는 본
문들에서 보이는 두드러진 비관론 때문이라는 것을 살펴보았다.[32] 몇
몇 학자들은, 이런 반복적인 "겸손한 진술"은 고조된 선민의식과 분
파주의자들이 경험한 하나님의 은혜를 반영하는 것이라고 지적했
다.[33] 그들은 하나님께서 특별히 택하신 사람들을 제외한 모든 사람
들에게 임할 하나님의 심판을 설명하기 위해 동료 유대인들을 포함
한 "모든 육체"의 보편적인 죄성을 강조했을 것이다(특히 1QM을 보라).
이 같은 하나님의 은혜와 "모든 육체"의 무가치함에 대한 강조는 모
든 유대인들이 언약 백성이라고 생각하는 것에 대해 도전하는 문맥 속에 나
타난다. 이제 유대민족의 일원이 되는 것으로는 하나님의 선민이 되
기 위한 조건을 충족시킬 수 없다는 것이다.[34] 분파 구성원의 선택은

---

31. 바울이 어떤 의미에서건 쿰란신학에 의존하고 있는가 하는 것은 별도의 문
제이다; 예, S. Schulz, "Zur Rechtfertigung aus Gnaden in Qumran und bei
Paulus", *ZTK* 56 (1959) 155-85는 그 같은 의존성에 대해 주장한다.

32. 이 내용과 관련해서 "쿰란 공동체의 인간론적 개념은 아주 오래된 길로 가고
있다"고 하는 Meyer, art. σάρξ, in *TDNT* VII, 114, 의 진술은 일부 수정이 불
가피하다.

33. Schulz, "Rechtfertigung", 156-67; Sanders, *Paul and Palestinian Judaism*, 289-
298.

34. 여기에서 우리는 "모든 이스라엘"의 구원이 마찬가지로 의문시되고 있는 에
스라4서와 바룩2서 같은 묵시적인 저작에 나오는 인간의 죄성에 대한 비관
적인 견해와 비교할 수 있을 것이다. 쿰란 문헌에서 유대인이라는 신분은 회
원이 되는 필수조건이었지만(1QS 6.13과 분파의 구성원들을 "이스라엘의 자

민족적인 기준이 아니라 개인적인 기준에 따른 것이었다. 그렇기 때문에 그 구성원은 "죄 많은 육체"와 대비시킴으로써 자신의 특권적인 지위를 훨씬 분명하게 설명할 수 있었을 것이다.[35] 또한 나머지 인류에 대한 이 같은 판단은 쿰란 분파가 갖고 있는 묵시적 전망의 중요한 부분이었다. 최후의 전장에서 벌어질 하나님을 위한 싸움을 준비하도록 선택된 공동체인 쿰란 분파가 "벨리알의 무리들"을 가장 나쁘게 묘사하는 것은 당연한 일이다. 그럼에도 흥미로운 것은 그 공동체가 자신들이 육체의 한계들과 거역하는 본성에서 벗어나지 못했음을 알고 있었다는 점이다. 하나님의 영과 의는 여전히 그들의 육체적인 연약함을 없애주지 못했고, 다만 그 영향을 극복할 수 있도록 도울 수 있을 따름이었다(1QH 4.29-33; 6.4-6; 7.26-33 등). 쿰란 분파는 모든 거짓의 영(spirit)이 "쿰란 사람들의 육체에서" 뿌리가 뽑힐 "심판의 때"를 기다리고 있었다(1QS 4.20-21). 전쟁터의 모습이 그려지고 있지만, 결정적인 사건은 아직 일어나지 않은, 이런 유형의 유대 묵시사상과 십자가와 부활을 통해 묵시적인 사건이 이미 시작되었으나 완성된 것은 아닌, 바울의 묵시적 전망을 서로 비교해보는 것이 도움이 될 것이다.

너"라고 하는 반복되는 언급들) 충분조건은 아니다. 하나님은 분파 밖에 거주하는 모든 악한 이스라엘 족속을 심판하시고 파괴하실 것이다(CD 1-3; 1QS 1.21-26; 5.10-14 등).

35. Sanders, *Paul and Palestinian Judaism*, 270: "에세네파에서는 선택을 이스라엘 민족이 아니라 개인에 대한 선택으로 본다"; 다른 유형의 유대교들과는 달리, 에세네파에서 "언약은 태생적으로 주어지는 것이 아니라, 성인의 자유로운 의지의 행위이다."

신학적인 분석

우리가 지금 논의하고 있는 비교 연구가 "육체"와 "영"에 대한 바울의 전망을 신학적으로 분석하는 데 도움이 되는 것은 분명하다. 예를 들어, 바울의 인간론이 전적으로 헬레니즘적인 개념에 지배를 받고 있다거나, 사해사본의 것과 차이가 없다는 결론을 내린다면, 이 것은 바울의 진술을 이해할 수 있는 신학적인 틀을 가리키는 중요한 암시가 될 것이다. 사실상, 방금 암시했듯이, 바울의 사상과 가장 근접한 것처럼 보이는 두 가지 문헌들도 실제로는 바울의 사상과 일치하지 않는다. 그리고 구약성서에 있는 בשׂר(육체)와 비교해보더라도 바울이 사용하는 용어의 독특한 점이 드러날 것이다.[36] 이렇게 다른

---

36. 바울이 "모든 육체"라는 표현을 사용하는 것이나(갈 2:16; 롬 3:20; 고전 1:29; 참조, 창 6:12-13; 렘 32:27 등), 하나님의 능력에 비해서 육체가 연약하다는 것을 강조하는 것(갈 4:13-14; 고전 15:50; 고후 10:4; 롬 8:3 등; 참조, 창 6:3; 시 56:4; 욥 10:4; 사 31:3; 40:6-8 등), 그리고 사람/육체를 신뢰하는 것에 대해 경고하는 것(빌 3:3ff.; 참조, 렘 17:5)은 구약성서와 일치한다. 하지만 (창 6:12-13이 있지만), 구약성서에서 육체를 죄의 자리 혹은 영역이라고 보는 곳은 없으며, (하나님의) 영과 (사람의) 육체를 가끔 대립시키기는 하지만(창 6:2-3; 사 31:3), 그 비중이 바울의 것에 미치지 못한다. 죄와 육체가 결부된 그 외의 사례는 쿰란을 제외하면 이후의 유대교에 가서야 등장한다(시락서 17:31; 23:17; 유다의 유언 19:4; 스불론의 유언 9:7; 에녹1서 1:98; 81:5). 이 문제와 관련해서 바울을 완전히 "히브리적인" 사상가로 설명하려는 Stacey의 시도는 바울이 육체에게 하나님께 대하여 죄악에 찬 적대감을 드러내는 능동적인 역할을 부여하는 것 때문에 실패하고 만다(특히 롬 7-8). 그리고 이런 언급들을 바울이 도에 넘치게 "절망"하거나 "과장"하는 것으로 치부하는 것은 진짜 문제를 회피하는 것이다(*Pauline View*, 154-180, 특히 163-165).

저자들과 비교하고 대조하는 것이 도움이 되기도 하지만, 결국 우리는 바울 자신을 다루어야 하며, 이런 용어들에 대한 바울의 독특한 용법을 설명해내야 한다. 지난 수십 년 동안, 바울의 인간론에 대한 신학적인 분석은 두 위대한 학자들, 불트만과 케제만이 주도해왔기 때문에, 우리가 다루는 주제와 관련해서 이들의 공헌을 살펴보는 것이 도움이 될 것이다.

a) **불트만.** 불트만이 저술한 『신약성서신학』(*Theology of the New Testament* = 성광문화사, 1997)에서 가장 영향력 있는 부분 중 하나는 바울신학에서 육체와 죄에 대해 논하는 곳이다(I, 232-46). 바울의 인간론에 대한 불트만의 전반적인 설명에서 보이는 특징은 자기 자신과의 관계 속에 있는 인간(참조, σῶμα에 대한 정의, 197)과 창조주에게 기대지 않는 '삶'을 추구하는 인간의 비뚤어진 의도를 강조하는 것이다. 따라서 불트만은 "육체"에 대한 부분을 시작하면서 미리 자신의 입장이 의도하는 바가 무엇인지 분명하게 밝힌다. 즉, "삶은 창조자의 선물이 아니라 자기 자신의 능력으로 획득하는 것이며, 삶이란 하나님이 아닌 자기 자신의 힘으로 사는 것이라는 거짓된 가정을 통해, 본원의 죄(*eigentliche Sünde*)가 그 정체를 드러낸다"는 것이다(232).

불트만은 σάρξ의 의미의 범주에 "사람의 물질적인 신체성"(233) 그리고 사람의 "약함과 무상함"(234)을 포함시킴으로써, 육체를 "외적"이고, "가시적"이며, "표면적인 '모습'에 모든 본성이 드러나 있는" 것으로 (롬 2:28-29; 고후 4:18; 5:12를 근거 삼아) 특별히 강조하고 있다 (234-35). 따라서 육체 안에(ἐν σαρκί) 사는 것은 다름 아닌 자연의 영역인 이 땅에 사는 것이다. 물론 또 다른 차원의 삶이 있을 가능성은 "여전

히 남아" 있지만, 이 현실은 "그 자체로는 어떤 윤리적이거나 신학적
인 판단도 수반하지 않는다"고 말한다(235-36). 반면에 로마서 7-8장에
서 육체 안에 있는 삶은 "선제적으로 부정되고"(proleptically denied) 있으
며, "비본원의 삶"(ein uneigentliches Leben)으로 간주된다. 불트만은 그 근
거로 (동사를 수식하는 위치에 나오는) 육체를 따라(κατὰ σάρκα)라는 표현의 특
정한 의미에서 끌어낸 훨씬 부정적인 의미를 제시한다.[37] 왜냐하면
이 표현은 "자연적이고 인간적인 존재 혹은 태도가 아니라 죄인으로
서의 존재와 태도를 나타내기" 때문이라는 것이다(237). 이것은 σάρξ
가 새로운 의미로 사용되기 때문이 아니라, 육체를 따라(κατὰ σάρκα)가
육체를 기준으로 삼는다는 것을 가리키기 때문이다. "결정적인 질문
은 '육체 안에서'가 오로지 삶의 무대와 가능성만 가리키는 것인지,
아니면 삶에 결정적인 기준인지 하는 것이다. 즉, '육체 안에' 있는
사람의 삶이라는 것이 '육체를 따라' 사는 삶이라는 뜻도 되느냐는
것이다."(239) 그리고 육체를 기준으로 삼는 것은 불트만이 정확하게
죄라고 규정하는 것인데, 왜냐하면 그것은 창조주로부터 돌아서서
피조물로 향하는 것을 의미하며, "이 땅의 것을 활용함으로써 그리
고 자신의 능력과 업적을 통해서 삶을 확보할 능력이 있다고 자신을
신뢰하는 것"이기 때문이다(239).

　육체를 따라(κατὰ σάρκα) 사는 삶에 대해 이런 정의에 도달하자, 불
트만은 어떻게 이것이 (이방인의) 무법 상태와 (유대인의) 신앙적인 절제

---

37. 명사를 수식하는 경우에는, κατὰ σάρκα는 "'자연적인' 것 외의 …을 가리키
　　는 것이 아니다"(237); 그러나 갈 4:23, 29 그리고 아마도 고후 5:16은 이 법
　　칙에서 예외적인 경우로 인정되고 있다.

에 모두 적용될 수 있는지를 보여주는 데까지 나아간다. 갈라디아서 5장에 나오는 "정욕"과 "욕망"은 그것들이 "음란과 이기심(Selbstsucht)"을 반영하는 것이며, "자신의 목적을 추구하는 독자적인 삶"의 특징이므로 육체적인 것이라고 말한다(239, 241). 하지만 "'육체를 따르는' 행동의 범주에는 무엇보다도 토라를 열정적으로 성취하는 것이 포함되는데 … 이는 인간이 자기의 힘으로 하나님 앞에서 의를 성취할 수 있다고 믿기 때문"이라는 것이다(240). 불트만은 여기에서 유대인들이 자랑하는 것(롬 2:23; 3:27), 육체를 신뢰하는 것(빌 3:3-7), 그리고 율법을 통해 자신의 의를 세우는 것(빌 3:9; 롬 10:3), "사람이 통제할 수 있고 다룰 수 있으며, 세속적이면서도 확실하다고 생각하는 것을 통해서 안전을 확보할 수 있으리라는 생각"과 관련된 모든 징후를 가리키는 구절들에 호소한다(243).[38] 따라서 갈라디아서에서 "육체"는 율법을 지키는 것(3:3)과 방탕한 행동(5:19ff.) 모두를 가리킬 수 있는 것이

---

38. 동일한 주제가 율법을 다루는 부분인 259-69에서 전개된다. 그리고 불트만의 다른 저서들, 특히 두 개의 유명한 논문들인, "Christ the End of the Law", in *Essays Philosophical and Theological*, London 1955, 36-66과 "Romans 7 and the Anthropology of Paul", in *Existence and Faith. Shorter Writings of R. Bultmann*, ed. S. M. Ogden, London 1961, 147-57에서도 마찬가지이다. 유대인의 죄는 정확하게 말해서 율법을 지키고 하나님에게 인정을 받으려는 열심이다. 그리고 율법은 사망으로 인도하는데(롬 7장), 이는 범죄 때문이 아니라 사람이 자신이 갖고 있는 자원들을 통해서 생명(τὸ ἀγαθόν)을 얻으려는 유혹을 통해서 되는 것이다. 따라서, "하나님께서 보시기에 유대인을 불쾌하게 만든 것은 악행이나 율법을 범해서가 아니다. 오히려 율법을 성취함으로써 하나님 앞에서 의로워지려고 하는 의도가 그들의 진정한 죄인 것이다"("Romans 7", 149). (본래 1932년에 독일에서 출판된 논문에서, 유대인을 언급하는 이 문장에 **현재시제**를 사용한 것은 충격적이다).

다.

바울이 육체의 "욕망"과 "행위들"에 대해 언급하는 것에 대해서,
불트만은 바울이 "육체"와 "죄"를 사악한 통치자로 인격화하고 있다
고 생각하지만, 그렇다고 해서 바울이 "육체"와 "죄"를 신화적인 개
념으로 사용하고 있는 것은 아니라고 본다(244). 이와 같은 "비유적이
고, 수사적인 언어"는 인간의 무능력을 보여주고 있는데, 이는 인간
이 자신의 삶을 확보하려는 바로 그 노력으로 인해 패배자로 전락하
기 때문이라는 것이다. 즉, 인간은 그 같은 세력들에 대해 "자신의 행
동 주체(*sein Subjektsein*)가 될 능력"을 상실했다는 것이다(245). 불트만은
영에 대해 설명하면서(330-340), 영이 주는 자유에 대해 상당히 강조한
다. 영은 "죄의 충동에서 놓이게 하고"(332), "'생명'을 얻을 수 있는
가능성을 새롭게 열어준다"는 것이다(336). 그러나 한편으로 불트만
은 영을 '능력'으로 볼 수도 있는 느낌을 줄여보려고 노력한다. 바울
이 영을 놀라운 능력으로 보는 통속적인 개념들을 "별 생각 없이" 받
아들였지만, "'영에 이끌린다'는 것은 … 우유부단하게 끌려 다닌다
는 뜻이 아니라(*ein entscheidungsloses Hingerissenwerden*) … '육체'냐 '영'이냐
하는 양자택일 상황에서의 결단을 전제로 하는 것이 분명하다"는 것
이다(336). 이런 것은 불트만의 전형적인 특징인 "결단"에 대한 강조
와 순종이 곧 믿음이라는 강조를 반영한다(314ff.를 보라). 그리고 이는
불트만이 바울에게 나타나는 영을 무엇보다도, 이전에는 사람이 자
만심(육체)에 빠져서 실행할 수 없었던, 주체적인 순종의 가능성으로
본다는 뜻이다.

쥬윗이 불트만과 관련해서 언급하고 있듯이, "σάρξ-πνεῦμα 범주

에 대한 실존주의적인 해석은 이 문제에 대한 오늘날의 논의와 맞물려서 거의 모든 주석가들이 공유하는 자산이 되었다."[39] σάρξ에 대한 로빈슨, 샌드, 슈바이처, 큄멜, 티슬턴 그리고 다른 많은 학자들의[40] 논의는 상당 부분 불트만의 연구에 의존하고 있다. 특히 육체 안에 있는(ἐν σαρκί) 삶과 육체를 따르는(κατὰ σάρκα) 삶을 구분하는 점에 있어서 그렇다. 불트만은 후자를 사람이 자신의 힘을 의지하는 것으로 설명하며, 이 개념을 율법-준수라는 공적을 내세우는 유대인의 자만심에 적용한다.[41] 불트만이 자기를 의지하는 "인간의 죄성"(cor incurvatum in se)에 대한 어거스틴파와 루터파의 강조점을 본인의 해석에 활용한 이후로, 이런 해석이 폭넓은 지지를 얻게 된 것은 당연한 일이었다. 불트만이 유대교를 공로지향적인 율법주의(merit-earning legalism)라고 설명한 것도 그 당시에는 일반적인 경향이었다.[42] 쥬윗 본인도 확실

---

39. Jewett, *Paul's Anthropological Terms*, 67.

40. J. A. T. Robinson, *The Body*, 25; Sand, *Fleisch*, 135, 190-91; Schweizer, art. σάρξ in *TDNT* VII, 125ff.; W. G. Kümmel, *Man in the New Testament*, E. T. London 1963, 63; A. T. Thiselton, art. "Flesh" in *NIDNTT* I, 680-81. 갈라디아서에 대한 주석을 쓴 학자들 중에서는 특히, Bonnard, *Galates*, 148; Schlier, *Galater*, 243-44; Mussner, *Galaterbrief*, 209를 보라.

41. Deidun, *New Covenant Morality*, 95은 σάρξ를 "자기 지향성"이라고 규정하고, Bornkamm은 ('Freihert', 134-35) "율법에 대해 자기-의를 주장하거나 자의적으로 율법을 경멸하는 방식으로 자기를 내세우는 사람의 오만함"이라고 설명한다. Barrett도 같은 입장인데, 그는 육체를 "사람의 타고난 자기중심적인 성향"이라고 규정하고 이를 율법에 대한 열심에서 분명하게 나타나는 자기에 대한 이기적인 관심과 자기중심성 그리고 "육체의 일"이라고 하는 사랑 없는 행위에 적용한다. *Freedom and Obligation*, 71-77, 84-85; 참조, Ebeling, *Truth of the Gospel*, 254-55.

42. 유대교를 행위-의를 추구하는 종교로 보는 것에 대한 여론은 Weber, Schürer,

하게 불트만 계열의 전통에 서 있기 때문에, 갈라디아서 6:12-13에
있는 "육체의 자랑"을 종교적인 열심에 의지해서 스스로 의를 추구
하는 것으로 해석하고 있고, 또한 육체를 "자신의 선으로 하나님의
선을 대신하게 하라고 [사람들을] 유혹"하는 모든 것으로 해석한
다.[43] 따라서 갈라디아서의 σάρξ는 율법주의(율법에 순종함으로써 생명을 얻
으려는 노력)와 자유방임주의("활력, 위로, 안전 등을 통해 생명을 확보하려는 욕망")
모두를 포함하는 것으로 설명할 수 있다는 것이다.[44]

　　바울의 인간론에 대한 불트만의 해석이 명료하고 일관성이 있다
는 것은 의심의 여지가 없다. 불트만이 자연/인간 영역 안에 있는 생
명과 그 영역을 하나의 '규범' 혹은 '기초'로 만드는 것을 구별한 것
은 σάρξ에 대한 바울의 다양한 진술들을 이해하는 데 아주 유익한
방법이다. 하지만 바울 자신이 ἐν σαρκί(육체 안에)와 κατὰ σάρκα(육체를
따라)의 차이를 항상 구분하지 않는다는 점을 명심해야 한다(롬 7-8장에
서 이 둘은 동의어로 사용된다). 이는 바울의 "육체 신학"을 지나치게 촘촘하
게 체계화하는 것이 위험하다는 것과 σάρξ가 등장하는 각각의 문맥
을 주의 깊게 관찰해야 한다는 것을 보여준다.[45] 이런 문제는 불트만

Billerbeck, Bousset 그리고 Bultmann 자신이 조장한 것이라는 점은 Sanders, *Paul and Palestinian Judaism*, 33-59에서 잘 보여주고 있다.

43. *Paul's Anthropological Terms*, 103.
44. *Paul's Anthropological Terms*, 95-116 단락 전체를 보라. 이 부분과 관련해서는 104를 보라. 그의 연구와 동일한 주장을 J. Ziesler, *Pauline Christianity*, Oxford 1983, 74-77에서도 볼 수 있다.
45. 이 점과 관련해서 Jewett이 바울이 사용하는 용어들을 하나하나 분석한 것은 Bultmann, Sand와 다른 학자들이 관련 용어들을 도식적으로 설명한 것을 훌륭하게 보완해준다.

이 '육체'와 '외모' 혹은 '표면적인 것'을 동등한 것으로 오해하는 것
에서 잘 드러난다. 로마서 2:28에 있는 할례에 대한 문맥에 이런 용
어들이 나란히 사용되었다고 해서, 다른 모든 문맥에서 σάρξ를 '표면
적인 것'으로 해석할 수 있는 것은 아니다. 실제로 육체의 행위들 중
상당수는 비가시적이며(예, 시기, 질투), 그리스도인의 행위 중 상당수는
가시적인 행위(예, 침례)를 지향하지만, 그렇다고 해서 '육체적인 것'은
아니다. (육체를 신체적이거나 관능적인 것으로 보는) 관념론 전통의 유산은 불
트만의 신학에서 분명하게 나타난다.[46] 그리고 이런 유산이 유대교를
'표면적으로 드러난 것과 역사적으로 논증할 수 있는 것'으로 무시해
버리는 수단으로 활용되는 것을 보면, 왜 불트만이 교회와 성례전을
상당히 비-바울적인 방식이라고 평가절하했는지를 이해할 수 있다.

우리는 또한 육체를 따르는(κατὰ σάρκα) 삶을 자기중심적이고 자기
의존적이라고 일반화시키는 것에 대해서도 의문을 던져야 한다. 이
것이 바울이 "우상숭배"와 "미움" 같은 여러 가지 악행들을 "육체의
일들"이라고 부를 때 염두에 둔 것인지는 분명하지 않다.[47] 그리고 불
트만이 유대인을 자신의 공로를 통해 생명을 보장받으려는 사람이
라고 부른 것에 대해서는 아주 강력한 반대를 제기할 수 있다. 갈라
디아서의 핵심 본문(2:15ff., 위의 148-60쪽을 보라)에 대한 논의를 통해 우리

---

46. Bultmann의 이런 주장에 대한 아래의 Käsemann의 비판을 보라. 참조,
    Mohrlang, *Matthew and Paul*, 188-189 n.50.
47. 모든 다양한 "육체의 일들"을 사람에게 "생명과 힘에 대한 희망"을 제공해
    주는 활동들과 결부시키려는 Jewett의 노력은 매우 억지스럽고 인위적이다
    (*Paul's Anthropological Terms*, 103-4).

는 율법의 행위들에 대한 바울의 공격이 공로지향적인 자기 의에 대한 것이 아니라 이방 그리스도인들이 유대인으로 개종해야 한다는 가설에 대한 것임을 설명했다.[48] 어떤 이들은 로마서 7장에 대한 불트만의 해석이 개연성이 없다는 것을 입증했으며,[49] 바울이 유대인의 "자랑"을 공격한 것은 유대인들의 율법 준수에 대한 개인적인 자랑을 공격한 것이 아니라, 이스라엘의 선민이라는 특별한 지위에 대한 민족적인 자부심을 공격한 것임을 보여주었다.[50] 따라서 유대교에 대한 불트만의 묘사는 바울의 견해와 맞지 않다는 것이 드러났으며, (뿐만 아니라 1세기 유대교의 전반적인 모습과도 맞지 않고) "이기주의"를 율법과 육체의 연결고리로 본 것도 대단히 의심스러운 것으로 여길 수밖에 없다.

바울의 인간론에 대한 불트만의 전반적인 분석에서 결정적인 요소는 그가 실존주의 철학에 의존한다는 점이다. 이것의 가장 중요한 효과는 일차적으로 (실제로는 거의 배타적으로) **개인에게 관심을 두는 것이**

---

48. "자랑"(6:12-13)과 관련된 본문에서, 일반적인 의미에서의 육체의 자랑 때문에 선동가들이 비난받는 게 아니라, "너희 육체에 대한" 자랑, 즉 갈라디아인들이 할례를 받게 하려는 그들의 목적을 성취한 것에 대한 자랑 때문이다(선동가 자신들의 혹은 갈라디아인들이 하나님 앞에서 자기 의를 내세우는 공로 때문이 아니다).

49. 특히 H. Räisänen, "Zum Gebrauch von ΕΠΙΥΘΥΜΙΑ und ΕΠΙΘΥΜΕΙΝ bei Paulus", *STh* 33 (1979) 85-99, 그리고 Westerholm, "Letter and Spirit"을 보라. 참조, Beker, *Paul the Apostle*, 232-40.

50. 예, N. T. Wright, "The Paul of History and the Apostle of Faith", *Tyndale Bulletin* 29 (1978) 61-88; *idem, The Messiah and the People of God*, unpublished Oxford D. Phil. thesis 1980; E. P. Sanders, *Paul, The Law and the Jewish People*; F. Watson, *Paul, Judaism and the Gentiles*.

다. "육체"와 "영"은 개인의 자기이해, 즉 개인의 참된 혹은 왜곡된 자신과의 관계 그리고 자신에게 열려 있는 (또는 그렇지 않은) 가능성들이라는 관점에서 정의된다. 바울의 인간론에서 개인의 중요성을 부정하는 것은 아니지만, 바울이 말하는 육체-영 용어의 지평을 너무 지나치게 협소하게 제한한 것은 아닌가라는 의구심을 갖게 된다. πᾶσα σάρκα("모든 육체", 갈 2:16; 롬 3:20; 고전 1:29) 같은 문구 그리고 κατὰ σάρκα 관계에 대한 설명(갈 4:23; 롬 1:3; 4:1; 9:3, 5-9)은 σάρξ가 사람을 (자기 자신이 아니라) 나머지 인류와의 관계 속에서 규정하고 있는 것으로 볼 수 있다는 점을 암시해준다. 또한 영과 관련해서 바울은 영이, 개인이 아니라, 그리스도인 사회에 주는 유익한 영향에 대해 설명하려고 애쓰고 있다(갈 5:25ff). 불트만의 실존주의로 인한 또 다른 결과는 바울이 언급하는 역사적 사건과 "세상"에 대한 그것의 영향을 탈신화화하는 경향이다. "그리스도에 대한 모든 주장은 사람에 대한 주장이며 그 반대도 마찬가지"라는 생각에 근거해서(191), 불트만은 십자가를 우주를 변화시키는 묵시적 사건이 아니라 "사람을 자기 자신으로부터 해방시키는" 하나님의 은혜를 드러내는 계시 사건으로 해석한다.[51] 이와 유사하게 영이라는 종말론적 선물은 "미래를 위한 능력"(335), "자신에 대한 이전의 자기이해를 버린 사람에게 열려 있는 참된 인간 삶에 대한 새로운 가능성"(336)이 된다. 그러나 이것이 오늘날에 유의미한 바울 재해석이 될 수 있을지는 몰라도, 바울 자신의

---

51. "Christ the End of the Law", 59-60: "십자가에서 바울은 하나님 자신의 모든 영광을 흩어버림으로써 사람을 자기 자신으로부터 해방시키는 하나님의 은혜를 깨닫는다."

관점을 표현하려고 시도하다가 바울 사상의 역사적·묵시적 차원이 완전히 제거될 수도 있다는 심각한 의구심을 남긴다.[52]

b) 케제만. 전에 불트만의 제자였던 사람으로서, 대부분의 케제만의 연구에는 불트만의 목소리로 가득 차 있다. 하지만 몇 가지 중요한 지점에서는 스승과 갈라선다.[53] 바울의 인간론에서 이 점이 특히 두드러지게 나타나는데, 케제만은 바울 사상 중 인간론의 역할과 핵심적인 인간론 용어들에 대한 해석에서 불트만의 견해를 폭넓게 비판한다.

이 주제에 대한 초창기 연구인 "몸과 그리스도의 몸"(*Leib und Leib Christi*)에서, 케제만은 영지주의 신학과의 비교점과 바울 사상의 우주적 범위를 특히 강조한다. 그는 바울이 말하는 "육체"가 인간론적인 실체일 뿐만 아니라, 우주적 세력이라고 설명한다. 그리고 그것을 "영지주의에서 말하는 시대(*Aeon*)와 같은 것"으로 간주한다(105).[54] 케제만은 이후에 쓴 논문에서, 묵시적 주제를 바울신학(그리고 다른 초기 교회)의 결정적인 요소라고 반복해서 강조한 반면, 영지주의와의 비교

---

52. Bultmann이 "적절한 비판"을 통해 "영에 대한 바울의 생각에 담긴 정말로 독특한 특징"으로부터 바울이 "반성 없이" 받아들인 것을 골라낼 수 있었던 반면에(337), 많은 학자들은 이 때문에 진짜 바울을 거세해버렸다고 생각한다. C. K. Barrett, *First Adam*, 6, 20-21 그리고 N. A. Dahl, "Rudolf Bultmann's Theology of the New Testament", in *The Crucified Messiah and Other Essays*, Minneapolis 1974, 90-128 그 중에서 116-20을 보라.

53. Bultmann과 그의 관계에 대해서는, "New Testament Questions of Today", in *New Testament Questions of Today*, E. T. London 1969, 10-11을 보라.

54. *Leib und Leib Christi. Eine Untersuchung zur paulinischen Begrifflichkeit*, Tübingen 1933 (특히 100-18을 보라).

는 관심에서 멀어졌다.[55] 하지만 묵시적 신학이 전 우주를 포괄하며, 세계에 대한 주권을 놓고 하나님과 악의 세력 사이에 벌어지는 전투에 관심을 두기 때문에, 바울의 인간론을 불트만이 허용했던 것보다 훨씬 큰 맥락 속에 놓게 된다. 케제만은 거듭해서 불트만이 인간론을 바울의 "핵심"으로 둔 것과 이로 인해 개인주의를 과장한 것을 비판한다.[56] 실제로 케제만은 "바울의 인간론"(On Paul's Anthropology)이라는 광범위한 주제의 논문에서 불트만이 개인을 강조한 19세기 관념론자들의 희생물이 되었다고 비판한다.[57] 케제만은 바울이 개인을 고립된 개체로 보지 않았다고 주장한다. 즉, "실존이란 항상 근본적으로 자신이 속한 세계의 시각을 통해 인식된다"는 것이다.[58] 이는 인간이 언제나 세력들 사이의 묵시적이며 우주적인 갈등에 휘말려 있다는 뜻이다.[59]

---

55. 예, 도발적인 논문들인, "The Beginnings of Christian Theology" 그리고 "On the Subject of Primitive Christian Apocalyptic", in *New Testament Questions*, 82-107 그리고 108-37.

56. "New Testament Questions of Today", 14-15; "Justification and Salvation History", in *Perspectives on Paul*, 65, 74; "'The Righteousness of God' in Paul", in *New Testament Questions*, 175-77.

57. "On Paul's Anthropology", in *Perspectives on Paul*, 1-15. 특히 아래와 같은 내용에 주목하라. "현대 신학[본래는 현대 독일 신학]은 여전히 관념론의 유산 혹은 저주의 희생물이라는 사실로 인해서 생각했던 것보다 더 엄청난 대가를 치루고 있다. 현대 신학은 키에르케고르에게 배웠던 것만큼 맑스주의로부터 많은 것을 배웠을 것이다. 그렇기 때문에 개인에게 결정적인 역할을 지속적으로 부여할 수는 없을 것이다."(11)

58. "On Paul's Anthropology", 26.

59. 참조, "Primitive Christian Apocalyptic", 131-37 그리고 간략한 설명으로는, "Die paulinische Anthropologie ist deshalb die Tiefendimension der

불트만과의 결정적인 차이점은 "몸"(σῶμα)에 대한 해석에서 드러난다. 불트만이 이 용어를 "사람이 자신과 맺는 관계"라는 의미에서 "인격"을 나타내는 것으로 이해한 반면에, 케제만은 이 용어의 신체적/물질적 측면을 강조하면서, 이것을 "우리 자신이 구성하고 있고 우리가 책임을 져야 하는 세계의 한 부분"으로 이해한다.[60] 즉, 몸은 바울의 묵시적 사상에서 중요한 의미를 갖는데, 왜냐하면 "우리가 몸으로 순종하는 것은, 우리 안에 그리고 우리와 함께, 우리가 한 부분을 이루고 있는 세상을 섬기는 일에 [하나님께서] 우리를 부르셨음을 나타내기 때문"이라고 말한다.[61]

케제만은 바로 이런 사고의 틀 안에서 "육체"와 "영"에 대해 논한다. 그는 이 용어들이 "인간 개개인의 개별화를 … 의미하는 것이 아니라, 일차적으로 천상의 혹은 지상의 세력으로서 외부에서 인간을 좌지우지하고 점령하는 실체이며, 따라서 이러한 두 개의 이원론적인 상반된 영역 중에서 무엇과 결합되어야 할지 결정해야 하는 실체를 의미한다고 주장한다."[62] 따라서 부활하신 주님의 지상적 현존으로서의 영은 선물이며, 동시에 우주의 주님으로 임명되신 분을 섬기라고 우리에게 (그리고 우리의 지체들에게) 요구한다.[63] 반면에, 바울이 대

---

paulinischen Kosmologie und Eschatologie", in "Geist und Geistesgaben im NT", *RGG* II, 1275.

60. "Primitive Christian Apocalyptic", 135.

61. "Worship and Everyday Life. A note on Romans 12", in *New Testament Questions*, 191.

62. "Primitive Christian Apocalyptic", 136.

63. "Geist", 1272-1279, 논문 전체를 보라.

개의 경우 '몸'과 조심스럽게 구분하고 있는 '육체'는 인간의 "세속성", 즉 세상의 지배를 받는 존재를 가리킨다. "실존은 육의 세계에 자기를 넘겨주는 한, '육'이며, 그 세계를 섬기고 그것으로 지배받는 것을 스스로 허락한다. 그러나 창조주와 대결하는 것이 이 세계의 특징이기 때문에, 그리고 이 대결은 사실상 언제나 피조물의 분리와 반항을 뜻하기 때문에, '육'은 악마성의 영역이기도 한 것"이라고 말한다.[64] 이런 관점에서 볼 때, 바울이 σάρξ를 인간론적인 실체이자, 욕망을 갖고 있고, 영에 대적하는 "세력"을 나타내기 위해 사용하는 방식이 설명된다. 게다가, 부활로 인해 촉발된 묵시적 갈등이 아직 해결되지 않았기 때문에, 왜 육체가 계속해서 그리스도인을 위협하고 유혹하는지, 그리고 날마다 영을 따라 행하며 순종하는데도 왜 계속해서 종말론적인 갈등이 지속적으로 작용하는지 쉽게 이해된다.[65]

애초에 케제만의 견해는 엄청난 논란을 불러 일으켰지만, 케제만이 강조한 묵시사상, σῶμα의 신체성, 그리고 영과 육체를 인간 실존을 '외부로부터' 통제하는 세력들로 본 것은 최근에 점차 인정을 받고 있다. 많은 학자들은 이제 바울에게 묵시사상이 단순히 독립된 주제로서 중요했던 것이 아니라, 바울신학의 전체 틀 속에서 중요했다는 그의 견해에 동의할 뿐만 아니라, 바울의 견해를 악의적으로 왜곡하지 않고는 묵시사상을 "실존적인 존재"로 탈신화화시킬 수 없다는

---

64. "On Paul's Anthropology", 26.

65. "On Paul's Anthropology", 26-27; "'The Righteousness of God' in Paul", 174-182.

것에 동의한다.[66] 영의 종말론적인 의미를 알게 된 지는 오래되었지만,[67] 이런 묵시적 맥락 속에서 육체와 영의 갈등을 파악한 것은 케제만의 업적이다. 쥬윗, 마틴 그리고 다른 많은 학자가 이런 통찰을 발판으로 유익한 연구를 수행했다.[68]

그럼에도 불구하고 몇 가지 문제들과 해결되지 않은 질문들이 남아 있다. κατὰ σάρκα(육체를 따르는) 삶에 대한 불트만의 기본적인 정의를 따라서, 케제만은 바울이 σάρξ를 "세상에 의해 지배당하는 존재", 혹은 "세상을 향하여 타락하고 하나님으로부터 소외된 전 인격"이라는 식으로 부정적으로 사용한다고 설명한다.[69] 하지만 (사람이 자신의 능력에 기대는) 이 상황에 대한 불트만의 개인주의적인 해석과는 스스로 거리를 두면서도, 케제만은 "세상에 의해 지배를 당하는 것"이 무슨 뜻인지 혹은 어떻게 "육체"가 인간을 지배하고 통제하는 "우주적 세력"으로 작용할 수 있는지에 대해서는 아주 애매하게 넘어가고 있다. 케제만은 개인주의적인 범주들보다는 묵시적인 것에 관심이 있었지만, 바울이 "육체" (그리고 "영") 같은 묵시적 세력들에 대해 어떻게 생각하고 있었는지, 그리고 그들의 영향이 "육체의 행위들"이라는 구체적인 행위들과 어떻게 관련되는지에 대해서는 상세하고 충실하

---

66. Beker, *Paul the Apostle*, 그리고 (몸에 대해서는) Gundry, *Soma*를 보라.

67. 최소한 Gunkel (1888)과 종교사학파 이후로 그러했다.

68. Jewett, *Paul's Anthropological Terms*, 93ff.; Martyn, "Apocalyptic Antinomies", 417, 은 여기에서 영과 육체를 "그리스도와 그의 영의 묵시적 출현 이후로 치열하게 싸우고 있는 두 개의 상반된 힘의 영역"이라고 묘사한다.

69. "On Paul's Anthropology", 25-26; *Commentary on Romans*, E. T. London 1980, 205.

게 설명하지 않는다. 케제만이 "불순종의 죄로 인하여 세상의 세력들에게 넘겨진" 존재에 대해 언급한 적도 있고, "우리의 모든 자아에 대한 소유권을 전적으로 그리고 끊임없이 주장하시는 주님으로부터 독립되기를 원하는 육체의 의지"에 대해 언급한 적도 있다.[70] 하지만 뒤에 언급한 자아와 독립에 대한 진술은 케제만이 여전히 실제로 자신이 그렇게 자주 비판하던 불트만식의 개인주의적 틀 안에서 작업하고 있다는 것을 보여준다. 그는 "육체의 의지" 중에서 가장 특징적인 것은 "하나님 앞에서 자신의 지위를 확보하고 선행의 힘으로 자신의 의로움을 획득하려는 시도"라고 말한다.[71] 이런 식으로 케제만은 율법과 육체의 관계를 서술하면서, 그 자체로 의심스러울 뿐만 아니라 자신이 다른 곳에서 아주 설득력 있게 설명하는 묵시적인 관점과 연결시키기도 어려운 개인주의적인 해석으로 후퇴하고 만다.

갈라디아서의 육체와 영

비교 연구는 바울이 사용하는 "육체"와 "영"이라는 용어를 이해하는 데 어느 정도 도움을 주기도 하지만, 한편으로 바울이 사용하는 어법의 특징을 부각시켜주기도 한다. 이미 살펴본 바와 같이, 바울은 어떤 가능한 "배경"에도 정확하게 맞지 않을 뿐만 아니라, 이 용어들

---

70. "New Testament Questions", 13; "'The Righteousness of God' in Paul", 179.
71. "'The Righteousness of God' in Paul", 179. 참조, *Leib und Leib Christi*, 117-118 그리고 "Geist", 1275.

에 대한 바울의 어법은 기존에 알려진 어떤 방식에도 전혀 부합하지 않는다. 게다가, 바울이 쓴 서신들을 분석해보아도 난감하기는 마찬가지다. 바울 본인이 σάρξ와 πνεῦμα를 당혹스러울 정도로 다양하게 (그리고, 아마도, 일관성 없이) 사용하기 때문이다. 따라서 모든 신학적인 분석은 조심스럽게 진행해야 하는데, 다른 문헌에 나오는 "평행들"을 당연히 비중 있게 다루되 지나치게 의미부여를 해서도 안 되며, 바울의 진술들 각각의 맥락을 신중하게 살펴보아야 한다. 여기에서 우리는 주로 갈라디아서와 이 서신에 나타난, 그리고 우리가 이 장의 앞부분에서 언급한, 바울의 어법의 독특한 특징들에 집중할 것이다.

1. 육체

가장 중요한 출발점은 바울이 σάρξ라는 용어를 만들어낸 것이 아니라, 기존에 이 용어가 갖고 있던 연관된 의미들 중에서 일부를 활용한다는 점에 주목하는 것이다. 필론에 대한 논의에서 주목했듯이, 그러한 연관된 의미들 중 하나가 '쾌락'이었다. 왜냐하면 '육체'의 '욕망' 혹은 '정욕'을 만족시키는 것을, 에피쿠로스가 옹호한다고 (잘못) 알려진 바, 쾌락을 추구하는 생활 방식과 연결시키는 것이 보통이었기 때문이다. 우리는 σάρξ(육체)와 πάθη σαρκός(육체의 정욕)를 이런 식으로 사용하는 것을 (헬레니즘적 유대교도 포함하여) 초기 기독교 시기의 대중철학에서 볼 수 있다.[72] 그리고 후기 신약성서 자료에 있는 "육

---

72. 위의 312-14쪽과 각주 18을 보라. Philo 외의 것으로는 예, 마카비4서 7:18을 보라.

체"를 경멸하는 일부 언급들 이면에도 이런 어법이 있는 것으로 보
인다(벧전 2:11; 벧후 2:10, 18; 요일 2:16; 유 23). 이런 연관된 의미는 바울(그리고
갈라디아인들)에게도 익숙했을 가능성이 높은데, 이는 σάρξ(갈 5:16-17, 24)
와 결부하여 ἐπιθυμίαι(욕망)와 παθήματα(정욕)를 언급하는 것과 더불
어, ἔργα σαρκός(육체의 행위들)의 목록에서 πορνεία(음행), ἀσέλγεια(호색),
μέθαι(술 취함), κῶμοι(방탕함) 같은 악행들이 등장하는 것을 설명해준다.

하지만 바울의 유대적인 사고에 비추어 보았을 때, σάρξ가 전혀
다른, 여러 가지 연관된 의미를 내포할 수도 있다. 앞에서도 언급했
듯이, 이것들 중의 하나가 할례와 관련된 의미인데, 할례 행위를 "너
희 육체에 새긴 언약"이라고 묘사하는 것은 유대교에서 잘 알려진
것이었다.[73] 당연히 할례는 갈라디아에서 벌어진 핵심 논쟁 중 하나
인데, 바울은 할례를 "육체"와 연결시켜는 방식으로 손쉽게 공격할
수 있었다(6:12-13). 유대인이 이 용어를 사용하는 또 다른 방법을 갈라
디아서에서 쉽게 찾아 볼 수 있다. 사람이나 인류를 가리키는 표현인
πᾶσα σάρξ(모든 육체)와 σάρξ καὶ αἷμα("살과 피", 즉 사람)가 그것이다. 바울
은 회심한 후에 "사람"(σάρξ καὶ αἷμα)과 의논하지 않았고(1:16), 율법
의 행위들로는 의롭다 함을 얻을 "육체"가 없다고(οὐ δικαιωθήσεται πᾶσα
σάρξ) 주장한다(2:16; 참조, 같은 절에 있는 οὐ δικαιοῦται ἄνθρωπος).[74]

따라서 σάρξ라는 간단한 단어가 "방종", "할례에서 포피를 자르
는 것", "인류" 같은 매우 다양한 것들과 연결되어 사용되는 것은 아

---

73. 위의 각주 4를 보라.
74. 위의 각주 36을 보라. "육체와 피"가 "인류"를 가리키는 것에 대해서는 시락
　　서 14:18; 에녹1서 15:4 그리고 랍비 문헌 등을 보라.

주 자연스러운 것이었다! 그와 같이 광범위한 의미론적 영역을 보유한 용어는 애매모호할 가능성이 있다. 대개의 경우, 문맥을 통해 암시된 의미를 파악할 수 있지만, 바울처럼 노련한 저자는 그런 용어가 주는 단어 연상 작용을 통해 전혀 다른 것과 연결시키기도 하고, 이 것을 기반으로 자신의 논지를 전개하기도 한다. 우리는 이미 바울이 πληροῦν(이루다/성취하다) 같은 애매모호한 용어를 어떻게 활용하는지 보았기 때문에, σάρξ도 마찬가지 경우가 될 가능성이 있다는 것을 염두에 두어야 한다.[75]

비록 바울이 갈라디아서에서 σάρξ를 대응하는 실체에 대한 언급 없이 사용하는 경우가 종종 있기는 하지만, 우리의 연구 목적에 있어서 제일 중요한 이 용어의 용례는 πνεῦμα-σάρξ 이원론에 나오는 사례들이다. 이 이원론은 구약성서(창 6:2-3; 사 31:3), 후기 유대 문헌(예, 솔로몬의 지혜 7:1-7; 마카비4서 7:13-14; 필론과 쿰란에 대해서는 위를 보라)에서 종종 보이고, 아마도 바울 이전의 기독교(롬 1:3-4; 딤전 3:16; 참조, 막 14:38)에서도 있었던 것으로 보인다.[76] 그러나 갈라디아서에 있는 바울의 용례는 중요한 차이를 보이는데, 그가 이 이원론을 묵시적 틀 안에서 사용한다는 것이다. 이 지점에서 케제만의 통찰이 기본적으로 중요하다. 이런 맥락에서 πνεῦμα는 인간론적인 실체도 아니고, (비물질적이거나 신적

---

75. A. T. Thiselton은 바울이 고전 5:5에서 σάρξ를 고의적으로 애매하게 사용하는 것을 간파해낸다. "The Meaning of σάρξ in 1 Corinthians 5.5", *SJT* 26 (1973) 204-28.

76. 로마서 구절들에 대해서는, E. Schweizer, "Röm. 1.3f. und die Gegensatz von Fleisch und Geist vor und bei Paulus", *EvTh* 15 (1955) 563-71를 보라.

인) 영적인 영역을 가리키는 일반적인 용어도 아니다. 새로운 시대의 종말론적인 표지이며, 새로운 창조에 대한 그리스도의 주권을 확립하는 능력인 것이다. 그 반대편에 있는 σάρξ는 모든 묵시 사상에 내재된 이원론에 휘말리는 바람에, 새로운 창조와 대립하는 "세상"과 "현 시대"와 연결된다. σάρξ에 부정적인 "색"을 입힌 것은 이 묵시적 이원론이다. 즉, 현 시대가 악한 시대인 것과 마찬가지로(1:4), 육체는 기껏해야 부적절한 것이며, 가장 나쁘게는 완전히 죄로 더러워졌다는 것이다.[77]

이 지점에서 쿰란과 비교해보는 것이 도움이 된다. 위에서 언급했듯이, 사해사본에 있는 "인류"와 "육체"에 대한 독특한 비관주의는, 자신들은 선택된 공동체 내에서 하나님의 은혜를 체험하지만, 다른 모든 사람은 멸망당할 것이라고 보는 묵시적이며 분파적인 견해에서 기인한 것이다.[78] 바울도 "육체"를 "악한 이 시대"와 결부시킨다. 왜냐하면 육체가 영과 복음의 묵시적 사건들과 대립되기 때문이

---

77. ἐν σαρκί 생명에 대한 바울의 진술들도 완전히 중립적이지는 않다. 즉, "내 안에 사는 그리스도"(갈 2:20), "주님 안에" 있는 것(몬 16) 혹은 "그리스도 와 함께" 있는 것(빌 1:21-4)과 비교해서 일시적이고 만족스럽지 않다는 것이다. 하지만 다른 문맥에서 이 문구는 다양한 의미를 전달한다. J. D. G. Dunn, "Jesus-Flesh and Spirit: An Exposition of Romans 1:3-4", *JTS* n. s. 24 (1973) 40-68을 보라.

78. 묵시적 비관주의는 에녹1서에 있는, "아무 육체도 주님 앞에서 의로울 수 없다. 그들은 단지 그의 피조물일 뿐이기" 때문이라고 하는(81:5), "모든 육체"를 책망하는 언급들 이면에도 있다(1:9). Jewett은 이 문구와 갈 2:16 (그리고 롬 3:20)이 비슷하다고 지적한 바 있다. Jewett, *Paul's Anthropological Terms*, 97.

다. 그리고 바울이 인류("모든 육체", 2:16)의 구원받을 능력에 대해 비관적으로 보는 것은 하나님의 은혜가 그리스도 안에서 특별하고도 혁명적인 방법으로 나타난다고 하는 바울의 확신 때문이다. 바울과 쿰란의 차이는 바울이 훨씬 단호하고 의도적으로 "육체"라는 용어를 사용한다는 것이며, 바울이 육체의 생명에 대해 묘사할 때에는 이미 과거의 것으로 묘사한다는 것이다. 후자의 현상을 보여주는 가장 충격적인 사례는 갈라디아서 5:24이다. 여기에서 바울은 육체가 **십자가**에 못박혔다고 말하는데, 이 표현은 바울의 견해가 독특한 이유를 보여준다. 3장의 마지막 부분에서 언급했듯이, 십자가는 갈라디아서에서 옛 시대의 종말을 나타내는 상징으로 반복적으로 사용된다(참조, 2:19-20; 5:11; 6:14-15). 쿰란 분파주의자들이 여전히 하나님의 승리가 시작되기를 기다린 반면에, 바울은, 십자가와 영이라는 종말론적인 선물의 관점에서, 이미 "육체" 혹은 "세상"의 죽음을 선포할 수 있는 것이다.[79] 분명히, σάρξ와 κόσμος는 실제로 사라지지 않았다(2:20을 보라). 즉, 바울이 생각하는 "종말론적 긴장"은 두 시대가 겹친다고 보는 것인데, 이것은 σάρξ가 계속해서 위협하고 유혹하는 실체라는 사실을 설명해준다. 그러나 육체의 "십자가 처형"은 육체가 더 이상 그리스도인의 행동을 통제하거나 지배할 수 없음을 가리킨다.

---

79. N. A. Dahl, "The Doctrine of Justification: Its Social Function and Implications", in *Studies in Paul*, 102-4를 보라. "'이전'과 '지금' 사이의 대비는 에세네 분파보다는 초기 기독교에서 훨씬 더 분명하게 표현된다. … 쿰란 분파들에게, 하나님의 구원하시는 의에 대한 계시와 죄인들에 대한 칭의는 그리스도의 죽음과 부활과 같은 어떤 역사적 사건과 아무 상관이 없다"(103).

따라서 바울 특유의 묵시적인 관점에 비추어서 "육체"에 대한 바울의 다양한 진술을 바라볼 때에만, 바울이 "육체"에 대해 주로 부정적인 태도를 갖는 것과 육체가 십자가에서 죽었다고 하는 그의 말을 이해할 수 있다(5:24). 묵시 사상과의 연관성은 바울이 σάρξ를 어떻게 이해하는지를 파악하는 데에도 도움이 된다. 이 용어가 갖고 있는 아주 다양한 연관된 의미들을 생각한다면, 포괄적인 정의를 내리려고 하는 것이 어리석어 보일 수도 있다. 그럼에도 불구하고 바울이 갈라디아서의 묵시적 주제와 관련해서 πνεῦμα-σάρξ 이원론을 사용하는 방식을 보면, 바울이 σάρξ를 십자가와 영의 선물에서 드러나는 하나님의 활동과 대비되는, **연약한 인간의 모습**(what is merely human)을 나타내기 위해 사용한다는 생각이 든다. 2:16에서 ἄνθρωπος(사람)와 πᾶσα σάρξ(모든 육체)가 같은 의미로 사용되는 것에서 이런 것이 이미 드러난다. 그리고 고린도전서 3:1-4에서도 이런 의미를 내비치는데, 바울은 여기에서 고린도 교인들을 (그들이 생각하는 것처럼 πνευματικοί[영에 속한 사람]가 아니라) σαρκι-κοί(육에 속한 사람)라고 부른다. 그들의 행동이 κατὰ ἄνθρωπον("인간의 방식대로", 3:3)이기 때문이고, 그들은 "연약한 인간"(οὐκ ἄνθρωποί ἐστε, "사람이 아니고 무엇이겠습니까?" 3:4)일 뿐이기 때문이다. 따라서 "육체의 행위들"은 에피쿠로스적인 쾌락으로 추정되는 관능적인 악행만 포함하는 것이 아니라, 바울이 '육체의 행위들'이라는 제목하에 나열하는 **연약한 인간의 행동**인, 사회적인 죄의 목록(시기, 질투, 분열함 등)도 포함한다. ζῆλος(시기)와 ἔρις(다툼)을 드러내는 것은 영으로 변화되지 않은 사람이나 할 일이기 때문에 "육적인" 것이다(참조, 고전 3:3). 같은 방식으로, 바울은 유대화된 갈라디아인들이 "육체로 마

치려한다"고 책망한다(3:3). 이는 단지 할례와 육체의 관계 때문만이
아니다. (바울이 보기에) 스스로 유대교에 헌신하는 것은 이제는 **연약한
인간의 종교**로 밝혀진 것에 스스로 걸려드는 것이기 때문이다.

바울 같은 유대인이 어떻게 그렇게 유대교에 대해 충격적일 정
도로 부정적인 생각에 도달할 수 있었는지 궁금할 수도 있다. 그러나
이 서신에는 그와 같은 현상을 설명하는 데 도움을 줄 많은 단서들이
있다. 첫째로, 바울은 자신이 전에 유대교에 있었던 때의 삶을 "조상
들의 유전"에 대한 열심이라는 말로 묘사하는데(1:14), 이는 자신을 부
르신 직접적인 하나님의 계시와 대비시키려는 의도가 분명하다(1:15-
16). 그와 같은 극적인 하나님의 개입의 관점에서 보았을 때, 그의 이
전 삶은 **연약한 인간의 전통**에 충성한 것 같았을 것이다.[80] 둘째로, 바
울이 이스마엘의 출생을 κατὰ σάρκα(육신을 따라)로 묘사하는 것(4:23,
29)과 이스마엘을 믿지 않는 유대인과 결부시키는 것은 유대교가 인
간의 혈통에 근거한 것이라고 비판하는 것으로 보인다. 즉, 유대인으
로 태어나는 것은 단지 부모로 인한 것이고, 그리스도인이 되는 것은
하나님의 영의 창조적인 역사로 된 것이라는 말이다. 다른 곳에서도
바울은 종종 유대 혈통을 κατὰ σάρκα(육신을 따라)라는 말로 묘사한다
(롬 1:3; 4:1; 9:3, 5-9; 참조, 롬 11:14, ἡ σάρξ μου, "내 육신"; 고전 10:18, Ἰσραὴλ κατὰ

---

80. 갈 1장 전체에 걸친 ἄνθρωπος(사람)와 θεός(하나님) 사이의 뚜렷한 대비를
주목하라(1:1, 10-12). 바울의 복음은 κατὰ ἄνθρωπον(사람에게서 비롯된 것)
도 아니요, παρὰ ἀνθρώπου(사람에게서 받은 것)도 아니며, 하나님의 그리스
도의 계시로 받은 것이기 때문이다. 이런 맥락에서 유대교는(1:13-14), 단지
κατὰ ἄνθρωπον(사람에게서 비롯된 것)이며 따라서 κατὰ σάρκα(육체에게서
비롯된 것)로 보이는 것이다.

σάρκα, "육신상의 이스라엘 백성"). 이는 아마도 일반적으로 유대인들이 친족을 묘사할 때 "내 살 중의 살이요, 내 뼈 중의 뼈"라고 표현하는 것을 암시하는 것으로 보인다.[81] 따라서 유대인의 정체성은 σάρξ에 근거한 것이라는 말이다. 그러나 4:21-31에 있는 알레고리가 분명하게 보여주듯이(참조, 롬 9:5-9), 종교적인 밀착성에 대한 인간적인 개념은 '약속'과 '영'이라는 하나님의 행동보다 훨씬 열등한 것이다. 셋째로, 이 서신 전반에 걸쳐 나타나는 유대교에 대한 주요한 비판 중의 하나는 이방인들에 대한 배척이다. 바울이 안디옥에서 베드로가 보인 분열 정책에 맞서서 아주 강하게 싸웠고, 사역 전반에 걸쳐서 유대인과 이방인이 그리스도 안에서 하나라는 것을 인식시키기 위해 노력했던 것을 고려할 때(3:28), 갈라디아인들이 유대교에 "빠져드는 것"은, 바울이 육체를 따르는 행동의 징후들이라고 간주했던, 분열(διχοστασίαι)과 파당(αἱρέσεις)과 정확하게 일치하는 일을 저지르는 것으로 반대했을 것이다(5:20). 선동가들의 배타성, 그리고 그들이 만들어낸 증오와 무가치한 ζῆλος("열심", 4:16-18)는[82] 유대교가 "연약한 인간"의 범주에 속한다는 바울의 확신을 강화시켜 주었을 것이다.[83]

"연약한 인간"이라는 부정적인 평가는 (일종의 사람에 대한 비뚤어진 혐오가 아니라) 묵시적 관점에서 온 것임을 분명히 해야 한다. 새로운 시

---

81. 예, 창 2:23; 29:14; 37:27; 사 9:2; 삼하 5:1; 19:12-13; 참조, 레 18:6 그리고 사 58:7, 여기에서 בשׂר는 "친족"을 의미한다.

82. ἐχθρός("원수", 4:16)와 ζηλοῦν("열심", 4:17-18)을 5:20에 있는 ἔχθραι(원수맺음)와 ζῆλος(시기)와 비교해보라.

83. 물론, 바울의 공동체들도 믿는 자들을 배척하기 때문에, 바울에게도 동일한 비난을 할 수 있을 것이다. 나는 바울이 이것은 유대인 전통 특유의 **인종적인**

대에 활동하시는 하나님의 영광에 비추어 보았을 때, 사람의 모든 업적과 전통은 그 빛을 잃어버리고 만다. 따라서 바울이 유대교를 이런 범주에 포함시킬 수 있었던 것은 오로지 새로운 창조가 그리스도와 영 안에서 (그리고 오로지 그 안에서만) 시작되었다는 확신 때문이다. 유대교와 "육체"를 결부시키는 것은 육체(σάρξ)와 할례(그리고 육체적 혈통 κατὰ σάρκα)가 서로 의미상 연결된 때문인 것이 분명하다. 그러나 이는 또한 자신의 이전 삶의 방식에서 보이는 인간의 한계에 대한 바울의 뿌리 깊은 확신의 영향을 받은 것이다. 이 점에서 바울과 쿰란의 차이가 (그리고 실제로 다른 모든 유대 문헌과의 차이가) 다시 한번 분명해진다. 율법에 복종하는 것을 "육체"라고 하는 부정적인 범주에 두는 것은 유대교의 언약 신학과의 단절을 상징하는데, 이는 쿰란의 경우에 비해서 훨씬 급진적인 것이다. 바울에게 있어서, 유대인의 정체성은 하나님의 선민이 되기 위해 충분하지도 않고, 필요하지도 않은데, 왜냐하면 유대인과 이방인은 그리스도를 믿지 않는 한, 모두 연약한 인간에 불과하기 때문이다(갈 2:15-21).

아마도 갈라디아서의 육체에 대한 이런 분석 중에서 가장 중요한 점은, 주로 육체에 대하여 개인주의적인 범주(자기중심성, 자기의존성 등)를 사용하는 실존주의자들의 일치된 해석에 대해 효과적인 대안을 제시한다는 것이다. 이 해석에 따르면, 육체는 율법과 연결되는데, 율법의 행위들를 행한다는 것은 자신의 힘으로 의로움을 얻을 수 있다는 생각과 관련된다. 우리는 이 사례에 대한 불트만의 강력한 설

배타성과 다른 문제라고 대답했을 것으로 본다.

명을 검토해보았고, 그 광범위한 영향력을 언급했으며, 그 문제에 대
한 케제만의 분석에 나타나는 몇 가지 핵심적인 점들도 살펴보았다.
그러나 우리는 또한 이 문제의 불확실한 면도 살펴보았다. 즉, 육체
의 행위들에 해당하는 악행들이나 율법 준수를 '자기중심성'이라는
범주로 확실하게 묶을 수 없다는 것이다. 그러나 우리가 만일 육체
(σάρξ)를 "연약한 인간"의 의미로 취하고 육체의 행위들과 율법이 순
전히 개인주의적인 의미보다는 사회적인 의미에 적용되는 것으로
본다면, 훨씬 만족스러운 해결책을 가지게 된다. 육체의 행위들은 (특
히 사회적 관계와 관련해서) 연약한 인간의 행동 양식이며, 유대인의 율법
준수는 인간의 사회적 관계(친족, 부계 전통과 인종적 배타성)에 근거한 연약
한 인간의 생활 방식인 것이다. 이렇게 육체가 인간의 연약함(갈 4:13-
14)이나 자기중심적인 행동(5:15)을 나타낼 수 있지만, 이들 중 어느 것
도 바울이 이 용어에 대해 생각하는 핵심은 아니다.[84] 즉, "연약한 인
간"이라고 하는 느슨한 정의는 아주 자연스럽게 바울의 묵시적 관점
에서 생겨날 뿐만 아니라, 바울의 다양한 용법에 훨씬 편안하게 들어
맞는다.

2. 영-육체 이원론의 아이러니

지금까지 살펴본 바로는 바울이 육체(σάρξ)를, 자유방임주의적 행
위, 할례, 사회적 악행과 율법 아래에 있는 삶 같은 전혀 다른 실체들

---

84. 따라서 Barrett가 "육체"를 사랑 없음으로 정의하는 것은 이 용어의 한 가지
측면만 다룬 것이다. *Freedom and Obligation*, 74-77.

을 포함하는, '포괄적인 용어'로 사용하고 있다는 결론에 도달하게
된다. 바울이 이 육체라는 용어를 묵시적 틀 안에서 사용함으로써,
이 용어에 어느 정도 보편적인 신학적 내용(연약한 인간)을 부여했다.
그렇기 때문에 바울이 여러 가지 실체들을 연결한다고 해서 완전히
독단적이라고 볼 수는 없다. 그럼에도 불구하고, 바울이 율법 준수를
악행 목록과 동일한 범주에 두는 방식은 의도된 아이러니인 것이 거
의 확실하다. 즉, 표면적으로는 완전히 다른 형태의 행위로 볼 수 있
는 것들을 영-육체(πνεῦμα-σάρξ) 이원론의 육체(σάρξ) 쪽에 함께 묶어 놓
은 것이다. 바울의 주장은 율법이 그것들을 육체의 문제들로부터 해
방시키기는커녕, 오히려 육체의 영역으로 더 깊숙이 끌고 들어간다
는 것을 암시하고 있다![85]

　이와 비슷한 아이러니가 이 서신의 다른 곳, 특히 바울이 세상의
"요소들"(στοικεῖα; τὰ στοικεῖα τοῦ κόσμου)이라는 문구를 사용하는 곳에서
분명하게 드러난다(4:1-11). 바울은 갈라디아인들이 전에 우상을 숭배
했기 때문에 그런 "요소들"(στοικεῖα)의 노예가 되었던 것이라고 주장
한다. 그뿐만 아니라 계속해서 바울은 갈라디아인들이 유대교로 전
향함으로써 다시 한번 자신들의 자유를 무력하고 천한 "요소들"
(στοικεῖα; ἀσθενῆ καὶ πτωχὰ στοικεῖα)에 넘겨주었다고 경고한다(4:8-9). 세상의
"요소들"(στοικεῖα)의 의미는 최소한 육체(σάρξ)의 의미만큼이나 논란이

---

85. Howard, *Crisis*, 12-14 그리고 Lull, *Spirit in Galatia*, 114-116에 있는 견해들을
　　보라. 그러나 Howard는 율법이 금지된 욕망을 불러일으키기 때문에 율법이
　　육체의 일들을 행하게 한다는 논지를 찾아내기 위해 로마서 7장을 갈라디아
　　서의 맥락에서 읽을 수밖에 없다.

많다. 하지만 여기에서도 바울이 애매모호한 의미를 즐기고 있을 가능성이 있다. 즉 (보호자들[ἐπιτρόποι] 아래 있는 "자녀들"을 위한, 4:1ff) 기초적인 교훈(elementary instruction)이라는 뜻도 되고, (이방인들이 숭배하는 "신들"인) 초보적인 영들(elementary spirits)이라는 뜻도 될 수 있다는 말이다. 무엇이든지 간에, 바울이 유대교와 이교신앙을 "요소들"(στοιχεῖα)이라는 제목하에 한데 묶는 아이러니는 율법 준수와 자유방임주의적인 행위를 육체(σάρξ)로 범주화하는 것과 같은 것이며, 그만큼이나 충격적이다.

우리는 이 서신에서 바울의 논증이 자초하는 곤경을 간과해서는 안 된다. 유대교를 "육체"(σάρξ)와 세상의 "요소들"(στοιχεῖα)이라는 범주하에 두는 바람에 바울이 유대교의 가치마저 무시해버리는 것처럼 보인다. 한편 바울은 율법의 신적 기원을 거의 부정하기도 한다 (3:19-20). 그리고 바울은 율법을 그리스도인이 사랑을 통해서 "이룬 것"이라고 주장하기 위해 일부러 중의적인 표현을 사용한다. 로마서를 쓸 무렵에는, 이 문제에 대한 바울의 관점이 어느 정도 명료해졌고 훨씬 균형이 잡혔다. 이 장의 시작 부분에서 언급했듯이, 바울은 여전히 율법이 죄와 육체의 정욕 때문에 오용되기 쉽다고 주장하기는 하지만(갈 3:19과 3:22은 수수께끼 같은 말로 동일한 현상을 언급하고 있지만, 매우 불분명하다), 로마서 7-8장에서는 육체(σάρξ)와 율법(νόμος)을 조심스럽게 구분한다(참조, 롬 11장에서는 이스라엘에 대해 훨씬 더 긍정적으로 말한다). 로마서 5:12-21에 있는 아담-그리스도 비교 덕분에 전체 논증에는 더욱 강력한 신학적 토대가 구축되었다. 이 단락에서 이스라엘은, 그 수많은 모든 유익들만큼이나, 아담의 타락으로 인한 참담한 영향을 피할 수

없었다는 것이 분명해졌기 때문이다.[86] 이런 맥락 속에서 바울은 옛
사람(παλαιὸς ἄνθρωπος, 롬 6:6; 참조, 갈 5:24)이 십자가에 못박혔다고 말할
수 있는데, 이 옛 사람은 분명히 그리스도인들이 이제는 육신을 따라
(ἐν σαρκί, 롬 7:5-6; 8:8-9) 살지 않는다고 말할 때 바울이 염두에 둔 것이
다.[87] 그렇기 때문에 우리는 로마서에서 더욱 분명하고 충분하게 설
명될 신학적 관점을 해결하려고 하는 최초의 논쟁이자 격렬한 논쟁
을 갈라디아서에서 보게 되는 것이다.

　다시 갈라디아서 5-6장으로 돌아가서, 육체에 대한 논의는 영-육
체 이원론에 대한 이해를 한층 더 깊어지게 했다. 4장에서는 바울이
이 논의 과정에서 육체(σάρξ)라는 용어를 선택한 것은 이 용어가 죄
(ἁμαρτία)를 적절하게 대체할 수 있기 때문이라고 주장했었다. 즉, 죄
(ἁμαρτία)라는 용어는 갈라디아 교회에서 벌어진 논쟁의 맥락에서 사
용하기에는 율법 위반(law-breaking)이라는 개념과 너무 밀접하게 연결
된다는 것이다. 반면에 이원론의 다른 용어인 영(πνεῦμα)은 갈라디아
인들이 그리스도인으로 살기 시작한 극적인 출발점을 나타내기 때
문에 아주 유용하다. 따라서 바울이 자신의 윤리학을 "영을 따라 살
아가는 것"으로 설명하는 것은, 갈라디아인들이 처음 시작했던 모습
그대로 지속해야 한다는 바울의 기본적인 주장을 뒷받침해준다. 그

86. Barrett, *First Adam*을 보라. "아브라함의 정통성 문제는, 이삭까지 포함해서, 불법이 되었다. 왜냐하면 아담 안에서 그들이 타락한 세상에 속하게 되었다는 사실로 인해 그들이 오염되었기 때문이다."
87. Caird, *Language*, 44를 보라. "'육체 안에' 산다는 것은 죄와 죽음의 노예가 된 옛 사람인 '아담 안에' 산다는 말과 같은 것이다. 그리스도인은 이런 의미에서 '육체 안에' 있는 것이 아니다(롬 8:9)."

러나 바울이 육체(σάρξ)라는 용어를 선택한 이유에 한 가지를 덧붙일
수 있다. 이 용어가 애매모호하기 때문에 자유방임적인 행동, 사회적
분열 그리고 율법 준수를 충분히 포괄할 수 있다는 것이다. 따라서
바울이 갈라디아인들에게 자유를 "육체의 기회"로 삼지 말라고 경고
할 때(5:13), 자유방임적인 행동만 염두에 둔 것은 아니다. 바울은 갈라
디아 교회들을 분열시키는 "육적인" 시기와 서로 물어뜯는 것(5:14-15,
19-21, 26) 그리고 갈라디아인들이 율법을 준수함으로써 그들에게 주어
진 자유를 "육체로 마무리하려는" 일에 (자유를) 사용할 위험에 더 직
접적으로 관심을 두고 있었다(3:3). 이와 비슷하게, 바울이 "자기 육체
에다 심는 사람은 육체에서 썩을 것을 거둘 것"이라고 경고할 때(6:8),
바울이 방종만 생각하고 있는 것은 아니다. 바울이 더욱 절박하게 신
경을 쓰는 것은 갈라디아인들이 할례에 관심을 보이는 것이었다(6:12-
13). 바울은 할례를 자유방임적인 행동과 똑같이 끔찍한 일이라고 생
각했다.[88] 따라서 바울이 솜씨 좋게 어휘를 선택했기 때문에 영-육체
(πνεῦμα-σάρξ) 이원론의 맥락에서 σάρξ의 어의론적인 애매모호함을 활
용하고, 윤리적인 교훈을 주는 이 단락에서조차도 율법에 대한 논의
를 지속할 수 있었다.[89]

---

88. 갈 6:8에 대해서는 B. Reicke, "The Law and This World According to Paul.
Some Thoughts Concerning Gal. 4:1-11", *JBL* 70 (1951) 259-76, 특히 266을
보라.

89. σάρξ를 각 문맥에 따라 달리 번역하는 대부분의 현대 역본들에서도 초점이
전부 애매모호하다. 예, NIV "인간적인 노력"(3:3); "일반적인 방법"(4:23);
"사악한 본성"(5:13-6:10); "외적인"(6:12). NEB "물질적인"(3:3); "자연의
순리를 따라"(4:23); "악한 본성"(5:13-6:10); "외적이고 신체적인"(6:12).

3. 직설법과 명령법을 통해 본 육체와 영

이 장의 나머지 제한된 공간에서 바울이 직설법과 명령법을 결합시키는 방법이라는 엄청난 주제를 다루는 것은 실로 불가능하다. 그럼에도 불구하고 이 장과 앞의 장에서 연구한 것을 기초로 해서 이 문제에 대해 어느 정도는 살펴볼 수 있을 것이다.

육체와 관련해서, 바울이 육체(σάρξ)를 자제해야 할 정도로 지속적으로 위협이 되는 존재(5:16-17)로 생각하는 방식에 관해 어느 정도 설명이 필요하다. 이 위협은 그 육체를 정욕과 욕망과 함께 십자가에서 못박은 그리스도인들에게조차도 마찬가지이다(5:24). 이런 현상은, 바울이 여기에서 각 사람의 "육체적인" 부분(물질적인 존재 혹은 "저열한 본성")을 가리키는 것이 아니라, "시대"의 영향과 인간의 전통과 전제들에 대해 언급하는 것으로 볼 때에만 설명된다. 육체는 욕망을 갖고 있으며 영과 끊임없이 싸우고 있는 것으로 묘사된다. 이는 한편으로는 육체의 "정욕"과 "욕망"에 대한 유명한 논쟁 때문이고(위를 보라), 또 다른 한편으로는 서로 싸우고 있는 경쟁 세력들에 대해 언급하는 묵시적인 신학 때문이다. 그러나 이런 설명들이 결국 육체의 완전한 인격화로 귀착되는 것은 아니다.[90] 아마도 바울은 "옛 시대"의 영향이 주로 실제적인 반면에, 사회적인 압력과 사회적인 전망의 영향은

Barrett, *Freedom and Obligation*, 71-2에 있는 언급은 눈여겨 볼만 하다.

90. Jewett이 갈 4:21ff. 같은 구절에 나오는 σάρξ의 역할을 "우주적" 혹은 "악마적" 세력으로 과장하고 있다는 것은 자명한 사실이다. *Paul's Anthropological Terms*, 100-1. 실제로는 σάρξ의 인격화가 등장하는 본문은 영을 인격적으로 진술하는 것에 비해서 아주 적다.

분명치 않다고 보았던 것 같다. 바울이 육체를 십자가에 못박았다고
말하는 것은 새로운 창조에 진입한 사람은 누구나 그러한 영향과 철
저하게 단절되었다는 뜻이다. 그러나 옛 시대는 그리스도인이 살아
가야 할 세상 속에 하나의 영역으로 존속하고 있기 때문에, 그리스도
인이 옛 시대의 거짓된 인간 중심적인 관점에 유혹될 위험은 항상 있
는 것이다. 따라서 이런 "종말론적 긴장" 때문에 바울은 육체를 위해
심지 말라고 계속해서 호소하고 있는 것이다.[91]

여기 갈라디아서에서는 (다른 곳에서도 마찬가지이지만) 영을 인격화된
세력의 모습으로 훨씬 더 충실하게 제시하고 있는 것이 눈에 띈다.
즉, 영은 우리가 하나님을 "아빠"라 부를 수 있게 하시며(4:6), 그리스
도인들을 이끄시고(5:18), 그리스도인들 안에서 놀라운 능력을 행하신
다(3:5). 영은 새 시대의 시작과 더불어 활동하시는 하나님의 능력일
뿐만이 아니라, 새로운 삶의 원천이시다(εἰ ζῶμεν πνεύματι, "우리가 영으로 살
면", 5:25). 앞에서 언급했듯이, 그처럼 구체적이고 강력한 표현을 "참
되고 인간다운 삶의 새로운 가능성"이라는 말로 변형시키는 것이 만
족스러울 리가 없다. 불트만처럼 갈라디아서 5:25을 "믿음으로 인해
'영으로 살' 가능성이 생겼다는 말을 분명히 '영을 따라 행하라'는 뜻
으로 이해해야 한다"고 해석하면, 바울이 사용하는 직설법의 힘은
분명히 치명적으로 약해진다.[92] 그런 식으로 (실존주의자처럼) "가능성"
을 강조하는 것은 바울이 말하는 하나님의 변화시키는 역사에 대한

---

91. 특히 Bornkamm, "Baptism and New Life in Paul"을 보라.
92. *Theology* I, 333.

확신과 맞지 않는다.[93]

그러나 불트만이 영의 "인도하심"을 강압하는 것이나 자동적으로 순종하게 되는 것으로 보지 않은 것은 옳다. 영은 믿는 자들이 육체와 싸우게 하시지만(5:16-17), 인내하며 수고하는 일까지 면제시켜주시지는 않는다(6:9-10). 능력을 선물이자 책임이라고 포괄적으로 이해하는 식의 설명은 케제만의 것이 가장 탁월하다. "하나님의 의"에 대한 논문에서, 케제만은 영의 선물이란 하나님의 주권을 확립하는 것을 포함하며, 이 주권은 그것이 영향을 미치는 인간의 삶을 변화시킬 뿐만 아니라 믿는 자들에게 지속적으로 섬기며 순종할 것을 요구한다고 주장한다. "주님은 영의 수여자로서 우리는 그분 안에서 그리고 그분과 함께 침례를 받는다 … 바로 이 주님이 우리에게 끊임없이 갱신되는 섬김을 통하여 전진하라고 촉구하신다. … 우리가 계속해서 순례의 길을 걷고 매일 그리스도의 충성을 기억한다면, 우리는 우리가 받은 선물 안에 머물 수 있으며, 그 선물이 우리 안에 활기차고 강력하게 머물게 할 수 있다."[94] 이 설명은 정확히 우리가 갈라디아서

---

93. T. C. Oden은 "항상 자신이 누구인지를 선택하는 것이 인간의 특별한 존재론적 특징이다"라는 말로 실존주의자의 전제들("Sein ist ein Seinkönnen"—Heidegger)을 설명한다. *Radical Obedience: The Ethics of Rudolf Bultmann*, London 1965, 41ff., 이 점에 대한 Bultmann과 Käsemann의 입장 차이는 롬 1:16에 있는 δύναμις(능력)에 대한 해석의 차이를 통해서 잘 설명된다. Bultmann은 이 용어를 가능성에 강조을 주어 "역량/능력"(Kraft)의 의미로 본다. Käsemann은 압도적인 능력을 강조하여 "힘/권세"(Macht)의 의미로 본다. "'The Righteousness of God' in Paul", 173, n.4에 있는 Käsemann의 논의를 보라.

94. "'The Righteousness of God' in Paul", 173, n.4.

5-6장에서 발견한 것을 훌륭하게 요약한다. 바울이 덕목의 목록을 "영의 열매"라고 설명하고 있지만, 그렇다고 해서 신자들이 순전히 이런 선물들을 수동적으로 받는 존재라고 말하는 것은 아니다.[95] 바울은 그리스도인 공동체에서 이런 열매를 드러내다가 자만(6:3-5)하거나 낙심(6:9)할 위험에 대해 경고했다. 직설법(영의 열매)도 명령법(영을 위해 심는 것)도 경시하면 안 된다. 실제로 바울이 말한 "영 안에서/으로 행하는 것"(5:16)은 인간 차원의 원천과 하나님께서 공급하시는 원천의 상호 작용을 깔끔하게 요약하고 있다.

따라서 "육체"와 "영"에 대한 연구는 우리를 아주 직접적인 방법으로 바울의 윤리학의 심장부로 인도한다. 바울의 윤리학은 새로운 시대의 능력으로 변화되고 주님을 섬기는 일에 참여한 신자들의 상황을 보여주는 한편, 믿음 안에서 진리에 대한 복종을 끊임없이 갱신함으로써 옛 시대의 함정과 유혹의 한 가운데서 그 섬김을 수행해야 한다고 요청한다.

---

95. Deidun이 직설법과 명령법의 결합에 대해 내린 정의에서 바로 이런 인상을 받는다: "그리스도인은 이미 자유롭게 순종하도록 **충동하시는** 하나님의 영의 내적인 작용에 **저항하지 않아야 할** 의무가 있다.", *New Covenant Morality*, 243 (강조 표시는 내가 한 것이다).

제7장
결론

갈라디아서에 나타난 바울의 윤리학에 대한 연구를 위해 우리는 역사적이며 신학적인 수많은 문제들을 폭넓게 살펴보았을 뿐만 아니라, 5:13-6:10에 있는 교훈 단락을 자세하게 검토해보았다. 이제 우리는 1장에서 제기한 질문들에 대해 대답하고, 바울의 윤리학과 신학에 있는 몇 가지 큰 주제들에 대해 의견을 제시해야 할 지점에 도달했다.

교훈 자료의 기능

이 책의 목적 중 하나는 5:13-6:10에 있는 바울의 권면의 역할에 대한 학자들의 논쟁을 해결하는 데 도움을 주는 것이었다. 그래서 자주 무시되곤 하던 이 단락의 중요성을 강조했고, 이 단락이 서신 내에서 그리고 갈라디아의 역사적인 상황과 관련해서 어떤 목적을 갖고 있는지 그 의미를 살펴보려고 했다. 이 문제에 대한 우리의 결론은 본서 74-75쪽에 나열된 네 가지 질문에 대한 답변을 통해 가장 잘 설명될 것으로 본다.

i) 바울의 권면은 갈라디아서 앞부분에 있는 율법과 믿음에 대한 논쟁과 관련이 있는가? 우리의 결론은 바울의 권면이 앞에 있는 논쟁에서 기인한 것이며 그 논쟁의 결론이라는 것이다. 즉, 이 권면을 부록이나 독립적인 교훈 단락으로 간주해서는 제대로 이해할 수 없다. 이 부분에 대해 우리는 갈라디아 논쟁의 주된 내용이 하나님의 백성이 된 사람들이 어떻게 살아야 하는가에 대한 질문이라는 사실을 부각시킴으로써 새로운 접근 방법을 확립했다. 교회의 구성원이 되는 것과 그 구성원이 어떻게 행동해야 하는가에 대한 질문이 갈라디아 교회의 위기와 그에 대한 바울의 대답 안에서 서로 연결되어 있다는 관점에서 볼 때, 바울이 진리에 복종하는 방법을 제시하는 것으로 논의의 결론을 맺으려고 애쓴 이유를 더 잘 이해할 수 있다. 실제로 우리는 믿음, 사랑 그리고 영 안에서 행함이라는 측면에서 논의한 바울의 윤리가 이신칭의의 의미를 이끌어내고 갈라디아인들이 처음 모습 그대로 영 안에 계속 머문다는 것이 무엇인지를 설명하기 위한 것이라고 주장했다. 따라서 5:13-6:10의 권면과 앞부분의 신학적 논쟁 사이에서 많은 접촉점을 보게 되는 것은 당연하다. 즉, 영-육체 이원론은 3:3과 4:29에서 예고되고 있으며, 율법에 대한 언급들은 앞부분에서 논증한 것을 보완해주며, 5:13-24에 있는 몇 가지 내용은 이 서신 전반에 걸쳐서 선포하는 "자유"의 도덕적 의미를 분명하게 해준다. 물론 바

울은 5:13 이하에서 새로운 주제를 시작하면서 영-육체 이원론을 새로운 방식으로 사용한다. 그러나 이것은 다시금 논증 속에서 사실상 앞부분의 내용을 보완하고 결론 짓는 역할을 한다. 따라서 5:13에서 주제가 단절된다고 과장하는 것은 오도하는 것이며, 이 구절이 바울이 이 서신에서 윤리에 대해 언급하는 첫 번째 지점이라고 주장하는 것도 틀린 것이다. 우리는 오닐(O'Neill)의 본문 분석이 쓸데없는 것이라고 자신 있게 결론 내릴 수 있다.

ii) 이 단락은 갈라디아 교회의 구체적인 상황과 관계가 있는가, 아니면 일반적인 "교훈"의 사례로 보아야 하는가? 여기에서 우리는 이 단락이 갈라디아 교회의 당면한 위기를 위해 특별히 고안된 것으로 보는 것이 가장 타당한 이해라고 결론 내릴 수 있다. 우리는 바울이 이런 목적으로 저술했다고 확신할 만한 충분한 증거를 확인했다. 바울의 논증과 교훈이 갈라디아의 위기에 적합하며, 그 위기가 해결되는 데 중요한 기여를 했기 때문이다. 이러한 결론은 최소한 5:13-6:10의 핵심 주제와 여러 개별적이고 구체적인 주제들을 포용한다. 즉, 바울이 사용하는 용어들(예, 영, 육체, 이름)은 바울의 윤리적인 전략이 충분하다는 것을 보여주기 위해 의도적이고 신중하게 선택된 것이며, 악행 목록은 사회적이며 공동체적인 갈등을 부각시키기 위해 사용되고 있고, 선택된 많은 격언들은 영의 열매의 실천적 가치를 설명한다는 것이다. 그러나 이 전체 단락의 타당성을 지키기 위해 모든 세부적인 내용들이 갈라디아 교회에서 벌어진 특수한 사건들을 직접적으로 반영한다고 주장할 필요는 없다. 악행 목록의 전통적인 성격과 일부 격언의 "일상적인" 어조를 고려했을 때, 열거된 모든 악행들이 당시의 갈라디아 교회에서 자행된 것들이거나, 모든 격언들이 당시의 사건에 대한 대답이라고 결론 내리기는 어렵다. 따라서 이 문제에 대한 우리의 결론은 (디벨리우스, 필하우어 등에게는 미안한 일이지만) 이 단락이 일반적인 "교훈"에 포함된다는 주장에 이의를 제기한다. 그러나 그렇다고 해서 우리가 악행 목록에서 영지주의적 도덕이나 "헬레니즘적인 열망"(쥬윗)에 사로 잡혀 있던 회중을 추론해내는 슈미탈스와 다른 학자들을 추종할 필요는 없다. 그런 해석은 5:13-6:10의 타당성을 옹호하는 면에서는 옳지만, 모든 세부적인 내용에서 너무 많은 것을 읽어내는 오류를 범한다.

iii) 바울의 이 권면은 누구를 대상으로 한 것이며, 만일 어떤 문제가 있다면, 바울이 생각하고 있는 문제는 무엇인가? 이 문제에 대한 모든 논증의 결론은 다음과 같다. 바울은 서신 전체를 통해서 오로지 한 가지 전선에서만 싸우고 있으며, 서신 전체에 걸쳐서 바울이 관심을 쏟는 것은 이방인 신자들의 신분과 복종이다. 갈라디아서 5-6장에 있는 권면은, 갈라디아의 위기로 인해서 바울이 믿음으로 살고 영 안에서 행하는 것의 윤리적인 의미를 설명한 것이라는 관점에서 볼 때 가장 잘 이해된다. 갈라디아서 5-6장에서 해결하고자 하는 갈라디아인들의 태도는 "율법의 멍에"를 지려는 자들과 같은 입장이다. 왜냐하면 바울이 갈라디아인들이 율법의 멍에를 지지 않고도 "하나님을 위해 살 수 있다"는 것을 보여주려고 하기 때문이다. 달리 표현하자면, 이 갈라디아서 5-6장의 이면에 있는 문제는 자유방임주의의 문제가 아니라, 도덕적 혼란과 더불어 바울의 윤리적인 명령을 신뢰하지 못하는 문제라는 것이다. 바울 본인이 제시한 "영 안에서 행하는" 윤리의 충족성과 실천

적 가치를 입증해야 하는 이유가 바로 갈라디아인들이 율법에 매료
되었기 때문이다. 이런 설명이 이 서신 전체를 아우르는 해석을 제공
해준다. "두 전선" 이론의 약점 때문에 고생할 일도 없고(뤼트게르트와
롭스), "유대화"와 "헬레니즘적인 자유방임주의"의 개연성 없는 결합
을 내세우지 않아도 된다(쥬윗). 이런 설명은 또한 모든 영지주의 가설
을 쓸모없는 것으로 만들어 버린다. 영지주의 가설은 갈라디아서
3-4장에 있는 율법에 대한 바울의 주장을 설명해내지 못하거나, 갈
라디아서 3-4장이 갈라디아서에 적합하지도 않고 이해할 수도 없다
고 결론 내린다(슈미탈스와 마르크센). 사실상 우리의 결론은 반율법주의
적인 성향(슈미탈스)이나 파렴치한 악행(베츠)에 대한 어떤 증거가 있는
지에 대해서도 의문을 제기한다.

iv) 이 단락에서 바울의 목적은 무엇인가? 우리는 세 가지 각기
다른 질문에 대해 대답하면서, 이미 많은 부정적인 결론에 도달했다.
즉, 바울은 그리스도인을 위한 윤리를 전반적으로 설명하기 위해 이
권면을 쓴 것이 **아니고**, 또한 반율법주의자의 방종에 대응하기 위해
서도 **아니며**, 오로지 변호할 목적으로 쓴 것도 **아니라는 것**이다. 그러
나 바울의 목적을 균형 있게 설명하려면 아래와 같은 내용을 담고 있
어야 한다.

a) 먼저, 갈라디아서 5:13-6:10은 **갈라디아인들에게 영의 인도를 받
아서 살라고 하는 호소**다. 이미 살펴본 바와 같이, 이 호소는 갈라디아
인들이 영으로 시작했으면, 영의 통제 아래에서 계속해서 살아야 한
다고 하는 바울의 생각에서 나온 것이다. 이 호소가 절박했던 이유는
갈라디아인들이 자신들의 도덕적 지침을 율법에서 찾을 위험 때문

이고, 그렇게 되면 그들이 유대인처럼 됨으로써 "복음의 진리"를 위태롭게 만들 것이라는 바울의 확신 때문이다(2:11-12). 바울은 갈라디아인들에게 영의 인도하심을 따라 "진리에 복종"해야 한다고 호소한다.

b) 5:13-6:10은 또한 **영이 충분한 도덕적 제한과 지침을 제공한다는 확신을 심어주는 역할**을 한다. 바울은 갈라디아인들에게 영이 "육체"와 그 욕망의 모습을 하고 있는 악을 조장하지 않고, 오히려 악과 싸운다고 확언한다. 바울은 영의 열매가 (그리스도의) 법으로부터 어떠한 비난도 받을 수 없다고 주장한다. 바울은 또한 영의 도덕적 속성이 공동체의 여러 문제에 어떻게 적용될 수 있으며, 당시 갈라디아 교회를 위협하는 긴장을 해결하는 데 도움을 줄 수 있는지 설명한다. 따라서 바울의 권면은 영의 충족성과 실천적 가치를 모두 나타내도록 기획된 것이다.

c) 다른 한편, 이 단락은 여기에서 "육체"로 정의되는 **도덕적 위험에 대한 경고의 역할**을 한다. 자유를 "육체를 위한 기회"로 오용하는 것은 진정으로 우려스러운 일이며, 갈라디아인들이 결국 "육체를 위해 심는 것"으로 끝날 가능성은 심각한 위험으로 취급되어야 한다는 것이다. 하지만, "육체의 일"에 방탕한 행동이 포함되지만, 이 단락은 바울의 특별한 관심사가 갈라디아 교회에서 당시에 널리 퍼져 있는 "육체에 대한" 언쟁과 내분에 관한 것임을 분명하게 보여준다. 게다가 바울은 이전에 "육체"와 "율법"을 결부시킨 것에 근거해서, "육체"에 대한 이 경고에 갈라디아인들이 율법에 유혹되는 것에 대한 추가적인 질책을 포함시킨다. 그러므로 "육체"에 대한 바울의 경고

는 진정성이 있는 것이다. 습관적으로 자유방임주의에 대한 경고나 공격으로 해석해서는 안 된다.

이 세 가지 분석은 바울이 이 복잡한 단락을 구성하는 데 활용했던 다양한 요소들을 잘 고려한다. 또한 이 분석은 1장에서 요약했던 다양한 이론들의 장점을 결합한다. 이 분석은 바울의 진술 중에 방어적인 어조가 일부 있다는 것을 인정하지만, 전체 단락이 전적으로 변증적 목적을 위한 것이라고 보지 않는다. 이 분석은 갈라디아에 자유방임적인 파당이 존재한다고 가정하지 않고도, 바울이 이 단락에서 진지한 훈계와 가르침을 준다는 사실을 정당하게 평가한다. 이 분석은 전체 단락을 갈라디아서와 관련이 없는 것으로 치부하지 않고, 악덕 목록의 전통적인 성격과 일부 격언의 일반적인 성격을 인정한다. 마지막으로 이 분석은 5:25-6:10의 격언을 전체 서신을 아우르는 설명에 포함시키는데, 이는 현재 이론들 중 어느 것도 설득력 있게 해낼 수 없었던 것이다.

바울의 윤리학에 대한 고찰

이제 바울의 윤리학의 성격에 대한 우리의 논의를 정리할 필요가 있다. 이 서신이 바울의 전체적인 윤리적 접근방식의 전형이라고 가정할 수 없기 때문에, 앞의 연구에 근거해서 우리는 갈라디아서에 대해서만 결론을 내릴 수 있다. 그럼에도 불구하고, 여기에서 얻은 통찰은 나머지 바울서신과 비교할 만한 가치가 있으며, 좀 더 광범위한 논의에 도움이 될 것으로 보인다.

1. 교훈과 전통자료의 사용

바울이 사용한 자료가 갈라디아 교회에 적합한가에 대한 질문과 관련해서, 5:19-23에 있는 목록과 5:25-6:10에 있는 "격언"에 대해 살펴본 결과, 우리는 어떤 일방적인 해결책도 배제했다. 만약 우리가 디벨리우스를 따라서 5:13-6:10을 "특정한 상황과 상관이 없는" 그리고 (디벨리우스가 사용하는 전문적인 의미에서) 일반화된 "교훈"에 불과한 것으로 보았다면, 오류에 빠지고 말 것이다. 정반대로, 바울의 교훈들은 바울의 신학적 관심 사항뿐만 아니라 어느 정도 지역적 상황에 대한 인식을 반영하기 위해 신중하게 선택되었다. 그러나 만일 모든 세부적인 내용들이 갈라디아의 문제를 반영하는 것으로 억지로 끼워 맞추려고 하다가, 그러한 목록들과 격언들의 전통적인 성격을 무시했다면 마찬가지로 오류에 빠지고 말 것이다. 사실상 이러한 주장들은 다양한 의견들 중 양극단에 해당한다. 그 양극단 사이에는 역사적인 맥락에 교훈 자료를 결부시키는 것을 어느 정도 허용하는 여러 가능한 해석들이 있다. 5장의 결론에서 보았듯이, 바울의 **표현 방법**, 그 자체만 가지고는 바울의 윤리학이 어느 정도나 특정한 상황과 결부된 것인지 판단할 수 없다. 즉, "일반적인" 권면이 특정한 필요 때문에 주어진 것일 수도 있는 반면에, "구체적인" 명령이 보편적인 적용을 위해 주어진 것일 수도 있다는 것이다.[1] 바울의 윤리가 어느 정도

---

1. Schrage, *Einzelgebote*, 37-48은 "일반적인" 범주들과 "구체적인" 범주들을 혼

나 해당 상황에 맞게 조정된 것인지는 권면의 양식이 아니라 오로지
문맥을 통해서 결정된다. 그리고 그것은 윤리적 교훈의 문학적인 맥
락과 전체 서신의 역사적인 맥락을 모두 고려해서 각각의 단락을 그
자체의 가치에 따라 평가해야 한다는 뜻이다. 갈라디아서 5-6장에
대한 우리의 결론은 갈라디아의 위기에 대한 재구성과 서신의 신학
적인 관심사항에 근거한 것이다. 갈라디아서의 내용이 해당 교회의
상황과 얼마나 밀접하게 관련이 있는지 결정하기 전에, 로마서 12-14
장, 골로새서 3-4장, 데살로니가전서 4-5장 (혹은 야고보서와 베드로전서)에
도 동일한 방법을 적용해보아야 한다. 그리고 교훈의 내용 중 일부가
다른 경우에 비해서 훨씬 더 직접적으로 역사적 상황과 관련이 있다
고 결론 내릴 수 있는 사례들도 있다(예, 롬 12장에 비해서 롬 13-14장이 더 그렇
다).[2] 물론 역사적 상황을 재구성하는 것은 부분적으로 교훈 자료의
증거에 의존하기 때문에, 그러한 절차는 때로는 순환논리에 위험스
러울 정도로 근접할 것이다. 그러나 2장에서 대략 살펴본 거울 읽기

동해서는 안 된다고 비슷한 주장을 한다: "더 중요한 것은 바울은 당시 상황
과 관련된 경고와 일반적인 경고, 둘 다 제공한다는 것이다. 그리고 무엇보다
도 둘 다 구체적인 것을 배제하지 않는다는 것이다"(45).

2. 롬 13-14장에 있는 자료들 중에 어느 정도가 로마 교회와 관련이 있는지
에 대해서는 여전히 격렬한 논쟁이 벌어지고 있다. 예를 들어, 롬 14장에 대
해서는, R. J. Karris, "Romans 14.1-15.13 and the Occasion of Romans", *CBQ*
35(1973) 155-78 그리고 F. Watson, *Paul, Judaism and the Gentiles*, 88ff.를 보
라. 일부에서는 롬 13:1-7을 삽입된 것으로 보지만, 오히려 이 부분은 클라우
디우스 황제가 일부 로마에 있는 유대 그리스도인들을 추방한 이후의 로마
교회에 특히 잘 맞는 것으로 보인다; J. I. H. McDonald, "Romans 13.1-7 and
Christian Social Ethics Today", *Modern Churchman* 29 (1987) 19-26을 보라.

의 기준 같은 안전장치만 충실하게 적용한다면, 역사적 재구성을 설득력이 없는 것으로 치부할 필요는 없다.

우리는 바울이 (유대적, 헬레니즘적 그리고 기독교적) 윤리적 전통을 사용한 것과 관련된 질문들에 대해 잠정적인 결론을 내릴 수 있다. 헬레니즘계 교회들을 설립하고 키워내기 위한 다방면에 걸친 선구적인 사역을 하다가, 바울은 기독교 윤리를 개념화하고 설명하는 혁신가가 된 것이다.[3] 하지만 그러한 역할은 불가피하게 이전의 유대교와 헬레니즘의 도덕 전승들을 수정하고 적용하는 일을 할 수밖에 없다. 윤리적 체계를 **처음부터 새롭게** 만들어낼 필요는 없기 때문이다 (그리고 실제로 완전히 불가능하다). 바울은 자신에게 친숙한 유대교와 기독교적 사고방식을 사용하면서도, 이방인 개종자들과 효과적으로 대화할 수 있는 용어와 형식을 사용하는 경향이 있었다. 갈라디아서 5-6장에서 바울은, 우리가 알고 있는 한, 당시의 유대교 또는 헬레니즘계 자료들을 **자구 그대로** 가져다 사용하지 않는다. 바울은 5-6장에서 구약성경도 한 차례만 인용하는데(5:14), 다른 유대 전통들과 상당히 다른 방식으로 인용구를 사용한다(이웃 사랑은 모든 율법을 "이루는 것이다"). 그리고 5장에서 살펴본 바와 같이 이 단락에 있는 바울의 격언들은 종종 거

---

3. Houlden은 정확하게 지적한다: "바울이 펜과 잉크로 사안들을 정리하는 일에 선구자였기 때문에, 바울은 그때까지 해결하지 못했던 까다로운 해법에 대한 아이디어와 통찰을 말로 담아내기 위해 노력할 수밖에 없었다. 일부 요소들이 바울의 사상과 통합되지 못하고 남겨진 것은 … 놀라운 일이 아니다. 바울의 작업은 창조적인 표현의 승리이다. 그러나 그 작업의 진짜 역동성은 서신의 주요 부분 이면에서 숨차게 질주한 그 작은 부분에 있다." *Ethics and the New Testament*, London/Oxford 1973, 25.

론되는 것처럼 헬레니즘 도덕 철학에 크게 의지하고 있지 않다. 그러나 바울의 생각(예, 교사들을 후원하는 것), 주제(예, 심고 거두는 것), 그리고 형식(예, 악덕과 덕목 목록)의 많은 부분들은 바울의 창작이 아니다. 바울의 독특한 점은 이 자료들 안에 있는 바울의 강조점과 이 자료들의 배열인데, 이 두 가지 모두 복음에 대한 바울의 이해와 갈라디아의 상황에 따른 필요에 크게 영향을 받는다. 따라서 우리는 바울의 윤리학이 전통적인 자료들을 무비판적으로 흡수했다고 단순하게 추론할 수 없다. 그러나 다시 한번 말하지만, 바울의 다른 서신에 있는 각각의 사례들은 그 자체의 특성에 따라 평가되어야 한다. 어떤 경우, 바울이 오로지 자신의 자료들을 노골적으로 "기독교화"하고 있다고 결론 내릴 수도 있다(예, 롬 1:18-32; 13:1-7). 그러나 분명히 이 문제를 한꺼번에 일반화시킬 가능성은 전혀 없다.[4]

2. 바울 윤리의 신학적 근거

(3장에서) 서신의 주요 신학적 주제들 중 일부를 살펴본 결과 바울의 신학과 윤리를 연결하는 여러 보완적인 주제들이 있다는 것이 드러났다. 갈라디아서 2장 마지막 부분에 있는 이신칭의에 대한 바울의 설명을 보면, (슈바이처 등의 주장과는 달리) 칭의가 윤리와 아무런 상관 없는 교리가 아니라는 것이 드러난다. "율법의 행위들"이 음식과 같은 실천적인 문제와 관련이 있는 행동인 것과 마찬가지로, 바울은 그

---

4. Furnish가 이 문제를 주의 깊게 다루었다. *Theology and Ethics in Paul*, 25-92를 보라.

리스도에 대한 믿음으로 말미암는 칭의가 중요한 도덕적 의미가 있는 것이라고 주장한다. 그런데 베드로가 안디옥에서 이를 무시하는 잘못을 저질렀고, 갈라디아인들은 이를 망각할 위험이 있다는 것이다. 믿음으로 의롭다 함을 받은 사람들은 율법의 행위들이 아닌 믿음으로 살 의무가 있다. 그리고 이는 특히 다른 그리스도인들을 사회적/문화적 관습이 다르다고 해서 배척하면 안 된다는 의미다. 이런 식으로 바울의 이신칭의 신학은 사랑하고 연합하고 서로 도우라고 하는, 뒤이어 나오는 호소의 근거가 된다. 그러나 이신칭의가 윤리의 유일한 근거인 것은 아니다. 바울은 갈라디아인들의 영 체험을 거론하면서, 그리스도인의 삶이 영 안에 "머무는 것" 또는 "행하는 것"이라는 원리 아래 있으며, 그 최고의 열매는 사랑이라고 설명한다. 더 나아가서, 바울은 아브라함의 후손에 대한 자신의 해석을 설명하면서, "믿음", "사랑" 그리고 "영"에 대한 동일한 결론에 도달한다. 즉, 아브라함의 참된 후손은 영으로 태어난 자들이며, 약속의 언약에 들어가는 자들인데, 이들의 근본적인 특징이 "사랑으로 행하는 믿음"이라는 것이다.

이러한 분석을 통해 많은 흥미로운 결론이 도출된다. 이 분석은 바울의 신학에 있는 다양한 흐름이 윤리적 중요도에 따라 완벽하게 구분되거나 서열을 매길 수 없음을 보여준다. 즉, 이 다양한 흐름들은 (물론 일종의 체계는 아니지만) 거미줄처럼 서로 연결되어 있으며, 모두가 윤리에 대한 동일한 정의를 지향하고 있다는 것이다. 이신칭의, 영 안에 있는 삶, 아브라함의 후손은 이 논의 속에 모두 얽혀 있다. 심지어 (크게 개정한) 언약 주제마저도 마찬가지인 것으로 보인다. 이 모든 다양한 주제들은 어떤 방법으로든지 그리스도와 연결되어 있다. 믿음은 그리스도에 대한 믿음으로 정의되고, 영은 "하나님의 아들의 영"이고, 그리스도는 아브라함의 참된 "후손"이다. 따라서 어떤 의미에서 바울의 모든 윤리는 "그리스도에 참여하는 것"에서 비롯된다고 말할 수 있다. 그러나 나는 이 표현이 그 안에서 따로 분리할 수 있는 한 가지 흐름이라기보다는 바울 신학에 대한 전반적인 설명이라고 생각한다.

바울이 갈라디아서에서 윤리의 기초로 삼기 위해 사용하는 특정한 신학적 주제들은 바울이 대응하려는 상황 때문에 부각된 것들이다. 아브라함 주제는 대적자들과의 논쟁에서 핵심적인 주제이다. 반면에 칭의 주제는 (율법의 행위를 따르는) 유대적인 생활 방식과 그리스도에 대한 믿음 사이의 차이를 부각시키는 역할을 한다. 영에 대한 강조는 바울이, 갈라디아인들이 처음 신앙을 갖게 되었을 때의 체험을 언급하면서 자연스럽게 등장한 것이고, 이것 때문에 바울이 영-육체라는 근본적인 대립 관계를 설정할 수 있게 된 것이다. 이 대립관계는 바울이 윤리적 범주들을 재규정하는 데 굉장히 중요한 역할을 한다. 갈라디아서를 다른 바울서신들과 비교해보면, 이 주제들이 다른 곳에서는 상대적으로 아주 드물게 등장하는 것이 눈에 띈다(유일하게 롬 3-4, 7-8장에서만 발전된 형태가 보인다). 반면 아주 다양한 다른 주제들이 신학과 윤리를 연결해주고 있다. 예를 들어, 바울은 그리스도인 공동체의 거룩(살전 4장), 기독교적 유월절에 참여하는 것(고전 5장), 세상을 심판하게 될 그들의 운명(고전 6장), 그들의 몸에 대한 그리스도의 주권(고전 6장), 그리스도의 낮아지심과 복종(빌 2장; 롬 5장), 그리고 죄에 대한 죽음을 상징하는 침례(롬 6장)에 호소한다. 바울이 윤리의 기초로 사용하는 주제가 굉장히 다양하고, 여러 가지 다른 동기들에 호소하는데, 이는 바울이 자신의 윤리에 도움이 되는 것이라면, 거의 모든 신학적 주제들을 사용할 수 있었다는 것을 보여주는 것이다.[5] 이것은 바울의 사고의 유연성을 나타내면서도 한편으로는 중요한 질문을 던지게 한다. 바울의 신학이 여러 윤리적 범주들을 통해서 표현되는 반면에, 윤리의 실제 내용에는 과연 어느 정도나 결정적인 역할을 하는가? "복종", "죄에 대한 죽음", "영 안에서 행하는 것", "거룩" 혹은 "그리스도께 속함"에 대한 이야기는 복종, 거룩, 그리스도 혹은 영이 실제로 요구하는 것이 무엇인지 이미 자세하게 알고 있을 때 비로소 실질적인 영향을 줄 수 있다.[6] 물론 바울의 윤리의 내용이 바울의 신학에 크게 영향을 받는 경우도 있고(예, 사랑과 상호 친교와 관련해서), 기독교적 기준에 따라 기존의 도덕적 가치가 크게 재조정된 것도 있다는 것은 의심의 여지가 없다.

---

5. 바울의 윤리의 기초가 되는 신학적 주제의 범위에 대해서는 Furnish, *Theology and Ethics in Paul*, 112-206과 Schrage, *Ethik*, 161-176에 있는 참고 문헌 목록을 보라. O. Merk는 바울이 사용한 여러 가지 동기부여에 대해 충실하게 분석한다. *Handeln aus Glauben. Die Motivierungen der paulinischen Ethik*, Marburg 1968.

6. 참조, 자녀들에게 "예의를 갖추라"고 훈계하는 흔한 모습에 대한 Meek의 관찰; 그 자체로는 도덕적인 내용이 거의 포함되어 있지 않지만, 올바른 행동이 무엇인지 알고 있는 상황에서는 효과적이다. "Understanding Early Christian Ethics", *JBL* 105(1986) 3-11, 여기에서는 4.

3. 직설법과 명령법

퍼니쉬(V. Furnish)는 "바울의 윤리에 대한 해석은 바울 사상 중에서 직설법과 명령법의 문제를 제대로 파악하지 않고는 성공했다고 볼 수 없다"고 쓴 적이 있다.[7] 비록 우리 연구가 갈라디아서에 국한되기는 했지만, 이 종합적인 문제에 어느 정도 가치 있는 통찰을 제시할 수 있다고 본다.

바울이 직설법과 명령법을 혼합하여 사용할 때 나타나는 독특한 특징 중 하나는 두 법의 내용을 일치시키려고 하는 것이다. 만약 직설법이 "당신은 해방되었다"이면, 명령법은 "종이 되지 말라"(5:1)이거나, 직설법이 "영으로 삶을 얻었다"이면, 명령법은 "영으로 행하라"라는 식이다(5:25). 기능적인 의미에서 이러한 현상을 설명해볼 수 있다. 명령법과 직설법을 일치시킴으로써, 바울은 갈라디아인들에게, 그리스도인 신분에 맞는 행동 유형이 오로지 하나 뿐임을 보여준다는 것이다. 3장에서 언급했던 바와 같이, 바울의 묵시적 언어의 기능 중 하나는 갈라디아인들에게 바울의 복음과 다른 반대 입장 사이에서 확실하게 양자택일을 하도록 하는 것이다. 직설법-명령법의 조합도 갈라디아인들이 그리스도인으로서 선택할 수 있는 것이 오직 하나밖에 없다는 것을 제시함으로써, 이러한 입장을 강화시켜준다. 즉, 바울의 교훈을 따르든지, 아니면 모든 기독교 신앙을 내버리든지 해야 한다는 것이다. 만일 그들이 종의 멍에(율법)를 택한다면, 그들에게 자유를 주신 그리스도를 부인하는 것이다.

---

7.   *Theology and Ethics in Paul*, 279.

직설법-명령법 현상에 대한 신학적인 분석은 이 법들이 각자의 효력을 전혀 침해하지 않으면서 함께 결합될 수 있는 논리에 집중된다. 직설법은 하나님께서 그리스도 안에서 행하신 것(우리를 자유케 하셨고, 영 안에서 우리에게 생명을 주심)을 선포하거나, 신자들이 이 행하신 일에 참여한 것(육체를 십자가에 못박은 것)을 선포한다. 그리고 이것은 자유를 지키라거나 육체에 지속적으로 저항해야 한다고 호소하는 명령법과 모순된다거나, 혹은 그런 명령법이 필요 없다는 느낌을 주지는 않는다. 본서 제6장 마지막 부분에서 지적했듯이, 우리는 하나님의 직설법을 (불트만처럼) 단순히 새로운 가능성이 열려 있는 것으로 축소시킬 수 없으며, 그리스도인의 역할도 순전히 하나님의 행동을 수동적으로 받아들이는 것으로 축소시킬 수도 없다. 그 맥락에서 우리는 그리스도의 주권이라는 개념이 신자들에게 능력을 주는 것과 복종을 요구하는 것을 모두 포함한다는 케제만의 접근 방법이 유익하다는 것을 언급했다. 이것은 확실히 갈라디아서 5-6장에 있는 바울의 주장에서 나온 것이다. 여기에서 바울은 영의 능력과 인도하심 그리고 심지어 영의 열매라는 선물은 영을 따라 행하는 것과 영을 위하여 심으라고 하는 요구를 손상시키지 않고, 오히려 강화시킨다고 주장한다. 이러한 요구는 또한 "이 악한 세대"가 지속되는 것과 "육체"의 욕망에 지속적으로 저항할 필요가 있는 것과 분명히 관계가 있다.

바울 학계의 저변에 흐르는 가장 중요한 신학적 관심사 중 하나는 인간의 힘으로 구원을 얻을 수 있다고 주장하는 "펠라기우스" 신학과 바울을 대립시키고, 바울의 사상을 모든 형태의 "신인 협력설"과 구별하려는 욕망이었다. 이로 인해 마치 유대교가 인간 스스로 구

원을 성취할 수 있다고 주장했다는 식의 심각한 오해를 불러일으켰
다. 그뿐만 아니라, 바울이 그의 도덕적 명령에 부여한 의미를 설명
하려는 많은 당혹스러운 시도가 있었는데, 대부분 바울이 그리스도
인의 행위를 "도구적"이라기보다는, 구원의 "증거"로 보았다고 결론
을 내렸다.[8] 사실상, 무어, 샌더스 그리고 다른 학자들이 주장했듯이,
대부분의 유대교가 갖고 있는 언약적 구조는 언제나 하나님의 은혜
가 우선이라는 인식을 분명히 한다. 따라서 유대교에서도 직설법은
명령법보다 앞서고, 명령법의 근거가 된다.[9] 그리고 갈라디아서에 대
한 우리의 해석도 이미 다른 맥락들 속에서 밝혀진 것을 확증해주었
다.[10] 즉, 바울은 "영원한 생명"이나 "멸망"이 몇 가지 중요한 의미에
서 신자의 "행위"에 달려있는 것으로 생각한다는 것이다(5:4, 21; 6:6-10;
더 자세한 것은 아래에 있는 행위 심판을 보라). 그럼에도 불구하고, 이 맥락에서
바울이 하나님의 직설법을 특히 역동적인 의미로 보았다는 것에 유
의하는 것이 중요하다. 하나님의 직설법은 단순히 하나님께서 하신
일(선택 등)의 문제가 아니라, 하나님께서 신자들 안에서 그리고 신자
들을 위해 지속적으로 하고 계신 일에 관한 문제이기 때문이다. 이것을
표현하는 가장 효과적인 방법은 영을 활용하는 것이다. 영은 하나님
의 임재와 능력을 나타내는 익숙한 방법이기 때문이다. 그리스도인

---

8. 예, Gundry, "Grace", 11: 바울은 "선한 일을 믿음으로 은혜를 받은 것의 증거
   로 보았지, 행위를 통해서 은혜가 유지되는 도구로 보지 않았다."

9. Moore, *Judaism*; Sanders, *Paul and Palestinian Judaism*.

10. Donfried, "Justification and Last Judgement in Paul"; Watson, *Paul, Judaism and the Gentiles*, 64-69, 115-16, 120 등.

의 윤리를 "영 안에서/으로 행하는 것"이라는 차원에서 설명함으로써, 바울은 도덕적 명령의 긴급성을 훼손하지 않고도, **지속적인 하나님의 능력과 인도하심**이라는 의미를 전달할 수 있었다. 바울의 윤리가 특별히 관심을 끄는 것은 바로 이러한 하나님의 은혜와 신자의 행위 사이의 **지속적인 상호작용** 때문이다(갈라디아서 외에는, 빌 2:12-13; 고전 15:9-10 등을 참조하라). 이것은 바울이 믿음을 반응, 수용, 신뢰, 결단 그리고 복종으로 복합적으로 이해하는 것과 부합한다(참조, 롬 1:5; 10:16 등).

4. 바울의 윤리에 나타난 영과 육체

우리는 연구를 통해 이 윤리적 교훈 단락에서 바울이 πνεῦμα-σάρξ(영-육체) 이원론을 활용하는 방법과 관련해서 몇 가지 새로운 이해를 제시했다. 예를 들어, 이 연구는 바울이 자신의 도덕적 범주들을 설정하기 위해 이 이원론을 사용한 독특한 방법을 집중적으로 살펴보았다. 필론과 사해사본에 있는 가장 유사한 '평행구들'조차도 바울의 용법과는 어느 정도 차이가 있다. 그리고 바울서신 중에서는 오로지 로마서 7-8장만이 우리가 갈라디아서에서 발견한 것과 비슷했지만, 여전히 몇 가지 중요한 차이가 있다. 바울의 용법을 설명하는 데 도움이 될 몇 가지 요인들을 갈라디아 교회의 상황 안에서 찾아볼 수 있다.

a) 안디옥 논쟁(2:15-21)에 대한 바울의 설명은 "죄"(ἁμαρτία)라고 하는 전통적인 용어가 오해를 불러일으킬 수도 있다는 것을 바울이 알고 있었음을 보여준다. 즉, "죄"라는 용어가 "율법에 대한 불순종"과 연결될 경우, 이것은 "복음"의 요구 사항이 율법의 금지조항을 넘어

선다고 본 바울을 대적하기 위해 사용될 수도 있다는 것이다(“바울이 그리스도를 죄의 종으로 만든다”, 2:17). 바울은 이 용어를 재규정하기보다는, 도덕적인 위협을 설명해줄 다른 용어를 선택했는데, 그게 바로 “육체”다.

b) “육체의 욕망을 만족시킨다”는 말이 갈라디아인들에게는 방종을 가리키는 친숙한 표현이었지만, 바울은 이 용어가 갖고 있는 셈어적 의미의 영역을 활용해서, 절망적인 인간(“모든 육체”)의 실체와 할례에서 살갗을 잘라내는 행위를 모두 담아낸다. 따라서 바울은 σάρξ(육체)를 “포괄적인 용어”로 사용하는 것이다. 그리고 “육체”에 대한 경고 안에 자유방임주의적인 행위, 반사회적인 행동 그리고 율법 준수에 대한 경고를 포함시키는데, 바울은 이 모든 것이 “연약한 인간”을 나타내는 것으로 본다.

c) 유대 문헌과 헬레니즘 문헌에서 (그리고 초기 기독교 전통에서?) σάρξ (육체)와 대립하는 것으로 드물지 않게 사용된 용어 중의 하나가 πνεῦμα(영)였다. 영은 갈라디아인들이 기독교에 입문하게 된 사연과 밀접한 관련이 있었으며(3:2-5), 바울이 갈라디아인들에게 처음 시작했던 모습을 유지하라는 단순한 호소를 전달하는 일에 완벽하게 적합했다. 그리고 하나님의 활동을 나타내기 위해 (유대 전통에 따라서) 이 용어를 사용함으로써, 바울은 개종자들에게 바울이 그들에게 요구하는 것이, 그들 안에서 그리고 그들 가운데서 역사하시는 하나님의 권능과 일치하는 것이며, 그 권능을 통해서 할 수 있는 것이라는 확신을 심어 줄 수 있었다.

5. 바울의 명령법의 성격

서신 하나에서 바울의 윤리에 대한 전체적인 결론을 이끌어내는 것이 어리석은 것이기는 하겠지만, 바울이 영의 인도하심에 호소하는 동시에 갈라디아서에서 특정한 가르침을 제시하는 방식은 명령법의 본질에 대한 광범위한 토론에서 반드시 고려되어야 한다. 당연히 우리는 바울의 윤리를 말끔하게 체계적으로 정의하려고 하거나, 혹은 지나치게 단순화시킨 대립항(예, "자유방임주의" 또는 "율법주의") 중에서 어느 한 극단에 해당하는 것으로 정의하려고 시도하는 함정에 빠지면 안 된다.[11] 우리에게는 바울의 모든 윤리가 우리가 갖고 있는 모든 범주에 잘 들어맞을 것이라든지, 바울은 언제나 우리가 좋아하는 "바울 같을 것"이라고 생각할 권리가 없다!

이 분야에서 끊임없이 혼란을 일으키는 원인 중의 하나는 부정확한 용어를 사용하는 것인데, 바울의 윤리를 "법률적인 것"(또는 "규범적인 것")으로 보아야 하는지, 혹은 바울의 윤리가 "율법에 중심을 둔 윤리"인지에 대한 논쟁에서보다 더 문제를 일으키는 곳은 어느 곳에도 없다.[12] 완전히 다른 개념들이 애매모호한 용어로 서로 묶이는 일

---

11. Drane의 책 제목인 *Paul: Libertine or Legalist?*는 유감스럽다. J. Murphy-O'Connor도 바울의 명령법이 "구속력 있는 의무를 부과하는 엄격한 교훈"인지 혹은 "개종자들의 자신감 없는 노력을 돕기 위한 계획"인지 물을 때, 마찬가지로 잘못된 대립관계를 제시한다. *L'Existence chrétienne selon Saint Paul*, Paris 1974, 7.

12. 예, Mohrlang, *Matthew and Paul*, 35-41; Murphy-O'Connor, *L'Existence chrétienne*, 180("바울의 윤리는 명목상의 윤리가 아니다"); Houlden, Ethics, 30("율법적인 사상"); T. W. Ogletrtee, The Use of the Bible in Christian Ethics, Oxford 1984, 141("모든 종류의 법적인 훈계")를 보라.

이 빈번하다. 그리고 갈라디아서에 대한 우리의 연구에 기초해서, 우리는 다음과 같은 방식에 있는 문제들을 지적할 수 있다.

i) 바울은 분명히 갈라디아의 개종자들이 영의 인도를 받기를 기대하고 있다. 그렇다고 해서 바울이 영 안에서 행하는 것이 무엇인지 말하면 안 되는 것도 아니고, 그 문제에 대한 직접적인 가르침을 주면 안 되는 것도 아니다. 이것은 바울의 생각 속에 영의 "내적인" 감동과 "외적인" 도덕적 가르침에 대한 근본적인 구분이 없다는 것을 보여준다. 따라서 데이던(Deidun)과 다른 학자들이 지적하듯이, 바울이 율법의 노예에서 해방되었다고 말하는 것은, 동시에 "외적인" 명령에서도 해방되었다는 뜻은 분명히 아닌 것이다.[13]

ii) 바울의 윤리는 그리스도인들이 복종을 통해서 하나님의 은혜를 얻을 수 있다고 생각하는 그런 차원의 "율법주의적"인 것은 아니었지만, 이것은 당시 어떤 형태의 유대교 윤리에도 해당하지 않았을 것이기에, "율법 아래"에 있는 상태와 실제적인 대조를 나타낼 수 없다. 게다가 바울은 그리스도인이 행위에 따라 심판을 받을 것이라고 보고 있으며(5:21; 6:3-5, 7-10), 그리스도인의 "행위"라는 개념을 근본적으로 거부하지 않는다(5:6; 6:4). 샌더스가 주장하듯이, 이런 관점에서 보자면 바울의 윤리는 대부분의 유대교보다 "율법주의"라는 측면에서 덜 하지 않다.[14]

iii) 우리는 바울의 윤리가 구체적이고 권위 있는 지침이 아니라

---

13. Deidun, *New Covenant Morality*, 188-217, 251-58. S. Lyonnet와 다른 학자들은 이에 반대한다; 참조, Schrage, *Einzelgebote*, 76-77.

14. *Paul, The Law, and the Jewish People*, 105-14.

언제나 일반적인 방향 제시일 뿐이라고 단정할 수 없다. 때로 바울의
명령은 사랑 명령처럼 일반적이기도 하지만(5:13-14; 6:2), 때로는 교회
의 교사들을 후원하라는 요청처럼 구체적인 경우도 있다(6:6). 사랑은
가장 중요한 것이지만 이것이 유일한 명령인 것은 아니다.[15] 그러나
바울이 올바른 행동의 정확한 정의에 도달하기 위해 '할라카'에서 요
구하는 종류의 세부사항에 의존하지 않는다는 것은 사실이다(고전 7장
이 가장 근접한 사례이다). 이것은 갈라디아의 상황을 고려할 때 특히 충격
적인데, 갈라디아 교회의 상황 속에서 바울은 영 안에 있는 삶이 무
엇인지 구체적으로 설명해달라는 압박을 받았을 것으로 보이기 때
문이다. 이런 면에서 갈라디아서에 나타난 바울의 윤리적 접근방법
은 바울이 이전에 바리새파를 따랐을 때와는 아주 다르다(1:13-14). 물
론 다른 유형의 유대교는, 예를 들면 디아스포라 유대인들이 갖고 있
던 윤리규정집(ethical tracts in the Diaspora)에서는, 바리새파식의 '할라카'
에 전혀 관심을 보이지 않는다. 바울이 이 차원으로 내려가기를 주저
하는 것은 다양한 문화적 맥락에 대한 바울의 실천적 유연성(고전
9:19-23)과, 그에 따라 '옳고 그른 것'이 어떤 경우에는 좀 더 개별적으
로 규정할 필요가 있다는 인식과 관련이 있을 것이다(고전 8-10장; 롬 14
장을 보라). 또한 그것은 영의 지시하시는 권능에 대한 확신 때문일 수
도 있다(다른 곳에서는 마음을 새롭게 함으로 얻게 된 분별력이라는 말로 설명한다. 롬

---

15. Schrage, *Einzelgebote, passim.* 이 문제에 대한 E. J. Schnabel의 접근방법은 율
법이 "규제의 기준"과 동의어이고, 지혜가 "지도의 기준"과 동의어라고 하는
자신의 입증되지 않는 가정 때문에 설득력이 없다. *Law and Wisdom from Ben
Sira to Paul*, Tübingen 1985, 299-342.

12:1-2; 빌 1:9-10). 바울은 이 편지에서 도덕적 틀에 대한 갈라디아인들의
필요를 어떤 식으로든 충족시켜줄 능력은 있지만, 상세한 윤리 규범
을 제시할 필요가 있다고는 생각하지 않았다. 아마도 바울은 영이 그
들에게 "모든 사람에게 선을 행하는 법"이나 "서로 짐을 져주는 법"
을 가르쳐 줄 것이라고 확신했을 것이다. 따라서 바울은 (드레인의 견해
와는 반대로) 비록 모든 도덕적 규칙을 기피하지 않지만, (데이비스의 견해와
는 반대로) 여느 랍비들처럼 새로운 "그리스도의 법"을 가르치지도 않
는다.

　iv) 바울이 이 서신에서 영을 강조한 것도 그의 윤리와 관련된 특
징을 잘 설명해준다. 바울은 기독교의 도덕성을 (영의 열매인) "덕목" 목
록으로 요약함으로써, 도덕 행위자(moral actor)의 **의무**를 열거하기보다
는, 도덕 행위자의 **성격**을 의미심장하게 강조한다. 비록 바울이 5:25-
6:10에서 이러한 덕목의 몇 가지 의미를 설명하기는 하지만, 바울의
관심은 단순히 일련의 의무를 준수하는 것이 아니라, 도덕적 특성을
나타내는 데 있다.[16] 이와 관련해서 바울이 "열매"를 단수로 표현하
고, 그리스도인의 활동을 그의 "행위"(단수, 6:4)로 묘사하는 것은 의미
심장하다. 바울의 관심사는 한 개인 삶의 근본적인 방향이다. 그것은
많은 활동을 통해서 증명될 수 있겠지만, 그것들과 단순하게 동일시
될 수는 없다. 오글러트리(T. W. Ogletree)는 현대 도덕철학의 범주들을

---

16. Shaw, *The Cost of Authority*, 52는 이 단락에 대해 이렇게 말한다: "절대적 기
　준에 호소하기보다는 성장 모델을 놀라울 정도로 선호한다. 결국 보다 탐험
　적이고 관용적인 도덕적 입장이 순응하는 입장을 대체할 가능성이 있다. 이
　자유가 율법 준수의 진정한 대안을 상징한다."

사용해서, (의무들을 열거하는) "의무론적" 요소들을 무색하게 만드는 "완
벽주의자"의 강렬함이 (도덕 행위자의 분별과 성숙에 관심을 두는) 바울의 윤리
학에 있다고 강조했다.[17] 물론 랍비들도 지향성을 강조했고, 디아스
포라 유대인들은 헬레니즘 덕목들의 관점에서 율법을 해석하는 데
특별한 관심을 두었던 것 같다(특히 필론을 보라). 그러나 오글러트리에
게는, 믿음, 분별 그리고 개인 도덕 행위자들의 성장에 대한 바울의
강조가, 예전에 바리새인이었던 바울이 주로 의무들을 지향하는 ὑπὸ
νόμον(율법 아래)의 삶으로 간주했던 것과 의미심장한 대조를 이루는
것처럼 보였을지도 모르겠다.

   v) 그렇다면, 갈라디아인들이 "종의 멍에"로부터 얻은 자유는 어
떤 것인가? 도덕적 의무 또는 심지어 도덕적 가르침으로부터의 자유
는 분명히 바울의 입장이 아니다. 일정 부분 자유-노예의 대립관계는
이전의 이방인으로서의 "노예" 상태와 대적자들이 옹호하는 새로운
"노예" 상태에서 갈라디아인들을 멀어지게 하기 위해 고안한 감동적
인 주장으로 보인다(4:1-11, 21-31; 5:1). 그러나 이 주장은 현실에 근거한
것이다. 바울이 (유대인이든 이방인이든) 그리스도 안에 있는 자들은, 유대
인들과 비-유대인들이 사회적으로 교류하는 것을 어렵게 만들었던
음식에 대한 규정과 종교력 준수에 대한 유대교의 몇 가지 규정에서
자유로운 것으로 간주하기 때문이다. 이런 식으로 윤리는 도덕에 대
한 모든 문화적 규정으로부터 "자유"롭다. 그러나 "자유"의 의미는

---

17. Ogletree, *Use of the Bible*, 109-16, 135-45. 그러나 그가 "약속"과 "율법" 사이
     의 대립의 관점에서 바울의 윤리학을 논하는 것은 별 도움이 되지 않을 뿐만
     아니라, 바울서신의 실제 본문과의 연관성도 빈약하다.

바울이 이방인 교회들에 심어준 것으로 보이는 영으로 충만한 "열광
주의"의 만연한 분위기와도 관련이 있다. 바울은 그들이 더 이상
παιδαγωγός(초등교사)가 필요할 만큼 미성숙하지 않다고 생각하라고
격려했다(3:23-4:7). 즉, 그런 제약은 더 이상 영의 인도를 받는 사람들
에게는 필요가 없다는 것이다. 그리고 이 구절에 대해서, 혹은 어디
에서든 상관없이, 베츠가 바울은 "거의 순진할 정도로 영에 대해 확
신하고 있다"고 말한 것이 옳을 수도 있다. 문제는 바울이 물려받은
도덕적 원칙이라는 유산이 결여된 이방인들 사이에서는 그러한 "자
유"의 분위기가 바울의 희망과는 정반대로 작용하기가 쉽다는 것이
다. 즉, 자유가 갖고 있는 내재적인 불안정성 때문에 고린도 교회의
자유방임주의나 혹은 갈라디아인들이 모세 율법에서 좀 더 안전한
도덕적 지침을 찾는 방향으로 끌릴 수 있다는 것이다. 후대의 바울
전통(에베소서; 목회서신)에서는 분명히 바울의 "자유"를 행동 규칙들을
확장하는 방향으로, 그리고 도덕적 의무들을 더 분명하게 규정하는
쪽으로 수정해야 할 필요가 있다고 생각했다.

6. 율법에 대한 바울의 상반되는 진술들

우리는 연구를 통해서 바울이 율법에 대한 부정적인 진술(노예가
지는 율법의 멍에로부터의 자유)과 긍정적인 진술(그리스도인이 율법을 성취함)을
나란히 두는 흥미로운 방법을 어느 정도 설명했다. 이런 현상은 세
가지 차원에서 설명할 수 있다.

첫째로, 이런 특이한 모습은 바울이 갈라디아서에서 **논쟁하는 목
적**과 관련이 있다. 바울의 주된 관심은 갈라디아인들이 율법에 끌리

지 않도록 하는 것이기 때문에, 이 서신의 대부분은 율법의 열등함과
임시적인 지위를 나타내는 논쟁적인 말들로 채워져 있다. 그러나 이
위기 때문에 바울은 자신의 윤리적 처방을 변호해야 했고, 덕분에 그
는 자신이 사랑을 가장 우선시하는 것이 사실은 모든 율법을 성취하
는 것이라고 주장할 기회를 갖게 되었다. 우리가 4장에서 언급한 바
와 같이, 바울은 "성취"라는 애매한 용어를 사용함으로써 자신의 주
장을 완전한 자기모순에서 구해낸다. 이런 식으로 바울은 율법의 모
든 명령을 "준수"해야 한다고 암시하지 않고도, 율법의 "목적"에서
자신이 벗어나지 않았음을 보여준다. 바울은 또한 그리스도인이 율
법을 어떻게 성취하는 것이 가능한지를 조심스럽게 설명한다. 즉, 오
직 사랑을 통해서, 그리고 오직 "그리스도의 법"으로 율법을 재규정
함으로써 가능하다는 것이다.

둘째로, 율법에 대한 바울의 다양한 진술들 사이에 있는 긴장은
갈라디아서의 신학적 틀을 통해서 설명할 수 있다. 3장에서 묵시적
인 틀이 지배적이라는 것을 살펴보았고, 그것이 "현재의 악한 시대"
와 "다가올 시대"를 날카롭게 대립시키는 것을 살펴보았다. 그러나
이러한 불연속적인 면에 대한 강조와 나란히, 아브라함이라는 인물
과 이스라엘을 향한 하나님의 과분하고도 끈질긴 의지를 통해 나타
나는, 구속사적인 연속성을 보여주는 몇 가지 중요한 흐름이 존재한
다. 샌더스는 "율법에 대한 바울의 태도는 자기 동족에 대한 바울의
태도와 일치한다"고 바르게 지적한다.[18] 두 경우 모두 바울의 태도는

---

18. Sanders, "Jesus, Paul and Judaism", 434.

상당히 애매모호한데, 이는 하나님의 오래된 목적이 그리스도와 그리스도인 공동체 안에서 **성취되었다**는 신념과 함께 **새로운 시대**가 시작되었다고 하는 바울의 확신 때문이다.

세 번째 설명은 바울의 **역사적**이며 **사회적인 상황**에 대한 것이다. 바울이 새로운 시대를 "율법에 대한 죽음"으로 해석하게 된 것은 이방인을 향한 바울의 선교 때문이고, 이방인 회심자들을 억지로 유대교로 개종시키지 않겠다는 바울의 결정 때문이다. 바울도 유대인이었기 때문에 조금이라도 하나님의 율법(혹은 최소한 하나님의 뜻)에 근거하지 않은 도덕성이란 생각하기 어려웠을 것이다. 하지만 바울이 교차 문화권에서 선교하면서, 유대인들의 고유하고 독특한 몇 가지 율법들을 이방인들에게 부과할 수는 없었을 것이다. 영의 열매에 대해 이야기하면서 그리고 그 결론 부분인 5:23에서 우리는 이 문제에 대한 바울의 접근방법과 헬레니즘계 유대 문헌에 나오는 윤리에 대한 설명 사이에 평행되는 부분들이 있다는 것을 언급했었다. 그러나 다른 디아스포라 유대인들은 유대인의 도덕성을 나타내는 몇 가지 중요한 특징들을 단순히 완화시키거나 재해석한 반면, 바울은 좀 더 과감하게 포기한다. 그럼에도 불구하고 바울은 율법의 모든 도덕적 가치들을 저버릴 수 없었고 그럴 생각도 없었다. 이방인 교회들을 유대교에서 분리된 분파의 형태로 세워나가면서, 바울은 자연스럽게 이방인 회중들에게 유대민족의 유산과 그리스도인의 독특한 실천과 신앙을 **모두** 강조했다.[19] 그리고 이러한 사회적 상황 때문에 불가피하게

---

19. 분파 신학의 전형적인 모습인 신앙 전통에 대한 재해석에 대해서는, Watson,

율법에 대한 바울의 주장이 애매모호해질 수밖에 없었던 것이다.

이 문제에 대한 우리의 결론은 율법에 대한 바울의 진술의 사회적이며 역사적인 상황에 대한 샌더스, 던 그리고 왓슨의 연구와 대부분 일치한다. 율법에 대한 바울의 주장에 내재된 긴장과 불일치에 대한 레이제넨의 논지의 상당부분을 수용한다고 하더라도, 바울이 사용한 "성취"라는 용어를 분석해보면, 바울이 완전히 앞뒤가 맞지 않는 말을 한 것은 아니라는 것을 알 수 있다.[20] 또한 레이제넨이 율법은 주로 바울의 개인적인 문제라고 강조하는 것은 약간 과장된 것이라고 결론을 내릴 수 있다.[21] 우리의 결론은 휘브너의 제안과는 훨씬 심각하게 부딪힌다. 우리는 휘브너가 제안하는 갈라디아서 5:14에 대한 재해석과 이에 따른 주장, 곧 바울이 갈라디아서에서 율법에 대해 전적으로 부정적이라는 주장을 받아들일 수 없다. 따라서 갈라디아서와 로마서 사이에 발전이 있었다는 휘브너의 주장은 (완전히 폐기될 필요는 없지만) 수정될 필요가 있다. 마지막으로 우리는 갈라디아서가 바울이 "율법의 제3의 용법"을 주장한다고 하는 자들을 전혀 지지하지 않는다고 본다. 심지어 율법의 윤리적 차원도 마찬가지이다. 유대

Paul, Judaism and the Gentiles, 38-48을 보라.

20. 참조, Räisänen에 대한 Sanders의 반응, *Paul, The Law, and the Jewish People*, 147-48. 비록 Räisänen이 바울의 주장이 부자연스럽거나 인위적인 곳을 보여주는 점에서는 종종 도움이 되지만, 논리를 엄격하게 적용하기 때문에 바울의 실제 관심사에 대해 때로는 공정하지 않거나 냉정한 경우가 있다.

21. 예, *Paul and the Law*, 12, 83, 133, 137, 139, 201, 221, 224를 보라. 여기에서 Räisänen은 율법에 대한 바울의 "실존적인 문제"에 대해 논한다. 이 문제는 바울의 사회적이며 역사적인 상황이라는 맥락에서 볼 필요가 있다. 특히 바울이 이방인 회중을 조성하고 지켜내는 상황임을 감안해야 한다.

인 혹은 이방 그리스도인들이 율법을 정확하게 어떻게 "활용"했는지
는 바울이 안타까울 정도로 애매하게 남겨놓았지만, 그리스도인들의
행동이 우선적으로 "믿음"과 "진리에 대한 복종"을 통해 규정될 수
밖에 없었다는 것은 분명하다.

바울의 신학에 대한 고찰

1장에서 던진 마지막 질문이 갈라디아서의 신학의 핵심으로, 그
리고 전체 바울 신학의 중심부로 우리를 이끌었다. 그 질문은 "믿음"
과 "율법의 행위들" 사이의 대립이 의미하는 것이었다. 그런 주제를
다루려면 여기에서 제시할 수 있는 것보다 훨씬 더 많은 광범위한 논
의가 필요하지만, 우리의 연구에서는 몇 가지 관련된 의견들만 언급
하고자 한다.

1. 갈라디아서의 믿음과 율법

갈라디아의 위기와 그 위기에 대한 바울의 반응을 분석한 결과,
우리는 이 서신에 대한 일반적인 신학적 해석, 즉 바울이 선한 행위
를 통해 얻는 공로의 원리에 대항해서, 믿음을 통해 선물로 받는 은
혜의 원리를 지키기 위해 싸웠다고 하는 주장을 지지해주는 아무런
증거를 발견할 수 없었다. 분명한 것은 바울이 여러 번에 걸쳐서 하
나님의 은혜를 강조했다는 사실이다(1:6, 15; 2:21; 5:4). 그러나 단 한 번
도 하나님의 은혜를 모든 행위 혹은 공로와 대립시키지 않았다. "믿

음"은 "율법의 행위들"과 대립한다. 그러나 **무조건적으로** "행위들"을 반대하지는 않는다. 그리고 "율법의 행위들"에 대한 바울의 공격은 이방인들에 대한 논쟁, 즉 이방인들이 모세의 율법을 준수할 필요가 있는지에 대한 논쟁에서 출발한 것임을 인식하는 것이 중요하다. 물론 이러한 역사적 맥락이 있다고 해서, 바울이 당시에 제기되던 광범위한 신학적인 문제들에서 제외되는 것은 아니다(아래를 보라). 오히려 이 문제들의 성격은 무엇이며, 이 문제들이 갈라디아에 대한 바울의 직접적인 관심과 어떤 연관성이 있는지 이해할 필요가 있다.

이미 살펴본 바와 같이, 갈라디아서의 역사적인 맥락은 바울의 회심자들이 유대교로 개종해야 하느냐에 대한 논란이 벌어진 상황이다. 즉, 이방인 회심자들이 아브라함의 가문에 들어가기 위해 할례를 받아야 하느냐 하는 것과 그들이 모세의 율법을 자신들의 삶의 양식으로 준수해야 하느냐 하는 것이다. 바울은 "율법의 행위들"이 하나님 앞에서 의로움을 얻기 위한 율법주의자들의 시도이기에(혹은 그 시도를 조장하기에), 혹은 율법의 행위들이 인간의 행동을 평가하는 양적인 기준을 제공해주기 때문에, "율법의 행위들"에 반대하는 것은 아니다. 만일 누군가가 바울에게 사람이 선한 행위로 구원을 받을 수 있느냐고 물었다면, 바울은 보통의 선량한 유대인들과 마찬가지로, 그런 유치한 생각을 부정했을 것이 분명하다. 그러나 갈라디아서에서 바울은 그런 추상적인 이론에 대답하고 있는 것이 아니라, 갈라디아의 그리스도인들을 "유대화"하려는 바울의 대적자들의 구체적인 시도에 대응하고 있었다. 갈라디아의 그리스도인들이 율법의 행위들에 의해서가 아니라 믿음으로 의롭다함을 받았다는 바울의 주장은

"행위" 자체를 거부하지 않는다. 심지어 "행위들"(works)은 구원을 위해서도 중요한 것이다. 행위는 바울에게 매우 중요했다. 갈라디아인들의 믿음이 "사랑을 통해 행동(work)"해야 하며(5:6), 각 사람은 "자기 행동을 살펴"보아야 한다(6:4). 그렇지 않으면, 그들은 "은혜에서 떨어져 나갈" 위험이 있거나(5:4), "썩을 것을 거두게"(6:8) 될 것이다. 달리 말하자면, 갈라디아인들의 믿음은 단순히 '복음을 믿는 것'이 아니다. 그 믿음은 "진리에 복종"하는 헌신을 포함하는 것이며, "영 안에서 행"하려는 끊임없는 노력과 분리될 수 없는 것이다.

이것은 "이신칭의"와 "행위 심판" 사이의 소위 '자기 모순'(antinomy)을 설명하는 데 큰 도움을 준다. 만일 바울이 "믿음"과 "행위" 사이의 근본적인 신학적 충돌을 알고 있었다고 가정한다고 해도, 이러한 신학이론(theologumen)의 조합은 분명히 모순처럼 보인다. 그러나 바울은 믿음을 순전히 수동적인 의미로 보지 않는다. 오히려 믿음은 신자가 어떻게 "믿음으로" 또는 "영으로" 살아야 하는지를 결정하는 매우 분명한 도덕적인 면을 갖고 있다. 바울이 갈라디아인들에게 "모든 사람에게 선을 행하라"(ἐργαζώμεθα τὸ ἀγαθὸν πρὸς πάντας, 6:10)고 말하고 있지만, 바울은 "사랑을 통해서 일하는 믿음"의 실천을 촉구하고 있는 것이다. 거꾸로, 바울이 갈라디아인들에게 율법의 멍에를 지거나 육체의 행실을 따르면 그리스도로부터 끊어질 것이라고 경고할 때는, 믿음과 상관없는 도덕적 기준을 도입하고 있는 것이 아니라, 갈라디아인들이 어떻게 믿음으로 살지 못하거나 영에 충실하지 못할 수 있는지를 보여주고 있는 것이다. 따라서 베드로가 그리스도에 대한 믿음으로 의롭다 함을 받게 되는 것을 추구하는 것이 무엇을

의미하는지(2:15-17) 진지하게 이해하지 못했기 때문에 "책망"을 받았
듯이(2:11), 모든 그리스도인들은 행위를 따라 심판받게 될 것인데, 이
행위는 믿음 안에서 "진리에 복종"했는지 아니면 실패했는지를 보여
주는 지표가 될 것이다.

이것은 샌더스가 갈라디아서에서 "율법의 행위들"은 (일반적인 '행
위'가 아니라) 모세 율법이 요구하는 것이라고 바르게 해석하고 있지만,
하나님의 백성에 "들어감"을 위한 요구조건과 "머무름"을 원하는 사
람에게 요구되는 조건을 너무 날카롭게 구분한 것은 옳지 못했음을
보여준다. 바울이 "그리스도에 대한 믿음"을 요구하고 있지만, 이것
은 단순히 "가입 조건"이 아니라, 모든 그리스도인들의 행동에 대한
근본적인 결정요인이다. 바울은 "율법의 행위들"이 가입 조건이기
때문에 반대한 것만이 아니라, 좀 더 구체적으로는, 갈라디아인들이
토라 중심적인 삶의 유형을 택하려고 했기 때문이다. 사실상 샌더스
는 그리스도인의 삶을 **시작하는** 것만이 아니라, **지속하기** 위해서도 믿
음이 중요하다는 것을 인정하지만, 그 둘 사이를 날카롭게 구분하고,
갈라디아서의 논쟁은 "가입" 조건에 대한 것이라고 주장함으로써,
갈라디아서를 잘못 해석하고 있다.[22] 비록 바울이 윤리에 대해 적극
적으로 설명하면서 여전히 율법을 언급하고는 있지만, 이것은 오로

---

22. 이 점에 대한 Hübner, *Law in Paul's Thought*, 152와 Gundry, "Grace", 8-9의
   비판은 제대로 지적한 것이다. 분명히 Sanders는 "갈라디아서에 나오는 논쟁
   은 입교"에 관한 논쟁이라고 말하면서, "나는 … 가입을 위해 유일하게 필요
   한 믿음이 … 하나님의 백성으로서의 삶을 유지하는 데에는 중요하지 않은
   하찮은 것이라고 말하는 것이 아니다"라는 단서를 서두에 붙인다. *Paul, The
   Law, and the Jewish People*, 20; 참조, 114, 159.

지 신중하게 제한적으로 그리고 "율법을 성취함"이라는 애매한 용어를 사용하는 경우에 국한된다. 실제로 실천의 차원에서, "율법을 성취함"이라는 것은 "율법 행위들의 실행"이라는 대적자들의 생각과는 전혀 다른 것이다.

우리의 결론은, 전체는 아니지만 대부분 갈라디아서에 대한 왓슨의 분석과 일치한다. 왓슨은 갈라디아서의 역사적이고 사회적인 현실을 강조하는 것이 올바른 것이며, 율법에 대한 논쟁은 이방 그리스도인들이 유대인처럼 살아야 하는지의 문제에 대한 것이라고 강조한다. 왓슨은 또한 갈라디아 위기에서 궁극적으로 중요했던 실제적인 문제는 바울이 세운 교회들이 회당과 합쳐야 하는 것인지, 아니면 유대교 내의 "개혁 운동"으로 남아 있어야 하는 것인지, 그도 아니면 분리된 사회적 정체성을 갖고 유대교로부터 "분파"로 갈려 나와야 하는 것인지에 대한 것이었다고 올바르게 분석한다.

어떤 사람은 이러한 사회학적인 모델의 세밀하고 정교한 분석을 트집 잡을 수도 있다. 즉, "개혁 운동"과 "분파" 같은 용어는 아주 정확한 것은 아니며, 왓슨이 비교하고 있는 바울이 세운 교회들과 쿰란에 있는 유대인 "분파" 사이에는 중요한 구조적인 차이가 있다는 식이다.[23] 그러나 훨씬 중요한 문제는 왓슨이 사회학적인 분석을 통해

---

23. "분파"의 정의와 관련된 문제는 아주 유명하다; 분파 유형을 구분하려는 B. Wilson의 시도를 보라. *Sect and Society*, London 1961. 바울의 공동체와 쿰란 분파 사이의 가장 큰 차이는 외부인들에 대한 그들의 태도이다; W. Meeks, "'Since then you would need to go out of the world': Group Boundaries in Pauline Christianity", in *Critical History and Biblical Faith: New Testament Perspectives*, ed. T. Ryan, Villanova, Pennsylvania 1979, 4-29를 보라.

서 갈라디아서의 신학적인 의미를 과소평가하는 방식에 있다. 갈라
디아서에 있는 믿음-율법 대립과 관련된 몇 가지 핵심적인 구절에
대한 왓슨의 주장은 의미심장하다. "이 모든 것들 중에서 문제가 되
는 것은 신학 그 자체가 아니라 유대인 공동체에서 교회를 분리시키
는 것이다"(67).[24] 여기에서 왓슨의 일차적인 목표가 여전히 이 본문에
대한 해석을 지배하고 있는 루터 신학이라는 것은 분명하다. 다른 곳
에서 왓슨은 자신의 접근방법이 "바울에 대한 어떤 신학적 해석도 배
제해야 한다는 것이 아니"라고 주장한다(20). 그러나 왓슨이 기존의
사회적 사실들과 관습들을 정당화하기 위해 사용되는 이론인 "이데
올로기"라는 사회학적인 개념에 매력을 느낀 나머지, 율법과 유대교
에 대한 바울의 여러 신학적 진술들을 일차적인 역사적 사실에 대한
"이차적인 신학적 반성"(31)으로 평가하는 일이 빈번했다. 왓슨의 책
이 자신의 분파적인 집단들의 존재를 정당화하기 위해 분투한 바울
을 "여전히 심오하고 보편적인 의미가 있는 메시지를 전한 인물로"
(181) 볼 수 있는지를 질문하는 것으로 결론을 맺는 것은 전혀 놀라운
일이 아니다.

　왓슨의 입장은 바울의 본문에 자주 덧씌워지던 개인주의적인 성
향의 루터 신학에 대한 저항으로 쉽게 이해될 수 있다. 왓슨은 또한
바울의 신학이 역사적인 사실에 뒤따라 나왔다는 자신의 주장을 뒷
받침하기 위해 몇 가지 중요한 역사적 논증들을 제시하기도 했다.
즉, 왓슨은 바울이 애초에 그리스도인으로서의 생애를 유대인을 대

24.　참조, *Paul, Judaism and the Gentiles*, 65, 134, 178-79.

상으로 하는 선교사로 출발했으며, 믿음과 율법의 행위 사이의 대립을 통해 자신의 활동을 정당화하기 위한 신학을 구성한 것은 유대인들이 바울의 복음을 거부하고 이방인을 대상으로 한 율법 준수를 요구하지 않는 복음 선포가 성공한 이후였다고 주장한다. 이 재구성의 몇 가지 특징들에는 이의를 제기하고 싶다. 특히 바울이 이전에 율법에 대한 열심 때문에 그리스도인들을 핍박한 것은 그리스도에 대한 믿음과 율법 준수가 양립할 수 없다는 인식을 드러낸다는 점 때문이다. 이러한 인식은 다메섹으로 가는 길에서 바울이 충성의 대상을 바꾸었을 때 강화되었을 뿐이다.[25] 그러나 왓슨의 역사적 재구성이 정확하다고 하더라도, 우리는 갈라디아서 같은 (또는 심지어 로마서 같은) 자료가 사상(idea)과 사회적 조건 간의 지속적인 **변증법적 관계**를 반영하지 않는지 물어 볼 권리가 있다. 많은 사회학자는 그와 같은 변증법적 관계가 이데올로기라고 하는 환원주의적인 개념보다 그런 문헌

---

25. 왜 바울이 "율법에 대한 열심" 때문에 그리스도인들을 핍박했는지는 사실상 알 수 없지만(빌 3:6), 바울의 박해 활동은 바울이 기독교 운동이 유대교 내에서 용납될 수 없다고 생각했다는 증거이다. 바울의 "회심"의 큰 정신적인 충격을 감안했을 때, 그가 기독교 운동에 헌신하기로 방향을 바꾼 것은 바울이 이전에 온 마음을 다해서 율법에 헌신한 것에 대해 의문을 품었다는 것을 의미하는 것으로 보인다. 처음에는 바울이 율법을 의심하지 않고 유대인을 대상으로 선교 활동을 했는데, 이후에는 그리스도인의 믿음과 율법 준수가 갈등관계에 있다고 하는 그리스도인 이전의 바울의 사상으로 되돌아갔다는 Watson의 주장은 쓸 데 없이 복잡하기만 한 것 같다. 그뿐만 아니라, 이런 주장은 바울이 거듭해서 자신은 이방인들을 위한 사도로 부르심을 받았다고 하는 진술에 비해서(갈 1:15-16; 롬 1:5; 11:13; 15:16 등), 상당히 허술한 증거에 근거한 것이다(갈 5:11; 고전 9:20; 롬 11:11ff.).

을 설명하는 데 더 낫다고 본다.[26] 바울의 이방인 선교라는 사회적 맥락이 신학적 결론을 촉진시켰을 뿐만 아니라, 유대교에서 물려받고 "그리스도 안에서" 재형성된 신학적 확신을 통해 이방인 선교 자체가 형성되었을 가능성은 없는가?

그런 더 큰 신학적 확신을 알아내기 위해 결정적으로 필요한 것이 있다. 그것은 바울이 갈라디아서에서 이방인 회심자들에게 유대적인 생활 방식을 강요하는 "율법의 행위들"에 반대한다는 것을 알아차리는 것이다("유대 사람처럼 살게", 2:14ff.). 여기에서 문제가 되는 것은 (하나님 앞에서 공로를 추구한다는 의미에서) 율법주의가 아니라 문화적 제국주의이다. 이는 유대인의 정체성과 유대인의 관습을 하나님의 백성에 가입하기 위한 필수적인 증거로 간주하는 것이다. 이것은 바울이 율법을 준수하는 유대교와 단절한 것은 유대교의 율법주의 때문이 아니라, 하나님의 구원 활동을 인종적이며 문화적인 차원에서 바라볼 정도로 유대민족의 역사와 문화에 묶여 있는 민족주의적인 성향 때문임을 나타낸다. 우리는 이 문제를 육체-영의 대립에 대해 논의하면서 다루었다. 거기에서 우리는 바울이 율법을 σάρξ(육체)와 결부시키는 이유 중의 하나가 유대인의 신앙에 있어서 친족관계의 중요성(κατὰ σάρκα[육체를 따라] 유대인으로 태어난다)과 그로 인한 인종적인 배타주

---

26. 사회적 조건과 사상/이데올로기 사이의 관계에 대한 사회학자들 간의 논쟁은 최소한 Weber까지 거슬러 올라간다. M. Hill, *A Sociology of Religion*, London 1973 그리고 P. Berger, *The Social Reality of Religion*의 논의를 보라. 엄격한 맑스주의적인 성향을 보이는 학자들을 제외하고, 대부분의 사회학자들은 사건과 사상 간의 "변증법"을 중요하게 생각한다.

의 때문이라는 것을 언급했었다. 그러나 우리는 또한 육체-영의 대립
이 더 광범위한 신학적인 주제, 즉 "연약한 인간"에 속한 것과 "새로
운 시대"에 그리스도 안에서 나타난 하나님의 철저한 새로운 계획에
참여하는 것 사이의 대립을 살펴보았다. 바울의 유대적 묵시사상("현
시대"와 "오는 시대" 사이의 철저한 대립)과 (하나님이 그리스도의 죽음과 부활을 통해 새
로운 시대를 시작하셨다고 하는) 바울의 배타적인 기독론의 결합을 통해서
"연약한 인간에 속한 것"과 그리스도의 영 안에 있는 새로운 시대에
참여하는 것 사이의 대립이 생성된 것이다. 그리고 이러한 신학적 관
점이 바울의 이방인 선교 경험과 만났을 때, 바울이 인간-하나님 혹
은 육체-영의 대립과 함께, 율법의 행위들과 믿음의 대립까지 나아갈
수 있게 된 것이다. "율법의 행위들"은 문화 종속적인 것이기 때문에
인간 중심적인 것이며, 새로운 시대에서 시작된 새로운 가치에 비추
어 보았을 때 "연약한 인간에 속한 것"의 범주로 전락하게 된다. 이
에 반해서 믿음은 인간의 문화를 초월해서, 그리스도 안에서 유대인
과 이방인을 (그리고 노예와 자유인, 남자와 여자를[3:28]) 하나 되게 한다. 오직
믿음만이 영을 받을 수 있는 수단이며(3:2-5), 따라서 믿음은 하나님께
서 혁신적이고 주도적으로 베푸시는 은혜를 받을 수 있는 사람들의
본질적인 특징인 것이다.

이것 때문에 우리는 바울이 갈라디아서에서 은혜를 강조한 이유
를 더 잘 이해할 수 있다(1:6, 15; 2:21; 5:4). 율법의 멍에 아래 머무는 것
은 하나님의 은혜를 부정하는 것이 되는데(2:21), 이는 율법의 멍에 아
래 있는 것이 의롭다함을 받으려는 율법주의적인 노력이기 때문이
아니라, 그리스도 안에서 하나님의 주권에 의해 폐기된 문화 종속적

인 전통에 머물도록 하기 때문이다. 왓슨은 "은혜에 대한 바울의 견해가 바울이 반대하던 유대교의 입장보다 훨씬 '급진적'"인데, 이는 바울의 회심주의 신학(conversionist theology)이 "출생에 의해 자격이 결정되는 집단이 갖고 있는 은혜에 대한 보다 경직된 견해"에 비해서 "역동적"이기 때문이라고 하는 중요한 견해를 제시한다(66). 이러한 견해는 바울이 은혜에 대한 경직된 견해를, 묵시적인 관점에서 "새로운 시대"의 새로운 혁신적인 가치와 비교했을 때, 전적으로 부적절하다고 일축하는 경향이 있다는 것을 생각하면, 우리가 논의한 신학적 유형과 아주 잘 맞는 것이다(그러나 아래의 롬 9-11장에 대한 논의를 보라). 비록 은혜에 대한 역동적인 견해가 하나님의 은혜와 인간의 행동 사이의 관계에 대한 생각에 중요한 측면에서 영향을 주기는 하지만, 왓슨이 은혜가 근본적으로 인간의 행동과 대립하지 않는다고 주장한 것은 옳다(위의 3번 항목을 보라). 그러나 왓슨은 이러한 은혜에 대한 역동적인 견해가 신자들이 성장한 전통, 문화적 규범들과 사회적 기대에 대한 그들의 태도에 미치는 영향에 대해서는 설명하지 못한다. 바울의 관점에서 보자면, 그리스도 안에서 경험된 하나님의 은혜는, 유대교를 포함해서 모든 인간의 전통을 상대화시킨다. 달리 표현하자면, 바울은 인간의 공로에 의한 구원과 하나님의 선물에 의한 구원 사이에 총체적인 신학적 대립을 설정하지는 않지만, 한편으로는 인간의 가치와 전통들 그리고 다른 한편으로는 하나님의 주권적인 주도권 사이에 광범위한 대립이 있음을 제시하고 있다.

따라서 나는 바울이 자기-의를 추구하는 태도, 즉 하나님 앞에 설수 있는 신분을 얻기 위해 행위의 양이나 질에 의존하는 태도에 반대

해서 논증하고 있는 것으로 보는, 갈라디아서에 대한 루터파의 개인
주의적 해석을 타도하기 위해 샌더스, 왓슨 그리고 다른 학자들과 함
께할 것이다.[27] 갈라디아서의 논쟁은 **유대인과 이방인**에 대한 것이며,
바울의 이방인 회중의 사회적 환경에 근거한 것이다. 그러나 그렇다
고 해서 바울이 유대교는 "기독교가 아니기" 때문에 잘못된 것이라
고(샌더스) 단순하게 주장하는 것은 아니다.[28] 샌더스가 자신의 주장을
유대인의 민족주의, 이방인에 대한 바울의 관심, 그리고 바울의 배타
적인 기독론으로 부풀리고 있지만,[29] 샌더스는 여전히 바울신학의 깊
이를 꿰뚫어보지 못하고 있다. 또한 우리는 유대교에 대한 바울의 공
격이 "[바울이 세운 교회의] 종파적 분리를 확립하고 유지하는 데 도
움이 된다"고 말하면서(왓슨),[30] 그 공격을 순전히 **기능적인** 의미로 설
명할 수는 없다. 그것은 실제로 이러한 사회적 기능을 갖고 있지만,
그것은 또한 하나님의 주권적 은혜와 (유대인을 포함한) 모든 인간의 가
치와 전통의 한계에 대한 뿌리 깊은 신학적 신념을 반영한다. 유대교

---

27. 물론 믿음이 집단적 속성이 아니라 개인적인 것이기 때문에, 복음은 각 개
    인의 반응을 이끌어내는 것을 목표로 한다. 그러나 바울이 이 개인의 반응을
    일차적으로 **자기 이해**라는 측면에서 보았을지는 의심스럽다. 또한 개인에 대
    해 배타적으로 집중하는 것은 5:25-6:10과 관련해서 우리가 살펴보았던, 바
    울이 중요하다고 본 공동체의 삶과 상호 책임을 모호하게 할 것이다.

28. *Paul and Palestinian Judaism*, 552.

29. *Paul and Palestinian Judaism*, 541-52; *Paul, The Law, and the Jewish People*.
    Dunn이 "The New Perspective"에서 Sanders를 비판하고 있지만, 사실상
    Sanders가 후자의 책에서 스스로 설명하고 있는 것에 덧붙인 것이 거의 없
    다.

30. *Paul, Judaism and the Gentiles*, 113.

에 대한 바울의 관점을 순수하게 개인적인 차원(심리적 경험의 결과로)에서 또는 순수하게 신학적 차원(이론적으로 작동한 신학적 체계로)에서 설명하려고 하는 것은 잘못이다. 마찬가지로 순수하게 사회학적으로(바울의 사회적 환경의 부산물 또는 합리화로)[31] "설명"하려고 하는 것도 잘못이다. 이러한 유형의 환원주의 하나하나가 우리에게 왜곡된 바울의 모습을 보여줄 것이다. 갈라디아서는 개인적인 경험, 사회적 맥락, 그리고 신학적 신념 사이의 매혹적인 상호작용이 가장 잘 드러나는 서신이다. 이 서신의 다양한 특징들을 밝혀내는 데 필요한 각기 다른 분석 방법들은 상호 배타적인 것이 아니라, 서로를 분명하게 해주는 것으로 보아야 한다.

2. 갈라디아서와 바울의 다른 서신들

다른 서신들을 이 연구의 결론 부분에서 자세하게 제대로 논의하는 것은 확실히 불가능하지만, 바울이 율법, 행위, 믿음, 은혜 같은 동일한 주제들을 다른 서신에서 어떻게 설명하는지에 대해 몇 가지 살펴보는 것은 도움이 될 것으로 보인다. 어떤 경우에는 우리가 갈라디아서에서 발견한 것과 비슷한 사고 구조를 나타낼 것이며, 다른 경우에는 갈라디아서와 중요한 차이를 보이는 단서도 보게 될 것이다.

---

31. Watson은 하나님의 은혜에 대한 정적인 관점과 역동적인 관점의 대립을 "인류의 실존적 곤경에 대한 심오한 통찰"이라고 여기는 사람들을 경멸하는 반면, 사실 그것은 두 가지 다른 종교 유형의 부산물일 뿐이며, 그것을 각각 "전통적 종교" 그리고 "회심주의자의 종교"라고 이름 붙일 수 있다고 본다. *Paul, Judaism and the Gentiles*, 79. 이런 주장이 환원주의라는 비난을 어떻게 피할 수 있을지 모르겠다.

각각의 바울서신은 그 자체로 이해해야지, 성급하게 다른 서신들과 맞추어서 이해해서는 안 되기 때문에, 후자의 범주에 속하는 본문들은 우리가 연구해 온 갈라디아서의 상대적인 독특성을 드러나게 해줄 것이다.

　　i) 빌립보서 3장. 여기에서 바울은 할례("절단")를 옹호하는 잠재적인 "유대화"(judaizing) 선동가들("개들", 3:2)에 대해 빌립보 교회에 경고한다. 갈라디아서에서는 바울이 이 위협에 대해 아브라함에 대한 논증으로 응대한 반면에, 여기에서는 유대인의 모든 특권을 가졌지만, 그 모든 특권들을 그리스도를 아는 것을 위해 "해로운 것"으로 여기는 자신을 사례로 들어서 대응한다. 특권의 목록에는 바울의 유대인 신분을 나타내는 표시(8일 만에 할례를 받았고, 이스라엘 민족이며 등)와 바울의 업적에 대한 증거(열성으로는 교회를 박해한 사람이고, δικαιοσύνη ἐν νόμῳ[율법의 의]로는 흠 잡힐 데가 없는 사람이었다)가 포함된다. 이 단락이 분명하게 보여주는 것은 이것들이 그 자체로는 (심지어 열성조차도) 잘못된 것이 없다는 것이다. 다만 기독교의 믿음의 관점이 **결여되어 있다**는 것이다. 즉, 바울이 이전에 "유익하던 것"의 표시를 "해로운 것"으로 여기게 된 것은 오로지 "그리스도를 아는 지식이 가장 고귀하기" 때문이라는 것이다. 그러나 기독교에 대한 헌신으로부터 이러한 부정적인 판단의 이유를 설명해주는 **신학적인 논리**가 도출될 수 있을까? 대다수의 해석은 항상 이 논리가 **자기 의**에 대한 포기라고 보았다. 즉, 바울이 자신의 의를 얻기 위해 노력하는 이전의 자신의 모습을 (그리고 암시적

으로는 다른 유대인들도) 고발하고 있다는 것이다.[32] 이런 해석은 일반적으로 3:9에서 바울이 "율법에서 생기는 나 스스로의 의"(ἐμὴν δικαιοσύνη τὴν ἐκ νόμον)와 "믿음에 근거하여, 하나님에게서 오는 의"(τὴν ἐκ θεοῦ δικαιοσύνη ἐπὶ τῇ πίστει)를 대비시키는 것에 근거한다. 그러나 "나 스스로의 의"(my own righteousness)가 "스스로 얻는 의"(self-earned righteousness)라는 뜻인지 의심해볼 만한 충분한 근거가 있다. 특히 바울이 말하는 유대인의 특권들 중 대부분은 출생을 통해 얻은 것들이지, 성취해서 얻은 것들이 아니라는 사실과 바울이 빌립보서의 다른 부분에서 기독교적인 성취라는 개념(2:12; 3:14-15)을 권장하고 있다는 사실이 그러하다.[33] "나 스스로의 의"는 **업적**을 나타낸다기보다 **한계**를 표현하는 것으로 해석하는 것이 더 낫다. 즉 바울이 나열하고 있는 것들이 "해로운" 이유는 바울이 그것들을 (자기 의의 자부심을 위해) 성취했기 때문이 아니라, 그것들이 하나님 앞에서는 참으로 중요한 것으로 여겨지지 않는, 바울 자신의 연약한 인간으로서의 특징들일 뿐이기 때문이라는 것이다. 이것이 바울이 "육체에 대한" 자랑(boasting)에 대해 말하는 이유이다(3:3-4). 그것들은 하나님 앞에서 정말로 중요한 것이 아니라, **연약한 인간적인 차원**에서의 지위와 업적의 표시들이다. 이 단락이 가장 분명하게 보여주듯이, 그리스도를 믿는다는 것은 하나님의 은혜가 유대 전통과 유대인의 문화적 규범을 포함한 인간의 기대와 전통을 뒤엎는다는 것을 받아들인다는 뜻이다. 종(servant)의 십자가 처형을 통

---

32. 예, Bultmann, *Theology* I, 240; Gundry, "Grace", 14를 보라.

33. Watson, *Paul, Judaism and the Gentiles*, 77-78.

한 구원이라는 역설적인 복음(2:6-11)은 신자 각 사람도 마찬가지로 그의 죽음에 참여할 것을 요구한다. 그 역설적인 복음은 신자들의 이전 가치 체계를 뒤집고, 그것이 "육적인"(순전히 인간적인) 현상임을 폭로한다. 따라서 샌더스가 바울은 "자기 의라고 하는 잘못된 태도를 취한 죄"를 고발하고 있는 것이 아니라고 말한 것은 옳지만, 이 단락에는 단순히 "그리스도에 대한 믿음이 아닌 다른 것에 더 신뢰"를 두는 것보다 더 깊은 신학적 원리가 걸려 있다는 것은 알아채지 못한다.[34] 샌더스는 "나의 의"라는 표현을 제대로 설명하지 못함으로써 자신의 입장을 취약하게 만들었다(왓슨도 이 표현을 무시하는 것처럼 보인다). 여기에서 내가 제안하는 것은 갈라디아서에서와 마찬가지로, 바울은 자신의 유대교가 인간의 문화적·사회적 가치와 너무 확고하게 결합되어 있기 때문에 비판한다는 것이다. 비록 바울이 기독교 신앙의 관점에서만 이러한 판단을 내릴 수 있지만, 그럼에도 그것은 폭넓은 적용이 가능한 중요한 신학적 원리를 포함하고 있다.

　ii) 고린도전서 1-4장. 이 단락은 실제로 이 신학적 원리가 어디까지 적용될 수 있는지를 보여준다. 이 단락에서 논란이 되는 주제는 율법의 행위들이 아니라 지혜인데, 바울은 이것을 헬레니즘 문화의 대표적인 특징으로 보고 있는 것 같다(1:22-23). 1-4장에는 지혜에 대한 비판이 나오는데, 이 비판은 **하나님의 길**과 **사람의 길** 사이의 근본적인 차이에 기초하고 있다. 사람의 지혜와 모든 인간 중심적인 자랑은 복

---

34. *Paul, The Law, and the Jewish People*, 44; 샌더스가 "옛 의에서 유일하게 잘못된 것은 그것이 새 의가 아니라는 것이다. 달리 표현하자면, 아무 결점이 없다는 것이다"(140)라고 말할 때, 빌 3:9을 고려하지 않는 것처럼 보인다.

음에 비추어 보자면 완전히 헛된 것이라고 말한다(1:19, 29; 2:5, 13-14; 3:3, 18-21).[35] 그래서 십자가의 말씀은 유대인에게는 거리낌이고, 이방인에게는 어리석은 것이다(1:23). 십자가의 말씀은 두 집단의 전통적이고 문화적인 가치를 전복시킨다. 왜냐하면 십자가의 말씀은, (κατὰ σάρκα[육체를 따라] 판단하는 모든 것을 포함한, 1:26) 인간의 가식을 부끄럽게 하고, 존재하지 않는 것을 존재하게 하는(1:27-28), 하나님의 주권적인 재창조를 대표하기 때문이다. 하나님은 인간의 평가 혹은 인간의 기대를 따라 일하시지 않는다. 하나님의 일하심은 믿음으로만 이해할 수 있다(1:12; 2:5; 3:5).

iii) 로마서. 로마서 1-4장에 대한 최근의 연구들은 이 단락에서 '유대인과 이방인' 주제가 중요하다고 정확하게 지적한다.[36] 복음은 모든 믿는 자들을 구원하는 하나님의 능력이신데, "먼저는 유대인이고 또한 헬라인이다"(1:16). 그리고 유대인들은 율법을 소유하는 특권을 가졌지만, 공정하게 "먼저는 유대인이고 또한 헬라인"을 판단하시는(2:9-11) 하나님의 심판에서 면제되는 것은 아니다. 유대인들이 "율법을 자랑"한다고 하는 바울의 비판(2:17, 23)은 선행을 공적으로 내세우고 싶어 하는 개별적인 유대인들을 향한 것이 아니라, 이스라엘의 선택받은 특권에 편승한 민족적 자부심을 대상으로 한 것이다. 하나님의 구원하시는 새로운 활동은 "율법과 상관없이" 믿음을 통해서

---

35. K. Barth, *The Resurrection of the Dead*, E. T. London 1933, 15-29를 보라.

36. Sander와 Watson 외에, 예, U. Wilkens, *Der Brief an der Römer* 1, Zurich/Neukirchen-Vluyn 1978; G. Howard, "Romans 3.21-31 and the Inclusion of the Gentiles", *HTR* 63 (1970) 223-33을 보라.

이루어진다(3:21ff.). 왜냐하면 믿음은 유대인에게만 있는 속성이 아니기 때문이다. 유대인과 **이방인**이 믿음을 통해 구원을 받으며(3:30), 아브라함은 믿음 때문에 양쪽 모두의 조상이 된다(4:9ff.). 하나님은 한 분이시다. 유대인만의 하나님이 아니시며, 이방인의 하나님도 되신다(3:29).

따라서 갈라디아서에서와 마찬가지로, 로마서에서도 유대교에 대한 바울의 비판은 유대교의 민족주의에 집중된다. 물론 로마서에서 바울의 논쟁은 훨씬 광범위하게 이스라엘의 민족적 자부심을 공격한다. 그 자부심이란 이스라엘 민족이 율법을 소유하고 있고 준수하고 있기 때문에 확증되었다고 추정하는, 특별한 선택받은 지위를 전제로 한 것이다. 그러나 우리는 또한 로마서 4장에서 훨씬 보편적인 속성을 가리키는 것처럼 보이는 여러 언급들을 보게 된다. 4:1-6에서 바울은 "행위들" 자체(ἔργα νόμου[율법의 행위들]가 아니라 ἔργα[행위들])에 대해 살펴보는데, "일을 하는 사람에게는 품삯을 은혜로 주는 것으로 치지 않고, 당연한 보수로 주는 것으로 생각한다"고 언급한다(4:4). 4장의 뒷부분에서도 바울은 믿음과 은혜에 대해 일반적인 언급을 하는데(διὰ τοῦτο ἐκ πίστεως, ἵνα κατὰ χάριν, 4:16), 아브라함의 믿음이 "죽은 사람들을 살리시며 없는 것들을 불러내어 있는 것이 되게 하시는"(4:17) 하나님께서 보장하시는 믿음의 전형적인 모습이라고 말한다. 이러한 "행위"와 "믿음"에 대한 한층 일반적인 언급들은 주석가들에게 모종의 문제를 던져준다. 많은 주석가들이 로마서 1-4장 전체를 나름의 관점에서 해석하고, "율법의 행위들"에 대한 바울의 실제 공격은 **행**

위들의 원리(principle of works)에 대한 것이라고 주장한다.[37] 다른 한편,
바울이 유대인-이방인 맥락 속에서 율법의 행위들을 공격한다는 점
을 강조하는 최근의 연구들은 이러한 일반적인 진술들이 (유대인의) **율
법의 행위들**에 특정된 것으로 해석하는 경향이 있다.[38] 보다 만족스러
운 해결책은 이 장들의 주제가 유대인의 율법 준수와 유대인만 아니
라 이방인들에게도 유용한 믿음이지만, 바울은 또한 부차적으로 "믿
음 그 자체"와 "행위들 그 자체"에 대한 언급도 한다는 것을 인정하
는 것이다. 믿음에 대한 바울의 요점은 하나님에게 전적으로 의존하
는 태도, 즉 자신의 부족함을 인정하고, **그러므로 은혜**에 의존하는 것
이다.[39] 행위들에 대한 바울의 요점은 행위들이 그 자체로 잘못된 것
이라거나, 항상 자기 의를 추구하는 태도의 표현이라는 것이 아니라,
행위들의 부재 내지 불충분함이 인간의 부족함을 강조하고, 이로써
하나님의 은혜를 드러내는 데 일조한다는 것이다.[40] 따라서 유대인의

---

37. 예, Käsemann, *Commentary on Romans*, 105ff.; C. E. B. Cranfield, *A Critical and Exegetical Commentary on the Epistle to the Romans* I, Edinburgh 1975, 224ff. Hübner, *Law in Paul's Thought*, 118ff.는 롬 1-3장은 오로지 롬 4장(특히 4:1-8)을 근거로 할 때만 이해할 수 있다고 주장한다.
38. Sanders, *Paul, The Law, and the Jewish People*, 32-36; Watson, *Paul, Judaism and the Gentiles*, 135-142.
39. Watson은 아브라함의 믿음을 "인간 편에서의 불굴의 반응"(140)이라고 묘사함으로써 이 점을 모호하게 만든다; 바울의 요점은 아브라함이 자식이 없는 것에 대해 **자신이 할 수 있는 게 아무 것도 없다**는 것을 알고 있는, 믿음이 강한 사람이었다는 것이다.
40. 4:4-5에는 "행위"에 어떤 결함이 있다는 언급이 전혀 없다. 바울은, 일에는 그에 따른 마땅한 보상이 있으며, 은혜가 드러날 기회가 없다고 하는, 순수하게 사실에 대한 관찰만 제시할 뿐이다. 참조, 마 20:1-16: 포도원에서 하루 종

민족적 자부심을 공격하면서, 바울은 인간이 하나님 앞에서 부족한
존재라는 것을 좀 더 명확하게 인식할 필요가 있다고 스스로 반성한
다. 그리고 유대인의 율법의 행위들의 타당성을 부정하면서, 바울은
하나님의 은혜가 행위와 구분될 때, 하나님의 은혜가 어떻게 강조되
며 명확해지는지를 보여준다. 이 후자의 경우에, 바울은 유대인들이
엄청난 양의 선행으로 공적을 쌓으려 한다고 비난하지 않지만,[41] 하
나님의 은혜는 오직 보상받을 만한 "행위"가 없는 곳에서 아주 명백
하게 드러난다는 사실을 언급한다. 바울은 주관적인 의도를 분석하
지 않는다. 다만 객관적인 사실에 주목할 뿐이다. 그럼에도 불구하고,
갈라디아서나 빌립보서에서는 항상 율법이나 율법의 행위들에 국한
해서 논의했었기 때문에, 이러한 일반적인 진술들은 어떤 면에서는
우리가 갈라디아서나 빌립보서에서 살펴본 것을 넘어서는 것들이다.

로마서 4장에 있는 바울의 언급들 중 일부에 보편적인 속성이 있
음을 인정하면, 우리는 4장과 이후의 5-8장 사이의 관계를 보다 명확
하게 이해할 수 있다. 만일 로마서 1-4장이 순수하게 유대인과 이방인
에 대한 것이라면, 1-4장과 5-8장을 연결하는 것은 어렵다.[42] 그러나

일 일한 사람들은 일을 잘못한 것이 아니다. 그러나 주인의 "은혜"는 오로지
적게 일한 사람들에 대한 주인의 자비를 통해 드러난다.

41. Käsemann은 4:5에서 "ἐργάζεσθαι가 '일하다'라는 뜻이 아니라 '일에 대해 염
려하다'라는 뜻이다"라고 주장하는데, 이는 빗나간 주장이다. *Commentary
on Romans*, 110. Hübner는 "아브라함이 자신의 행위의 결과로 의로워지려고
했"기 때문에, 바울이 아브라함을 죄인으로 간주했다고 주장하는데, 이것도
역시 실수한 것이다. *Law in Paul's Thought*, 121.

42. Watson은 확실히 롬 5-8장과 자신이 로마서 전체의 배경이라고 제안한 역사
적 상황(로마에 있는 유대인과 이방인으로 구성된 그리스도인 회중)과 연결

만일 유대인-이방인 문제에 대한 논의 때문에 로마서 4장에서 인류,
은혜 그리고 하나님에 대한 좀 더 일반적인 견해를 언급한 것으로 볼
때, 바울이 왜 이것 때문에 십자가에 달린 그리스도 안에 나타난 하
나님의 사랑(5:6-10) 및 인간의 보편적인 죄성(5:12-21)과 옛 사람은 십자
가에서 죽고(6:6) 새로운 생명이 그리스도의 부활을 바탕으로 한 은
혜의 선물로 주어지는(6:4, 8-10, 23; 참조, 4:17) 침례에 대해 말하는지를
더 잘 이해할 수 있다. 일반론적인 경향은 로마서 7장의 일부에서도
분명하게 나타난다. 로마서 7장에서 바울은, 7:7 이하에 나오는 아담
을 연상시키는 내용이 암시하듯이, (유대인만이 아니라) 모든 인류에게 적
용될 수 있는 율법에 대해 말하는 것처럼 보인다.

9장에서 바울은 하나님의 신실하심에 대해 3:1 이하에서 이미 했
던 말을 끄집어내면서 좀 더 구체적인 이스라엘에 대한 문제로 돌아
온다.[43] 다시 한번 유대인과 이방인의 관계가 중요한 주제로 등장한
다. 바울은 성경이 이스라엘의 "완악함"과 이방인의 유입을 예언하
고 있다고 해석한다(9:24ff). 그리고 바울은 믿음에는 초문화적인(trans-
cultural) 속성이 있어서, 유대인과 헬라인의 차별이 없다고 다시 한번
강조한다(10:10-13). 샌더스와 다른 학자들이 정확하게 주장하듯이, 동

시키는 것을 가장 어려워한다. *Paul, Judaism and the Gentiles*, 142-59,
43. 물론 롬 9-11장에는 여러 가지 요소들이 어우러져 있다: 어떤 것은 신학적이
   고(대다수의 유대인들이 복음에 "불순종"한다는 관점에서 본 하나님의 신실
   하심; 성경의 증언), 어떤 것은 개인적이며(이방인을 대상으로 한 자신의 사
   역에 대한 바울의 변호와 믿지 않는 유대인들에게 바울이 관심을 기울이고
   있다는 항변), 어떤 것은 역사적(로마에 있는 이방인 신자들의 자부심; 바울
   의 임박한 예루살렘 방문)이다.

료 유대인들이 "자기 자신들의 의"(ἰδία δικαιοσύνη, 10:3)를 세우려고 한
다는 바울의 말에 대한 해석은 이 문맥에 비추어 결정되어야 한다.
이 표현은 개인적인 자기 의의 문제를 가리키는 것이 아니라, 이방인
을 배척하는 유대인의 민족적인 의를 가리키는 표현이다(반대로, 하나님의
의는 모든 믿는 자를 위한 것이다).[44] 심지어 바울은 9-10장에서 로마서 1-4장
에서 보다 더욱 분명하게 유대인의 선민의식에 맞서고 있다. 오직 여
기에서만 바울이 이스라엘에 대한 하나님의 약속을 언급하고 있지
만, 바울은 그 문제를 단순히 민족적인 자부심의 문제일 뿐이라고 무
시하고 넘어가지 않는다. 처음에 바울은 "남은 자"에 대한 이스라엘
의 전통을 인용하고, 하나님의 은혜와 주권을 강조함으로써, 이스라
엘 일부만이 참된 이스라엘로 인정될 것이라고 주장한다(9:6ff.; 11:1ff.).
그러나 바울은 결국 모든 이스라엘이 불순종에 빠지겠지만 종국적
으로 하나님께서 모든 사람에게 긍휼을 베푸실 때 (믿음으로?) 구원받
을 것이라는 타협안에 도달한다(11:25-32).[45] 이것은 정확하게 유대 전
통, 특히 성경을 유대교 그 자체를 반대하는 쪽으로 전환했다가, 결
국에는 "모든 이스라엘"이 구원을 받는다고 주장하는 방식의 전략이
다. 그래서 바울이 유대교와 "결별"했는지, 결별했다면 어떤 의미에

---

44. Sanders, *Paul, The Law, and the Jewish People*, 36-43. 참조, N. T. Wright, *The Messiah and the People of God*; G. Howard, "Christ the End of the Law", *JBL* 88 (1969) 331-37.
45. 롬 9-11장에 있는 이스라엘의 구원 문제에 대한 바울의 다양한 답변에 대해서는, 예, G. Lüdemann, *Paulus und das Judentum*; H. Hübner, *Gottes Ich und Israel*, Göttingen 1984를 보라.

서 결별했는지 논하는 것을 매우 어렵게 만든다.[46] 그러나 이것은 또
한 바울이 유대인들이 자신들의 선민의 지위를 주제넘게 내세울 수
없으며, 다른 민족들처럼 유대인들도 **불순종하는 자들에게** 긍휼을 베
푸시는 하나님의 은혜를 경험해야 한다고 하는 일관된 확신을 설명
해준다(11:32; 참조, 4:5; 5:12-21). "모든 이스라엘"의 구원에 대한 마지막
언급과는 별도로, 이 단락은 우리가 갈라디아서와 빌립보서에서 발
견한 것을 확증해준다. 즉, 바울은 이스라엘을 "연약한 인간"의 한 부
류로 본다는 것이다. 이스라엘은 궁극적인 면책이나 우월성을 주장
할 수 없다. 이것이 유대교에 대한 바울의 모든 비판의 핵심이다.[47]

그러나 로마서 4장에서와 마찬가지로, 이 장들에는 (율법의 행위들이
아니라) 일반적인 의미에서의 행위들이라는 주제를 나타내는 진술들
이 소수 있다. 9:32의 문맥은 ἔργα(행위들)가 (다른 사본에 나오는 것처럼)
ἔργα νόμου(율법의 행위들)를 가리키는 것으로 보인다. 그러나 9:11-12과
11:5-6에 있는 표현들은 일반적인 의미에서 "행위들"과 "은혜"라는
의미를 나타내고 있다. 전자는 야곱과 에서에 대한 구절인데, 이들의
운명은 "그들이 무슨 선이나 악을 행하기 전에, 택하심을 따라 되는
하나님의 뜻이 행위로 말미암지 않고, 오직 부르시는 이로 말미암아
서게 하시기 위해서"(9:11) **태중에서부터** 하나님의 선택에 의해 결정되

---

46. 이 문제에 대한 최근의 논의에 대해서는, 예, W. D. Davies, "Paul and the
    People of Israel", *NTS* 24 (1977-78) 4-39; H. Räisänen, "Galatians 2.16 and
    Paul's Break with Judaism", *NTS* 31 (1985) 543-53을 보라.

47. 따라서 롬 9-11장을 "경건한 사람"("우리 안에 숨겨진 유대인")에 대한 것으
    로 해석하는 Käsemann과는 달리, Wright는 진짜 핵심은 "이스라엘 안에 숨
    겨진 아담"이라고 정확하게 주장한다. "Paul of History", 78 n.34.

었다고 말한다. 후자는 "은혜로 택하심을 받은" 남은 자에 대해 말하고 있다. "은혜로 된 것이면, 행위에 근거한 것이 아닙니다. 그렇지 않으면, 그 은혜는 이미 은혜가 아닙니다"(11:5-6). 이것은 4:4-5에 있는 것과 동일한 원칙을 천명하는 것처럼 보인다. 즉 행위가 없는 곳에서, 하나님께서 오직 은혜로 일하시는 것이 분명하게 나타난다는 것이다. 다시 한번 말하지만, 이 문맥에는 바울이 유대인들이 선행으로 하나님의 호의를 얻으려고 하는 잘못된 의도를 갖고 있다고 비난하고 있다고 볼 아무런 근거가 없다. 바울은 단지 상당히 일반적이고 이론적인 수준에서, 은혜는 행위에 대한 보상으로 여겨지지 않는 곳에서만 비로소 은혜로 나타난다는 사실을 말하고 있을 뿐이다.[48]

이런 관찰에 따르면 갈라디아서와 로마서 사이에는 중대한 차이가 있다는 결론을 내리지 않을 수 없다(물론 두 서신에서 유대교에 대한 기본적인 견해는 동일하다).[49] 갈라디아서의 역사적인 상황 때문에 바울은 율법을 준수하는 유대교를 문화적 제국주의라고 판단하고 드러내놓고 공격했다. 바울은 유대인들이 준수하는 율법의 행위를 이방인들에게 강요하려고 하는 유대 그리스도인들의 시도에 저항했다.[50] 로마서에서는, 역사적인 혹은 개인적인 이유야 어떻든지 간에, 바울은 유대인

---

48. 바울이 원칙적으로 "행위"와 "복종"에 반대하지 않는다는 것은 롬 6장과 12-14장에서 충분히 드러난다.

49. 따라서 두 서신 사이에 "발전"이 있었다는 Hübner의 주장은 어느 정도 사실이다. 그러나 우리의 분석은 두 서신에 대한 Hübner의 해석과는 상당히 다르다.

50. 바울이 갈라디아서에서 유대인이 아니라 유대 그리스도인을 공격하는 것이라는 Mussner(*Tractate on the Jews*, E. T. London 1984, 143ff.)의 주장은 당연히

과 유대 그리스도인들에게 더 직접적으로 자신을 언급하면서, 그들
이 하나님의 언약을 자랑하게 하는 그들의 민족적·문화적 자부심에
반대한다. 바울은 (롬 9-11장은 부분적으로 예외지만) 두 서신에서 (그리고 빌 3장
에서) 유대교를 단순히 인간적이고, 문화적인 현상으로 간주한다. 그
래서 유대교의 인간적 전통과 업적을 하나님의 은혜와 능력과 대립
시킨다. 로마서에서 바울은 이 문제에 대해 좀 더 광범위하게 살펴보
는데, 이를 통해서 바울은 로마서보다 앞서 저술된 서신들에서는 발
견되지 않는 믿음과 행위에 대한 좀 더 일반적인 통찰을 제시하게 된
다. 비록 그런 언급들이 유대인과 이방인에 대한 주요 논쟁에 비해
부수적이기는 하지만, 이런 언급들이 어떻게 곧장 바울신학의 가장
핵심부를 차지하게 되고, 개인주의적인 방식으로 적용되는지 이해할
수 있다. 이미 목회서신(딤후 1:9; 딛 3:4-7)에서, 우리는 "의로운 행위"와
복음의 핵심을 나타내는 "하나님의 은혜"가 보편적으로 대립하는 것
을 보게 된다. 그리고 에베소서 2:8-9에서는 복음이 "믿음을 통한 은
혜"로 요약되고, "행위에서 난 것이 아니므로, 아무도 자랑할 수 없"
는 것으로 소개되는데, 여기에서 초점이 결정적으로 개인과 개인이
자랑하는 업적으로 이동한다. 이 구절은 개인이 자기 의를 추구하는
태도에 대한 반감이 개혁주의 발명품이 아니며, 심지어 아우구스티
누스의 것도 아니라는 증거다!

그러나 우리는 그럼에도 불구하고 갈라디아서와 로마서에는 바

옳다. 그러나 바울이 유대 그리스도인들을 공격하는 것은 그들이 갖고 있는
유대인의 선민의식과, 이방인 신자들을 유대인처럼 살게 하려는 것 때문이
다.

울이 개인의 율법주의적 태도에 관심을 기울였다는 뚜렷한 증거가
없다고 주장할 수밖에 없다. 바울의 이신칭의 교리는 바울이 이스라
엘의 문화적 자부심을 배척한 것과 관련이 있다. 선행을 통해 공적을
쌓겠다는 생각과는 관련이 없다. 우리는 바울에 대한 개인주의적 해
석이 만연하게 된 이유 중의 하나가 인간의 실존적 상황에 그런 해석
이 "적합하다"고 하는 인식 때문이 아닌가라고 의심해볼 수 있다. 개
인주의적 해석은 고통받는 양심의 불안을 제거해주기 때문이다. 아
이러니한 것은 이런 해석 때문에 바울서신을 곡해하게 되고, 바울의
진정한 신학이 갖고 있는 중요한 사회적 의미를 드러내지 못하게 된
다는 것이다.[51] 만약 유대 그리스도인들이 자신들의 유대의 문화적
전통을 이방인 신자들에게 부과한 것이 잘못이라면, 바울의 신학은
너무도 많이 퍼져서 기독교를 오염시켰고, 지금도 계속해서 오염시
키고 있는 문화적 (그리고 사회적) 제국주의에 대한 강력한 교정 수단이
될 수 있을 것이다. 우리는 갈라디아서 3:28에 있는 (유대인과 이방인, 노
예와 자유인, 남자와 여자가 하나라고 하는) 모두를 아우르는 신앙고백문을 더
넓은 사회만이 아니라 교회를 괴롭히는 인종적·문화적·사회적 그리
고 성적인 편견을 향한 소리로 들을 수 있을 것이다. 그뿐만 아니라,
유대인의 문화 전통이 "연약한 인간"의 것이라는 바울의 공격을 접
한 교회는 훨씬 더 비판적으로 자신의 전통을 살피고, "하나님의 백
성"이라고 주장하는 모든 사람들에게 안일함에 빠질 위험을 새롭게

---

51. Dahl, "The Doctrine of Justification"; M. Barth, "Jew and Gentile: The Social
    Character of Justification in Paul", *JES* 5 (1968) 241-67을 보라.

자각시킬 수 있을 것이다.

Allison, D. C., "The Pauline Epistles and the Synoptic Gospels: the Pattern of the Parallels", *NTS* 28 (1982) 1-32.

Althaus, P., "'Das ihr nicht tut, was ihr wollt'. Zur Auslegung von Gal. 5,17", *TLZ* 76 (1951) 15-18.

Badenas, R., *Christ, the End of the Law. Romans 10:4 in Pauline Perspective*, JSNTS 10, Sheffield 1985.

Baeck, L., "The Faith of Paul", *JJS* 3 (1952) 93-110.

Bamberger, B. J., *Proselytism in the Talmudic Period*, New York 1968.

Bammel, E., "Gottes ΔΙΑΘΗΚΗ (Gal III. 15-17) und das jüdische Rechtsdenken", *NTS* 6 (1959-60) 313-319.

_____. "νόμος Χριστοῦ", in *Studia Evangelica III*, ed. F. L. Cross, YU 88, Berlin 1964, 120-128.

Bandstra. A. J., *The Law and the Elements of the World. An Exegetical Study in Aspects of Paul's Teaching*, Kampen 1964.

Banks, R., *Jesus and the Law in the Synoptic Tradition*, SNTSMS 28, Cambridge 1975.

Barclay, J. M. G., "Paul and the Law: Observations on Some Recent Debates", *Themelios* 12 (1986), 5-15.

_____. "Mirror-Reading a Polemical Letter: Galatians as a Test Case", *JSNT* 31 (1987), 73-93.

Barclay, W., *Flesh and Spirit. An Examination of Galatians, 5.19-23*, London 1962.

Barr, J., *The Semantics of Biblical Language*, Oxford 1961.

Barrett, C. K., "Paul and the 'Pillar' Apostles", in *Studia Paulina* (in honorem Johannis de Zwaan), ed. J. N. Sevenster and W. C. van Unnik, Haarlem 1953, 1-19.

_____. *From First Adam to Last. A Study in Pauline Theology*, London 1962.

_____. *The Second Epistle to the Corinthians*, Black's New Testament Commentaries, London 1973.

_____. "The Allegory of Abraham, Sarah and Hagar in the Argument of Galatians", in *Rechtfertigung* (Festschrift für E. Käsemann), ed. J. Friedrich et al., Tübingen 1976, 1-16.

_____. *Freedom and Obligation. A Study of the Epistle to the Galatians*, London 1973.

Barth, K., *The Resurrection of the Dead*, E. T. London 1933.

Barth, M., "The Kerygma of Galatians", *Int* 21 (1967) 131-146.

_____. "Jew and Gentile: The Social Character of Justification in Paul", *JES* 5(1968) 241-267.

Baumgarten, J., *Paulus und die Apokalyptik*, WMANT 44, Neukirchen-Vluyn 1975.

Bäumlein, E., "Ueber Galat. 5,23", *Theologische Studien und Kritiken*, 1862, 551-553.

Baur, F. C. "Die Christuspartei in der korinthischen Gemeinde, der Gegensatz des petrinischen Christenthums in der ältesten Kirche, der Apostel Petrus in Rom", *Tübingen Zeitschrift für Theologie* 4 (1831) reprinted in Ausgewählte Werke in Einzelausgaben I, Stuttgart 1963.

_____. Paul, the Apostle of Jesus Christ, I, E. T. London/Edinburgh 1876.

Becker, J., *Das Heil Gottes. Heils- und Sündenbegriffe in den Qumrantexten und im Neuen Testament*, SUNT 3, Göttingen 1964.

Beker, J. C., *Paul the Apostle. The Triumph of God in Life and Thought*, Philadelphia 1980.

Berger, K., "Abraham in den paulinischen Hauptbriefen", *Münchener Theologische Zeitschrift* 17(1966) 47-89.

Berger, P. L., *The Social Reality of Religion*, London 1967.

Berger, P. L., and Luckmann, T., *The Social Construction of Reality*, London 1967.

Betz, H. D., "Spirit, Freedom and Law. Paul's Message to the Galatian Churches", *SEÅ* 39 (1974) 145-160.

_____. "The Literary Composition and Function of Paul's Letter to the Galatians", *NTS* 21 (1974-5) 353-379.

_____. "In Defense of the Spirit: Paul's Letter to the Galatians as a Document of Early Christian Apologetics", in *Aspects of Religious Propaganda in Judaism and Early Christianity*, ed. E. Schüssler-Fiorenza, Notre Dame, Indiana 1976, 99-114.

_____. Galatians, Hermeneia, Philadelphia 1985.

Betz, O., *Offenbarung und Schriftforschung in der Qumransekte*, Tübingen 1960.

_____. "Die heilsgeschichtliche Rolle Israels bei Paulus", *Theologische Beiträge* 9 (1978) 1-21.

Bisping, A., *Erklärung des zweiten Briefs an die Korinther und des Briefes an die Galater*, Munster 1863.

Blank, J., "Warum sagt Paulus: 'Aus Werken des Gesetzes wird niemand gerecht'?", in *Evangelisch-Katholischer Kommentar zum Neuen Testament*, Vorarbeiten Heft I, Zürich 1969, 79-95.

Blass, F., and Debrunner, A., *A Greek Grammar of the New Testament Other Early Christian Literature*, E. T. and ed. by R. W. Funk from 19th German edition, Chicago 1961.

Bligh, J., *Galatians in Greek*, Detroit 1966.

_____. *Galatians. A Discussion of St. Paul's Epistle*, London 1969.

Bonnard, P., *L' Epître de Saint Paul aux Galates*, 2nd edition, Neuchâtel 1972.

Bonner, S., *Education in Ancient Rome. From the Elder Cato to the Younger Pliny*, London 1977.

Borgen, P., "Observations on the theme 'Paul and Philo'", in *Die paulinische Literatur und Theologie*, ed. S. Pedersen, Århus 1980, 85-102.

_____. "Paul Preaches Circumcision and Pleases Men", in Paul and Paulinism, ed. M. D. Hooker and S. G. Wilson, London 1982, 37-46.

_____. "The Early Church and the Hellenistic Synagogue", *STh* 37 (1983) 55-78.

Bornkamm, G., "Die chrisrliche Freiheit(Gal 5)", in *Das Ende des Gesetzes. Paulusstudien*. Gesammelte Aufsätze I, 5th edition, München 1966, 133-138.

_____. "Baptism and New Life in Paul(Romans 6)", in *Early Christian Experience*, E. T. by P. L. Hammer, London 1969, 71-86.

Borse U., *Der Standort des Galaterbriefes*, Köln 1972.

_____. *Der Brief an die Galater*, Regensburg 1984.

Brandenburger, E., *Fleisch und Geist. Paulus und die dualistische Weischeit*, WMANT 29, Neukirchen-Vluyn 1968.

Braude, G., *Jewish Proselyting in the First Five Centuries of the Common Era. The Age of the Tannaim and Amoraim*, Providence, R. I. 1940.

Braun, H., "Römer 7, 7-25 und das Selbstverständnis des Qumran-Frommen", *ZTK* 56 (1959) 1-18.

Bring, R., *Commentary on Galatians*, E. T. Philadelphia 1961.

Brinsmead, B. H., *Galatians-Dialogical Response to Opponents*, SBLDS 65, Chico 1982.

Bruce, F. F., *Biblical Exegesis in the Qumran Texts*, London/Grand Rapids 1959.

_____. "Galatian Problems 1-5", *BJRL* 51 (1969) 292-309; 52 (1970) 243-266; 53 (1971) 253-271; 54 (1972) 250-267; 55 (1973) 264-284.

_____. *The Epistle of Paul to the Galatians*. A Commentary on the Greek Text, New International Commentary, Exeter 1982.

Büchler, A., *Studies in Sin and Atonement in the Rabbinic Literature of the First Century*, London 1928.

Bultmann, R., "Das Problem der Ethik bei Paulus", *ZNW* 23 (1924), 123-140.

_____. *Theology of the New Testament*, 2 volumes, E. T. by K. Grobel, London 1952, 1955.

_____. "Christ the End of the Law", in *Essays Philosophical and Theological*, E. T. by J. C. G. Greig, London 1955, 36-66.

_____. "Romans 7 and the Anthropology of Paul", in *Existence and Faith. Shotter Writings of R. Bultmann*, E. T. and ed. by S. M. Ogden, London 1961, 147-157.

_____. "Zur Auslegung von Galater 2,15-18", in *Exegetica*, Tübingen 1967, 394-9.

Burton, E. de W., *Syntax of the Moods and Tenses in New Testament Greek*, Edinburgh 1894.

_____. *Spirit, Soul and Flesh*, Chicago 1918.

_____. *A Critical and Exegetical Commentary on the Epistle to the Galatians*, The International Critical Commentary, Edinburgh 1921.

Byrne, B., "Sons of God" - "Seed of Abraham". *A Study of the Idea of the Sonship of God of All Christians in Paul*, AB 83, Rome 1979.

Caird, G. B., *The Language and Imagery of the Bible*, London 1980.

Callaway, J. S., "Paul's Letter to the Galatians and Plato's Lysis", *JBL* 67 (1948) 353-355.

Cannon, G. E., *The Use of Traditional Materials in Colossians*, Macon, Georgia 1983.

Carr, W., *Angels and Principalities. The Background, Meaning and Development of the Pauline Phrase 'hai archai kai hai exousia'*, SNTSMS 42, Cambridge 1981.

Carrington, P., *The Primitive Christian Catechism*, Cambridge 1940.

Cole, R. A., *The Epistle of Paul to the Galatians*, Tyndale New Testament Commentaries, London 1965.

Collins, J. (ed.), *Apocalypse: The Morphology of a Genre, Semeia* 14 (1979).

Cranfield, C. E. B., "St. Paul and the Law", in *New Testament Issues*, ed. R. Batey, London 1970, 148-172.

_____. *A Critical and Exegetical Commentary on the Epistle to the Romans International Critical Commentary*, 2 volumes, Edinburgh 1975.

Crouch, J. E., *The Origin and Intention of the Colossian Haustafel*, FRLANT 109, Göttingen 1972.

Crownfield, F. R., "The Singular Problem of the Dual Galatians", *JBL* 64 (1945), 491-500.

Cullmann, O., *Salvation History*, E. T. by S. G. Sowers et al., London 1967.

Dahl, N. A., "Der Name Israel: Zur Auslegung von Gal.6,16", *Judaica* 6 (1950) 161-170.

_____. "Paul's Letter to the Galatians: epistolary genre, content and structure", Yale Divinity School에서 개인적으로 복사함. 1973.

_____. "Rudolf Bultmann's Theology of the New Testament", in idem, *The Crucified Messiah and Other Essays*, Minneapolis 1974, 90-128.

_____. "The Missionary Theology in the Epistle to the Rome", in idem, *Studies in Paul. Theology for the Early Christian Mission*, Minneapolis 1977, 70-94.

_____. "The Doctrine of Justification: Its Social Function and Implications", in *Studies in Paul*, 102-104.

_____. "Contradictions in Scripture", in *Studies in Paul. Theology for the Early Christian Mission*, Minneapolis 1977, 159-177.

Daube, D., *The New Testament and Rabbinic Judaism*, London 1956.

_____. *Ancient Jewish Law*, Three Inaugural Lectures, Leiden 1981.

Davies, W. D., *Torah in the Messianic Age and/or the Age to Come*, JBLMS 7, Philadelphia 1952.

_____. "Paul and the Dead Sea Scrolls: Flesh and Spirit", in *The Scrolls and the New Testament*, ed. K. Stendahl, London 1958, 157-182.

_____. *The Setting of the Sermon on the Mount*, Cambridge 1963.

_____. "The Moral Teaching of the Early Church", in *The Use of the Old Testament in the New and Other Essays* (Studies in honour of W. F. Stinespring), ed. J. M. Efird, Durham N. C. 1972, 310-332.

_____. "Paul and the People of Israel", *NTS* 24 (1977-8) 4-39.

_____. *Paul and Rabbinic Judaism. Some Elements in Pauline Theology*, 4th edition, Philadelphia 1980.

_____. "Paul and the Law: Reflections on Pitfalls in Interpretation", in *Paul and Paulinism* (Essays in honour of C. K. Barrett), ed. M. D. Hooker and S. C. Wilson, London 1982, 4-16.

Deidun, T. J., *New Covenant Morality in Paul*, AB 89, Rome 1981.

Dennison, W. D., "Indicative and Imperative: The Basic Structure of Pauline Ethics", *Calvin Theological Journal* 14 (1979), 55-78.

Dibelius, M., *From Tradition to Gospel*, E. T. by B. L. Woolf from Die Formgeschichte des Evangeliums (Tübingen 1933), London 1934

_____. *A Fresh Approach to the New Testament and Early Christian Literature*, E. T., London 1936.

_____. *Paul* (ed. and completed by W. G. Kümmel), E. T. by F. Clarke, London 1953.

_____. *A Commentary on the Epistle of James* (revised by H. Greeven), E. T. by M. A. Williams, Hermeneia, Philadelphia 1976.

Dietzfelbinger, C., *Paulus und das Alte Testament*, München 1961.

Dodd, C. H., *The Bible and the Greeks*, London 1935.

_____. *Gospel and Law. The Relation of Faith and Ethics in Early Christianity*, Carmbridge 1951.

_____. "Ἔννομος Χριστοῦ', in *More New Testament Studies*, Manchester 1968, 134-148.

Donaldson, T. L., "Parallels: Use, Misuse and Limitations", *EQ* 55 (1983) 193-210.

Donfried, K. P., "Justification and Last Judgment in Paul", *ZNW* 67 (1976) 90-110.

Douglas, M., *Purity and Danger*, London 1966.

Drane, J. W., "Trandition, Law and Ethics in Pauline Theology", *NT* 16 (1974) 167-178.

_____. *Paul: Libertine or Legalist? A Study in the Theology of the Major Pauline Epistles*, London 1975.

Dülmen, A. van, *Die Theologie des Gesetzes bei Paulus*, SBM 5, Stuttgart 1968.

Duncan, G. S., *The Epistle of Paul to the Galations*, Moffatt New Testament Commentary, London 1934.

Dungan, D. L., *The Sayings of Jesus in the Churches of Paul*, Oxford 1971.

Dunn, J. D. G., "Jesus–Flesh and Spirit: An Exposition of Romans 1:3-4", *JTS* n. s. 24 (1973) 40-68.

_____. "Rom. 7, 14-25 in the Theology of Paul", *ThZ* 31 (1975) 257-273.

_____. "The Relationship between Paul and Jerusalem according to Galations 1 and 2", *NTS* 28 (1982) 461-478.

_____. "The New Perspective on Paul", *BJRL* 65 (1983) 95-122.

_____. "The Incident at Antioch (Gal.2:11-18)", *JSNT* 18 (1983) 3-57.

_____. "Works of the Law and the Curse of the Law (Galatians 3.10-14)", *NTS* 31 (1985) 523-542.

Easton, B. S., "New Testament Ethical Lists", *JBL* 51 (1932) 1-12.

Ebeling, G., *The Truth of the Gospel. An Exposition of Galatians*, E. T. by D. Green, Philadelphia 1985.

Eckert, J., *Die urchristliche Verkündigung im Streit zwischen Paulus und seinen Gegnern nach dem Galaterbrief*, BU 6, Regensburg 1971.

Ellicott, C. J., *A Critical and Grammatical Commentary on St. Paul's Epistle to the Galatians*, 2nd edtion, London 1859.

Elliott, J. H., *A Home for the Homeless. A Sociological Exegesis of 1 Peter, Its Situation and Strategy*, London 1982.

Ellis, E. E., *Paul's Use of the Old Testament*, Edinburgh 1957.

Enslin, M. S., *Christian Beginnings, Part III. The Literature of the Christian Movement*, New York 1956.

Feld, H., "'Christus Diener der Sünde'. Zum Ausgang des Streites zwischen Petrus and Paulus", *TQ* 153 (1973) 119-131.

Fenton, J. C., "Paul and Mark", in *Studies in the Gospel* (Essays in Memory of R. H. Lightfoot), ed. D. E. Nineham, Oxford 1955, 89-112.

Finn, T. M., "The God-fearers Reconsidered", *CBQ* 47 (1985) 75-84.

Fitzmyer, J. A., "Paul and the Law", in *To Advance the Gospel. New Testament Studies*, New York 1981, 186-201.

Fletcher, D. K., *The Singular Argument of Paul's Letter to the Galations*, Unpublished Ph.D. Dissertation, Princeton 1982.

Flusser, D., "The Dead Sea Sect and Pre-Pauline Christianity", in *Aspects of the Dead-Sea Scrolls*, ed. C. Rabin and Y. Yadin, Jerusalem 1958, 215-266.

Foerster, D., "Abfassungszeit und Ziel des Galaterbriefes", in *Apophoreta* (Festschrift für E. Haenchen), ed. W. Eltester and F. H. Kettler, BZNW 30, Berlin 1964, 135-141.

Friedrich, G., "Das Gesetz des Glaubens Röm 3, 27", *ThZ* 10 (1954) 401-417.

Fuller, D. P., "Paul and 'the Works of the Law'", *Westminster Theological Journal* 38 (1975-6) 28-42.

Furnish, V. P., *Theology and Ethics in Paul*, Nashvile 1968.

Gaston, L., "Israel's Enemies in Pauline Theology", *NTS* 28 (1982) 400-423.

Gaventa, B., "Galatians 1 and 2: Autobiography as Paradigm", *NT* 28 (1986) 309-326.

Georgi, D., *Die Geschichte der Kollekte des Paulus für Jerusalem*, TF 38, Hamburg 1965.

_____. *The Opponents of Paul in Second Corinthians*, E. T., SNTW, Edinburgh 1987.

Goodenough, E. R., *Jewish Symbols in the Graeco-Roman Period*, 13 volumes, New York 1953-1968.

_____. By Light, Light. *The Mystic Gospel of Hellenistic Judaism*, Amsterdam 1969.

_____. *An Introduction to Philo Judaeus*, 2nd edtion, Oxford 1962.

Goodenough, E. R., and Kraabel, A. T., "Paul and the Hellenization of Christianity", in *Religions in Antiquity* (Essays in Memory of E. R. Goodenough), ed. J. Neusner, Leiden 1968, 23-68.

Gordon, T. D., "The Problem at Galatia", *Int* 41 (1987) 32-43.

Goulder, M. D., *Midrash and Lection in Matthew*, London 1974.

Grässer, E., *Der Alte Bund im Neuen. Exegetische Studien zur Israelfrage im Neuen Testament*, WUNT 35, Tübingen 1985.

Grayston, K., "The Opponents in Philippians 3", *ExT* 97 (1985-6) 170-172.

Gundry, R. H., "Soma" in *Biblical Theology with Emphasis on Pauline Anthropology*, SNTSMS 29, Cambridge 1976.

_____. "The Moral Frustration of Paul before his Conversion: Sexual Lust in Romans 7:7-25", in *Pauline Studies* (Essays presented to F. F. Bruce), ed. D. A. Hagner and M. J. Harris, Exeter 1980, 228-245.

_____. "Grace, Works and Staying Saved in Paul", *Biblica* 66 (1985) 1-38.

Gunther, J. J., *St. Paul's Opponents and their Background*, SNT 35, Leiden 1973.

Guthrie, D., *Galatians*, The Century Bible (New. Series), London 1969.

Güttgemanns, E., *Der leidende Apostel und sein Herr. Studien zur paulinischen Christologie*, FRLANT 90, Gottingen 1966.

Hahn, F., "Das Gesetzesverständnis im Römer- und Galaterbrief", *ZNW* 67 (1976) 29-63.

Hanson, A. T., *Studies in Paul's Technique and Theology*, London 1974.

Harvey, A. E., "The Opposition to Paul", in *Studia Evangelica* IV, ed. F. L. Cross, TU 102, Berlin 1968, 319-332.

_____. "Forty Strokes Save One: Social Aspects of Judaizing and Apostasy", in idem (ed.), *Alternative Approaches to New Testament Study*, 1985, 241-251.

Hatch, E., and Redpath, H. A., *A Concordance to the Septuagint and the Other Versions of the Old Testament* (including the Apocryphal Books), 2 volumes, Oxford 1897.

Haufe, C., "Die Stellung des Paulus zum Gesetz", *TLZ* 91 (1966) 171-178.

Hays, R. B., *The Faith of Jesus Christ. An Investigation of the Narrative Substructure of Galatians 3:1-4:11*, SBLDS 56, Chico 1983.

_____. "Christology and Ethics in Galatians: The Law of Christ", *CBQ* (1987) 268-290.

Hecht, R. D., "The Exegetical Contexts of Philo's Interpretation of Circumcision", in *Nourished with Peace* (in memory of S. Sandmel), ed. F. E. Greenspahn et al., Chico 1984, 51-79.

Heiligenthal, R., "Soziologische Implikationen der paulinischen Rechtfertigungslehre im Galaterbrief am Beispiel der 'Werke des Gesetzes'", *Kairos* 26 (1984) 38-53.

Hellholm, D. (ed.), *Apocalypticism in the Mediterranean World and the Near East*, Tübingen 1983.

Hengel, M., *Between Jesus and Paul. Studies in the Earliest History of Christianity*, E. T. by J. Bowden, London 1983.

_____. *Die Zeloten. Untersuchungen zur jüdischen Freiheitsbewegung in der Zeit von Herodes I bis 70 n.Chr.*, Leiden 1961.

_____. *Judaism and Hellenism. Studies in their Encounter in Palestine during the Early Hellenistic Period*, E. T. by J. Bowden, 2 volumes, London 1974.

Hennecke, E.(ed.), *New Testament Apocrypha*, ed. W. Schneemelcher, E. T. ed. R. McL. Wilson, 2 volumes, London 1963, 1965.

Hill. D., *Greek Words and Hebrew Meanings. Studies in the Semantics of Soteriological Terms*, SNTSMS 5, Cambridge 1967.

Hill, M., *A Sociology of Religion*, London 1973.

Hirsch, E., "Zwei Fragen zu Galater 6", *ZNW* 29 (1930) 192-7.

Hoenig, S. B., "Circumcision: The Covenant of Abraham", *JQR* n. s. 53 (1962-3) 322-334.

Hofius, O., "Das Gesetz des Mose und das Gesetz Christi", *ZTK* 80 (1983) 262-286.

Holmberg, B., *Paul and Power. The Structure of Authority in the Primitive Church as Reflected in the Pauline Epistles*, Philadelphia 1980.

Holtzmann, O., "Zu Emanuel Hirsch, Zwei Fragen zu Galater 6", *ZNW* 30 (1931) 76-83.

Hooker, M.D., "Interchange in Christ", *JTS* n. s. 22 (1971) 349-361.

_____. "Were there false teachers in Colossae?", in *Christ and Spirit in the New Testament* (In honour of C. F. D. Moule), ed. B. Lindars and S. S. Smalley, Cambridge 1973.

_____. *Pauline Pieces*, London 1979.

_____. "Paul and 'Covenantal Nomism'", in *Paul and Paulinism* (Essays in honour of C. K. Barrett), ed. M. D. Hooker and S. G. Wilson, London 1982, 47-56.

Houlden, J. L., *Ethics and the New Testament*, London 1973.

Howard, G., "Christ the End of the Law", *JBL* 88 (1969) 331-337.

_____. "Romans 3.21-31 and the Inclusion of the Gentiles", *HTR* 63 (1970) 223-233.

_____. *Paul: Crisis in Galatia. A Study in Early Christian Theology*, SNTSMS 35, Cambridge 1979.

Hübner, H., "Anthropologischer Dualismus in Hodayoth?", NTS 18 (1971-2) 268-284.

_____. "Das ganze und das eine Gesetz. Zum Problemkreis Paulus und die Stoa", *KuD* 21 (1975) 239-256.

_____. "Identitätsverlust und paulinische Theologie. Anmerkungen zum Galaterbrief", *KuD* 24 (1978) 181-193.

_____. "Pauli Theologiae Proprium", *NTS* 26 (1979-80) 445-473.

_____. "Der Galaterbrief und das Verhältnis von antiker Rhetorik und Epistolographie", *TLZ* 109 (1984) 241-250.

_____. *Law in Paul's Thought*, E. T. by J. C. G. Greig, SNTW, Edinburgh 1984.

_____. "Was heisst bei Paulus 'Werke des Gesetzes'?", in *Glaube und Eschatologie* (Festschrift für W. G. Kümmel), ed. E. Grässer and O. Merk, Tübingen 1985, 123-133.

_____. *Gottes Ich und Israel. Zum Schriftgebrauch des Paulus in Römer 9-11*, FRLANT 136, Göttingen 1984.

Hunter, A. M., *Paul and his Predecessors*, revised edition, London 1961.

Hurd, J. C., *The Origin of I Corinthians*, London 1965.

Hurtado, L. W., "The Jerusalem Collection and the Book of Galatians", *JSNT* 5 (1979) 46-62.

Hyldahl, N., *Die paulinische Chronologie*, ATD 19, Leiden 1986.

Jaubert, A., *La Notion d'Alliance dans le Judaïsme aux Abords de l'Ère Chrétienne*, Paris 1963.

Jeremias, J., "Chiasmus in den Paulusbriefen", *ZNW* 49 (1958) 145-156.

Jervell, J., "Die offenbarte und die verborgene Tora. Zur Vorstellung über die neue Tora im Rabbinismus", *STh* 25 (1971) 90-108.

Jewett, R., "The Agitators and the Galatian Congregation", *NTS* 17 (1970-71) 198-212.

_____. *Paul's Anthropological Terms. A Study of Their Use in Conflict Settings*, Leiden 1971.

_____. *Dating Paul's Life*, London 1979.

Joest, W., *Gesetz und Freiheit. Das Problem des Tertius Usus Legis bei Luther und die neutestamentliche Paränese*, 3rd edition, Göttingen 1961.

Kamlah, E., *Die Form der katalogischen Pardnese im Neuen Testament*, WUNT 7, Tübingen 1964.

Karris, R. J., "Rom. 14:1-15:13 and the Occasion of Romans", *CBQ* 35 (1973) 155-178.

Käsemann, E., *Leib und Leib Christi. Eine Untersuchung zur paulinischen Begrifflichkeit*, Tübingen 1933.

_____. *New Testament Questions of Today*, E. T. by W. J. Montague, London 1969: "New Testament Questions of Today", 1-22; "The Beginnings Christian Theology", 82-107; "On the subject of Primitive Christian Apocalyptic", 108-137; "'The Righteousness of God' in Paul", 168-182; "Worship and Everyday Life. A Note on Romans 12", 188-195; "Principles of the Interpretation of Romans 13", 196-216.

_____. *Perspectives on Paul*, E. T. by M. Kohl, London 1971: "On Paul's Anthropology", 1-31; "Justification and Salvation History in the Epistle to the Romans", 60-78.

_____. "Geist und Geistesgaben im NT", *RGG* II, 1272-1279.

_____. *Commentary on Romans*, E. T. by G. W. Bromiley, London 1980.

Keck, L. E., "Justification of the Ungodly and Ethics", in *Rechtfertigung* (Festschrift für E. Käsemann), ed. J. Friedrich et al., Tübingen 1976, 199-209.

Kennedy, G., *New Testament Interpretation through Rhetorical Criticism*, Chapel Hill 1984.

Kieffer, R., *Foi et Justification à Antioche. Interpretation d'un Conflit* (Ga 2, 14-21), LD 111, Paris 1982.

Kilpatrick, G. D., "Gal 2.14 ὀρθοποδοῦσιν", in *Neutestamentliche Studien für R. Bultmann*, ed. W. Eltester, 2nd edition, Berlin 1957, 269-274.

Klein, G., "Individualgeschichte und Weltgeschichte bei Paulus. Eine Interpretation ihres Verhältnisses im Galaterbrief", *EvTh* 24 (1964) 126-165.

_____. "Werkruhm und Christusruhm im Galaterbrief und die Frage nach einer Entwicklung des Paulus", in *Studienzum Text und zur Ethikdes Neuen Testaments* (Festschrift für H. Greeven), ed. W. Schrage, Berlin 1986, 196- 211.

Klijn, A. F. J., and Reinink, G. J., *Patristic Evidence for Jewish-Christian Sects*, SNT 36, Leiden 1973.

Knox, J., *Chapters in a Life of Paul*, London 1954.

Knox, W. L., *St. Paul and the Church of the Gentiles*, Cambridge 1939.

Koester, H., "ΓΝΩΜΑΙ ΔΙΑΦΟΡΟΙ. The Origin and Nature of Diversification in the History of Early Christianity", *HTR* 58 (1965) 279-318.

Kraabel, A. T., "Paganism and Judaism: The Sardis Evidence", in *Paganisme, Judaisme, Christianisme. Influences et Affrontements dans le Monde Antique*, (Mélanges offerts à M. Simon), Paris 1978, 13-33.

_____. "The Disappearance of the 'God-fearers'", *Numen* 28 (1981) 113-126.

Kuhn, K. G., "New Light on Temptation, Sin and Flesh in the New Testament", in *The Scrolls and the New Testament*, ed. K. Stendahl, London 1958, 94-113.

Kümmel, W. G., *Man in the New Testament*, E. T. by J. J. Vincent, 1963.

_____. "'Individualgeschichte' und 'Weltgeschichte' in Gal.2:15-21", in *Christ and Spirit in the New Testament* (In honour of C. F. D. Moule), ed. B. Lindars and S. S. Smalley, Cambridge 1973, 157-73.

_____. *Introduction to the New Testament*, E. T. by H. C. Kee from 17th revised edition, London 1975.

Kuss, O., *Der Römerbrief*, Regensburger Neues Testament, 3 volumes, Regensburg 1963, 1978.

Lagrange, M. -J., *Saint Paul, Épître aux Galates*, Études Bibliques, Paris 1950.

Lake, K., "Proselytes and God-fearers", in *The Beginnings of Christianity, Part I. The Acts of the Apostles*, volume 5: Additional Notes, ed. K. Lake and H. J. Cadbury, London 1933, 74-96.

Lambrecht, J., "The Line of Thought in Gal.2.14b-21", *NTS* 24 (1977-8) 484-495.

Laeuchli, S., "Monism and Dualism in the Pauline Anthropology", *Biblical Research* 3 (1958) 15-27.

Licht, J., "The Doctrine of the Thanksgiving Scroll", *IEJ* 6 (1956) 1-13 and 89-101.

Lietzmann, H., *Die Briefe des Apostels Paulus. 1 Die Vier Hauptbriefe*, Handbuch zum Neuen Testament Band 3.1, Tübingen 1910.

Lightfoot, J. B., *Saint Paul's Epistle to the Galatians*, 2nd edition, London 1866.

Ljungman, H., *Das Gesetz erfüllen. Matth.5:17ff. und 3:15 untersucht*, Lund 1954.

Lohmeyer, E., *Probleme paulinischer Theologie*, Darmstadt 1954.

Lohse,E., *Colossians and Philemon*, E. T. by W. R. and R. J. Karris, Hermeneia, Philadelphia 1971.

Longenecker, R. N., *Paul: Apostle of Liberty*, New York 1964.

_____. *Biblical Exegesis in the Apostolic Period*, Grand 1975.

_____. "The Pedagogical Nature of the Law in Galatians 3:19-4:7", *Journal of the Evangelical Theological Society* 25 (1982) 53-61.

Lüdemann, G., *Paul, Apostle to the Gentiles. Studies in Chronology*, E. T. by F. S. Jones, London 1984.

_____. *Paulus und das Judentum*, München 1983.

Lüdemann, H., *Die Anthropologie des Apostels Paulus und ihre Stellung innerhalb seiner Heilslehre*, Kiel 1872.

Lüdemann, D., *Das Offenbarungsverstandnis bei Paulus und in paulinischen Gemeinden*, WMANT 16, Neukirchen-Vluyn 1965.

_____. *Der Brief an die Galater*, Zürcher Bibelkommentare NT 7, Zürich 1978.

_____. "Tage, Monate, Jahreszeiten, Jahre (Gal 4,10)", in *Werden und Wirken des Alten Testaments* (Festschrift für C. Westermann), ed. R. Albertz et al., Göttingen 1980, 428-445.

Lull, D. J., *The Spirit in Galatia. Paul's Interpretation of 'Pneuma' as Divine Power*, SBLDS 49, Chico 1980.

_____. "'The Law was our Pedagogue': A Study in Galatians 3.19-25", *JBL* 105 (1986) 481-498.

Lütgert, W., *Gesetz und Geist. Eine Untersuchung zur Vorgeschichte des Galaterbriefes*, Gütersloh 1919.

Luther, M., *A Commentary on St. Paul's Epistle to the Galatians*, revised E. T. based on the 'Middleton' edition of 1575, Cambridge 1953.

Luz, U., *Das Coxchichtsverständnis des Paulus*, BETh 49, München 1968.

_____. "Die Erfüllung des Gesetzes bei Matthäus (Mt 5.17-20)", *ZTK* 75 (1978) 398-435.

Lyons, G., *Pauline Autobiography. Towards a New Understanding*, SBLDS 73, Atlanta 1985.

Maher, M., "'Take my yoke upon you' (Matt XI. 29)", *NTS* 22 (1975-6) 97-103.

Manson, T. W., "Jesus, Paul, and the Law", in *Judaism and Christianity III. Law and Religion*, ed. E. I. J. Rosenthal, London 1938, 125-141.

Markus, J., "The Evil Inclination in the Letters of Paul", *Irish Biblical Studies* 18 (1986) 8-20.

Martyn, J. L., "A Law-Observant Mission to Gentiles: The Background of Galatians", *Michigan Quarterly Review* 22 (1983) 221-236; reprinted in SJT 38 (1985) 307-324.

_____. "Apocalyptic Antinomies in Paul's Letter to the Galatians", *NTS* 31 (1985) 410-424.

Marxsen, W., *Introduction to the New Testament*, E. T. by G. Buswell from 3rd German edition, Oxford 1968;

_____. *Einleitung in das Neue Testament*, 4th fully revised edition, Gütersloh 1978.

McDonald, J. I. H., "Romans 13.1-7 and Christian Social Ethics Today", Modern Churchman 29 (1987) 19-26.

McEleney, N. J., "Conversion, Circumcision and the Law", *NTS* 20 (1973-4) 319-341.

Meeks, W. A., "'Since Then You Would Need to Go out of the World': Group Boundaries in Pauline Christianity", in *Critical History and Biblical Faith. New Testament Perspectives*, ed. T. Ryan, Villanova, Pennsylvania 1979, 4-29.

_____. "Toward a Social Description of Pauline Christianity", in *Approaches to Ancient Judaism II*, ed. W. S. Green, Missoula 1980, 27-42.

_____. "Social Functions of Apocalyptic Language in Pauline Christianity", in *Apocalypticism in the Mediterranean World and the Near East*, ed. D. Hellholm, Tübingen 1983, 687-705.

_____. *The First Urban Christians. The Social World of the Apostle Paul*, New Haven/London 1983.

_____. "Understanding Early Christian Ethics", *JBL* 105 (1986) 3-11.

Meier, J. P., *Law and History in Matthew's Gospel. A Redactional Study of Mt.5:17-48*, AB 71, Rome 1976.

Merk, O., *Handeln aus Glauben. Die Motivierungen der paulinischen Ethik*, Marburg 1968.

_____. "Der Beginn der Parinese im Galaterbrief", *ZNW* 60 (1969) 83-104.

Metzger, B. M., *A Textual Commentary on the Greek New Testament*, corrected edition, London 1975.

Meyer, H. A. W., *The Epistle to the Galatians, Critical and Exegetical Commentary on the New Testament*, VI, E. T. by G. Venables from 5th German edition, Edinburgh 1884.

Michaelis, W., "Judaistische Heidenchristen", *ZNW* 30 (1931) 83-89.

Minear, P. S., "The Crucified World: The Enigma of Galatians 6.14", in *Theologia Crucis - Signum Crucis* (Festschrift für E. Dinkler), ed. C. Andresen and G. Klein, Tübingen 1979, 395-407.

Mitchell, S., "Population and Land in Roman Galatia", *ANRW* II.7.2, 1053-1081.

Mohrliang, R., *Matthew and Paul. A Comparison of Ethical Perspectives*, SNTSMS 48, Cambridge 1984.

Mol, H., *Identity and the Sacred*, Oxford 1976.

Montefiore, H., "'Thou shalt Love thy Neighbour as Thyself'", *NT* 5 (1962) 157-170.

Moore, G. F., *Judaism in the First Centuries of the Christian Era. Age of the Tannaim*, 3 volumes, Cambridge, Mass. 1927-1930.

Morgan, W., *The Religion and Theology of Paul*, Edinburgh 1917.

Moule, C. F. D., "'Fulness' and "Fill" in the New Testament", *SJT* 4 (1951) 79-86.

_____. *An Idiom Book of New Testament Greek*, 2nd edition, Cambridge 1959.

_____. "Fulfilment-Words in the New Testament: Use and Abuse", *NTS* 14 (1967-8) 293-320.

_____. "Death 'to sin', 'to law' and 'to the world': A Note on Certain Datives", in *Mélanges Bibliques* (en hommage à B. Rigaux), ed. A. Descamps and A. de Halleux, Gembloux 1970, 367-375.

Munck, J., *Paul and the Salvation of Mankind*, E. T. by F. Clarke, London 1959.

Mundle, W., "Zur Auslegung von Gal 2, 17-18", *ZNW* 23 (1924) 152-3.

Murphy, R. E., "'Yeser' in the Qumran Literature", *Biblica* 39 (1958) 334-344.

Murphy-O'Connor, J., *L'Existence chrétienne selon Saint Paul*, LD 80, Paris 1974.

Mussner, F., *Der Galaterbrief*, Herders Theologischer Kommentar zum Neuen Testament, 9, Freiburg 1974,

_____. *Theologie der Freiheit nach Paulus*, Freiburg 1976.

_____. *Tractate on the Jews*, E. T. by L. Swidler, London 1984.

Nauck, W., "Das οὖν-paräneticum", *ZNW* 49 (1958) 134-5.

Neitzel, H., "Zur Interpretation von Galater 2, 11-21" *TQ* 163 (1983) 15-39 and 131-149.

Nock, A. D., *Conversion. The Old and New in Religion from Alexander the Great to Augustine of Hippo*, Oxford 1933.

Nolland, J., "Uncircumcised Proselytes?" *JSJ* 12 (1981) 173-194.

Nötscher, F., *Zur theologischen Terminologie der Qumran-Texte*, BBB 10, Bonn 1956.

O'Donovan, O. M. T., "The Possibility of a Biblical Ethic", *TSF Bulletin* 67 (1973) 15-23.

Oden, T. C., *Radical Obedience. The Ethics of Rudolf Bultmann*, London 1965.

Oepke, A., *Der Brief des Paulus an die Galater*, Theologischer Handkommentar zum Neuen Testament, 9, 5th edition, ed. J. Rohde, Berlin 1984.

Ogletree, T. W., *The Use of the Bible in Christian Ethics*, Oxford 1984.

O'Neill, J. C., *The Recovery of Paul's Letter to the Galatians*, London 1972.

Ortkemper, F. -J., *Das Kreuz in der Verktindigung des Apostels Paulus*, SB 24, 2nd edition, Stuttgart 1968.

_____. *Leben aus dem Glauben. Christliche Grundhaltungen nach Römer 12-13*, NA 14, Münster 1980.

Osten-Sacken, P. von der, *Gott und Belial. Traditionsgeschichtliche Untersuchungen zum Dualismus in den Texten aus Qumran*, SUNT 6, Göttingen 1969.

Perdue, L. G., "Paraenesis and the Epistle of James", *ZNW* 72 (1981) 241-256.

Pfleiderer, O., *Paulinism. A Contribution to the History of Primitive Christian Theology*, E. T. by E. Peters, 2 volumes, London 1877.

Pryke, J., "'Spirit' and 'Flesh' in the Qumran Documents and Some New Testament Texts", *RQ* 5 (1964-6) 345-360.

Räisänen, H., "Zum Gebrauch von ΕΠΙΘΥΜΙΑ und ΕΠΙΘΥΜΕΙΝ bei Paulus", *STh* 33 (1979) 85-99.

_____. "Paul's Theological Difficulties with the Law", in *Studia Biblica* 1978 III, ed. E. A. Livingstone, Sheffield 1980, 301-320.

_____. "Legalism and Salvation by the Law. Paul's Portrayal of the Jewish Religion as a Historical and Theological Problem", in *Die paulinische Literatur und Theologie*, ed. S. Pedersen, Århus 1980, 63-83.

_____. *Paul and the Law*, WUNT 29, Tübingen 1983.

_____. "Galatians 2.16 and Paul's Break with Judaism", *NTS* 31 (1985) 543-553.

Ramsay, W. M., *A Historical Commentary on St. Paul's Epistle to the Galatians*, 2nd edition, London 1900.

Reicke, B., "The Law and This World According to Paul. Some Thoughts Concerning Gal.4:1-11", *JBL* 70 (1951) 259-276.

Resch, A., *Der Paulinismus und die Logia Jesu in ihrem gegenseitigen Verhältnis untersucht*, Leipzig 1904.

Richardson, P., *Israel in the Apostolic Church*, SNTSMS 10, Cambridge 1969.

Riches, J. K., and Millar, A., "Conceptual Change in the Synoptic Tradition", in *Alternative Approaches to New Testament Study*, ed. A. E. Harvey, London 1985, 37-60.

Ridderbos, H. N., *The Epistle to the Galatians*, New International on the New Testament, E. T. H. Zylstra, Grand Rapids 1956.

Riesenfeld, H., *The Gospel Tradition*, E. T. by E. M. Rowley and R. A. Kraft, Oxford 1979.

Robb, J. D., "Galatians V. 23. An Explanation", *ExT* 56 (1944-5) 279-280.

Robertson, A. T., *A Grammar of the Greek New Testament in the Light of Historical Research*, 3rd edition, New 1919,

Robinson, H. W., *The Christian Doctrine of Man*, Edinburgh 1911.

Robinson, J. A. T., *The Body. A Study in Pauline Theology*, SBT 5, 1952.

Ropes, J. H., *The Singular Problem of the Epistle to the Galatians*, HTS 14, Cambridge, Mass. 1929.

Rowland, C., *The Open Heaven. A Study of Apocalyptic in and Early Christianity*, London 1982.

Sahlin, H., "Emendationsvorschlage zum griechischen Text des Neuen Testaments III", *NT* 25 (1983) 73-88.

Sand, A., *Der Begriff 'Fleisch' in den paulinischen Hauptbriefen*, BU 6, Regensburg 1967.

Sanders, E. P., *Paul and PalestinianJudaism*, London 1977.

_____. "On the Question of Fulfilling the Law in Paul and Rabbinic Judaism", in *Donum Gentilicium* (in honour of D. Daube), ed. E. Bammel et al., Oxford 1978, 103-126.

_____. "Jesus, Paul and Judaism", in *ANRW* II 25.1, 390-450.

_____. *Paul, The Law, and the Jewish People*, Philadelphia 1983.

Sandmel, S., "Parallelomania", *JBL* 81 (1962) 1-13.

_____. *Philo's Place in Judaism. A Study of Conceptions of Abraham in Jewish Literature*, New York 1971.

Sandt, H. W. M. van de, "An Explanation of Rom.8,4a", *Bijdragen. Tijdschrift voor Filosofie en Theologie* 37 (1976) 361-378.

Schäfer, P., "Die Torah der messianischen Zeit", *ZNW* 65 (1974) 27-42.

Schlier, H., *Der Brief an die Galater, Meyers Kritischexegetischer Kommentar über das Neue Testament*, 7, 14th edition, Göttingen 1971.

Schmithals, W., "The Heretics in Galatia', in *Paul and the Gnostics*, E. T. by J. E. Steely, Nashville 1972, 13-64 (revised from "Die Häretiker in Galatien", *ZNW* 47 (1956) 25-67).

_____. "Judaisten in Galatien?", *ZNW* 74 (1983) 27- 58.

Schnabel, E. J., *Law and Wisdom from Ben Sira to Paul*, WUNT 2nd series 16, Tübingen 1985.

Schnackenburg, R., "Paränese", in *Lexikon für Theologie und Kirche*, 2nd edition, Freiburg

1963, 80-82.

Schoeps, H. J., *Paul. The Theology of the Apostle in the Light of Religious History*, E. T. by H. Knight, London 1961.

_____. *Jewish Christianity. Factional Disputes in the Early Church*, E. T. by D. Hare, Philadelphia 1969.

Schrage, W., *Die konkreten Einzelgebote in der paulinischen Paränese. Ein Beitrag zur neutestamentlichen Ethik*, Gütersloh 1961.

_____. *Ethik des Neuen Testaments*, GNT 4, Göttingen 1982.

Schrenk, G., "Was bedeutet 'Israel Gottes'?", *Judaica* 5 (1949) 81-94.

_____. "Der Segenswunsch nach der Kampfepistel", *Judaica* 6 (1950) 170-190.

Schulz, A., "Grundformen urchristlicher Paränese", in *Gestalt und Anmspruch des Neuen Testaments*, ed. J. Schreiner and G. Dautzenberg, Würzburg 1969, 249-261.

Schulz, S., "Zur Rechtfertigung aus Gnaden in Qumran und bei Paulus", ZNW 56 (1959) 155-185.

Schuppe, E., παιδαγωγός, *PW* 18, 2375-2385.

Schürer, E., Vermes, G., and Millar, F., *The History of the Jewish People in the Age of Jesus Christ* (175 B.C. - A.D. 135), E. T. and revision, 3 volumes, Edinburgh 1973, 1979, 1986-7.

Schürmann, H., "'Das Gesetz des Christus' Gal 6,2. Jesu Verhalten und Wort als letztgültige sittliche Norm nach Paulus", in *Neues Testament und Kirche* (Festschrift für R. Schnackenburg), ed. J. Gnilka, Freiburg 1974, 282-300.

Schweitzer, A., *Paul and His Interpreters*, E. T. by W. Montgomery, London 1912.

_____. *The Mysticism of Paul the Apostle*, E. T. by W. Montgomery, London 1931.

Schweizer, E., "Röm. 1.3f. und der Gegensatz von Fleisch und Geist vor und bei Paulus", EvTh 15 (1955) 563-571.

_____. "Die hellenistische Komponente im neutestamentlichen σάρξ-Begriff", ZNW 48 (1957) 237-253.

_____. "Die 'Elemente der Welt' Gal 4,3. 9; Kol 2,8. 20", in *Verborum Veritas* (Festschrift für G. Stahlin), ed. O. Böcher and K. Haacker, Wuppertal 1970, 245-259.

_____. "Gottesgerechtigkeit und Lasterkataloge bei Paulus(inkl. Kol und Eph)", in *Rechtfertigung* (Festschrift für E. Käsemann), ed. J. Friedrich et al., Tübingen 1976, 461-477.

_____. "Traditional Ethical Patterns in the Pauline and Post-Pauline Letters and their Development", in Text and Interpretation (Studies in the New Testamentpresented to M. Black), ed. E. Best and R. McL. Wilson, Cambridge 1979, 195-209.

Seeberg, A., *Der Katechismus der Urchristenheit*, Leipzig 1903.

Sevenster, J. N., *Paul and Seneca*, SNT 4, Leiden 1961.

Shaw, G., *The Cost of Authority. Manipulation and Freedom in the New Testament*, London 1983.

Sieffert, F., *Der Brief an die Galater*, Meyers Kritischexegetischer Kommentar über das Neue Testament, 7, 9th edition, Göttingen 1899.

Sjöberg, E., "Wiedergeburt und Neuschöpfung im palästinischen Judentum", *STh* 4 (1950) 44-85.

Smith, M., "Goodenough's Jewish Symbols in Retrospect", *JBL* 86 (1967) 53-68.

Spicq, C., "Bénignité, Mansuétude, Douceur, Clémence", *RB* 54 (1947) 321-339.

Stacey, W. D., *The Pauline View of Man in relation to its Judaic and Hellenistic Background*, London 1956.

Stählin, G., "Galaterbrief", in *RGG* II, 1187-1189.

Stamm, R. T., *The Epistle to the Galatians*, in The Interpreter's Bible, volume 10, New York 1953, 429-593.

Stendahl, K., *Paul among Jews and Gentiles*, London 1977.

Stern, M., *Greek and Latin Authors on Jews and Judaism*, 2 volumes, Jerusalem 1974, 1981.

Stoike, D. A., 'The Law of Christ': A Study of Paul's Use of the Expression in Galations 6:2 Unpublished Th.D. Dissertation, Claremont 1971.

Strack, H. L., and Billerbeck, P., *Kommentar zum Neuen Testament aus Talmud und Midrasch*, 4 volumes, München 1922-1928.

Strelan, J. G., "Burden-Bearing and the Law of Christ: A Re-examination of Galatians 6:2", *JBL* 94 (1975) 266-276.

Stuhlmacher, P., *Versöhnung, Gesetz und Gerechtigkeit. Aufsätze biblischen Theologic*, Göttingen 1981.

Styler, G. M., "The Basis of Obligation in Paul's Christology and Ethics", in *Christ and Spirit in the New Testament* (In honour of C. F. D. Moule), ed. B. Lindars and S. S. Smalley, Cambridge 1973. 175-187.

Synofzik, E., *Die Gerichts- und Vergeltungsaussagen bei Paulus. traditionsgeschichtliche Untersuchung*, Göttingen 1977.

Tannehill, R. C., *Dying and Rising with Christ. A Study in Pauline Theology*, BZNW 32, Berlin 1967.

Telford, W. R., *The Barren Temple and the Withered Tree*, JSNTS 1, Sheffield 1980.

Theissen, G., *The Social Setting of Pauline Christianity*, E. T. by J. H. Schütz, SNTW, Edinburgh 1982.

Thiselton, A. C., "The Meaning of Σάρξ in I Corinthians 5:5", *SJT* 26 (1973) 204-228.

Tyson, J. B., "Paul's Opponents in Galatia", *NT* 10 (1968) 241-254.

_____. "'Works of Law' in Galatians", *JBL* 92 (1973) 423-431.

Vermes, G., *The Dead Sea Scrolls in English*, 2nd edition, Harmondsworth, Middlesex 1975.

Vielhauer, P., *Geschichte der urchristlichen Literatur. Einleitung in das Neue Testament*, die Apokryphen und die Apostolischen Väter, Berlin 1975.

_____. "Gesetzesdienst und Stoicheiadienst im Galaterbrief", in *Rechtfertigung* (Festschrift für E. Käsemann), ed. J. Friedrich et al., Tübingen 1976, 543- 555.

Vögtle, A., *Die Tugend- und Lasterkataloge im Neuen Testament, exegetisch, religions- und formgeschichtlich untersucht*, NA 16, Münster 1936.

Watson, F., *Paul, Judaism and the Gentiles. A Sociological Approach*, SNTSMS 56, Cambridge 1986.

Watson, N. M., "Justified by faith; judged by works–an Antinomy?", *NTS* 29 (1983) 209-221.

Wedderburn, A. J. M., "Some Observations on Paul's Use of the Phrases 'in Christ' and 'with Christ'", *JSNT* 25 (1985) 83-97.

Weder, H., *Das Kreuz Jesu bei Paulus*, FRLANT 125, Göttingen 1981.

Wegenast, K., *Das Verstandnis der Tradition bei Paulus und in den Deuteropaulinen*, WMANT 8, Neukirchen-Vluyn 1962.

Weiss, J., *Earliest Christianity. A History of the Period AD 30-150*, E. T. by R. R. Wilson and F. C. Grant, 2 volumes, Gloucester, Mass. 1970.

Wenham, D., "The Christian Life: A Life of Tension?", in *Pauline Studies* (Essays presented to F. F. Bruce), ed. D. A. Hagner and M. J. Harris, Exeter 1980, 80-94.

Westerholm, S., "'Letter' and 'Spirit': the Foundation of Ethics", *NTS* 30 (1984) 229-248.

_____. "On Fulfilling the Whole Law (Gal 5.14)", *SEÅ* (1986-7) 229-237.

Wette, M.L. de, *Kurze Erklärung des Briefes an die Galater*, Exegetisches Handbuch zum Neuen Testament, II 3, Leipzig 1841.

White, J. L., *The Form and Function ofthe Body ofthe Greek Letter*, SBLDS 2, Missoula 1972.

Whiteley, D. E. H., "Galatians: Then and Now", in Studia Evangelica VI, ed. E. A. Livingstone, *TU* 112, Berlin 1973, 619-627.

Wibbing, S., *Die Tugend- und Lasterkataloge im Neuen Testament und ihre Traditionsgeschichte unter besonderer Berücksichtigung der Qumran-Texte*, BZNW 25, Berlin 1959.

Wilckens, U., "Was heisst ber Paulus: 'Aus Werken des Gesetzes wird kein Mensch gerecht'?", in *Rechtfertigung als Freiheit. Paulusstudien*, Neukirchen-Vluyn 1974, 77-109.

_____. "Zur Entwicklung des paulinischen Gesetzesverständnisses", *NUTS* 28 (1982) 154-190.

_____. *Der Brief an die Römer, Evangelisch-Katholischer Kommentar zum Neuen Testament*, 3 volumes, Zürich/Neukirchen-Vluyn 1978, 1980, 1982.

Wilcox, M., "The Promise of the 'Seed' in the New Testament and the Targumim", *JSNT* 5 (1979) 2-20.

Williams, S. K., "Justification and the Spirit in Galatians", *JSNT* 29 (1987) 91-100.

Wilson, B., *Sect and Society*, London 1961.

Wilson, R. McL., "Gnosis, Gnosticism and the New Testament", in *Le Origini dello Gnosticismo*, ed. U. Bianchi, Leiden 1967, 511-527.

_____. "Gnostics - in Galatia?", in *Studia Evangelica* IV, ed. F. L. Cross, TU 102, Berlin 1968, 358-367.

Windisch, H., "Das Problem des paulinischen Imperativs", *ZNW* 23 (1924) 265-281.

Wright, N. T., "The Paul of History and the Apostle of Faith", *Tyndale Bulletin* 29 (1978) 61-88.

_____. The Messiah and the People of God, Unpublished D.Phil. Thesis, Oxford 1980.

_____. *Colossians and Philemon*, Tyndale New Commentaries, Leicester 1986.

Yarbrough, O. L., *Not Like the Gentiles. Marriage Rules in the Letters of Paul*, SBLDS 80, Atlanta 1985.

Young, E. M., "'Fulfill the Law of Christ'. An Examination of Galatians 6:2", *Studia Biblica et Theologica* 7 (1977) 31-42.

Young, N. H., "Paidagogos: the Social Setting of a Pauline Metaphor", *NT* 29 (1987) 150-

176.

Zahn, T., *Der Brief des Paulus an die Galater, Zahns Kommentar zum Neuen Testament*, 9, Leipzig 1905.

Ziesler, J. A., *The Meaning of Righteousness in Paul. A Linguistic and Theological Enquiry*, SNTSMS 20, Cambridge 1972.

_____. *Pauline Christianity*, Oxford 1983.

Ropes, J. H., 55, 57, 58, 97, 264
Rowland, C., 186
S
Sahlin, H., 220
Sand, A., 115, 166, 245, 299, 311, 312, 314, 318, 330, 402
Sanders, E. P., 39, 43, 80, 82, 84, 127, 132, 134, 145, 159, 182, 186, 231, 238, 241, 243, 322, 323, 324, 331, 333, 375, 384, 386, 390, 397, 404, 407
Sandmel, S., 115, 166, 299
Sandt, H. W. M. van de, 241, 245
Schäfer, P., 229
Schlier, H., 53, 70, 77, 92, 93, 121, 123, 127, 128, 155, 156, 164, 169, 176, 200, 202, 204, 206, 207, 211, 213, 217, 218, 220, 221, 222, 248, 260, 267, 273, 277, 279, 281, 307, 330
Schmithals, W., 57, 58, 59, 61, 62, 91, 97, 101, 106, 127, 129, 131, 155, 265, 267, 268
Schnabel, E. J., 380
Schnackenburg, R., 51
Schoeps, H. J., 105, 133, 228
Schrage, W., 51, 79, 217, 239, 279, 288, 366, 372, 379, 380
Schrenk, G., 183
Schulz, A., 51
Schulz. S., 275, 323
Schuppe, E., 196
Schürer, E., 138, 139, 330
Schürmann, H., 238
Schweitzer, A., 76, 228, 268, 313, 318
Schweizer, E., 93, 208, 217, 267, 330, 343
Seeberg, A., 140
Sevenster, J. N., 155, 302

Shaw, G., 226, 381
Sieffert, F., 53, 206
Sjöberg, E., 185
Smith, M., 107
Spicq, C., 275
Stacey, W. D., 314, 325
Stählin, G., 91
Stamm, R. T., 57
Stauffer, E., 157
Stendahl, K., 39, 193, 318
Stern, M., 104
Stoike, D. A., 232
Strack, H. L., 13, 116, 166, 228, 240
Strelan, J. G., 235
Stuhlmacher, P., 431
Styler, G. M., 221
Synofzik, E., 279
T
Tannehill, R. C., 155, 156
Telford, W. R., 218
Theissen, G., 41
Thiselton, A. C., 330, 343
Tyson, J .B., 91, 158
V
Vermes, G., 138, 139, 321
Vetschera, R., 49
Vielhauer, P., 51, 60, 93, 101, 130
Vögtle, A., 75, 267, 268
Völter 48
W
Watson, F., 19, 41, 43, 82, 84, 85, 99, 131, 135, 184, 199, 210, 225, 333, 367, 375, 385, 393, 398, 400, 402, 404, 405
Weber, M., 67, 330, 394
Wedderburn, A. J. M., 170
Weder, H., 213
Wegenast, K., 61, 92